希拉克传

爱丽舍宫的陌生人

L'INCONNU DE L'ÉLYSÉE

作家出版社

(法) 皮埃尔·佩昂 著　黄荭 钟蕾莉 江蕾 译

目录

致让-吕克·奥贝尔

我在塞莱克特[1]的老朋友

1 位于巴黎蒙巴纳斯区的一家著名酒吧

1 一名地下活动分子

1971年初，《快报》上一篇出自乔治·苏斐尔[1]妙笔的长篇专访让他走进了大人物们的政坛。苏斐尔称他为“科雷兹[2]的武士”，描写他“令人着迷之处不在于复杂，而在于质朴。他壮志凌云。这就是一切。他的生活、工作、娱乐、金钱、梦想，一切都围绕着这个唯一的目的：成功。因为他有方法、明智、热爱工作，他在自己的道路上轻快地迈进”。苏斐尔当时就意识到了蓬皮杜总统对此人的关注。“他和他是一类人，”他这样写道，“有点让人生厌。但那是时代使然。现在的年轻人，既然他们已经对革命失去了兴趣，自然会把精力转向对效率的一味追求，不惜任何代价。”专访的其他内容也一样讨喜。苏斐尔嗅觉敏锐地把他的“武士”排进戴高乐和蓬皮杜的队列之中：“戴高乐，之后是蓬皮杜，之后是希拉克；里尔，然后是康塔尔，然后是科雷兹；革命，继承，管理；从神话到政治、从诗歌到散文、从关于法兰西的演讲到为科雷兹辩护的道路，这或许就是政治梦想不可避免地滚落下来的那个不可避免的斜坡。”

苏斐尔比任何人都更早地意识到“某个人正在慢慢前进”，

1　乔治·苏斐尔（Georges Suffert，1927- ）：法国记者，作家，曾经是《费加罗报》的编委会成员。——译注

2　科雷兹（Corrèze）：法国省名。——译注

意识到“那些要找继承者的政治巨人有时候会观察他，带着做梦般的神情”。但这位敏锐的法国政治生活的观察家没有看到，这位有点儿让人生厌的政论家拥有一个广袤的秘密花园，如果说他在培育对效率的热衷，他对革命也同样满怀热情……不为人所知的是，“科雷兹的武士”曾秘密地帮助过ANC（非洲人国民大会，简称“非国大”），这一运动反对南非的种族隔离制度，而大会的主席，纳尔逊·曼德拉[1]，当时正在南非的监狱里服无期徒刑。

很多年以后，前“科雷兹的武士”才对我坦言道[2]：

“从六十年代末、七十年代初开始，我就是曼德拉非国大的支持者。摩洛哥的国王，哈桑二世[3]曾和我联系资助非国大事宜。”

他强调说，摩洛哥国王——“愿他善良的穆斯林的灵魂安息！”——曾大力资助非国大……之后他忽然想起一则轶事，作为他关于非洲受难话题的延长符：

“我有一个老朋友，一位本堂神甫……”

他努力想了会儿那神甫的姓，承认自己常常不记得专有名词。之后戴斯蒙德·图图[4]的名字回到他的脑海，圣公会的大主教，1984年诺贝尔和平奖得主。

“……一天，他对我说：我要讲个故事给你听。你们当初来我们这里的时候，你们手里有《圣经》，而我们，我们当时有土地。你们对我们说‘闭上眼睛，祈祷吧！’我们闭上眼睛，我们

1 纳尔逊·曼德拉（Nelson Mandela，1918- ）：南非首位黑人总统（1994-1999在任）。曼德拉1944年参加主张非暴力斗争的南非非洲人国民大会（简称非国大）。1962年，曼德拉被捕人狱，在狱中度过了27个春秋。1994年非国大在南非首次不分种族的大选中获胜，成为南非第一位黑人总统。——译注

2 2006年7月22日和本书作者的访谈。

3 哈桑二世（Hassan II，1929-1999）：摩洛哥国王。1957年7月9日，他被正式立为王储，1961年2月26日穆罕默德五世病逝，3月3日，哈桑正式继承王位，号称哈桑二世。——译注

4 戴斯蒙德·图图（Desmond Tutu，1931- ）：南非开普敦的圣公会前任大主教，也是南非圣公会非裔大主教，1984年诺贝尔和平奖获得者。他自20世纪80年代开始就致力于废除种族隔离政策。1998年法国总统在开普敦授予他二级荣誉勋位。——译注

祈祷。当我们再次睁开眼睛的时候，我们有的是《圣经》而你们有的是土地……”

这勾起他一连串的回忆：“在种族隔离统治时期，我一直拒绝去南非，尽管我收到了无数次的邀请。我的拒绝是公开的[1]……”

在我随后一次和科雷兹前议员的访谈中，我尝试就这一积极投身反种族隔离的事迹了解更多：

“谁可以证明您的参与？”

“曼德拉……”

“他当时在监狱。还有别人吗？”

“戴斯蒙德·图图应该也可以。”

“在摩洛哥，您有一个联络人吗？”

“他是摩洛哥国王，他不求回报。他从一开始就支持非国大。国王的私人财产很多，他出资给非国大；他认为给的钱越多越好……他建立了一个资助非国大的人员网络。也正是出于这个目的他选择了我……我记得当时的南非总统，应该是沃斯特[2]，对我们的部长们施加了无数的压力，为了让他们出访南非。一些法国部长接受了邀请。我也收到了邀请……南非的领导人想让大家相信种族隔离制度并不存在，或者说让大家认可这样的制度是正常的。我拒绝去南非。我公开明确表达了我的态度，*urbi et orbi*[3]，只要种族隔离制度还存在，我就不踏足南非……曼德拉获释几年后，在一次很友好的简短演讲中，他证实了在种族隔离制度肆虐期间，我的确从没去过南非。”

---

1 1998年6月25日，在一次法国总统招待纳尔逊·曼德拉的晚宴上，雅克·希拉克宣称：“近40年来，我的脚步把我带到四面八方。但我从来没有去过你的国家。恰恰是因为过去你所在的不是你的国家。因为，在你父辈的土地上，人们拒绝给你和其他人公民权和人权。因为在那里，想站立着前进依然是一场斗争。”

2 沃斯特（Balthazar Johannes Vorster，1915-1983）：南非政治家，曾任南非总理（1966-1978）和总统（1978-1979）。——译注

3 拉丁语：对罗马并对全世界（罗马教皇举行普世降福仪式时用语），此处指昭告天下。——译注

2 “共和国的小丑”

如果说有一个政治家是法国人自认为熟悉的，那就是雅克·希拉克。身为总统，他已经在法国的政治舞台上勤勤恳恳地耕耘了四十年。记者们写了成千上万篇报道他的文章，数以千计的电视新闻、节目、人物访谈，关于他的书就出版了不下两百种，要几届历史学家才能梳理清这大堆的资料。但是这一探究对了解近几年来这些著述的舆论导向毫无用处：众口一词，令人绝望的千篇一律，绝对的默契。近期写雅克·希拉克的书全是微词。只要是关于总统的，不管是在文章中也好，在电视台或电台的演播室也好，一个坏笑让正在说话的记者的脸阴沉下来。总统得不到重视，或者说不能被认真对待。他成了法兰西所有不幸的替罪羊，法国政治中的果尔德斯坦因[1]，乔治·奥威尔[2]的小说《1984》中象征了绝对之恶的人物的名字。所有的评论家，不管是右派、左派或中间派，都见证了在他们看来显而易见的一个事实：雅克·希拉克就是空洞本身。他的规划和一个词、一个数字可以等同，那就是：零。

---

1 小说《1984》中的人物。传说中革命的敌人，早年大洋国社会主义革命的领导者之一，后来背叛革命成为革命的敌人。——译注

2 乔治·奥威尔（George Orwell，1903-1950）：原名艾里克·阿瑟·布莱尔（Eric Arthur Blair），英国左翼作家，新闻记者和社会评论家。代表作《1984》（1949）以辛辣的笔触讽刺了泯灭人性的极权社会和追逐权力的人，堪称世界文坛政治讽喻小说的经典之作。——译注

我夸张了？没有，我说的都是实话。如果说自从《费加罗报》的记者保尔·吉尔贝尔[1]去世后，媒体一致对希拉克倒戈相向，几个写手乘机借所谓的总统不称职为名打造了一个小人形象，不仅赚足了名声，还得到了相应的丰厚版税，发表的文章标题似乎是以偏激来排序的。几本畅销书，甚至还有一部卖座的电影，描绘了一个和专制一样古老的政治法庭的地盘：在那个法庭，无论什么时候，被告（或者辩护人）都没有表达反对或者仅仅是要求缓和一下专横的指控；在那个法庭，被告的任何一个动作、决定和想法都不被放过。在思想界委婉成风的文明时代，关于希拉克的论著，一直以来被认为是有益的、勇敢的练习——见鬼，他"还霸着"爱丽舍宫——却满纸都是过激、抨击的檄文。就希拉克这一情况，痛斥和辱骂似乎是当前的风气使然。

以德尼·让巴尔[2]为例，四十年的记者生涯，我们的作者都在为自己打造一个中庸、革新、理性的形象。我们甚至还猜想他保留了一定的思想自由，这在巴黎社论中已经成了非常罕见的品质。而他的上上部新闻作品[3]，勇敢地以《被告希拉克，起立！》[4]为题，不仅见证了他对诉讼控告本身的过度热衷，还让人感到这位和蔼甚至有些腼腆的人已然跌进令人无法想象的语言的阴沟里去了："这位唐璜（当然此处指的是希拉克）自以为魅力无人可挡，自称迷倒国家就像迷倒女人一样：一切都在三分钟内搞定。"

这样，人们就会以为希拉克的政绩一无是处，非常一无是处，极度一无是处。人们不停地创造最高级的贬义词来形容。总统不仅是个骗子，他还是个"超级骗子"。在记者埃里克·泽穆

1 保尔·吉尔贝尔（Paul Guilbert，1932-2002）：法国著名记者，曾任《费加罗报》主编。——译注

2 德尼·让巴尔（Denis Jeambar，1948- ）：法国记者和社论作家。——译注

3 德尼·让巴尔于2006年9月离开《快报》，去瑟伊出版社做负责人。

4 *Accusé Chirac, levez-vous !*, Le Seuil, septembre 2005.（《被告希拉克，起立！》）

尔[1]的默契配合下，卡尔·泽罗[2]打造了一部纪录片[3]……打入国家领导人的大脑！他所报道的事实对他而言都是难以容忍的。希拉克走遍法国，脑子里想的是“多握一只手，就是多赢得一张选票”。他向来言行不一。他先前长期是汽车驾驶者、甚至是“马路杀手”的律师，后来才投身鼓吹道路安全的运动。他先大肆攻击、之后又极力赞同欧盟。他一生都在维护农民和农村的利益，而他本人却钟爱城市，只有在奢华的府邸里呆着才觉得舒服自在。跟很多朋友许诺了职位，随后就把他们抛诸脑后。“犬儒主义就是激励他的准则”，让巴尔这样肯定道。弗朗兹-奥利维埃·吉埃斯贝尔[4]写他是“无能的装腔作势者”、“虚伪的王子”、“阴谋诡计之徒”。为了攻击希拉克，《快报》和《观点报》一起联手，此外绝大多数的媒体也如出一辙。

希拉克不仅仅是一个无法无天的骗子，他还是一个不称职的公证人，资深的社论作者们对我们这样肯定道。我们国家所有不对头的地方都归咎于他，这说的可不是小事。法国“深不可测的”负债？希拉克的错儿。助理职务普及化？希拉克的错儿。（不正是他创办了法国国家就业总局吗？）无力在国内推行改革？希拉克的错儿。因为，就像弗朗兹-奥利维埃·吉埃斯贝尔写的，他是一个“受过挫折的心理僵化者，最终说服自己法国不能承受任何革新[5]”。欧盟的搁浅？还是希拉克，他想方设法让一场原本稳操胜券的全民投票败北。勒庞势力的上升？希拉克，

1 埃里克·泽穆尔（Eric Zemmour，1958-）：法国著名记者，社会学家。——译注

2 卡尔·泽罗（Karl Zéro，1961-）：法国著名电视节目主持人。——译注

3 指的是卡尔·泽罗和米歇尔·卢瓦耶（Michel Royer）导演的法国纪录片《希拉克正传》（*Dans la peau de Jacques Chirac*）。该片是希拉克四十年政治生涯电视档案纪录片的剪辑片，也是国家元首的一个假的告白，堪称“未经批准的总统自传”。——译注

4 弗朗兹-奥利维埃·吉埃斯贝尔（Franz-Olivier Giesbert，1949-）：法国作家和记者。世界知识出版社于1995年翻译出版了他的《希拉克传》，新作《总统的悲剧》亦被译成中文，2007年6月以《希拉克传1986-2006》为书名由同一出版社推出。Franz-Olivier Giesbert, *La Tragédie du président, scènes de la vie politique*, Flammarion, 2006.（弗朗兹-奥利维埃·吉埃斯贝尔，《总统的悲剧，政治生涯的舞台》）——译注

5 同上。

希拉克，让巴尔痛斥道[1]。第五共和国制度的退化？总是希拉克的错儿。

希拉克，即“不负责任”。埃尔维·加特尼奥[2]花了三百页去解释这位国家领导人如何“集不负责任之大成——司法的和政治的——就像恬不知耻的无清偿能力的分销商[3]”。

希拉克，最终成了共和国的“骗子”。在一本四百五十页厚的指控书[4]中，让·蒙塔尔多[5]为我们提供了“物证”：一张1993年希拉克使用过的巴黎—纽约的飞机票的复印件，钱是现金支付给一家旅行社的。这就足以打造一本畅销书，主要以关于巴黎大区各大政党的财政诉讼笔录为素材。这本书质疑了我们所有的政治领导人，还好没把总统放在宪法公诉人的位置上。四十年的政治生涯，雅克·希拉克仅仅只有一次、或者两次动了歪脑筋？有什么不正当的理由或者只是出于偶然，他四十年来在被别人认为是歧路的政治道路上走岔了？显然不是。在四百页的《总统的悲剧》中，吉埃斯贝尔在伊拉克问题上甚至没有对希拉克提一个谢字！在他看来那不是一种积极的介入，只是一种盲目的行为。自诩“当下的历史学家”的社论作者们不能承认雅克·希拉克有任何一样功劳。他们为何要惩罚他，为何要报复他？我不知道。

不管怎么说，对大家而言，希拉克确确实实代表了“法国的衰败”。这一发现是弗朗兹-奥利维埃·吉埃斯贝尔用一本他基于十二年时间和法国政坛的风云人物，包括希拉克本人的“知心话”而创作的书灌输给我们的。在总统掌权的时候写过那么多

1 “勒庞，这是希拉克执政的后果，这是他政绩终结的最后一行。”见《被告希拉克，起立！》，同前。

2 埃尔维·加特尼奥（Hervé Gattegno）：《世界报》记者。——译注

3 Hervé Gattegno, *L'Irresponsable, une présidence française, 1995-2007*, Stock, 2006.（埃尔维·加特尼奥，《不负责任之徒，执政法国1995-2007》）

4 Jean Montaldo, *Chirac et les quarante menteurs*, Albin Michel, 2006.（让·蒙塔尔多，《希拉克和四十骗子》）

5 让·蒙塔尔多（Jean Montaldo）：法国作家，《巴黎竞赛报》的专栏记者。——译注

篇文章吹捧他的人物专访记者，在他政治生涯的暮年，却到地狱中去寻找恶毒的话语来诋毁他。希拉克成了“一个乔装成总统的老幽灵，法国衰败的掘墓人，窝囊废头头儿，因为法国人从此就是这样看待他的。”尽管弗朗索瓦·密特朗有一天曾说过弗吉[1]的“引号用得很随意”，他的抨击文章还是受到了媒体的一致欢迎[2]，成了一本热销书。至于有几个胆敢指出这本对法国右翼政党进行辛辣批判的书唯独姑息了一个人——尼古拉·萨科齐[3]的无耻之徒，显然，他们是出于对弗吉成功的嫉妒。

就这样，我们知道了希拉克的一切。让我们把他的尸体留在历史上，翻过那一页吧！

我的这本书源自一个悖论的假设：如果，我们对希拉克的了解并不是那么深入，甚至浮于表面？如果希拉克故意让那些他丝毫不放在心上[4]的传记作家们和他的真实人格错肩而过？我感觉到了读者的怀疑。那么，就让我们从头开始吧。开始是一个怀疑。起初是一丝淡淡的怀疑。这本书就是由此而展开的……

自从1995年以来，雅克·希拉克成了“我的”总统。1995年我没有投票选他。但作为一个好公民，我毫不犹豫地接受了选举箱的裁决。除了我的个人原则以外，1995年5月17日，在政权交接的时候，希拉克对待前任的谦谦君子风度也让我对他的接受变得容易，他热情地陪密特朗上了汽车。几个月后，我和几百万法国人一样，被他在密特朗去世之际所流露的缅怀之情所感动。当时他说过一句话，很多人都没在意，但这句话深深地印在我的脑海里：“只有他真实的和他为法国所做的一面才是重要的。”

这一温和的民主交替现象益发增添了我对他的敬意，这位由

1 FOG（弗朗兹-奥利维埃·吉埃斯贝尔的简称）。——译注

2 除了莫里斯·斯扎法兰在《玛里亚娜》周刊上的那篇著名的文章。

3 尼古拉·萨科齐（Nicolas Sarkozy，1955-）：法国政治家，2007年当选法国总统。——译注

4 总统坚持不看那些写他的文字。

法国多数人选举出来并因此不仅成了国家代表还成了永恒法兰西的象征的人物。2002年，和两千五百万法国人一样，我自然而然地在第二轮选举中选了希拉克。那并不单单因为在我内心深处想抵制勒庞，还因为在希拉克的第一个七年任期中，我已经确信他是一位彻底的反种族主义者，确信他绝对不会从根本上质疑我们的社会模式。最后，尤其还因为我知道他会把法国的声音洪亮地传递给世界聆听。

在他第二个任期即将结束之际，报亭和书店的门面上铺天盖地都是对他的不满，对他辛辣的评判，对他恣意的指责。希拉克，人们以你的名义或者以巴黎法庭的名义砍了多少树来毁掉一位据称让法国浪费了十二年的国家领导人啊！再一次，传媒这台大“机器”连轴转，却因此偏离了它的第一使命——人们忘了它是以真实为己任的。骗子、超级骗子、头脑不清楚、不负责任之徒等等，但对国家领导人而言，没有什么辱骂、没有什么过分的言词足以毁名败誉，尽管他的职责剥夺了他所有回应这些谩骂的可能。各大报刊竞相发挥想象要把他往泥潭里拖。赋予自己恣意亵渎的权力是多大的快乐啊！多高兴可以通过诋毁法国头号人物来显露自己的勇气！对年轻一代而言，这是多好的标榜独立的楷模，在已经被当作活死人来介绍的总统身上扔上最后一锹土！

这些以记录当下的历史为名的报复性文字又为当下的历史带来了什么？是出于什么缘故大家不遗余力要定他的罪？处处发起的都是同一种分析的论调，全都是从道德标准出发去衡量的，而不是从人们原本自然而然会想到的效率准则，因为要给一个实干的领导人做总结。最关键的，人们看待希拉克的两届任期的政绩依据却是巴黎市政厅的那些“事务”。而这些“事务”都是1995年以前发生的，和其他上个世纪八十年代以来就没间断过的政治财政支出问题没有任何区别。雅克·朱利亚巧妙地把这些“司法审判上的偏移”指向“无产阶级专政，过去它是所有‘激进’思想的期待视野，现在正慢慢被道德专政所取代，‘政治上不犯错误’不过是它的现代版本”。[1]

但让我们思考一下：怎样才能在出版的疯狂抨击中脱身、做一个理想的政治家？那就得整个一生都坚持同样的思想，不受其行动当时的形势所左右，也就是说不为任何性质的内部或外部的改变所动，换言之，不为任何本国或者世界其他国家的历史所动。复杂和矛盾，在人类其他活动领域得到那么多的称颂，在政治领域却成了名副其实的污点。当代奇特的政治道德倾向是：每一个决策、每一个行动、每一个昨天或者前天的声明都要受到今天的审判和评价！

我从来都没有把雅克·希拉克看做是我一直身在其间的左翼阵营中人，尽管他所做的、尤其是他所没有做的一切都颇似左翼。但是，就在他第二个任期结束的时候，我应该承认集中到他头上的种种攻击并没有损害他在我政治账簿上的可信度。他在爱丽舍宫的政绩对我而言始终都是值得肯定的，因为人们不由地会想起他的一项军事举措：拒绝派遣法国士兵去伊拉克。同样我不能不注意到他在法国和对外的立场多半还是会让我为身为法国人而自豪的。

巴黎各大报刊对任期告罄的总统所发泄的仇恨让我的思绪回到了1994年，感人的回忆，当时媒体也是这样对待第二个七年任期即将结束的衰弱、患病的弗朗索瓦·密特朗的。我依然记得自己读到1994年9月10日《世界报》上发表的一篇题为“国家领导人的癌变已经到了‘无法预料’的地步”的文章时所受到的震动，从所谓的“国家领导人的医护人员”那里得到的消息出发，两位作者，

1 Jacques Julliard, « Pour en finir avec la VO », dans *Le Nouvel Observateur* des 19-25 octobre 2006.（雅克·朱利亚，“和原版作个了断”）

让-伊夫·诺和弗兰克·努奇，尽力用最耸人听闻的术语来描写疾病可能的恶化，仿佛是扒光了垂死者的衣服把他赤裸裸地示众，之后再了结他。

显然，2006年春发表的无数文章同样明确或不明确地表示了要“了结”总统希拉克的目的。这些攻击不仅和我的人道主义理念相抵触，也和我关于共和国的构想以及一种审慎的态度相违背，后者让我在面对已经被打倒在地的宿敌时更想跑过去救他而不是落井下石。所有这些攻击都是无法忍受的、荒诞的，因为那些观看希拉克日薄西山的人没有意识到，他们一旦越过了理性批评的界限，无疑是打了自己一个嘴巴，因为他们中大多数人和广大法国民众一样，在2002年4月把选票心甘情愿地投给了庄严崇高的希拉克。

当我还在浮想联翩的时候，我偶然在2006年6月3日星期六的《解放报》上读到热拉尔·勒弗尔的一篇题为“可怕的希拉克”的文章。总统在文中被当作是“共和国的小丑”。这个称谓让我难以下咽。也就是说我们不止两千五百万的法国人选了一名“小丑”，换言之，我们自己也是曾经被一个“贬值的、信誉扫地的、过早失势”的大傻瓜领导的“小丑”的民众，那个“小丑”戴了助听器依然耳目不聪、只配“考虑退休去干娱乐歌舞节目主持人，让他在人民运动联盟（UMP）的老年人晚会上逗乐，发挥他所不为人知的喜剧天才……”

尽管我不停地对自己说批评是自由的，嘲讽也一样，但就在这个时候我产生了要回应这类文章著述的念头，因为它们过分夸张的言论让我忍不住想说话。

回应，那是一定的，但如何回应？我首先裹足于我自身的矛盾之中。以左派人士著称的我旨在为雅克·希拉克平反的行为显然会让我百分百地被当作是左派阵营的叛徒，甚至会被当作一株庸俗的墙头草……但这份迟疑很快就被扫除了：我怎能因为个人形象问题而牺牲指引我所有求真的调查研究的原则？慢慢地，以我自己的观点打造勒弗尔所谓的“共和国小丑”的念头在我的脑海中扎根，而为了实现这个目的，就得说服雅克·希拉克向我敞开心扉，就像过去弗朗索瓦·密特朗[1]所同意做的那样。我花了几天时间去习惯自己必需也必然要会见希拉克的想法。我的直觉告诉我此人和他从七十年代以来所建立的形象之间几乎没有任何关系。而我必须去验证它。

我给一个朋友打了电话，我知道他和爱丽舍宫有来往。我跟他解释了我的计划，而且特意跟他明确地指出这些会谈的结果取决于总统“参与游戏”的意愿的多少。几天后，我得知我的计划引起了一些兴趣。6月8日，弗雷德里克·萨拉-巴鲁[2]，爱丽舍宫的秘书长，约我16日星期五傍晚见面。我们谈了近三刻钟。在最终谈到我来访的目的之前，我们谈了谈历史，关于让·穆兰[3]，他和戴高乐的关系，关于贝当元帅，关于蒙面团[4]，关于马丁医生[5]，所有我在不同的书里探讨的主题。他说他了解我的工作方式，他认为“总统对一项严肃认真的研究没有任何好担心的”。但他又补充说，“唯一真正的困难在于希拉克自己，他一直是个谜。让他倾诉可不是件容易的事……他从来不谈论自己”。会谈以我的对话者接受尝试去说服希拉克跟我谈话而告终。克洛德·希拉克，在我们会谈快结束的时候加入进来，表示了同样的态度。他们允诺过了周末会给我一个答复。

在等待总统决定期间，我选择让自己沉浸在雅克·希拉克的

---

1 Pierre Péan, *Une jeunesse française, François Mitterrand, 1934-1947*, Fayard, 1994.（皮埃尔·佩昂，《弗朗索瓦·密特朗的青春年华，1934-1947》）

2 弗雷德里克·萨拉-巴鲁（Frédéric Salat－Baroux, 1932-）：前爱丽舍宫的秘书长。——译注

3 让·穆兰（Jean Moulin，1899-1943）：法国抵抗运动和二战期间的重要政治人物。——译注

4 蒙面团（Gagoule）：报纸、舆论界对法国革命行动秘密委员会（comité secret d'action révolutionnaire）的称呼，这一极右的地下恐怖组织成立于1935年，旨在以一切方式扼杀共产主义。——译注

5 蒙面团的创始人之一。——译注

世界里。那一周——凯布朗利博物馆[1]开幕——对我的这一练习而言可以说是天赐良机。

6月20日星期二，国家领导人第一个到达博物馆，看到从他第一个任期开始就和他的朋友、艺术商雅克·盖尔沙什[2]一起着手设计的作品完工，他没有掩饰自己“巨大的欢乐和激动”。开幕仪式那天，让·努维尔[3]的美丽建筑完工，三千五百件展品到位。容光焕发，总统很高兴能和大家分享他对多贡人的雕塑、宁巴人的（D'mba）面具、哥伦布发现新大陆以前的小雕像的热衷。宾客显然都是精心挑选的，但是选择的标准既不是外交的也不是政治的。是心灵的选择占了上风，而不是理智的选择。因为嘉宾显然是由“他的”圈子的代表组成的：科菲·安南[4]，联合国秘书长；丽塔伯塔·孟珠[5]，诺贝尔和平奖得主；阿卜杜·迪乌夫[6]，法语国家联盟秘书长；艾黎亚纳·卡尔普[7]，哥伦比亚总统阿勒让德罗·托莱多的夫人；玛丽-克洛德·加巴乌[8]，喀里多尼亚卡纳克社会主义民族解放阵线[9]前主席的遗孀；保尔·奥卡里克[10]，纽纳瓦特省自治区的年轻的总理；还有大人

---

1 也称“原始艺术博物馆”、“原初艺术博物馆”、“远方艺术博物馆”、“他者博物馆”，是希拉克1996年倡议、2006年建成开放的非西方艺术博物馆。——译注

2 雅克·盖尔沙什（Jacques Kerchache，1942- ）：法国著名古董艺术专家，巴黎原始艺术博物馆顾问，曾举办众多很有影响的五洲艺术展，如《非洲雕刻》、《20世纪原始主义》、蓬皮杜文化中心的《毕加索与非洲》，纽约现代艺术展等。——译注

3 让·努维尔（Jean Nouvel，1945- ）：法国著名建筑设计师。——译注

4 科菲·安南（Kofi Annan，1938- ）：前联合国秘书长（1996-2006），2001年诺贝尔和平奖得主。——译注

5 丽塔伯塔·孟珠（Rigoberta Menchu，1959- ）：危地马拉诺贝尔文学奖得主，1983年著有自传《我，丽塔伯塔·孟珠》。——译注

6 阿卜杜·迪乌夫（Abdou Diouf，1935- ）：塞内加尔政治家，1981年1月1日任总统，1983、1988、1993年三次连任。——译注

7 艾黎亚纳·卡尔普（Eliane Karp）：秘鲁共和国总统托莱多的夫人、比利时籍的经济学家和人类学家。——译注

8 玛丽-克洛德·加巴乌（Marie-Claude Djibaou）：1989年遇害的喀里多尼亚卡纳克社会主义民族解放阵线前主席的遗孀。——译注

9 FLNKS：卡纳克社会主义民族解放阵线（Front de Libération Nationale Kanak Socialiste），1984年建立，由卡纳克解放党、喀里多尼亚社会主义党、喀里多尼亚联盟、美拉尼西亚进步联盟组成。——译注

10 保尔·奥卡里克（Paul Okalik，1964- ）：加拿大政治家。——译注

类学家克洛德·列维-斯特劳斯[1]，让·马洛里，探险家——希拉克把他介绍给科菲·安南，因为他支持探险家保护“鲸鱼通道”，巨大的鲸类在白令海峡安放颌骨、头颅和骸骨的圣地——还有雅克·盖尔沙什的遗孀和两个女儿，他深情地拥抱了她们。

媒体只是摘选了他演讲的零星片断。我倒是出于好奇——我承认的确是第一次，这样的念头占据了我的脑海——阅读了全文。我发现自己惊讶、错愕、着了迷。演讲仿佛是对地球上所有人发出的一个爱的宣言，建立在平等和鼓励对话的缜密的纲要上……我是不是在碰面之前就已经被我要书写的对象所打动了？不过，还是读一读这篇文章吧，然后闭上眼睛：这篇雄辩的理想化的演讲和十年来媒体为我们描绘的希拉克的形象有共同之处吗？

“当世界上各民族史无前例地交融，必须要设想一个文化多样化之所以成为可能的起源之地，一个呈现非洲、亚洲、大洋洲和美洲人民聪明才智的另一种视角的地方（……）法国要对这些历史上曾遭受过那么多蹂躏的民众致敬。这些被贪婪、野蛮的征服者所粗暴灭绝的民众。这些被侮辱、被歧视，甚至被否认他们也有自己历史的民众。这些今天仍然常常被现代化无情的进程所边缘化、弱化、所威胁的民众。这些至少希望看到他们的尊严得到修复和承认的民众。（……）我们的做法是拒绝种族中心主义，拒绝西方自以为自己是人类命运的唯一承担者的这一不理智、也无法让人接受的想法。我们也排斥这一认为某些民族就像僵化在人类进化的低级阶段，他们所谓的“原始”文化只配作为人类学家的研究对象或者是西方艺术家的灵感源泉的错误的进化论论调。这些都是荒谬的、令人震惊的偏见。应该打破这些成见。因为在不同民族之间并没有等级之分。首先是出于这一信念，禀着对世界上不同文化同等的尊重，我们创建了凯布朗利博

1 克洛德·列维-斯特劳斯（Claude Lévi-Strauss，1908- ）：法国文化人类学家，结构主义人类学的代表人物之一。——译注

物馆。(……)”

“通过展示存在行动和思想的其他方式，万物生灵间存在着其他关系，世界有其他的联系，凯布朗利博物馆赞颂人类作品丰富、迷人、美妙的多样性。它表明没有任何一个民族、任何一个国家、任何一种文明可以穷尽、囊括人类的全部才智。每一种文化都以自身的美和真丰富全人类的文明，只有在他们不断更新的表达中才能隐约看到把我们凝聚在一起的大同世界的图景。多样性是我们今天所最需要保护的财富。在全球化的背景下，一方面，人类依稀看到团结统一的可能，空想主义者的世纪之梦今天已经成了我们命运的许诺。但同时，一体化随着全球发展的市场法则也得到了蔓延。然而，谁没有看见在全球化的进程中只会加剧身份认同危机的同一化趋势足以引燃致命火灾的危险？面对我们技术成果和科学知识的飞速发展所提出的难题，谁没有感受到伦理道德上一种新要求？当我们在摸索、寻找一个可以保护我们环境的发展模式的时候，谁不在找寻对人类、对自然的另一种目光？这也是这座博物馆存在的本质。面对同一化黯淡的、让人忧心忡忡的统治，树立起各民众、艺术之间无限多样化的旗帜。提供想象、灵感、梦想来打破不再好奇的慵懒。把这些文化间的相互作用、交流呈现给大众，这种文化间的交流，仍借用克洛德·列维-斯特劳斯的话来形容，它从未停止过把维系人类命运的子孙后代紧密联系在一起。提倡消除隔膜、开放和互相理解，反对认同冲突和封闭隔离的逻辑。把世界上所有致力于推动各文化和文明间相互对话的男女老少汇聚起来。这个理想，法国也完全把它视作自己的事业……”

这座他那么成功地宣告成立并做了阐释的凯布朗利博物馆可以被看做是他的“杰作”、他想留给后人的印记，它超越了文化领域，也是他的政治遗嘱，可以让后代了解他的世界观。从这一刻起，我必须从这一被我称作雅克·希拉克的“遗嘱”出发去提出我的第一批问题，如果总统最终同意接见我，由此去参透是把他引到这一“博物馆书写”的动机，人们很乐意把他说成不会写东西，哪怕是写再小的一份政治计划。

凯布朗利博物馆于6月24日星期五向公众敞开了大门。这一天，参观者排队排了有三百米长。国家领导人的创意正在成为公众的热点。而对此，显然，在《世界报》上没有一行字提到，不过有另一篇题为“希拉克，缺席”的文章，附了一张照片，似乎是为了鼓励读者不劳神去读接下来两页充满恶意的文字。这两页文字提到的是一位“苍老、衰弱、疲惫”的总统，“就像若斯潘[1]预言的那样，（……）一个开小差的缺席者”，需要每时每刻都查看他的卡片的人，哪怕是简单的问好致意。此文的作者，贝阿特利丝·居雷，试图勾勒一个不再有任何思维能力的人的形象：“他记不得名字、日期、常用语”，由此暗示他不再胜任执政之职。但同时，或许是恢复了公允的态度，她在文章的第二部分强调了总统繁多的事务和对当前形势极其清醒的认识：“他是极少数明白由贫穷、日益加剧的贫富悬殊、不惜一切代价想避免穆斯林和天主教徒之间的对抗所产生的紧张局势的人。或许他是他所在的阵营中唯一一个对只围绕资本金融经济利益而运转的世界所面临的灾难有清晰认识的人。”

“缺席”，“苍老、衰弱、疲惫”，国家领导人并没有在周五晚上就结束他遗嘱式的一周。周末，他做了极富象征意义的事。在杜奥蒙[2]，他向凡尔登战役中阵亡的十六万名法国本土和海外士兵表示了敬意。他向第一次世界大战期间为法国而阵亡的七万名旧殖民地士兵——摩洛哥步兵，塞内加尔、阿尔及利亚、

1 若斯潘（Lionel Jospin，1937- ）：法国政治家。1971年加入法国社会党。1995年代表左翼竞选总统失利。1997年率领社会党赢得国民议会选举胜利。2002年大选失利随后退出政坛。著有《创造可能》。——译注

2 杜奥蒙（Douaumont）：法国凡尔登地区的市镇。第一次世界大战的战场，建于1932年的杜奥蒙埋尸堂埋有三十万名死难士兵的尸骸。——译注

突尼斯狙击手，马达加斯加、印度支那、亚洲和大洋洲的士兵致以了特殊的敬意。之后他为一座为纪念死于凡尔登的穆斯林士兵而修建的清真寺举行了落成典礼。在向法国的穆斯林表达过谢意之后，他在一座犹太人死难纪念碑前默哀。最后他走进了杜奥蒙埋尸堂，双刃剑形状的石头纪念碑庄严地插入大地，树木已经覆盖了曾经被三千七百万发炮弹蹂躏的田野。他的演讲追忆了让凡尔登成为"二十世纪第一场悲剧"的"三百个日日夜夜"。他邀请人们"直面"法国历史的这一页，提到菲利普·贝当，"凡尔登的战胜者"，却在1940年6月成了那位"以往的荣誉都被作出了停战选择和附敌的可耻行径所抹煞的人"。雅克·希拉克同样也向在凡尔登阵亡的三十万名德国士兵表示了敬意，强调法德两国的和解今天已经"完全达到了"，正是这一和解确保了此后欧洲的和平建设。

在我第一次和爱丽舍宫约见前，我已经让自己和人们常常用来形容总统的那个没有文化的烦躁症者、小牛头的饕餮者、科罗纳[1]的暴饮者、好色之徒、政治墙头草的形象保持了距离。但我也很清楚我想投身去做的事情的局限所在。雅克·希拉克的前任有一天曾说过："人的隐秘在我看来就像是一间布局繁复的巨大的房间"，我完全同意他对描绘"一个人内心、他的感情和思想的演变"的可行性所持的怀疑态度。除了窥破他者真相的不可为外，显然还要加上和传记作家工作本身联系在一起的发掘隐秘的不可为：传记作家收集某个人一生的碎片，他或多或少都会无意识地在他者的生活中寻找自己的生活或者自己憧憬的生活中的点滴……在这些已经让人不堪重负的不可能上还要加上几千页的辛辣评判，被扭曲的形象描绘、可疑的传记，它们围绕在我要书写

1 希拉克喜欢喝的一种西班牙啤酒。——译注

的人物周围，让我小小的尝试变得越发艰难。

某些见证者或传记作家的思考多多少少打消了可能会让我束手束脚的顾虑。几万页涂黑的纸张都一无所获：到现在为止，还没有人能成功地刺探“希拉克的隐秘”。多米尼克·德维尔潘[1]曾给拉法埃尔·巴克[2]一个建议：“从他的根基、他的参照、他的家庭去寻找！”以了解总统心思著称的阿兰·朱佩[3]本人也向他承认了自己的困惑：“这是个复杂的人，他几乎从来不谈自己，只在行动中实现自我。”格扎维埃·艾玛纽艾里[4]以为在他身上识破了“一种可以追溯到很远的深深的忧伤。但他本人是不是意识到了？”贝尔纳·比约[5]在市政厅做了他多年的顾问，后来是他内阁的主管，也这样写道：“不可能刺探他的秘密，他把自己封闭在其中并小心翼翼地守护着。”让-马克·莱什向安妮·富尔达[6]保证：“还没有人找到破解的密码。”在一部长达三个多小时的资料片[7]的结尾，帕特里克·罗特曼[8]承认“希拉克的隐秘”依然是完整无缺的。当我第一次和爱丽舍宫约见的时候，一个雅克·希拉克的前顾问也滔滔不绝发了同一通论调：“很难去窥探。这样的尝试让人感觉是走进了一个迷宫……他对别人发自内心的关注成了他不可思议的盾牌。”最终，雅克·希拉克自己也写过这样的话，他把自己的情绪和内心的动力保留给自己：“谈论自己不

---

1 德维尔潘（Dominique de Villepin，1953- ）：法国政治家。1995年他在希拉克竞选总统的过程中参与了所有关键的竞选工作，同年5月协助希拉克竞选总统成功后任总统府秘书长，2002年5月任外交部长，2004年3月任内政和国内治安部长，2005年5月出任总理，2007年5月辞去总理职务。——译注

2 拉法埃尔·巴克：下列书的作者。*Chirac ou le démon du pouvoir*, Albin Michel, 2002.（《希拉克或政治恶魔》）

3 阿兰·朱佩（Alain Juppé，1945- ）：法国政治家。1995-1997年5月曾任法国总理，2007年被总统尼古拉·萨科齐任命为生态、可持续发展整治部长。——译注

4 艾玛纽艾里（Xavier Emmanuelli，1938- ）：法国政治家，1971年“无国界医生”组织的创建者之一，1993年创建社会医疗急救组织。——译注

5 贝尔纳·比约：下列书的作者。*D'un Chirac l'autre*, Editions de Fallois, 2005.（《他者希拉克》）

6 安妮·富尔达：下列书的作者。*Un président très entouré*, Grasset, 1997.（《前拥后簇的总统》）

7 2006年10月2日和24日在法国电视二台播出的两集资料片《年轻的狼》（*Le Jeune Loup*）和《年老的狮子》（*Le Vieux Lion*）。

8 罗特曼（Patrick Rotman，1949- ）：法国历史学家，导演。——译注

是我喜欢做的练习。”《大家的法兰西》[1]就是这样开篇的。他在《希望之光》[2]中说明了他的理由：“不想批评任何人，我一直对把自己年轻时代的回忆、个人情绪和国家问题混为一谈很反感，好像两者有着同等的重要性。”我已经事先被告知：希拉克把他的过去上了锁，“尽管秘密接收者煞费苦心，通常他都守口如瓶。”

“我感到”，他这样写道，“谈论自己的无能，我不能从容自若地表白或申明（……）我单纯地相信没有人会对我的情绪和我的内心活动感兴趣，这让我在想表露自我的时候打住话头。”

因此找到认识真实的希拉克的钥匙对我而言并非易事。意识到了此行的种种局限，主要倚重他本人的坦言，我至少尝试去勾勒他和现实错位的形象，在四十年的巅峰政治生涯之后，成功地保持谜一般的姿态，包括对那些因为没有猜到谜底而把他涂抹成恶的化身的人。

2006年7月1日，我和爱丽舍宫的陌生人有个约会。

---

1 Jacques Chirac, *La France pour tous*, Nil Editions, 1995.（雅克·希拉克，《大家的法兰西》）

2 Jacques Chirac, *La Lueur de l'espérance : réflexions du soir pour le matin*, La Table ronde, 1978.（雅克·希拉克，《希望之光：为了黎明的黑夜之思》）

I

从凯布朗利博物馆到希拉克隐秘的一面

从逃学到吉美博物馆

接待是殷勤有礼的[1]。总统告诉我为什么他同意接见我，我知道这和我的书《青春年华》有关。他从弗朗索瓦·密特朗那里得知此书是“忠实”的。我把我的计划讲给他听。我发现他对针对他的种种攻讦表现得异常安详。谈到弗朗兹-奥利维埃·吉埃斯贝尔的新书时他非常宽容，只是说“他自以为是我最好的朋友。”他用了“天真”一词，然后问我需要多少时间会谈。

“我不能很精确地答复您，但我想二十几个小时应该够了。”

“我会抽出所需的时间的。”

我以为第一次见面就此结束了。但他看了看手表，说他可以谈到十二点半，“先热热身”。我于是赶紧尝试去了解他投身原始艺术并激励他创建凯布朗利博物馆的热忱。

我所就座的扶手椅不方便做笔记。总统也注意到了，他解释摆放在他前任办公室的更舒适的扶手椅是为何又是如何被更换掉的。1995年，弗朗索瓦·密特朗在离开爱丽舍宫前要求多给他几天时间。

“我自然是答应了他的请求……当我到达爱丽舍宫的时候，他坚持要陪我走到日后的办公室。我大吃一惊，我认不出它原先

1 2006年7月1日。

摆放了包林[1]设计的家具时的样子了……”

“这让你惊讶？”他问我。

“……”

“我坚持要把戴高乐将军离开时的办公室原封不动地留给你。”

雅克·希拉克立刻跟我解释说他的前任亲自费心这一重新布局让他很是受用。

短短几句话，国家领导人刚刚向我透露了他和前任之间的密切关系，还有他对前者通过这一象征手法所传递的信息的接受。他显然刚刚给我了第一把微微开启他的秘密百宝箱的小钥匙。好像他确保我已经记录下他的思想了，他这才把目光转到路易十五的办公桌上，镶嵌着粉色和紫色的细木，上面是红色的摩洛哥皮，他在这张桌前已经工作了十几年了；他用手指了指两盏镀银的球状灯，路易十八风格，他说在他1974年第一次任总理的时候曾经拥有过几天这两盏灯。但是吉斯卡尔之前见过它们，没有打声招呼就派了人过来拿走了。希拉克当时做出要阻止的样子，但他听到陌生的使者对他说：

“您别无选择，这是共和国总统的命令。”

如果他自愿接受把他和戴高乐、密特朗维系在一起的记忆的线索，他显然排斥所有和吉斯卡尔的任何牵连。

1946年，雅克·希拉克十四岁。当时在卡尔诺中学上初三。他很早就受到了亚洲艺术的吸引——大约十四五岁。他的成绩册显示他是一个“可以做得更好”的学生，尽管语文老师在第一学期发现他“聪明”，历史老师认为他“很好”，英语老师认为是个“好学生”但“有点儿太爱讲话”。一学年末，总的评价是他

---

1 包林（Pierre Paulin，1927- ）：法国设计师。1984年帮密特朗设计了他的办公室。——译注

"聪明"，但不太"稳重"。没有任何人注意到他的兴趣在别的地方而他也刻意不告诉任何人。"我开始逃课去吉美博物馆[1]"，他说，"在那里我碰到一些很有意思的老先生，我给他们跑跑腿，比如买买咖啡。"雅克不仅对他所看到的东西、还对他所听到的东西感兴趣。"老先生们"很快就被年轻雅克的求知渴望所触动，因为雅克告诉他们他想追随他们所走过的道路。

"那就从学梵文开始吧"，他们向少年建议。

他们还向他提起一位"名叫弗拉基米尔·贝拉诺维奇、住在十四区一个院子尽头的小房间里的"教授的名字。这位令人惊讶的人物当时六十一岁。白俄，会多国语言，1917年革命后来到法国，他出生在圣彼得堡的一个小资产阶级家庭。外交官。他娶了一位名叫特鲁贝兹克伊的公主，后来公主死于一场车祸。列宁革命胜利的时候他正在印度就职。到了法国，他先在雷诺公司当了很长时间工人，也做过出租车司机，同时也上一些语言课。当年轻的希拉克和他联系的时候——大约1946～1947年间——弗拉基米尔·贝拉诺维奇几乎已经退休，为学校制作一些纸板做的模型……

尽管多方证实这一时期对雅克·希拉克而言至关重要，但我不能肯定他和这位白俄罗斯人的相识的确发生在1946～1947年间。大家都知道，无法精确地确定人类和工具或最初的宗教符号出现的时期，度量单位是几十年，甚至是几百年、几千年，总统本人也是，他对自己生活所经历的事件的年代也有些模糊。但不管怎么说，我感觉他们的相遇发生在稍后一些，在四十年代末[2]。

如果说他把和贝拉诺维奇相遇确定在十四五岁，那是因为

---

1 即巴黎著名的亚洲艺术博物馆。——译注

2 米歇尔·巴塞，雅克·希拉克的童年伙伴，在关于后者年轻时代的一本题为《总统的青葱岁月》（*Les Vertes années du Président*）的简约的书中，把这一时期定为1940年代末。该书于1996年在斐利帕西出版社出版。

他把自己的"逃学"和他在拉约尔（瓦尔省）的战争直接联系起来。在那期间，他就像一个野孩子光着脚和达律斯·祖尼诺一起在山上跑。"那是个小捣蛋，但却是一个热情的小捣蛋……我们常在大自然里奔跑，我们打猎、偷铅管，我们把铅熔化了，切成一小块儿一小块儿做成许多打鸟用的小弹丸……先是市长和意大利人有了很大的过节，之后是和德国人，后者在当地拉了很多通讯用的电线……而我们，我们剪了那些电线；那并不是抵抗行动，而是那些电线能派好些用场……简言之，我们没完没了地在山里跑来跑去。"

吉尔贝特·祖尼诺很清楚地记得年轻的雅克和她兄弟达律斯那帮野孩子[1]："他们常常打猎，他们打到的鸟改善了我们日常的伙食……他们去蜂窝里弄蜂蜜……他们的确用投石器打碎过很多电灯……剪德国人留在山上的电线，自以为那就是抵抗运动。甚至有过一次调查，但没有导致什么严重的后果，因为他们只是一些孩子……但他们还是被狠狠地责骂了一通……我当时十三四岁。我们很喜欢雅克。是个热情的男孩子，很善良……达律斯和雅克是毫无畏惧的小小冒险家。我们出身一个工人家庭，显然比希拉克家要穷得多，但这并没有妨碍希拉克喜欢祖尼诺家的下午点心，抹了大蒜和滴了一点儿油的烤面包片……他爱吃极了！"

回巴黎对年轻的雅克来说很令人扫兴，他回忆说："当我1945年回来后，我在圣克鲁中学呆了几个月。我出了点儿麻烦，因为我从拉约尔带回来的投石器而被学校开除了。投石器在那时候成了我生活的一个标志……在拉约尔，我总是光着脚走路。一旦回来，母亲对我说：'现在，结束了，你应该穿鞋子了……'大家给我买了鞋子。但我受不了穿鞋子。但是因为根本就不容辩解，我于是穿着鞋出门，但一拐过弯，我就把鞋子脱了，把它们

1　和作者的电话访谈，2006年7月23日。

塞到书包里，然后继续光脚走路。我这样干了很久……当我们搬到弗里德里克·巴斯夏[1]的老宅院（靠近圣菲利普杜茹尔），也是一样：我一直都没有真正习惯穿鞋子。”

就是在这样的背景下总统回忆起逃课去吉美博物馆的往事，有一天他逃课去博物馆，因为去卡尔诺中学让他感觉像“穿了小鞋”。

“一去博物馆就让我高兴，于是我就长此以往了。显然，因为我逃课惹了一些麻烦……在高一和高二的时候，我有一个语文老师叫旺达尔。此人和当时所有名流一样，有一辆锃亮锃亮的铝金属自行车。人们当然不会把自行车放在外面，他把自行车搬到教室里，摆好，指定一名学生在课堂上擦他的自行车。我当时不是很用功，我承认。一个月后，当他走进教室，把自行车停好，喊了‘希拉克’的名字。我不得不在几乎整堂旺达尔先生的语文课上用力擦拭这辆车。和我一起的还有雅克·弗里德曼。一天，我和他打了架，撕破了他的外套——可惜，我想那是件新外套。弗里德曼夫人，一位我所尊敬并且爱戴的品德高尚的女士，气急败坏地来找我母亲，要求赔偿一件外套。（雅克·希拉克回想起这件事大笑不已。）弗里德曼很乖，他不用擦旺达尔先生的自行车……”

“您的语文成绩一定不怎么样。”

“啊，那是当然……在其他课上，我通常被赶出教室……有一个很不错的家伙，是自然史的老师。当我们被赶出教室的时候，我们就呆在卡尔诺中学的大厅里。秘书长就会过来问我们在这里磨蹭啥。这时候……最好就是能及时消失。那位好心的自然史老师接纳所有被他的某位同事赶出来的学生……以至于我从来都没有像那时期一样那么认真地听过自然课……”

---

1 巴斯夏（Frédéric Bastiat，1801-1850）：法国经济学家。——译注

年轻希拉克的成绩册基本上证实了总统今天所描述的他自己旧日的形象。高一的时候，成绩册上写着他“应该更遵守纪律以期得到更好的成绩”；高二的时候，他的成绩不好：只有物理……得到了嘉奖；会考的上半学年，地理老师觉得他“热情，但真的太不专心”，期末的总评没说别的：“如果该生想读完中学的话，就得当心他的言行举止！”

回到被吉美博物馆的老先生们派去第十四区第一次遇见弗拉基米尔·贝拉诺维奇的小房间：

“如果你愿意，我可以教你梵文。”俄国人对他说。

年轻人开始学习梵文入门。三个月后，认为他的进步不显著，贝拉诺维奇建议他放弃：

“你不是天生学梵文的料，你不必煞费苦心。不如你学俄语吧……”

雅克·希拉克于是开始跟这位俄国人学俄语，前者不让自己跟他说一句法语。尽管年纪悬殊，师生之间结下了深厚的情谊。雅克很快把他的老师介绍给了他的家人，家里人也对老师敬爱有加，建议他住到家里来，塞纳街95号。贝拉诺维奇因此成了希拉克家的一员，希拉克家甚至带他到圣费雷奥尔、科雷兹，在那里，这简直成了村子里一道诱人的风景：一个白俄在彻头彻尾的共产党选区的腹地……

我试图知道更多关于弗拉基米尔·贝拉诺维奇的事迹，他显然在未来总统的生活中扮演了一个重要的角色。但我只得知他死于1960年6月13日，安葬在圣特热纳维埃夫德布瓦的俄国墓地，5746号墓穴，1984年1月29日他妻子去世和他安葬在一起。他突然冒出来的妻子让雅克·希拉克大吃一惊，因为他之前从来没听说过她的存在……

贝拉诺维奇把年轻的希拉克改造成一名斯达汉诺夫翻译工作者。他的确让他译过普希金的全部作品。“通常大家都以为普希金并没有创作很多作品，这是错误的！他的作品排起来有一米长……”总统回忆道，谈起他亲爱的年迈的老师和《黑桃皇后》的作者，他的眼睛亮晶晶的。二十几岁的时候，他坚持不懈地翻译《叶甫盖尼·奥涅金》，作家1820年流亡在比萨拉比亚时写的诗体小说。毫无疑问，希拉克把自己投射到小说主人公的命运上，和他相仿的是，小说主人公有一位逃离法国大革命的法国家庭教师，而希拉克自己，有一位逃离布尔什维克革命的俄国家庭教师……一位对什么都漠不关心的主人公，自问生活的意义，感到自己虚度了青春，有着“沧桑的灵魂”。先错过塔季扬娜疯狂的爱情，后来才写信告诉她自己爱她的火焰。而已经成了老将军夫人的塔季扬娜拒绝了他……

雅克·希拉克把他的翻译稿寄给了十几家出版社。半数出版社甚至都没有回信告诉他收到了稿件。另半数出版社给他寄了客套的拒稿信。

四分之一个世纪后，当他第一次被任命入住马提尼翁宫[1]，埃斯努夫人，他的秘书，过去她也是乔治·蓬皮杜[2]的秘书，给他转来克洛德·尼尔森——西岱出版社的老板、蓬皮杜总统的一位好友的电话：

“亲爱的总理，我们刚刚发现了您出色的《叶甫盖尼·奥涅金》译本。我想出版它，外加一篇几页长的小小的引言……”

“我二十岁的时候您不想要这个译本，现在您也不会拿到它！”

西岱出版社的总经理并没有因为希拉克的一口回绝就泄了

1 法国总理的官邸。——译注

2 乔治·蓬皮杜（Georges Pompidou，1911-1974）：法国政治家，曾任第五共和国总理（1962-1968），总统（1969-1974）。——译注

气，他继续“烦”这位普希金的译者。总理没有妥协。“老实说，这样无疑更好，因为我想那个译本并不是很好”，他承认道。我不能说这是出于译者的矜持抑或事实的确如此，因为我并没有找到这个译本而他本人也没有留底。在总统的办公室，仍然可以看出他酷爱普希金和《叶甫盖尼·奥涅金》的痕迹：在一个书架上，摆着鲍里斯·叶利钦[1]送给他的一套装了两本又大又古老的《叶甫盖尼·奥涅金》的套装书，一本是1834年俄语版的，另一本也是俄语的，1934年版。

每次去俄罗斯旅行，希拉克从来不错过任何一个机会去追忆他少年时代对这个国家、这门语言、俄国作家和文化的热爱。“我热爱俄罗斯，年轻的时候我学过俄语，发现了俄国的伟大作家，赞赏过它伟大的命运……从那以后，你们知道，你们伟大的国家在我的心中和我的人生占据了一个特殊的位置……今天，我们可以重新续结上时光的丝线”，1997年9月26日，他在克里姆林宫对鲍里斯·叶利钦这样表白道。在同一个讲话中，他谈到了两国关系，“充满了激情、迷恋，有时也有令人痛心疾首的决裂。这一形象，说到底，就像诗人沃罗西纳[2]所描绘的法国精神和俄罗斯精神的写照，是一道‘炽热而痛苦的火焰’。”谈到法国人民对俄国小说家、诗人、艺术家的热爱，他说：“哪个法国少年在阅读《安娜·卡列妮娜》或者《卡拉马佐夫兄弟》的时候不感动，不激情洋溢？”

在俄罗斯文学之后，始终受到贝拉诺维奇的引导，年轻的希拉克开始对印度感兴趣。他对印度的认识可以说是突飞猛进。如果想知道得更多，只要看看他在亚洲进行官方访问期间的演讲就

1 叶利钦（Boris Eltsine，1931-2007）：俄罗斯政治家，曾任前苏联苏共中央总书记（1989）和俄罗斯总统（1991-1999）。——译注

2 沃罗西纳（Maximilien Volochine，1877-1932）：俄国诗人、艺术和绘画评论家。——译注

可略见一斑，远离巴黎，他就抛开了拘谨审慎，用“我”来表达自己对亚洲的钟爱。

1998年1月25日在新德里，他坦言自己“很年轻的时候痴迷于”印度文明，那是从学习梵文开始的。“我在我们的亚洲艺术博物馆——吉美博物馆的展厅里发现了它的灵魂和丰富的内涵。”同一天，他还提到了圣雄甘地之死是他人生受到的第一次震撼：“回想起来那仿佛就是昨天，我的愤怒和激动，1948年1月31日，我还是个少年，当我听到广播里播报圣雄成了宗教狂热主义的牺牲品消息的时候，我正在房间里学习。那一天，整个印度，还有世界上所有热爱和平的善良的人们都在哀悼。”圣雄甘地被一位一边口念Hei Rama（哦，我的上帝）、一边连开了三枪的印度教狂热教徒打死。作为非暴力不合作运动的始祖，他没能阻止印度和巴基斯坦的分裂，也没能阻止由此引发的可怕的屠杀，他本人也成了暴力的受害者……

在后来的一次访谈中，我请总统更好地谈谈这段给他人生留下深刻印记的时刻。他马上就回应了我的请求。

“啊，当然可以！那时候我还住在父母家（他当时在卡尔诺中学读高二，语文有了进步，但在拉丁文翻译上一直比较薄弱，但史地很不错），塞纳街95号。我在那里有一个小房间，有一张摆在屋角连带摆设架子的长沙发，架子上放了几样墨西哥的小玩意儿——我很喜欢南美洲——和一台收音机。当时几乎没有别的东西像广播一样深深地吸引我……”

雅克·希拉克粗粗地比较了一下他所经历的其他不同的重要时刻。戴高乐将军之死对他的触动要比甘地之死对他的触动小一些，他说，因为他当时“已经年长多了”。这时候，总统岔开话题，提到了当时他是如何得知将军去世这个消息的：“是吉斯卡尔打电话给我，对我说：‘历史的一页翻过去了。’”当前的国家领导人模仿吉斯卡尔说这句话的语调！他接着谈起了蓬皮杜之死："我当时是内政部长，我很喜欢他，我非常悲伤，我知道他病得很重，不过是早晚的事……但是，很多人去世了，但他们当中任何人的死都没有像甘地之死那么令我震撼。的确我当时还很年轻……对我而言，甘地代表了某种很特殊的东西……但他的结局让我的精神受到了很大的震动……"

可能就是非暴力不合作始祖之死所造成的精神创伤依然清晰可见，他在斯德哥尔摩号召书上签了名，被两名民事警察逮捕，随后被带到圣叙尔皮斯广场的警察局。是不是也是出于同样的激情让他一度和共产党走得很近，动员大众反对美国的核武器装备，不惜损害他父亲的利益而鼓动卖掉《周末一人道报》？米歇尔·巴塞让这样的话[1]出自年轻的希拉克之口："爸爸，我宁可和共产党员一起生活也不愿被一枚美国原子弹摧毁！"

印度之后，他把好奇的目光转向中国。"如果你向中国政界要人打听，他们会跟你说别和希拉克谈这个话题，因为一谈就会滔滔不绝。的确，我可不是那帮啥都不懂的家伙中的一个。"谈到他最近在中国的一次参观经历，是巴黎古董商克里斯蒂昂·戴狄安和上海博物馆馆长提议的，让总统就夏朝的青铜器谈谈他的看法："我在这一时期的古董鉴定中有一席之地。"

提到年轻时代对中国的迷恋，总统给日后他的传记作家提供了不少依据。1997年5月18日，在上海，他宣称在年轻时代就开始认识这一"辉煌的文明，直到今天依然生机勃勃的最古老的文明"。"对一个由断裂和多样化的历史熏陶出来的欧洲人而言，中国代表了最卓越的文化的延续。'一个比历史更古老的国家'，如果引用戴高乐将军的原话。在你们的文字中蕴涵了一种延续，就像稻田一样，丰富多彩的生活方式和千年的道德传统都

---

1 《总统的青葱岁月》，同前。

扎根于此。”之后他谈到了欧洲对中国的迷恋，虽然路途艰难遥远：“尽管中间隔着帕尔特人[1]，古罗马就试图和中国进行交流往来。通过神秘的丝绸制品和我们圣人们的殓布，中国和拜占庭、上古中世纪，和马可·波罗的相遇。伟大发现的相遇，东印度公司让我们爱上中国艺术，我们进口并模仿它的漆器和瓷器。长久以来通过这条奇妙的丝绸之路而实现的相遇，丝绸之路是把中国和世界维系在一起的脐带、佛教和阿拉伯商人入境的通道。它是艺术和文学的母亲，中华帝国长治久安的丰富文明，中国让人景仰。”漫谈太平天国的历史，他提到这是十九世纪“不能理解的时代”，是清朝盲目统治和帝国主义扩张欲望的共同产物。

总统对古老中华尤其是“夏朝的古青铜器”的兴趣让我惊讶，我因此走访了克里斯蒂昂·戴狄安，五十六岁，全国古董商会主席，痴迷于中国文化和各时期的文物。他有一家古董店——“东方青铜器”，位于巴黎巴克街。1950年出生在老挝，他对商朝的甲骨文非常着迷。但他的名声主要来自于他对古青铜器的研究，尤其是他和中国考古学家一起完成的考察项目。他是位于西安附近的唐朝新城公主[2]陵墓挖掘工作的资助者，戴狄安在中国最重要的考古杂志《文物》上发表了在中国的考古结果。多次和雅克·希拉克在亚洲艺术展览和沙龙中相遇，也多亏了和雅克·盖尔沙什的友谊，克里斯蒂昂·戴狄安成了总统的座上宾。谈到希拉克，他说他有“一双可怕的眼睛”，精于鉴定非洲艺术、前哥伦布时期和亚洲独一无二的艺术品。一双盖尔沙什懂得如何让它变得深邃、至臻完美的“眼睛”。

戴狄安讲述了2004年古董商双年展上，总统是如何在正式

1 帕尔特人（Parthes）：伊朗北部里海一带的古代游牧民族，以善于骑在马上向后射杀敌人著名。——译注

2 新城公主（634-662）：中国唐太宗最小的女儿，长孙皇后所生。——译注

开放前参观展览的。他在一个泰伊诺斯古董的展台前逗留了片刻，拿起其中的一件，用懂行的业余爱好者的眼光观摩了一下，然后对它的年代提出了质疑。戴狄安于是叫来一名大鉴定家来帮忙，专家证实了雅克·希拉克所给出的年代是正确的。人们可以感觉到专家对这一出色的业余爱好者的钦佩，他把希拉克排在自己之后，列在中国古青铜器的世界顶尖专家之列，同样也把他列入宋代瓷器研究专家之列。“他也是日本瓷器和小雕塑方面的专家……他以自身的学识让亚洲领导人印象深刻。”

戴狄安提到2004年10月他陪同希拉克参观上海博物馆的情形，总统本人之前也跟我说起过。希拉克先是注意到一个貌似出土于公元前十五世纪的盆子，但他马上发现有点儿不对头，随后确定它应该是公元前十二世纪的文物……至于一件猪形的青铜器，希拉克当面和上海博物馆的馆长意见相左，馆长认为它是公元前七世纪的文物，而总统本人则认为它的出土年代更为久远，是公元前十一世纪。声调抬高了。之后大家不得不承认希拉克是对的……“他是全球五六个古青铜器专家之一……中国人，或者更泛地说，亚洲人把他看做是内行。”

戴狄安不是唯一一个在共和国总统身上看到中国艺术专家素质的人。韩伟，陕西省考古研究院的前院长也这么认为，他这样对新华社[1]记者说：“我非常钦佩他的个人风采，更钦佩他对东方文明的深刻了解。”这位中国考古学家在周、秦、汉、唐朝考古研究领域贡献很大。同样他也是古青铜、金、银器的专家。1992年，韩伟和雅克·希拉克在中国西北的陕西省会西安认识，此后他们又多次在巴黎和西安相聚，一直保持通信联系。1998年7月6日，希拉克甚至在爱丽舍宫接见了韩伟。

“世界上有七大奇观，秦始皇兵马俑的发现堪称第八大奇

1 2004年10月6日的一则快讯。

观”，雅克·希拉克在参观完兵马俑后发出了这样的感叹，并补充说去埃及而没去参观金字塔的人不能算真正去过埃及，同样，没有欣赏过兵马俑的人也不能算真正参观过中国。据韩伟说，法国总统是少有的真正懂得远东文明、尤其是中国古代文化的国家领导人之一。他非常了解汉唐时期的丝绸之路、唐三彩、釉下彩瓷、还有唐传奇。1999年韩伟被法国总统授予荣誉勋章。

总统承认他“在中国考古专业的导游面前，他的表现丝毫不会让导游们感到拘束”。谈到西安，他补充了一则韩伟告诉他的趣事，说现在中国人在秦始皇陵的入口处设置了一块巨大的广告牌：“秦始皇兵马俑，世界第八大奇观！——雅克·希拉克。”

在我向他转述完戴狄安对他在古青铜器方面的学识的激赏之后，总统大为感动：

“太抬举我了，但可惜不是真的……”

沉思了一会儿，他缓和了语气：

“十年前他的评价或许还是对的，但现在情况不同了……有另外一个远东艺术领域的专家，他是让-弗朗索瓦·雅利吉[1]，还有他夫人，一名地道的专家，每年在巴基斯坦或其他地方恶劣的气候下要呆上好几个月……”

“戴狄安对我说您阅读大量的资料，您一直关注中国考古挖掘方面的报告……”

“过去的确如此，但我现在没有足够的时间。”

“……过去您定期收到中国考古挖掘方面的报告，据说那是中国国家主席特意交待的……”

“的确我和中国几任国家领导人的关系都很好……说到底，他们挺高兴别人了解他们的文化或者对他们的历史感兴趣的；这凝聚了一种亲和力，他们并不经常见到熟悉中国历史并对它感

1 吉美博物馆的馆长。

兴趣的西方人。我记得和江泽民——胡锦涛的前任——的一次晚宴。我们谈起了唐之前的朝代[1]，我对他说有过三个皇帝。他回答我说：‘不对，只有过两个……’事实上，的确有过三个皇帝，虽然其中的一位在九岁的时候就遇害身亡了。我们僵持不下。他的手下全站在他一边，我的手下（参加晚宴的法国代表团成员）一声不吭……大约十一点半、午夜时分我们告别，凌晨两点，江泽民打电话给我——我已经睡了——对我说：‘您是对的，我向历史学家咨询过了，您是对的……’这缔结了尊重和友谊的纽带，表明了我们也了解他们的文化……”

在另一次访谈中，我想知道他是否对中国哲学感兴趣，是否受到它的影响。

“这是密不可分的，但是因为我不是哲学家，我对中国哲学的了解相对来说很肤浅。因为历史和哲学两者是维系在一起的，所以我也曾对它产生过兴趣……”

“您是否深受这一哲学的熏陶？”

“我很明白你的问题所指，有意思……是的，这是个有意思的问题……”

“您知道我为何有此一问？”

“不晓得，但问别人是否受到外国思想和文化的熏陶并非毫无意义……”

“正是。”

“说实话，我不认为自己受它熏陶。我为它而狂热、痴迷，但奇怪的是我没有感到自己受到它的影响。或许这是我的错觉，但如果说我尊崇人类所有的文化，就不能说中国文化比其他文化更让我着迷……”

“相反，和启蒙时期相比，我以为在您身上发现了某种对欧

1 即隋朝（581-618），三位皇帝分别是隋文帝（开皇，在位20年，仁寿，在位4年）、和隋炀帝（大业，在位14年），隋恭帝（义宁，在位2年）。——译注

洲十七、十八世纪的排斥，或者说至少是一种疏离……”

“谈不上一种排斥，不如说是对那些只关注于此、并只以此为参照来评判一切的人感冒而已。不，我对传统时期并没有任何排斥感，我非常喜欢传统，但我常常会被那些只用某个时期的艺术准则来衡量一切的人惹恼……”

雅克·希拉克不停地向我勾勒他精神之旅的丝绸之路，佛教传入所走过的道路。中国之后，他痴迷于日本帝国，但没有否认之前他对其他国家所抱的兴趣。在掌握了书本和博物馆的知识之后，他把圣-琼·佩斯的思想当作自己的思想——“没有在远东呆过就谈不上受过完备的人文熏陶”——他发现了亚洲，“它的乡村，稻田，几千年的生活模式和道德伦理都扎根于此；它的体现民众活力、生机、才智的城市”。

在日本他感受到了美学的巨大震撼：“当我第一次去日本旅行的时候，我去了奈良的法隆寺，我观看了百济观音像，佛教的经典之作。四处洋溢出来的非凡之美和祥和让我大受震动。那是六世纪中日艺术的杰作。就这样，我很快迷上了日本……我百折不挠地要把百济观音像运来巴黎展出。自然，它此前还从未离开过日本本岛，于是我心想，作为交换，我也要送样重量级的文物去日本展览：《自由》[1]。您无法想象为了能把《自由》送到日本展出我和‘围红围巾的男人’纠缠了多久，他是沙龙人士——皮埃尔·罗森博格，1994～2001年的卢浮宫馆长。”

插一句：如果说总统很不善于说哪怕一句那些在他背上插匕首、暗箭、标枪的人的坏话，那么此时正相反，在讲述影射“围红围巾的男人”的故事的时候，他就像头公牛一样横冲直撞。我可以证明他的言词有多激烈。

1 欧仁·德拉克洛瓦的《自由引导人民》。

回到希拉克的牢骚：“我生平的奇耻大辱！以《自由》为交换，1997年第二季度，我收到了百济观音像。这的确需要和日本官方及其文化部门的头头脑脑的关系很铁才行。于是他们送来了百济观音像。我事先想到了一切，除了这个阴郁的男人（即罗森博格）。他们把展品安置在地下室！而我，此前已经请好了神道最著名的法师随同展品前来。为了展示百济观音像，一次神道的宣讲，还有各种祈祷、诵经等等是必不可少的。他们竟然把这一切丢在卢浮宫的酒窖里！真是匪夷所思，我这辈子都没感到这么丢脸过……自然，那些日本人，和惯常一样，装出什么也没注意到的样子，但这件事上我无法原谅这位馆长先生……”

1996年11月18日，当他成为庆应大学的荣誉博士的时候，那是他第一次作为国家领导人出访日本，总统再次当着阶梯教室济济一堂的师生的面谈起了他的往事：“日本，是的，校长先生，就如您说过的那样，是我所喜爱的一个国家。我年轻时候在巴黎的吉美亚洲艺术博物馆发现了它……”随后他写了一篇文章谈论“他的”这座建于十九世纪末的美妙的博物馆，它是由一位痴迷于考古、历史和宗教的工业家在一次日本旅行回来后建的。他解释说在佛教雕像面前感到了美的震撼之后，他才理所当然地想去了解日本文化的其他内涵。让那些把他当文盲的人再次惊讶的是，他还是日本诗歌的热爱者：“那时候，我有幸发现了《万叶集》，我定期要重读这部你们古典文学的纪念碑式的作品，我当时很希望看到它被完整地译成法语，现在全译本已经有了，（……）我潜心研究了日本群岛最主要的神话和史诗……”

雅克·希拉克同样也受到日本其他文化的吸引：陶艺的精湛、建筑的典雅、园艺的和谐、戏剧的细腻和敏锐、烹饪的丰富精细，同样——今天大家都知道的——相扑运动员的礼仪。“我对日本的迷恋就是这样萌生的，这一热爱通过我多次访问你们国家而得以延续”，那一天，他这样总结道。

他对《万叶集》的兴趣让我好奇。雅克·希拉克跟我解释说："在我看来，它可能是——虽不能说它是世界文学史上最伟大的作品，因为总能找出另一部——但它肯定堪称世界文学的三大杰作之一……我当时对它很感兴趣，可惜我不能读原文。因此我希望《万叶集》能被译成法语。我听了让-弗朗索瓦·雅利吉——吉美博物馆馆长的意见……我很清楚不是所有人都会抢着去读《万叶集》，但它对我而言的确是世界文学的经典之作……"

在2001年1月15日翻修过的吉美博物馆开幕典礼之际，雅克·希拉克当众谈到了他对亚洲的热爱和"他的"博物馆在其间所扮演的角色，作了最发自肺腑的一次表白："作为吉美博物馆迷，（……）我对这里有着深厚的依恋。对我来说，对其他很多人也一样，它是发现和学习的场所。就在这里，很久以前我发现了亚洲，对它产生了热爱。在这里，我发现了辉煌文明的古老和才智。但愿我能了解它们的伟大。作为反照，西方的人类地理或异国情调的桎梏过去经常把它们封闭起来。"

总统随后开始抒情："我在这里度过了许多光阴。欣赏高棉庙宇的过梁和三角楣，优雅的诸神和提坦的冲突。琢磨菩萨和蔼的、谜一样的微笑。注视着他们祥和宁静的面容，聆听寂静中他们超脱安详的启示。和许多游客一样，因为'阿旃陀的三重冕（圆锥形冠），希腊—佛教的人体躯干雕像总是让人在心里联想到传奇的伟大人生'，安德烈·马尔罗如是说，我在悉达多王子[1]的觉醒像前沉思过。我在想象中追随了经由丝绸之路实现的佛教思想的传播道路。在出土于哈达的有着阿芙洛狄特或加尼米德[2]美丽容颜的菩萨面前——我梦见亚历山大迷失的士兵和草原骑兵、

1　即日后佛教的创始人释迦牟尼。——译注

2　加尼米德（Ganymede）：希腊神话中特洛伊王的儿子，出名的美少年，后被掳到天上，做了为诸神斟酒的侍者。——译注

印度苦行僧的不可思议的相逢。”

在他没完没了的讲话中，雅克·希拉克用几句话揭示了他对吉美博物馆的热爱和对亚洲的痴迷。这座“博物馆不是一整套稀奇古怪物件的收藏，而是一座艺术博物馆：一座真正的‘思想实验室’，一个关于宗教和世界文明的研究中心。一个对现代西方遇到的重大问题寻求答案来源进行思索的地方”。同样也是寻求他自身答案的所在：我们在这里可以尝试更好地理解“希拉克的隐秘”。

继续沿着总统在第一次参观吉美博物馆后所走过的错综复杂的道路，半个世纪后，我们得以抵达凯布朗利原始艺术博物馆。逃学并不只是把他引向吉美博物馆和对亚洲兴趣的延续。在他青少年时期，他不仅接受了一个巴黎资产阶级青年的传统教育，还跑遍了拉丁区的书店让自己了解当代艺术入门，尤其是通过皮埃尔·塞埃赫[1]出版的书，该出版商日后成了他的朋友……同时，他还抽出时间去熟悉马里的多哥文化，那是他从画家费尔南德·莱热[2]的工作室受到的启蒙，四十年代他常去那里，画室位于诺特达姆德尚街，离他当时住的塞纳街不远。两次世界大战期间，艺术家流亡在纽约，在这一时期黑人艺术给了费尔南德·莱热许多创作灵感，不仅在绘画上如此，在雕塑、芭蕾、甚至电影上也一样。1945年他回到法国，定居巴黎。“有几个人大谈非洲艺术的影响，尤其是他们对马里的多哥文化的青睐。于是我也尝试去了解……”共和国总统回忆道。

随着时间的流逝，雅克·希拉克同样也开始热衷于前哥伦布时期的文化……“有什么东西一直让我感到震撼”，他说，那就是“所有在自由和平等中诞生的艺术杰作！”语气坚定，显然总统在这里表达了一个基本原则，几乎和四个世俗教育工作

1 塞埃赫（Pierre Seghers，1906-1987）：法国出版商，诗人。——译注

2 莱热（Fernand Leger，1881-1955）：法国画家。——译注

者的孙子始终铭记于心的人权宣言和公民权益一样至关重要。之后他开始谈论传播艺术和文化的两种截然不同的观念。第一种是以“围红围巾的男人”为代表的：“对他而言，除了十七、十八世纪的几幅画以外，别无其他。用俄语说，他简直就是一个*nye kultura*，无文化者。”第二个观念是以他的朋友雅克·盖尔沙什和他自己为代表的。他所使用的言词几乎可以用在描述一次军事冲突上。在他看来，两种观念之间的冲突的本质超越了艺术和文化传播的范畴，显然源自一种政治主张。雅克·希拉克承认他曾尽力去打破皮埃尔·罗森博格所代表的主导视野。这一正面冲突最终以总统的胜利而告终，会议馆[1]宣告成立，它是法国举办的第一次原始艺术展。

在这个故事的开始，是两个人的邂逅。本来不可能的相遇，纯属偶然，巴黎市长和一个艺术品商人和收藏家的相逢，1991年在莫里斯岛的一家旅店里。如果说雅克·希拉克谈到他热爱艺术的公开演说是多么字斟句酌，他谈起生活中所经历的种种遭遇却是一副十足的科雷兹农民的口吻：“我们一起在莫里斯岛度了两周假。我们聊了聊。他文化底蕴很厚，经历丰富。吃早饭前，他就已经看完了两三千幅小雕像、雕塑、面具的照片……他真是眼力非凡，很识货，准得让人惊讶。有一天，他给我看五六块泰伊诺斯人的史前石头。我觉得每一块都那么奇妙。他拿起其中的一块对我说：‘这一块完美极了……’而我，却看不出它和其他石头有任何区别。”

盖尔沙什是雅克·希拉克最要好的朋友之一，或许是最亲近的一个。旧日共产党工人阶级的儿子，列奥波尔德·塞达·桑戈尔[2]的前顾问，成了原始艺术最伟大的专家之一，1990年他发表了“为

1 位于卢浮宫的南翼塞纳河边，是非洲、亚洲、大洋洲及美洲艺术展馆。——译注

2 桑戈尔（Léopold Sedar Senghor，1906-2001）：塞内加尔诗人、文艺理论家、政治家。1960-1980年出任总统。——译注

了全世界的艺术杰作在自由和平等中诞生”的宣言，要求卢浮宫增开第八个馆——会议馆（原始艺术馆），他收集到了大量的签名。诗人、科学家、艺术家、行家都站在他这边支持他的行动。

雅克·希拉克绝不轻易流露对自己所爱的人或爱过的人的感情。他在白纸面前感觉会更自在些。在雅克·盖尔沙什极力要建立的会议馆[1]落成典礼的演讲中，希拉克抛开了平时的审慎，回忆起这位2001年8月死于“他所热爱的玛雅文化如硫磺、蜂蜜、祖母绿色泽的土地上”的朋友。

“不知疲倦的旅行者，带着孜孜不倦的好奇心，热爱自然和人类，敏感而欣悦的灵魂，自由精神和坚韧的个性，雅克·盖尔沙什在半个世纪里，用他大艺术家的目光和受到诗人启示的痴迷拥抱了世界。传奇般的人物，他带着激情和满足走向人生。他执著于自己的梦想，克服了所有障碍，精力充沛。目光敏锐、意志坚定：同时他还是个慈善家。整个的一生，雅克·盖尔沙什走遍了地球为了确定一份世界雕塑艺术的清单，从史前到当代，从公共收藏到个人收藏，寻找艺术的‘最初模式’。他确信人们可以用同一种审美的眼光去看待任何时期的自然或艺术的形式。”

如果说雅克·希拉克很快就接受了雅克·盖尔沙什关于原始艺术的视角的话，那是因为这一视角契合了他自身尚未完全成熟的文化观：不停地在各种文化的艺术杰作中寻找普遍性。在收藏品的选择上，他只对“艺术家寻找独特的造型表现形式的能力”感兴趣。他所期望的，是“有别于菲狄亚斯[2]、米开朗基罗、毕加索之流的艺术，在象征和宗教体系充满符码的内部，去冒险、去超越技术、精神的约束，为了使形态得到进化[3]”。

1 2003年4月4日，卢浮宫。

2 菲狄亚斯（Phidias，生卒年代不祥）：古希腊著名雕塑家、建筑设计师，雅典人，主要活动时期约为公元前490-公元前430年，政治家伯利克利的挚友和艺术顾问，是当时最负盛名的艺术家。——译注

3 见《认识艺术》，为1994年5月24-29日在小皇宫举办的泰伊诺斯雕塑艺术展而出的专号。

这份默契在纪念克里斯多夫·哥伦布发现新大陆五百周年前夕找到了具体的表现。两位知己对这一导致了前哥伦布文明毁灭的事件的奢华纪念场面大为愤慨："我对那些去毁灭美洲的人没有任何敬佩"，雅克·希拉克今天这样说道，"人们请我去参加这一庆典。西班牙国王在得知我不准备让巴黎城参加这一活动的决定后打电话给我：'我很震惊地得知你（胡安·卡洛斯一世[1]对谁都以你相称）决定不让巴黎参加……''对我而言，这并不是某个伟大的历史时刻……'我当时这样答复他。"

总统接着对这一回忆进行了评论："此外，这也没有确凿的历史依据。并不是哥伦布发现了新大陆，而是威金人[2]，他们比他发现新大陆还要早五个世纪！他们对此可没大书特书，而且他们风格高，毁灭的是他们自己……"

1492～1992年因此成了让两位雅克灵机一动的契机："我们要以我们的方式来纪念这一事件。我们要让已经死去的泰伊诺斯人的文明复活。我们要为他们平反。为什么？因为是他们最早迎接了西班牙人。在西班牙人登陆的时候，他们大约有一百万人口……六十年之后，最后一个泰伊诺斯人也死掉了。"两人都意识到了此举的困难。不仅因为可以展出的藏品不多，分散在多个博物馆，还因为它们不足以代表泰伊诺斯人创造和所使用的器具的全貌。"他们不愿意展示他们的球戏，因为它跟他们的宗教息息相关。"总统解释道。

为了达成这一决心，在博物馆和其他地方组织了系统的寻找，清点并选择三角石、圣物盒、斧头、鸟人、灵媒、催吐刮子、石头、花瓶、坠子、宝座、瓮等等。

这一对占统治地位的种族中心主义思想的挑战让展览于1994年2月24日在小皇宫得以开幕。五百多人等着展览的负责人

---

1 胡安·卡洛斯一世（Juan Carlos，1938-）：西班牙国王。——译注

2 威金人：8-11世纪劫掠欧洲海岸的北欧剽悍的游牧民族。——译注

雅克·盖尔沙什讲话，但专家却失音了。他之前就已经病了。巴黎市长临时代他发了言，由于他激越的言词，西班牙大使愤然离去……从这一政治得不能再政治的立场出发，雅克·希拉克肯定了对泰伊诺斯艺术的人类学研究可以让人们换一种视角去看待考古学家尚未完全定位的新大陆："对古老文明的研究会消除所有错误和简化的想法。非欧洲的艺术远不只是异域情调和别有风味。它们是完全自成一派的艺术！"

在展览令人难以置信的成功之后，两个朋友并没有在正确的道路上止步不前，他们希望在巴黎创建一座展览非欧洲文化的艺术博物馆。为了命名他们的计划，或许是受到了安德烈·马尔罗的"原初艺术"的启发，这一称呼曾大获成功，但他如今却表示遗憾："这是一个错误，一个糟糕的名称……原初，什么的原初？我后悔用了它……"

盖尔沙什看到的唯一可以囊括一个永久展览的地方：卢浮宫，第六区。但两人当时要面对的，就像我们事后所看到的那样，是那位"围红围巾的男人"："我们想不顾那些保守人士的叫嚣做点儿什么……最终，我迫使卢浮宫把会议馆让给我们做首次原初艺术品的展厅……"谈到"世界上最美的东西之一"时，希拉克激情洋溢。

"您参观过吗？"

我只能很羞愧地回答他没有。

"去吧，去吧！去看看，您就会明白了……"

之后他再次回到那位老想挡他们道的人身上：

"有一天我得知罗森博格决定把会议馆的入口设在塞纳河边的狮门入口，由两个门卫负责检票，一个检大卢浮宫的票，另一个检会议馆的票……隔了一阵子，我在爱丽舍宫举办的一次鸡尾酒会上碰到罗森博格。我冲着他就过去了：'两个门卫到底是怎么一回事？……''不能把什么都混为一谈。'他回答我说。

‘您是否决定在那个检会议馆票的门卫的鼻子上穿根骨头啊？’他愣在当场。他当时的样子可不高兴……”

只要他再次提起“围红围巾的男人”，他就会一直保留着那根骨头，不是戳在鼻子上，而是卡在喉咙里。尽管他的职位要求他慎言慎行，但2001年4月10日在皮埃尔·罗森博格退休之际希拉克的讲话中提起那次震惊，他的愤怒还是溢于言表。又提起“思想的冲突，有时候很激烈地把信念和确信、视野和观念、宗旨和理论对立起来的种种辩论”，他忍不住提起要退休的那位馆长的“偏爱领域”，“自然是十七、十八世纪法国和意大利的绘画”。他假装对普桑[1]、布歇、夏尔丹、华托[2]、拉多尔[3]、弗拉戈纳尔[4]等青睐有加，罗森博格正是此类艺术的“世界级大专家”，却在一个巴黎伟大的博物馆的两种视野的冲击中被击倒：“对您而言，”希拉克说，“博物馆的典范就是遵循传统、馆藏丰富：一种百科全书式的视野，也就是‘博物馆之最’；但是对我而言，我谦卑地捍卫的，是一座如果不说是世界的博物馆，那至少是收藏体现了普遍性价值的作品的博物馆。”

当着我的面，雅克·希拉克并没有顾虑，他把弗朗索瓦·密特朗拉到自己的阵营里来反对“围红围巾的男人”和他所代表的观念。他感谢他的前任在伟大的卢浮宫博物馆建设上所做的一切：“他是第一个赞成建玻璃金字塔的人。他完成了一项巨大的工程。多亏了他，卢浮宫成了世界上最美的博物馆，不幸的是，他并没有被后来人所追随……”后来人是谁？显然是那位把卢浮宫变成“一个乱七八糟的旧货铺，文化铺天盖地地砸到你的脑袋上，展品并没有被凸现出来……”

共和国总统显然在“围红围巾的男人”的继任者的人选上大

1 普桑（Nicolas Poussin，1594-1665）：法国古典主义绘画的奠基人。——译注

2 华托（Jean-Antoine Watteau，1684-1721）：法国18世纪洛可可时期最重要的画家。——译注

3 拉多尔（Georges de La Tour，1593-1652）：法国17世纪巴洛克时期的重要画家。——译注

4 弗拉戈纳尔（Jean Honoré Fragonard，1732-1806）：法国洛可可风格画家。——译注

费苦心。他承认亨利·卢瓦雷泰[1]——十九世纪的艺术、尤其是印象派艺术方面的专家是一个“有能力改变一些东西的文化人”[2]，一个可以把“艺术重置到它的影响，它的生存、政治、社会、科学环境中去”的人，喜欢说“艺术家只有在自己人的圈子里才能被理解：他的老师、弟子、同道中人”。在卢瓦雷泰接手掌舵之前，希拉克和他显然一起“谈到卢浮宫所面临的巨大挑战，此外，法国其他为数众多的博物馆也一样，应该得到振兴”。

“事实上，这是我们参与的一场真正的文化革命，”在同一个关于职业信仰的讲话中雅克·希拉克说道，“这不只是一时半刻的热忱。它是公众、社会对文化的渴求的一种成熟表现，社会已经成了某种‘文化社会’，文化产品的生产、发行、交换和消费今天都注重凸显社会和经济生活的个性。”总统希望博物馆能让收藏品和他们的作者变得生动。“拉马丁，在他之后，科克多也说过他们对博物馆这一‘艺术的坟墓’的厌倦。”翻来覆去在他的脑海里出现的总是同样的主题：“艺术反对死亡！赋予作品活力，同样也是重构艺术历程的和谐，挖掘这一历程的‘深刻内在’[3]。”

会议馆不过是希拉克和盖尔沙什在巴黎建立原初艺术整体计划的一个步骤，旨在推广时刻萦绕在他心头的热望：促进“文化对话”：“我们生活在一个矛盾一触即发的世界……我们越是推进对话，就越能避免无谓的冲突！……”共和国总统平铺直叙地向我阐释道。

雅克·希拉克付出了很多精力去跨越所有的障碍，尤其是专家团体的一部分对建立一个原初艺术博物馆设置的障碍。他和在其他问题上关系很好的亨利·德伦莱[4]之间简直是场“猫狗大

1 卢瓦雷泰（Henri Loyrette，1952- ）：曾任巴黎奥赛美术馆馆长，2001年任卢浮宫博物馆馆长。——译注

2 卢浮宫馆长皮埃尔·罗森博格离任的时候雅克·希拉克的讲话。

3 同上。

4 德伦莱（Henry de Lumley）：曾任法国自然历史博物馆馆长、古人类研究所所长。——译注

战”。但最顽固的反对派是安德烈·朗加奈，当时人类博物馆人类学实验室的负责人，他“每周直接或间接地辱骂”希拉克。在1997年6月18日《解放报》的“论坛”专栏中，朗加奈这样写道，措辞尖刻：“今天，一个收藏家和古董家团伙怂恿一位威信扫地的总统出于个人偏好，用一个可耻地被称为‘原始’或‘原初’的异国情调博物馆来取代人类博物馆和深受大众喜爱的海洋博物馆！这一种族主义的怪诞计划来自那些艺术不过是以价格来评价的市场或者我们文化的明星人物窃取或拥有的‘物品’，而从来都不是以艺术家的构思或他们的文化所赋予的意义或他们赋予作品的意义来衡量。一帮行政人员挪用了国家一直拒绝拨给人类博物馆的钱财，转而拨给一个建于1901年旨在摧毁人类博物馆的协会！这帮侵吞者的财务主管部级机构的负责人，主席是怪异的弗里德曼[1]，是破产前被收买的承保人和解体的顾问。这笔钱想必是用来支付一位收藏家[2]，此人自封‘学术’顾问，和他的那伙帮凶一道，试图把科学从博物馆里扫地出门。”

雅克·希拉克讲完了凯布朗利博物馆的故事，以它的正式落成典礼作为结语，6月20日星期二，在场的有科菲·安南，尤其是老人类学家克洛德·列维-斯特劳斯，他说：“德伦莱输了，因为在我身后有列维-斯特劳斯。我从来没有向他提过任何要求，但他从一开始就支持我。”他又顺带补充说，没有字斟句酌，“如果我们没有一种普遍的世界观，我们就不能接近艺术，正是出于这个原因，我对那些认为只有他们才拥有美和分享的权力的人很感冒……每一种文化都为人类带来某种本质的东西。的确我受不了像可口可乐这样独霸天下的公司，我一直和总想把自己的观点强加给他人的美国人格格不入……”

---

1 指的是雅克·弗里德曼，雅克·希拉克的童年好友，1995年曾被任命为原初艺术博物馆委员会主席。

2 指的是雅克·盖尔沙什。

4 雅克·希拉克和安德烈·马尔罗

由原初艺术博物馆的渊源所引发的问题，谈及雅克·希拉克对于艺术和文化的内在联系不止仅限于此。两个新的名字浮现在总统的脑海里：让·夏斯泰尔，法兰西学院艺术史教授和安德烈·马尔罗。他们首先让人想起所有希拉克的传记作家都忽略掉的一点，审计法院年轻的助理稽核的第一项任务就把希拉克推向了文化领域。尽管当时年纪轻轻，雅克·希拉克在其中扮演的却不是无名小卒的泛泛角色。事实上，他是安德烈·马尔罗于1963年1月24日所做的重大决策——创建法国历史文物和艺术财富造册列管部的关键人物之一。这是一项旨在创建当地“艺术氛围”的革新，从而使文化得以被更多的人所接受。

“我当时是让·夏斯泰尔——意大利文艺复兴同时也是十七世纪教皇专家所主持的第四计划文化委员会的报告员。我对十七、十八世纪的所有认知都来自于他。这位杰出的先生只有一个缺陷：比吉斯卡尔还吝啬！他身上从来不带一分钱，总是让你付钱……”

“我是夏斯泰尔的老部下。我过去和他的关系不错。这一关系通过他的一个密友朱里奥·卡尔罗·阿尔甘[1]得以延续，此人

1 阿尔甘（Giulio Carlo Argan，1909-1992）：意大利艺术史家和政治家，是第一位任罗马市市长的共产党人。——译注

是一位共产党教授、文艺复兴早期艺术专家，此外他还当过罗马市市长。阿尔甘1992年11月中旬辞世之际，罗马为他举行了隆重的葬礼。我参加了仪式，当地政府把我安置在第一排。几乎是我在披麻戴孝。我跟在灵车后面，走在送葬队伍的前面……共产党人向我欢呼。此外在一片林立的红旗中，只有共产党人。当时拍了很多照片……”

经过核实，在1961年发表的第四计划文化设施和艺术遗产委员会的总报告中，的确有两章是雅克·希拉克写的：“从今以后，我们不能把拯救受到威胁的历史文物这一目的和它们在国家、世界文化融合的潮流割裂开来”，稍后，他谈到了要让它们“尽可能被最多数人所分享”。

在文化部的档案中找到年轻的审计法院助理稽核工作的蛛丝马迹后，留给我的工作就是在接下来的访谈中引导总统去回顾他在那次造册的文化大革新中所扮演的具体角色。又一次，我面对的是一个对自己的过去不感兴趣、不把自己所做的事当大事的希拉克：

“这并不是出于个人兴趣。这个想法——很可能是夏斯泰尔的想法——吸引了我。并不是我一个人想出来的。不过说到底，也可能是我第一个提出来的？那是一项大工程。我投身其中。不知道是谁任命我在文化遗产造册委员会工作的。这一清点文化遗产的想法很可能是由一些很明智的文化人提出来的，它只是一个泛泛的概念，和往常一样，在行政上没有后续的措施。第一个具体的举措，为了让它落到实处而不单单是空洞的想法，或许是我提出来的……”

就是在这个时期，雅克·希拉克结识了文化部部长安德烈·马尔罗。当时他在乔治·蓬皮杜的内阁工作，之后作为国务秘书，他继续和马尔罗有交往。不可能得到更明确的答复了，总统在日期上简直不容他人置疑："我每半个月都要和他一起在拉塞尔餐厅午餐。我们在谈到亚洲艺术的时候有过可怕的争执。我说他一点儿也不懂亚洲艺术。拉塞尔的老板[1]可以跟你描绘我们的争论，我们的音量之高。要是我们吵得太凶了，他会走到我跟前对我说：'轻点儿，轻点儿，您更年轻……'我对马尔罗非常钦佩，但在亚洲艺术方面我认为他只是一个投机分子！'您砍掉吴哥女王宫诸多雕像的头颅、盗窃雕像的时候毫不迟疑，您怎能说自己热爱亚洲艺术呢？'我向他质问。这些看法让他怒不可遏，但并没有严重到要中止我们共进午餐的惯例。说到底，我想他是喜欢我不屈从于他。他的'想象博物馆'（Musée imaginaire）一钱不值……在非洲艺术上他更内行……他聪明过人，才思敏捷……"在这些省略号中，可以意会到诸多弦外之音（"因为朝死人坟墓上吐唾沫毫无用处"）。但这些保留意见似乎没有影响希拉克对马尔罗的钦佩："他是唯一一个在部长会议上坐在戴高乐将军右首边悠悠然入睡而不会受到将军丝毫指责的人……"

"为什么戴高乐那么纵容他？"

"因为他是国王的弄臣。他逗他乐。国王的弄臣是些非常聪明的人，通常很有文化，幽默风趣。他们留给别人的印象是逗乐小丑，常常做些滑稽可笑的事情；但其实根本不是这么回事……他们是些有趣的人，对君王爱理不理。马尔罗就是国王弄臣的化身，自然用的是'弄臣'一词的褒义。戴高乐很满意，他听他说话。马尔罗让他开心。他很聪明，人们说他很有文化。他谈论许多非常有趣的东西。1944年他成功地升迁为上校，这自然需要一定的把握机遇的才能……"

在雅克·希拉克透露的信息中，他从来没对《征服者》的作者着迷过，也没有读过他所有的作品，尽管这些书装满了他

---

1 现在已经去世了。

的书橱。还是借助了总统夫人贝尔纳黛特·希拉克的回忆，我才了解到其间更多的内情："还在我们交往的初期，他就一直跟我谈起他非常钦佩的马尔罗。他跟我谈了很多关于西班牙内战的事……谈得那么热烈以至于我送了他一本《沉默的声音》，那是1954年2月27日，我在书上题词：'赠雅克·希拉克……因为沉默是金。贝尔纳黛特……'当晚，我见到他脸上肌肉搐动，我才知道他刚和马尔罗吃过午餐……"

总统有几本作家本人题词的书。所以在《众神的变异》的扉页上，可以读到这样的句子："艺术家不是现实世界的记录者，他是它的竞争者。"至于《反回忆录》，只有这样一句客套："赠让·（原文如此）雅克惠存。"同样，总统珍藏着马尔罗写给他的贺卡。

随着年龄的增长，他一直忠于自己年轻时代心目中的英雄，尽管在克洛德·蓬皮杜的影响下，他对前者的作品和所作所为有了一点儿距离。作家辞世的时候，他在《巴黎日报》[1]一篇题为"不朽的大师"的文章上署了名，开头是这样写的："刚进入彼世的作家是我们这个时代无可比拟的见证人，他留下一个不可愈合的'大地的伤口'。"之后这篇文章论述了马尔罗从未间断的"对死亡的思索"的主题，"这是他整个人生萦绕不去的思考。死亡，他正视它，从无抱怨"。

我很好奇，阅读了共和国总统于1996年11月23日发表的长篇讲话，适逢安德烈·马尔罗的骨灰迁入先贤祠。很快，贯穿全文的文风让我大为震惊，虽然我知道雅克·希拉克，和他的诸位前任一样，也雇用"枪手"来写演讲稿，但我想这篇文章他本人还是花了很多心思。在我看来，他不仅表露了两人对亚洲和非洲艺术的共同热爱，尽管对其人有所保留，他所勾勒的作家肖像还

1　1976年11月24日。

是掺进了一点儿自我的写照，他自身的焦虑和质疑。下面是几段节选：

“您是善虑、善思之人，您开辟自己的道路。（……）在您和诗人及立体主义画家的谈话中，和您的朋友们一起，您已经开始严峻地审视我们的现状了。（……）您和艺术的关系，或许它是您生活的基石，不过是一次漫长的探询。您的第一位夫人，克拉拉，二十岁的时候，带你参观了佛罗伦萨的博物馆，奔向美，她这样写道，‘快得就像是逃离险境一样’，急切地想看、想去理解、去想象、去发现您的世界。（……）这一财富、这一追寻为您提供了冒险的经历、开阔的视野，由此也让您有了宽容和尊重他人的品格。您对所有文化的热爱，让世界上各种艺术对话的新方式，超越了国界和时代，让您成了不朽者，博爱的不朽者。”

“您很早就意识到是各种艺术作品如玛雅雕塑、达荷美吉祥物、能乐面具或希腊胸像之间的对照让我们理解它们、体会它们、改造它们……当我们以这种内心的自由、理解和无限的好奇去接近世界各地的文化……我们就会情不自禁地去认可各民族的智慧、那些创造了它们的民众（……）‘对物的崇拜’，您这样写道，‘并不是人类艺术语言的初级阶段，它讲述的是它的语言。’这一观点体现了尊重、谦卑，它和常常让西方一叶障目的无知和傲慢相去千里（……）安德烈·马尔罗，您直接触摸世界。您随后成了肩负起反对世界不公正的人士之一。”

“没有人比您更雄辩地捍卫公正、歌唱博爱。在印度支那那段一开始身不由己的日子里，您发现了对待当地人和对待欧洲人方式的不同，一项并不是对所有人都平等的权利，有时是侮辱、有时是暴力，简言之，日常愚昧的千万张不同的面孔。”

“（……）您在西班牙共和党人身边拿起了希望的武器。那是西班牙空军纵队时代，而您是纵队的灵魂人物。那是您原本可以召集像布尔热、波泰、道格拉斯之流的时代，有时你们的装备是那么简陋，以至于不得不手动投放炸弹。那是在麦德林对佛朗哥纵队的毁灭战，这在一段时间里捍卫了马德里。攻打特鲁埃尔，为马拉加的难民提供救援。这是外在的英勇和内在的博爱，作为对令人眩晕的荒诞的答复。”

“（……）一点儿也不孤独，安德烈·马尔罗不过是比你们更好地歌颂了把人们团结起来并为之献身的人生意义和方向，哪怕那只是短暂的（……）萦绕在您脑海的，是对效率的追求，它标志了您和共产主义的关系，您欣赏面对法西斯时共产党的组织和纪律，但尤其欣赏的是它所肩负的责任感。‘当人们写我所写的文字，如果什么地方有法西斯，人们就会和法西斯作斗争’，1945年您这样对罗杰·史蒂芬[1]说道（……）”

“安德烈·马尔罗，您（……）也热爱法国，对您而言，戴高乐将军是它的化身（……）您说过：‘历险只存在于政府这一水平。’随后，您强有力地质问：‘从哪儿开始我们可以最好地中止阿尔及利亚战争？是马提尼翁宫[2]还是双叟咖啡馆？’身为国家文化部部长的您还说：‘在一个我看来相当荒谬的世界，就像众所周知的那样，有什么不荒谬的东西？那就是我们能为他人做的事。’还有比这更美的对政治行动的定义吗？”

“在这一新建的部门里，（……）您通过对法国艺术文化遗产造册、修复主要的历史文物建筑、改变巴黎的色彩（……）让法国人重新意识到了他们所拥有的文化遗产。但更重要的是您热爱分享，您排斥一种知识的‘贵族’观念，您创建了‘文化之家’，它是一个提倡文化平民化的举措。文化就像是朱尔·费里[3]梦想的延续。文化作为新的权益，被赋予每一个孩子，每一位公

---

1 罗杰·史蒂芬（Roger Stephane，1919-1994）：法国文学家和记者。——译注

2 马提尼翁宫是法国总理的府邸，而双叟咖啡馆是法国左岸知识分子聚会的所在。——译注

3 朱尔·费里（Jules Ferry，1832-1893）：两度出任法国教育部长，推出朱尔·费里法令，大大推动了法国教育世俗化的革新。——译注

民。以文化对抗死亡……这一要‘给每个人文化财富的钥匙’的想法是那么强烈，在今天比任何时候都更现实，可以指引我们的行动，（……）法国，您曾说过：‘只有当它是每个人的法国、当它不固步自封的时候才最伟大。’”

我认为这篇演讲是出自他本人的感受，为了验证我的直觉，我套用了文中的几个段落，只是把马尔罗的名字替换成了我对话者的名字：

“如果我这样写：‘雅克·希拉克和艺术的关系，或许这是他生活的基石，不过是一次漫长的探询。从少年时代开始，他就奔向美，快得就像是逃离险境一样，急切地想看、想去理解、去想象、去发现他的世界……’您觉得这和事实相符吗？”

“听上去让我受宠若惊，但相去不远，的确……当我到巴黎的时候，我十三四岁……那一时期我买得起的现代艺术书籍刚刚出现。我痴迷于逛书店，就这样我结识了书商皮埃尔·塞埃赫……”

我又把他演讲中评价马尔罗的话套在他自己身上，却没有和他挑明我从中做的手脚。我看到他对我挑选的多数段落表示认同。之后我才向他坦白我的把戏，并强调说我确信他在马尔罗骨灰移入先贤祠这一仪式上的演讲在很大程度上说是他自身的一个投影，即使他本人并没有意识到这一点……总而言之，在谈马尔罗的时候，他很多时候也是在谈他自己。

总统犹豫了。我又把开头的一句念了一遍：“雅克·希拉克和艺术的关系，或许这是他生活的基石，不过是一次漫长的探询。从少年时代开始，他就奔向美，快得就像是逃离险境一样……”

“至于漫长的探询，这显然是说得过去的。但我认为就是在这一点上，我们各自有各自的特点……”

“那是当然，但开篇就谈和艺术的关系，这可不是所有人的特点！”

“或许……其中的一个原因也许是长期以来我都在尝试避开他人看我的眼光。我刻意不把什么都混为一谈……记者谈到我的时候常常说：‘他是个文盲……’”

雅克·希拉克不想别人知道的并不是他对艺术的热爱，而是这一热忱所掩盖的、我在我们访谈过程中慢慢发现的真实的他。

“您让大家保持这一印象，您丝毫不想纠正那些所谓的观察家的看法……”

“我没作任何努力去改变它，因为我心想：至少人们不会烦我，我有自己的个人空间，没必要让那些记者们假借政治理由来践踏我的私人花园……的确，我从来没有肯定或者否定什么……我永远会记得那次中国之旅，陪同我一起旅行的有一位知名记者。飞机起飞了。蓝色旅游指南出版社刚出了一本新的中国旅游指南，丛书的负责人寄了一本样书给我。在飞机上，我取出这本指南并阅读了有关‘历史’的章节，我还认为它写得不错呢……一周后，这位知名记者发表了一篇文章：‘这个希拉克，真是个小偷！他谈论了中国，而我，我可以告诉你们，因为我亲眼所见，他所说的一切都是从蓝色旅游指南上读到的：这就是他对中国所有的认知……’我对自己说：再离谱也莫过于此了！（大笑……）我没有辟谣，我一声都没吭。的确，我从来没有试图对任何事情去辟谣……何况，这丝毫也没刺伤我。（边说边不时朗声大笑，他很高兴仿佛反过来是他戏弄了一番那帮在他眼中也不过是些文盲的记者……）”

“这让您有了一定的自由空间？”

“说到底我很高兴这个记者把我当成‘小偷’。”（笑）

“您高兴是因为对您而言重要的是您自己内心的感受，没有人能剥夺您在百济观音面前所体会到的激动？”

“（又笑）啊，那是当然……没有人能破坏这份激动……”

“我碰到过一些人，他们跟我说您在吉美博物馆或其他地方凝视某些珍品的时候，您仿佛是置身在另一个世界……您可以让所有人都停下脚步，仿佛您感受到了真正的美的震撼……”

“是有点儿这么回事……”

“我想再回到您关于马尔罗的讲话上。您是否记得当时曾特别花心思在它上面？”

“我不记得了。相反，我可以告诉您，我或许的确费了不少心思，因为马尔罗。我跟您说过，我对他的评价有些与众不同，因为他生活中的某些事情让我感到非常震惊。我对他所扮演的非凡的国王的小丑深感钦佩，但去吴哥女王宫砍下雕像的头颅并带回国，这是不可饶恕的……”

“尽管您认为他是个小偷，他的旨在从艺术中抽出那根看不见的文化丝线的措施还是引起了您的兴趣？”

“当然了……我可以告诉您，我肯定在那篇讲话上花了很多心思，因为是马尔罗，因为我不想让自己不公正，但同样也因为这是传递某个信息的机会……”

“……这个信息正是您内心深处最感兴趣的东西？”

“完全正确。唯一的差别，我不是一个无条件的马尔罗崇拜者……”

“正是出于这个原因，我才说您的讲话是你自身的投影。然而，即使您对他的所作所为有所保留，但我想他身上爱冒险的一面还是您所欣赏的？”

“或许。”

“我再扯远些：他投身到西班牙内战的一段生平显然是让您感兴趣的一段？”

“毫无疑问。以他那种……方式，我跟你讲过‘我曾在瓜达尔基维尔[1]……'的故事？"

"没有。"

"那是个美妙的故事……当时我在蓬皮杜内阁里。正在大选前夕，因此有一些大型的公众集会。一天，有一场集会是由马尔罗主持的，为了支持当时多数派的候选人，我当时是他的跟班……事情发生在圣德尼。有四五千人。就在我们到达之前，警察局打电话给我们：省长让通知会场来了满满两火车的共产党人——是从马赛来的，我想——他们赶走了之前聚在礼堂的民众。必须决定我们接下来怎么办。马尔罗说：'我们去！'于是我们去了会场。我们还从来没有像这样被四五千名狂怒的共产党人嘲笑奚落过。您知道，我对这类会场习以为常：在某个时刻，总会发生点儿非同寻常的事。会场乱得不行，但突然间，大家也不太明白是怎么回事，整个会场突然静了下来。我常常注意到这样的现象，经常参加集会的人可以向您证实这一点……我们之前匆匆决定除了马尔罗没有别人要发言；他上了台，等着一切平息下来，因为闹哄哄的一片他自然不能让大家听到他的声音。突然，发生了我所讲到的非同寻常一幕，一刹那沉默笼罩了会场。马尔罗，天才的演说家，抓住机会，话筒里传出他洪亮的声音：'我现在能清清楚楚地看到你们……我曾在瓜达尔基维尔，我曾在那里等待过你们，但我没有看到你们前来……'（希拉克模仿马尔罗的音调。）共产党人面面相觑：为什么，我们当时没去瓜达尔基维尔？紧接着，马尔罗开始了他的演讲，之后也有人小闹了一下，但信息已经传递出去了，真是奇妙！'我曾在瓜达尔基维尔，我曾在那里等待过你们，但我没有看到你们前来……'太惊人了！"希拉克还在笑，接着又补了一句："他是位伟大的，很伟大的艺术家！"

1 西班牙地名，西班牙内战的战场。——译注

"在关于马尔罗的讲话中，您说的关于博爱、关于反纳粹斗争的那些句子，大家很容易感觉出很大程度上也符合您自己。即使您之后也和共产党人有过抗衡，人们还是很容易感觉到您敬佩他们反纳粹、反法西斯的斗争……"

"毋庸置疑。此外我也有过很多共产党友人，像劳尔-唐吉[1]上校这样的人。我继续和他的妻子保持联系，我每周给她打一个电话……我和罗贝尔·尚贝隆[2]——让·穆兰的战友也一样保持联系。我和他关系也很密切。这都是些可以跟您谈论我的人……"

希拉克此时忘了提在安德烈·马尔罗骨灰迁入先贤祠之后他所采取的一项措施：授予法国参加国际纵队[3]的幸存者退伍军人的称号。极富象征意义的举措，一边是被视作右翼的总统，受益另一方是总体上政治取向极左的法国人士。这一举措也体现了他长期以来和劳尔-唐吉上校所维系的友谊，后者一直都很左，先后是共产党工运分子，十四纵队（马赛军）政委、抵抗运动时期FTP[4]的创始人，之后是巴黎大区FFI[5]的领袖……

这让我不由地想起2002年9月12日总统在巴黎荣军院发表的致亨利·劳尔-唐吉上校的悼词。雅克·希拉克表达了他对这位"享有殊荣的光辉人物，（……）这位爱人民爱理想的领路人"的深厚感情。他还说自己常常和他见面："无数次，我们回顾了他作为一个伟大见证人的我们惨痛而光荣的历史篇章。我对这位杰出的人怀着深厚的钦佩。"

塞西莉亚·劳尔-唐吉[6]确认这一友谊乍一看颇让人惊讶："我丈夫对这位热情友好的人印象很好。雅克·希拉克受抵抗运

1 劳尔-唐吉（Henri Tanguy，也称Rol-Tanguy，1908-2002）：法国二战抵抗运动的领导人之一，共产党人。——译注

2 尚贝隆（Robert Chambeiron，1915- ）：法国政治家，二战时期的抵抗分子。——译注

3 指的是参与西班牙内战的国际纵队。——译注

4 Frans-tireurs et partisans的简称，意为"义勇军和游击队"。——译注

5 Forces françaises de l'intérieur的简称，意为"法国内地军"。——译注

6 2006年7月25日和作者的访谈。

动这一时期的影响很深。我们认识他的时候他还是巴黎市长。我丈夫向他抗议人们谈论法国内地军（FFI）的方式。我丈夫的言论很可能令他深思。从那以后，他就对我们表现得非常友好，非常轻松自在。他对抵抗运动和西班牙战争那段历史很感兴趣，也对我过了二十九年军旅生涯的丈夫的人生经历很感兴趣，对他而言，投身这一事业是一种非常强烈的对理想的追求……"

"2006年3月27日，雅克·希拉克打电话给我，邀请我去爱丽舍宫参加宴请西班牙国王和王后的晚餐，我不得不拉张椅子出来跌坐在上面，因为太感动了。他的电话让我很激动……在爱丽舍宫，我听到他在国王胡安·卡洛斯一世面前谈起我丈夫，说他是'为民主而战的伟大英雄之一'，这在我看来也许有点儿夸张，但同时，我深受感动……"

塞西莉亚·劳尔-唐吉随后又用几句话概括了她丈夫和她所捍卫的共同理想，作为一个"深知自己该做什么"的"死于奥斯维辛的斗士"的女儿。伟大的抵抗分子的遗孀（1945年是劳尔-唐吉领导了巴黎起义）特别指出希拉克"对朋友非常忠诚"，友好地定期给她打电话，就像他一直在她丈夫去世前给她丈夫打电话一样。"我丈夫刚患病的时候，他就常常打电话来询问病情，直到我丈夫临终，从未间断过。"

罗贝尔·尚贝隆[1]在谈到自己和共和国总统的关系时也没有什么顾虑："雅克·希拉克对抵抗运动——我们历史如此重要的一页——非常忠诚。我是在1994年他还在当巴黎市长的时候认识他的。他邀请我和劳尔-唐吉上校一起参加一个筹备巴黎解放五十周年活动的小圈子。从那时起，我们就一直保持联系，总统很清楚我的为人和我的选择。我记得他很看重抵抗运动。我很赞赏他在去年7月14日阅兵式的时候把《游击队队歌》和《马赛

1 2006年7月25日和作者的访谈。

曲》放在一起播的点子。我打电话给他告诉他此举颇为轰动，场面非比寻常。雅克·希拉克彻底反对法西斯。他喜欢听别人谈西班牙战争，谈皮埃尔·考特[1]、让·穆兰在其中所扮演的角色……这是他尤为欣赏也熟知的一段历史。我常常见他。我们一起讨论抵抗运动。比如说，比较1943年5月27日抵抗运动国民议会首次会议，探讨1940年6月18日的意义。对这些话题他一点儿也不轻慢。我记得有一天他问我他能不能记笔记……他跟和自己政见不同的人一起一点也不感到拘束，我甚至可以说：正好相反。是抵抗运动的精神把截然不同的人团结在一起……"

1 皮埃尔·考特（Pierre Cot，1895-1977）：法国政治家，西班牙战争和让·穆兰一起是国际纵队的中坚分子。——译注

5 “我真希望您是我儿子。”

（皮埃尔 · 塞埃赫）

被《万叶集》深深触动，雅克·希拉克也热衷于找皮埃尔·塞埃赫谈论诗歌，后者出版诗集，其本人也是诗人……在巴黎第六区这幢大楼的第九层，他的公寓里，他的遗孀柯莱特接待了我，所有摆设、所有书都让人不由地想起皮埃尔·塞埃赫。柯莱特接待我是为了和我谈论这位“忠诚的友人”——自始至终都是——雅克·希拉克：“曾给我们带来许多麻烦的深厚感情”，她对此并不否认。恰恰相反。她很乐意谈论总统对诗歌的热爱，对俄罗斯、中国和日本诗歌的特殊认识。

“反对占领、奴役和死亡，诗歌不是逃避，不是忍耐，也不是保留：它叫喊。”这一叫喊，皮埃尔·塞埃赫希望通过1974年出版的《抵抗运动和抵抗诗人》得以让世人听到。雅克·希拉克听到了，并且津津有味地和出版商一道谈论那一“不幸而血腥、残酷而愤怒、抗争和希望的时代”。当他读到“不管是不是犹太人、看上去是否像共产党人或抵抗分子，离群索居或投身运动，我们都冒着被捕、监狱、集中营、死亡的危险”这样的诗句时，他热血沸腾。希拉克欣赏塞埃赫，就像欣赏马尔罗一样，因为在他们身上诗歌和行动化而为一。读到马尔罗的作品，他激情澎湃："那是在麦德林对佛朗哥纵队的毁灭战，这在一段时间里捍卫了马德里（……）这是大无畏和博爱精神，作为对令人眩晕的荒诞的答复[1]"；同样，读到由皮埃尔·塞埃赫辑录的感人至深的见证实录作品，他也激情澎湃。如玛里亚娜·科恩[2]的作品，1944年7月8日她被枪决，年仅二十三岁："明天我将背叛，今天不/今天拔掉我的指甲吧/我不会背叛/你们不知道我的勇气有多大/而我，我知道"；又如安德烈·谢纳维埃尔（André Chennevière）的诗句，他于1944年5月20日被打死："被蹂躏的城市，仿佛死了/长筒军靴的践踏声/踏破了人行道的寂静。"或者是被关进集中营的米歇琳娜·莫雷尔（Micheline Maurel）的诗句："那些女人冲着你叫喊，喊出你内心的呼唤：我的上帝，为什么你抛弃了我？……"

在把她的回忆录《我们只是过客》[3]（她在书中谈到皮埃尔·塞埃赫和雅克·希拉克的友情的故事开头特意放了一条丝带书签）交给我之前，柯莱特坚持要讲一则书中没有写到的轶事，仿佛为了更好地印证我准备阅读的章节意义重大。那是应罗杰·冈布里松——身为共产党员的科尔贝伊-艾索纳市市长之请，柯莱特·塞埃赫答应在"文化和青年之家"负责一次关于她丈夫的展览。出于礼貌，她认为应该告知巴黎市市长她接受了邀请。一接到这封短信，雅克·希拉克就打电话给她："第一次，他的语调冷冰冰的：'为什么您认为有必要告诉我您和科尔贝伊-艾索纳共产党市长的合作？我希望您知道您是自由的。我会赶早来看这个展览。但还是有点儿……不过我不会不高兴的，除非您在开幕式上站到桌子上大叫'打倒希拉克！……'他的确来参加了开幕式，一切都进行得很顺利……"

1　参见1996年11月23日雅克·希拉克在安德烈·马尔罗骨灰迁入先贤祠之际的讲话。

2　科恩（Marianne Cohn，1922-1944）：德国女诗人，二战时期的抵抗分子。——译注

3　Colette Segers, *Nous étions de passage*, Stock, 1999.（柯莱特·塞埃赫，《我们只是过客》）

为了表明希拉克对中国诗歌的热爱和了解，柯莱特·塞埃赫讲了另一则轶事，发生在市立剧院她组织的一场名为《中国魂》的演出结束之际。“您为什么没有编排一首李白的诗歌？……”当时还是巴黎市长的希拉克这样问她。

我现在准备好阅读柯莱特·塞埃赫描述希拉克和她的皮埃尔之间的友情的篇章[1]了。

“我们要投身于怎样的新历险？当时皮埃尔和我都没有料到它会让我们陷得那么深。乍一看，我们只看到愉快的一面。雅克·希拉克——当时的巴黎市长——建议皮埃尔组织一年一度的诗歌节：‘如果你和我一起负责，我就接受’，他对我说。可以把诗歌一直推到沙特莱剧院、市立剧院的舞台，谁能抵挡这样的诱惑？”

“两人的相遇就像是两股活力的汇聚。他们有一样的脾气，执著，很快他们就互相欣赏了。皮埃尔发现巴黎市长对诗歌的认知出乎他的意料。”

“是否要明确雅克·希拉克或市文化部门都将绝不干涉‘诗歌之家’的抉择——哪怕一次，也不会干涉杂志社的选择？……彼此的独立都是绝对的。此外皮埃尔的政治独立也一点儿都不成问题。两人都知道对方的政见，他为什么要装出另一副面孔？有人说——有人说……RPR[2]的几名党员提醒市长塞埃赫夫妇并没有该党的党员证。市长对此一笑置之：‘我不会要求我的朋友们佩戴通行徽章的！’”

“杂志社设在哈斯巴伊大街。做梦也不能找到比这更理想的了，（……）诗人们再次找到了去皮埃尔办公室和杂志社的道路。年轻人得到会见，人们看到他们腋下夹着几本书离开，为见识了这位热情、笑容如此和蔼可亲的家伙感到惊讶不已。至于他

1 《我们只是过客》，同上。

2 法国政党保卫共和联盟（Rassemblement pour la République）的简称。——译注

的目光……有人之前如此关切地注视过他们吗？在他们身上他看到了自己已逝的青春年华（……）”

“大约在1987年10月底，勒内·卡森[1]的遗骸迁入先贤祠。法国最后一次向1940年伦敦司法委员会的国家专员、欧洲人权法院主席、1968年诺贝尔和平奖获得者致敬。”

“雅克·希拉克在前一天晚上打电话给我们，打听一些皮埃尔的状况。我们无法否认显而易见的事实：检查结果简直令人发疯，病情的恶化无法控制。皮埃尔完全清楚自己的病情，表现得很顽强，还能站立，但日益虚弱，备受恶疾的折磨。”

“‘柯莱特，问一下皮埃尔在先贤祠仪式结束后我是否可以过去看他。我很想来，我有些话一定要跟你们说。’他又补充了一句：‘如果您同意，我们不要把见面的时间往后拖了……’”

“我和皮埃尔一起，在我们公寓的窗下，观看了共和国卫队的游行，他们骑着红棕色的矫健的马儿缓慢而庄严地前进。一轮红日刺破薄雾。皮埃尔把手臂环抱住我的肩膀，这个习惯的动作如今对他而言已经变得非常艰难。带着沉重的心情，我们最后一次在一起观看了一场盛典。当时是傍晚还是上午？太阳和游行队伍的步伐一致还是迎向它前来？我说不上来，但太阳照射着这一幕仿佛是最后一次致意。皮埃尔深受震动，说：‘我真希望他在这里和我们一起，为了这一缅怀，在这个忧伤的时刻。’”

“雅克和贝尔纳黛特·希拉克上星期已经来看过我们了，这一忠诚的友谊温暖了我们的心窝。贝尔纳黛特·希拉克是自己来的，她刚在医院里守护亲人守了一夜。当他们离开的时候，皮埃尔和他们拥抱告别，他面对面地看着雅克·希拉克：‘您要记得，雅克，我从来只爱仁厚之士。您属于那样的人。’他又补了

---

1 卡森（René Cassin，1887-1976）：法国法学家、外交官。1968年获诺贝尔和平奖。——译注

一句：‘我真希望您是我儿子。’”

“先贤祠归来，雅克·希拉克独自前来：‘皮埃尔，我来给你提个建议，当然前提是你觉得合适……’就这样我们得知了他的决定。他希望把杂志社交给我负责，同样也让我照看诗歌之家的整个活动计划。至于前者，我和我的合作者有完全的自由，至于后者，我要和一个艺术委员会合作。他怎么会知道世上没有什么比这个提议更让皮埃尔感动的了？通过建议我承担这一责任，他给予了我力量，同样也鼓舞了我身边的那些人，为他们带来了继续他们所热爱的道路的可能。”

“几天后，雅克·希拉克在蒙巴纳斯公墓发表了很长的悼词。他的私人秘书之前告诉我说希拉克的时间每分每秒都有精确的安排，因为他当天要在巴黎接见米哈伊尔·戈尔巴乔夫[1]。亲朋好友，聚了几百人，在雨中静静地聆听他的讲话。”

1 戈尔巴乔夫（Mikhaïl Gorbatchev，1931- ）：前苏联政治家，1985-1991年任前苏联苏共中央总书记，他在职时期的政策导致冷战结束，为此获1990年诺贝尔和平奖，但他的改革也使得前苏联解体。——译注

6 起源之城或希拉克的未竟之梦

凯布朗利博物馆只是雅克·希拉克想要留给法国人的一部分信息。他原本梦想再建一座博物馆来使它至臻完美，但尽管他是共和国的总统，他依然没能强行实现他的个人意愿。

2006年9月2日开始我们的访谈之前，国家元首穿着灰色的翻领运动衫，交给我他所保管的2002年12月12日于哥本哈根欧洲议会上的一些手录资料。我感到这是他给我的级别最高的礼物：这说明他已经决定更加积极地参与我的尝试，试图更好地理解他是怎样的人……

我想象他当时尽量不引人注意地从他的文件夹里抽出几张纸来写和欧洲议会当天的议程毫不相干的笔记。他看了看约兰·佩尔松[1]——瑞典首相，会议的主席——是否注意到了他的小把戏。相反，他才不在乎多米尼克·德维尔潘是否知道……他去掉钢笔套，开始在一张抬头标了eu2002.dk.的纸上信笔写来。漂亮的字体，很容易读，他写下了笔记的标题。

起源博物馆（或起源之城）计划包括：

·宇宙进化的起源

·生命进化的起源

1 佩尔松（Goran Persson，1949- ）：瑞典政治家，1989年当选为议员，任政府教育大臣。1994-1996年任财政大臣。1996年当选社会民主党主席，同年出任瑞典首相。2002年连任首相一职，2006年9月大选失利，辞去社会民主党主席职务并于2007年1月宣布告别政坛。——译注

·人类进化的起源

·地球各民族文化的多样性和他们在自然环境中的地位

当天晚上，雅克·希拉克在旅店写了整整三页纸，描绘了人类形态和文化的演变；在这一进化的时间轴上，他先确立了“观念的出现”，然后一百万年以后，是“美的意识的出现”，但在一百四十万年前“萌生精神焦虑和宗教思想的出现”，距他所参加的哥本哈根峰会约三万五千年前，产生了“象征思想”，最后是“文字的出现”。法国共和国总统以他这一伟大计划的目标作为蓝图的结语：“证明人类是自然环境不可分割的一部分，他永远无法完全超越自我，应该创建一种新的全球道德伦理观来和谐地创建人类的未来。”

某种把《物种历程》（*L'Odyssée de l'espèce*）具体化的想法，《物种历程》是他的朋友伊夫·柯本斯[1]的著名纪录片，希拉克之前特意当众表示赞赏。

“我尝试‘推销’我的起源之城，好让年轻人来参观并知道我们是谁，如何在生命史中自我定位，给他们提供一种万物相对存在的思想……亨利·德伦莱采用了这一思想并加以深化。我们联合起来推动这一计划，但没有成功。我们在马赛作了很多尝试……”

“尽管共和国总统的分量也不管用？”

“我已经发起创建一座博物馆了，似乎我不能建两座……但这一切都不重要。”

希拉克关上他向我隐约敞开的大门。或许他害怕这一话题会把他引得太远……

罗什-奥利弗·玛斯特（Roch-Olivier Maistre），2000～2005

1 柯本斯（Yves Coppens，1934- ）：法国古生物和古人类学家。——译注年初和他一起工作，很可能是最了解总统的人之一了。他承认很难把握总统的心思，当人们尝试去弄明白，“就会有种陷入迷宫的印象。他极端隐秘。他的利他主义，一点儿也不掺假的，就好像是他的盾牌。他喜欢捷径，被断裂的态度所吸引……他非常不安，这从他的时间安排中可见一斑。他不回顾过去，也不计划太远的将来。他总是在行动，也就是说出于一种最近将来的状态。他也一直需要安全感……”

之后，总统的旧日合作者给我举了个例子，描绘了每周六或周日重读演讲稿的仪式：国家元首给每位合作者分发一份他修改过的计划，然后把他的彩色铅笔按照不变的顺序摆在前面，然后让每个人发言……

“他同艺术所维系的关系和他同人类史所维系的关系密不可分”，前顾问继续说道，“他对各种文明的年代的认知令人惊讶。他非常热衷于史前史。为了更好地理解他，应该看他和柯本斯（露西[1]的“发现者”）、亨利·德伦莱（《初人》的作者，观念萌生和火的使用方面的专家）、米歇尔·布鲁内[2]（图迈[3]的“发现者”）的讨论。他需要不断地回顾历史。”

我再次就希拉克对考古学、古生物学、所有这些关注人类起源的科学的热衷提了问题。他承认这一热爱和他对吉美博物馆的热爱是同时产生的。

“这一直让我着迷。我从未停止过……我记得1972年柯本斯发现露西的情景：我激动不已……我之前就已经对南方古猿非常感兴趣了：他们从哪里来？为什么？是人，不是人？我读过，听过关于这些问题的讨论，同时我也对亚洲很感兴趣。我也有过

1 露西（Lucy）：考古发现的化石，露西生活在320万年前，属于南方古猿，是人类祖先。——译注

2 米歇尔·布鲁内（Michel Brunet）：法国古生物学家。——译注

3 图迈（Toumaï）：在乍得的戈兰语中是“生命的希望”的意思，是当地人为在旱季到来之前出生的孩子起的名字。布鲁内发现的名为图迈的头骨化石距今约有600-700万年的历史。——译注

另一个非常激动的时刻，那是在几天前（2006年9月），当人们发现了那个小女孩，那个四岁的南方古猿，保存完整的化石：它唤醒了我五十年的回忆！很久很久以前我就对自己说过：或许有一天人们会发现一个南方古猿的孩子化石。她比露西生活的年代稍早些，但并不早很多。”

就这样，总统定期收到中国、越南、阿富汗、巴基斯坦、蒙古、埃及、乍得的考古最新通报，让-弗朗索瓦·雅利吉、克里斯蒂昂·戴狄安、米歇尔·布鲁内还有罗什-奥利弗·玛斯特……都向我证实了此事。在爱丽舍宫，2005年1月14日，面对一大群考古学家，适逢介绍法国二十年在法国和世界各地的考古发现，他可以借机表达他的爱好和产生这一爱好的动机：

“重新找到古老文明的痕迹，研究过去的遗址，出发去寻找消逝的民族，了解他们的文化、他们的信仰、他们的生活方式、他们的环境、他们的创造：谁不想跟随你们踏上这一探索之路？这些失落的世界不仅让人遐想，他们还构成了我们身份、根源、最深邃的问题的脉络，这些问题也实际地摆在人类面前。邀请我们加入时空之旅，你们为我们提供了解释、理解这一奇遇的途径，这一奇遇就是人类的奇遇。”

“很久以来，我钦佩你们的学识和热忱，（……）过去考古学被视作是历史学的‘附属’，今天它已经成了一门名副其实的人文科学。它让我们重新思考人类的历史。解释并理解那些把我们和最古老的文明联系在一起的深刻而复杂的维系，但同时也为我们解释了日常物质生活所见证的多种文明间的交流。通过研究我们所共享的文化遗产，（……）你们向我们揭示了我们是谁。没有国界的考古研究，不管它是预防性的还是规划性的，都让我们意识到人类命运深刻的共性。这就是为什么它是文化对话的基础，在我们这个时代这一对话尤为必要。”

“对那些发展中国家而言，但对我们这些欧洲国家也一样，考古学显然是文化身份的一个载体。它有助于和历史、文化遗产，也有助于和一个民族、一个国度、一个地方的影响维系在一起的民族自豪感的培养。它尤其改变了我们对这些西方长期以来无视它们尊严的文明的看法。如果说人类毁灭的疯狂在吴哥、巴米扬[1]、莫斯塔尔[2]体现无遗，在其他地方也一样，破坏了历史和民族灵魂最珍贵的见证，这并非偶然。今天它们再次受到威胁。应该保护、保存、继承。为此，首先应该去鉴别、去清点。”

“你们是守护者，但同时也是我们人类身份、记忆和共同文化遗产的阐释者和摆渡人。这一文化遗产受到需要得到更好调控的经济发展的威胁，同样也受到文化财产掠夺和散落的威胁。（……）我常常有机会和你们中的一部分人交流，每次交流对我而言都是一次巨大的充实……”

让-弗朗索瓦·雅利吉当时也在大厅，并参加了稍后的招待会。他记得考古学家们磨磨蹭蹭地前来爱丽舍宫，说些对总统并不客气的话。“考古学家们通常都是左派”，雅利吉这样解释说。“两小时后，他们就成了亲希拉克派了。雅克·希拉克以他所问的问题和讲话向他们证明，他不仅是一个学识渊博的业余爱好者，而且是个考古迷。他的问题让他们震惊。他们明白了总统对全世界正在进行的考古挖掘非常清楚，对每一个挖掘工程，他都能组织一场高水平的谈话……”

我在试图捕捉一个陌生的希拉克，当我们第二次会谈的时候，我提到了米歇尔·布鲁内教授的名字和总统支持的法国电视二台推出的一部关于布鲁内的纪录片《图迈，新祖先》，该片讲述了在十一年的考古挖掘后，这位古生物学者如何在乍得东北的

---

1 巴米扬（Bamiyan）：阿富汗中部河谷地区。——译注

2 莫斯塔尔（Mostar）：波斯尼亚和黑塞哥维那波黑联邦的地名，历史古城。——译注

图拉伯沙漠中让一块距今七百万年、被命名为“图迈”（“生命的希望”）的头骨化石重见天日，这一发现对人类起源的历史而言无疑是一场革命。在雅克·希拉克面前说出图迈的名字，我感觉自己好像说出了打开秘密宝藏的秘诀。总统果真忙不迭地向我透露了部分相关内容：

“我的朋友布鲁内教授……我非常支持他！我认为……我可以说：人们认为在利比亚的沙漠中应该能够找到人类的远祖。布鲁内跟我表达了想继续在东边寻找的意图……我带他去见了领袖（卡扎菲[1]）。布鲁内解释了他在利比亚所希望进行的考古探索。领袖给了所有实现其计划的必要的许可和部分资助，其余费用由道达尔公司补足……”

总统定期关注布鲁内进行的考古探索的进度：“每个月我都会收到他的一封来信……”猛地，他从座位上站了起来，大步朝他的书房走去，稍后他捧着一个“图迈”头颅的铸模出来，很专业地开始向我讲解。他跟我解说了头颅的扁平形状，仅存下来的两颗牙齿及专家对它们生长的位置的不同看法……

布鲁内教授随后也向我描述了总统的热衷。普瓦提埃的研究员从他和雅克·希拉克不寻常的相遇开始说起：

“……1789年，法国向全人类发出了《人权宣言》。忠实于它的理想，法国今天也应该站在生物伦理战的最前沿，为确保生命科学始终是一门服务于人类的科学。谢谢大家……”2003年2月23日，在法兰西学院玛格丽特-纳瓦尔阶梯教室，在几百名科学家、医生、法学家和哲学家面前，雅克·希拉克结束了他于全国伦理咨询委员会创建二十周年纪念会上的讲话，随后他在迪狄埃·西卡尔德[2]——该委员会的主席的陪同下走下讲台……在出去的过道上，后者向他介绍了几位来宾。米歇尔·布鲁内教授应阿

---

1 卡扎菲（Mouammar Kadhafi，1942- ）：利比亚总统。——译注

2 西卡尔德（Didier Sicard，1938- ）：法国医生，1999年以来任全国伦理咨询委员会主席。——译注

克塞尔·卡恩[1]之邀，正好就站在总统经过的一排课桌靠走道的位置，他握住总统的手：

"米歇尔·布鲁内，我是教授……"

迪狄埃·西卡尔德正准备跟总统说明这位白胡子教授就是……的伟大发现者，但他被痴迷于古生物学的希拉克打断了。

"我知道，是您发现了图迈……"

接着总统讲了一大通话。普瓦提埃大学的教授听到他历数自己履历上的种种考古发现简直惊呆了。他的自我还没来得及慢慢享受这些话语的温柔抚摸，雅克·希拉克就对他说：

"我对您所做的研究非常着迷，我想帮助您。您可以打电话给我。"

教授会不会利用这一特许？没那么肯定。布鲁内在乍得的沙漠里要比在和政府当局的交际中更为从容自在。最终是希拉克给他打了电话。"我感到他是如此痴迷，以至于我提出要把图迈带去爱丽舍宫给他看。"

"您会这么做？"总统惊叹道。"您的提议令我非常感动，但这不可能，因为这对图迈而言太危险了……"

"我会这么做的，并非不可能。我乐意做，因为您是总统……"

就这样，以布鲁内为主，展开了一场相关的知识介绍，联系了让-雅克·雅吉[2]（关于类人猿的起源）、伊夫·柯本斯和埃莱娜·罗什[3]、法国国家科学研究中心（关于在肯尼亚发现的距今二百五十万年的燧石打造的各种器具）。在约定的那天到来之前，雅克·希拉克给布鲁内打过好几通电话。第一通电话问他是否可以邀请他的几位同僚。"那是在您家"，图迈的发现者这样

1　卡恩（Axel Kahn，1944- ）：法国遗传学家。——译注

2　雅吉（Jean-Jacques Jäger）：法国蒙彼利埃二大古生物学教授。——译注

3　罗什（Hélène Roche）：法国国家科学研究中心（CNRS）的研究负责人。——译注

回答道。之后他打了第二通电话给普瓦提埃的教授："当他们得知正在酝酿的演示，所有人都想来。人太多了……"

最终，约定在2003年11月7日举办这场关于人类起源的不同寻常的演示会。在会议厅摆了一张大桌子，边上拼了总统的办公桌，秘书长的办公桌则用来陈列燧石、骨头、化石、猛犸的毛（是伊夫·柯本斯带来的）、头颅骨等等。11月7日这一天安排得很紧。雅克·希拉克的确是接待了俄罗斯总统弗拉基米尔·普京，中午两人还一起吃了一顿工作餐。总统的合作者们把演示会限定在六十分钟，从十八点到十九点，因为总统十九点有个"重要约会"，礼宾司司长克洛德·希拉克再三明确指出。是和丹尼尔·魏思乐（Daniel Vasella），还有埃里克·科尔努（Eric Cornut），诺华制药集团的两位老总会面。

总统到了，和米歇尔·布鲁内还有其他学者打了招呼，然后在普瓦提埃的研究员对面入座。两人中间隔着三个图迈头盖骨：一个是真品，一个是逼真的模制品，还有一个是三维复制品。雅克·希拉克马上就认出了真品。挨着他右边就座的是克洛迪·艾涅尔[1]，左边是伊夫·柯本斯，总统问他对面的教授：

"教授，我可以碰吗？"他指了指图迈头骨化石。

他站起身，用食指碰了碰图迈。布鲁内把这一幕拍了下来留作永久纪念。希拉克显然非常感动。

整整两小时，四名科学家轮流分析陈列在桌上的物品，让大家得以分享他们的学识。希拉克提了一些高深的问题，显出他对这个主题非常了解。一些小纸条不引人注意地连连传到他面前。想必是提醒他十九点的那个重要约会，因为时间已经远远超过了。让礼宾司司长难办的是，演示会大约在二十点才结束，总统让在他办公室里的所有人都过来拍照留了念……

1 艾涅尔（Claudie Haigneré）：法国前科技部部长，首位进入太空的女宇航员。——译注总统又给布鲁内打了好几次电话建议给他帮助。他让后者路过巴黎的时候联系他好共进午餐。布鲁内最终抓住了总统伸过来的橄榄枝。

“您可以帮助我。我想扩大我在利比亚的考古区域，为了实现这一目的，我得会见卡扎菲……”

“我会帮您。”总统立刻就回复道。

教授之前已经联系过外交部，在那里，大家对他嗤之以鼻。

不久，他接到了爱丽舍宫的一通电话，邀请他参加总统于2003年11月24～25日对利比亚的官方访问。因此，23日下午，布鲁内置身在布尔热机场一帮倨傲地打量他的工业巨头和政府高级官员之间。希拉克并没有乘坐同一架飞机旅行。

第二天早上，布鲁内站在法国代表团下榻的大酒店大厅。希拉克走出来，无视同行的名流，径直走到图迈的发现者面前：

“教授，今晚，晚宴的时候，我亲自把您介绍给领袖……”

帮助布鲁内教授扩大在利比亚的考古范围对他而言是如此重要，他表示愿意在一系列的签字仪式上先签署普瓦提埃大学和班加西大学的校际合作协议……晚上，代表团朝卡扎菲上校举办宴请雅克·希拉克的晚宴大厅走去。最后一刻，安全部门临时改变了日程，决定更换欢庆的地点。在新的大厅里乱得简直无法形容，甚至连桌子都没有摆起来。在大厅的一角，摆着一张巨大的长方形桌子，两边各有一张椅子遥遥相对，让人猜度那是两位国家元首的餐桌。希拉克一到就把自己的椅子移到领袖的椅子旁边并馈赠给利比亚上校他欣赏的作家孟德斯鸠作品的善本。晚餐开始了。布鲁内谁也不认识，随便在一张餐桌上就座。很快，他就感到在他的周围发生了一阵骚动。几个利比亚人在大厅里找人。他听到“教授”这个词。负责保安的一位领导找的正是他。他走到他跟前：

“希拉克总统让您到总统的餐桌去。”

布鲁内穿过一张张餐桌，走到希拉克身边，后者把他介绍给领袖，然后开始讲述图迈的整个故事。当他讲完，他朝布鲁内转过身去：

“我是不是有所遗漏？”

“好极了，”布鲁内回答道，“下次我都不用来了！……”

但他还是让总统加上一句：“利比亚很可能是人类诞生的摇篮。”经过翻译后，领袖站起身，向教授伸出手，对他说：

“您是我在的黎波里永远的贵宾……”

法国代表团返回巴黎，现在大家都对他另眼相看。其中的一名代表团成员甚至幽默地评论说：“去的一路是布鲁内陪我们去，归途是我们陪布鲁内回来……”

教授回普瓦提埃不久，卡扎菲的内阁部长就打电话给他：

“你什么时候到？领袖等你来。”

教授重整行装，再次飞抵的黎波里，从那里人们带他去了锡尔特沙漠。在一个帐篷下，他和领袖夜谈了整整两个半小时。他又讲了一遍他的整个故事，对话者的文化修养让他大为惊讶：“一名优秀的博物学家，带着一架优质天文望远镜和一只观察沙漠中的矿石和小动物的双筒放大镜。”领袖再次确认同意教授在利比亚继续他在乍得展开的考古挖掘工作，围绕着两大问题：在图迈时代，同样的河马不是生活在乍得的湖里，而是在锡尔特周围；猴子起源于非洲还是亚洲。

领袖又建议在物质方面给予布鲁内帮助。勘探工作将于2007年初展开。

希拉克总统对考古的热爱是一个说不完的话题，布鲁内教授以一则他认为弥足珍贵的轶事结束了我们访谈：

“当我得知在法国展开了一场针对我的可怕的论战的时候

我在伯克利大学[1]，我被当作一名造假者。那天是星期六。我尽可能对这一滔滔不绝的诽谤作出回应。我给法国国家科学研究中心、教育部、外交部寄了信。心灰意冷，我对我的美国同事说迫不得已，最后我会给总统发一封电子邮件。‘你真是典型的法国人，’他这样回答我，‘在美国，这简直是不可思议的：布什甚至不知道古生物学为何物！’”

“我给总统发了邮件让他放心，告诉他针对我的论战不过是子虚乌有的诽谤。我很消沉。第二天早上我回到伯克利大学的实验室。我打开电脑。我看到我发出去的所有邮件只有一封回信：雅克·希拉克的回信，大意是：‘教授，别把那些攻击放在心上。最有参考价值的评价是《自然》杂志。至于新闻媒体，如果您处在我的位置……”

雅克·希拉克对围绕着人类起源的研究的关注和热衷并不仅限于通过古生物学、考古学和其他对起源进行研究的种种科学途径；这还表现在他对保留了人类起源的全部或部分秘密的原始人群的认知和保护。因此他对因纽特人[2]产生了巨大的兴趣并支持他的朋友让·马洛里[3]——因纽特人的保护者、极地科学院的名誉主席——旨在维护“这些曾给世界带来他们的文化、力量、思索、情感，曾经经历过种种艰难困苦如适应现代社会的民众”的斗争和努力，“（……）而今天，（……）人们意识到我们多种文化和文明之间对话的重要性。”他强调“马洛里教授为捍卫这一伟大事业而指出的因纽特人的热情、慷慨、才智，（……）还有我们对这些原住民应有的尊重，我们对他们能为未来世界的进化所作的贡献没有给予恰如其分的评价[4]。”

1 美国加州大学伯克利分校。——译注

2 也称爱斯基摩人，是西伯利亚极圈地区，美洲北部和格陵兰岛的土著居民。——译注

3 马洛里（Jean Malaurie）：法国著名的人种史学家和人类地理学家。——译注

4 2003年5月30日他参观极地科学院的时候发表的讲话。

有两本伟大的著作让雅克·希拉克记忆犹新，“深受震动”，一本是让·马洛里的《极地最后的国王》，另一本是1955年出版的“人类的大地”丛书中的克洛德·列维-斯特劳斯的《忧郁的热带》：“这两部作品深深地打动、启迪了我。从那以后，一切都不一样了。他们以各自独特的方式描绘了新地理的轮廓。他们投射了一道尊重、好奇和慷慨的光芒，照亮了这些居住着其他民众的偏远土地，他们在那里生活、欢笑、相爱、梦想、受苦、死去……[1]”

总统直接对让·马洛里说的话更多地揭示了他自身的想法，他说自己属于“受其人类学研究启迪、借助其严谨的研究视角而学会看周遭世界的一代人”。接下来的讲话就仿佛是他政治主张的声明，界定了他认为的人道主义的范畴。

“简言之，您打破了所有界限。您希望融合所有的声音并让大家聆听到它们。记录人类的思想和话语，在它们消亡之前。并在词语诗意的真实中，让世界上所有的语音、所有的言语发出共鸣。（……）作为冒险家、航海家，作为冰天雪地和生活在那里的民众的考察者，作为探索未知的科学高峰锲而不舍的攀登者，亲爱的让·马洛里，您计划，通过这一套丛书（“人类的大地”），借用您的说法，让自己‘远离因袭的观念、拉大观察的焦距，换一个角度去看，以期萌生出新的思想（……）’。”

“一部‘叛逆’的作品，写书的念头产生于1951年，源于一种反抗的情绪、一种厌恶。当时您作为到极地的因纽特人那里去考察的地理学家，您发现了那个军事基地，突兀地建在在这片神话般的土地上，‘这片最北边的没有文字的民众所居住的净土’。在您眼中这是一种亵渎，一种蹂躏，一种彻底的排斥。（……）”

1　2005年2月15日在“人类的大地”丛书出版50周年纪念招待会上发表的讲话。

“倔强如您，亲爱的让·马洛里，您长期致力于捍卫生活在北极圈周围的民众，这些‘生活在正在坍塌的世界里的固守家园的英勇的民众’，与此同时，还包括所有那些受到朝唯一方向前进的历史巨轮碾碎威胁的原始种族。”

“以您所有的热情和非凡的精力。您支起了铜墙铁壁，为了让世界不在我们西方社会唯一的梦想和抱负面前沉沦。您让您天才的成立极地科学院的想法付诸实现，我几乎可以说那是‘我们的’科学院，从今往后，它在圣彼得堡培养当地的精英，不仅重视可持续发展的种种需求，同时也关注对传统生活方式的维护。一个开辟了除了灭绝或同化之外的另一条道路的科学院。为了让人类继续在丰富多样的人文环境下充实自己。（……）不从众且富有远见，您在当时就已经预见到今天的世界，不停地被认为自己受到倾轧的民众的侮辱和怨恨所觊觎。”

这一呼声，因其职责的缘故有所克制，总统不仅为俄罗斯生活在北极圈周围的原始住民而发，同样也是为支持加拿大的因纽特人而发的。的确，他致力于纽纳瓦特省的自治，并于1999年9月6日成了首位对这一地区进行官方访问的国家领导人。在当地议会面前，他再次申明了他为之抗争的主题：

“纽纳瓦特省的诞生对原始住民而言是一个历史里程碑，此外，对所有那些在全球化进程中捍卫其民族身份的人也一样。（……）对人类而言，最弥足珍贵的是他的记忆、他的历史、他的根基、传统、先人的价值观，也就是说所有内在的参照，没有它们，人类会有挫败感，会感到不幸。”

对美洲的印第安人也一样，在希拉克眼中是1492年欧洲文明所强加给他们的殉难的幸存者。他没有让巴黎参与克里斯多夫·哥伦布出发去美洲五百周年庆典活动，在这一象征性的拒绝之后，他邀请瓜拉尼人、歧楚阿人[1]、阿贝纳基人[2]、艾马腊人[3]、休伦人、易洛魁人和其他穿着传统服装围绕在丽塔伯塔·孟珠和玻利维亚前总统雨果·卡德纳斯身边的苏人[4]来爱丽舍宫就一点儿也不让人惊讶了。雅克·希拉克亲自关注于1996年6月20日在巴黎以爱丽舍宫的宴请而结束的美洲印第安人国际大会。

前一天，在为“美洲的传统和现代”展览主持开幕仪式之前，他已经代替原定负责接待丽塔伯塔·孟珠和雨果·卡德纳斯的自然历史国家博物馆美洲部的负责人丹尼尔·莱维纳在拉赛酒店的花园和两位贵宾共进了午餐。在一张泰伊诺人的木头宝座面前，他激动地说：“在这张座椅上原本到处都镶嵌了黄金，但它们被西班牙人夺走了。那曾是美洲土著酋长坐在上面看球戏的座椅，球戏是在村庄广场上进行的神圣的游戏。”离座椅几米远的地方，站在一个“护枷”（围在球戏者腰上的象征性的安全带）前面，总统继续说道：“当西班牙大兵到来的时候，人们拒绝玩这个游戏。”之后他和展览的负责人展开了关于球戏起源的讨论，他对球戏非常感兴趣（以至于在我面前他再次提到了它）：“据我看，这一游戏是由阿腊瓦克人[5]引进的[6]……”

在聚集在爱丽舍宫的所有美洲印第安人面前，总统表达了在他眼中如同一个巨大伤痕的历史事件：

“欧洲和美洲的相遇镌刻在历史太漫长的悲剧名单上。对美洲的征服让美洲的印第安人遭受了史无前例的重创：政治、经济和人员的重创。经历大屠杀和属于他们的社会的毁灭，美洲印第安人差一点儿就走到了他们历史的终点。”

---

1 南美洲安第斯高原各国的印第安人。——译注

2 北美阿尔冈昆印第安人的一支。——译注

3 玻利维亚、秘鲁和智利的印第安人。——译注

4 休伦人、易洛魁人和苏人都是北美的印第安人。——译注

5 南美印第安人，原居住在加勒比海岛屿上。——译注

6 根据安妮·富尔达的书《前拥后簇的总统》（Grasset，1997）而描写的场景。

“1992年，深受我们西方思维模式熏陶的世界汇聚在一道庆祝克里斯多夫·哥伦布到达美洲五百周年，无视，或者假装看不见这一事件在整个历史进程中意味着美洲印第安人可怕的劫难的开始（……）”

“是的，欧洲在太多时候代表了美洲（非洲也一样）的不幸和劫掠。那是因为被屠杀的美洲印第安人被从非洲贩卖来新大陆的黑人所替代。迫切需要劳动力的殖民者由此得以重新建构起他们在当地无法找到的劳力资源。”

“是的，欧洲人有义务在最后眺望一眼非洲戈雷岛[1]的农奴纪念碑前鞠躬，就像在美洲印第安帝国的斗士朝太阳发出最后的呼救的纪念碑前鞠躬一样（……）”

“不要忘记。1528年，阿兹特克帝国[2]灭亡几年后，纽纳瓦特一位无名氏的一句箴言镌刻在我的脑海里，他说：‘盾牌可以保护我们，但盾牌无法抵挡绝望。’”

“我们应该牢记。1521年，墨西哥或许是世界上人口最多的城市；帝国里生活着两千万美洲印第安人。一个世纪后，他们只剩下七十万人。”

“是的，我们的欧洲文明对那里所发生的一切永远都负有责任。（……）今天我们应该承认历史上他们所经历的创伤，肯定那些原始住民的文化尊严……”

在这一激情洋溢的讲话之后，雅克·希拉克授予丽塔伯塔·孟珠和雨果·卡德纳斯法国二级荣誉勋章，然后在美洲印第安人中间整整呆了一个小时，接受了他们许多礼物，尤其值得一提的是一个印第安人送给他的一根长矛，馈赠者说明了它的作用：“它可以赋予您力量，在土著人那里很灵验[3]。”

---

1 戈雷岛建于1851年，原为非洲向美洲输送黑奴的中转站之一。——译注

2 原墨西哥的印第安人帝国。——译注

3 《前拥后簇的总统》，同上。

雅克·希拉克同样也对因西班牙征服美洲而付出沉重代价的非洲和非洲人深表同情。在我和雅克·希拉克的第二次访谈中，我谈起了这个话题：

“似乎您发表了一个批判让非洲受苦受难的启蒙运动时代……”

我发现自己所面对的不仅是一位对这个话题感兴趣的人，而是满腔激情的激进分子，他的言论让我联想到1960～1970年代第三世界主义者的讲话，这样的言论今天在戴高乐主义者和“人权主义者”的小团体中已经不再使用了。我的笔很难跟上他的语速——面对总统坦率的言论——简洁而辛辣的抨击，我的录音器竟然恶作剧地在一刻钟内拒绝工作。我只能事后回顾当时的对话：

“奴隶制之前在非洲就一直存在，受益的是阿拉伯人，那是在当地酋长的默许下。之后有了奴隶交易，持续了四个世纪。那曾经是大规模的现象，同样也得到了当地部落酋长的默许。人们夺走了非洲的精华，掠夺了非洲人的血脉……之后人们却说非洲人一无是处！”

“随后到来的第二次‘灾难’：基督教神甫和伊斯兰教伊玛目[1]拥到神圣的树林里摧毁了非洲当地的文化……”

“之后第三次国际性的灾难降临在非洲：那些古董商掠夺了非洲的文物……这以后，人们说非洲人没有文化！”

“偷走了他们的文化之后，人们又偷走了他们的自然资源、原材料，拿他们当廉价劳动力。他们被偷得一文不名，人们还喋喋不休地抱怨他们一无是处……”

“现在是最后阶段：通过提供奖学金偷走他们的文化精英，并一直说那些留在非洲没来的人：这些黑鬼真是废物……”

“您和尼古拉·萨科齐谈过这个问题吗？”

“是的，您从来没有听我说过‘选择性移民’……”

1 某些伊斯兰教国家元首的称号或伊斯兰教教长。——译注

1 巫医

据说卡佩王朝的国王能够治愈瘰疬。这种法力直接来源于加冕。在兰斯大教堂举行的庆典仪式结束后不久，刚登基的君主就前往圣马尔库的墓地朝圣，墓地位于兰斯和拉昂中间，“公主路”[1]东端的科贝尼隐修院内。国王在圣人墓前默思，获得了治愈瘰疬的法力，使他的父王弥留之际在病榻上向他面授的天机得以完整。在举行接触瘰疬病人的仪式时，具有法力的国王按照惯例念道：“王触摸你，上帝佑你痊愈……”这项宗教仪式直到1825年才被废除。

伊夫林省议会议长皮埃尔·贝迪耶[2]很容易地想到共和国的现任总统也获得了这种法力：“雅克·希拉克重新获取了神圣的、萨满教巫医的力量！”为避免招惹他人的讥讽，这位前内阁部长用一种戏谑的口吻发表了这番言论，给自己留下充足的余地来收回前言。

在针对爱丽舍宫的主人进行民意调查的过程中，一位治学严谨的政治学家向我谈到了和希拉克握手时后者的手掌散逸出的热量，他讲述了一个患者痊愈的故事，但没有引用贝迪耶的名字，

1 公主路（Chemin des Dames）：位于埃纳省（Aisne），连接拉昂（Laon）和苏瓦松（Soissons）。十八世纪路易十五的女儿走过这条路，由此得以命名。——译注

2 皮埃尔·贝迪耶（Pierre Bédier, 1953- ）：法国国民议会议员，属于人民运动联盟（UMP）成员。——译注

有人把故事的起因归于总统。“他拥有妙手回春的本领。您应该就这个话题向他提些问题。”对这一说法我没有感到太震惊：我是个喜欢追根溯源的人，而且当我聆听雅克·希拉克讲述四分之一世纪多的岁月中他在科雷兹的残障人士身边度过了许多时光以及他用手接触他们直至在他们身上感受到生命力的显露时，我深受感动，印象也极为深刻……

因此我决定谨慎地和国家元首谈谈这个不寻常的问题：

“您也许会对我的问题感到惊讶，但是它是由一个表现得非常理性而且喜欢打破砂锅问到底的人提出的……有人告诉我您拥有巫医的本事。真的吗？”

雅克·希拉克面露诧异的神色，停顿了片刻才开口回答：

“许多人都这样说，但事实并非如此……我的家族有一部分来自科雷兹，尤其是米勒瓦什高原。有人称我的祖先懂得一些医术。总之，可以肯定的是我的祖父，我的父亲和我天生对人的健康状态比较敏感，仅此而已。我试图使病人重新振作起来……尤其是罹患癌症的人。只是用我的声音……”

“可是有人对我说您用手触摸病人就治愈了他们或者减轻了他们的痛苦……”

“不！不！确实，癌症患者听到某种声音可以减轻痛苦。难道因为我非常想减轻他们的痛苦我就可以这样想吗？那么我对您说的话中又有哪部分是真的呢？这些传闻就是逐渐散播出来的……”

“至于手，是另外一回事。如果我们把手放在病情严重的精神病患者的手上并且停留一段时间，有时候我们真的能够感到发生了某些事情，一些平时没有得以表达，但是也许由于身体接触而激发出来的感觉，被轻轻地唤醒了……以前，当我对他们给予了更多的关注时，有时我的手能够这样停留一个小时，一个半小时。而且有时我感到发生了某些事情，一些平常没有表达出来，但也许由于身体接触而激发出的感觉被唤醒了……”

雅克·希拉克自然提起了“这位充满个人魅力然而应当与之划清界限的部长，因为他正在接受司法部门的调查。他是否干过蠢事呢？我毫不知情，也不妄下评判……[1]不管怎样，他风光地再次当选为伊夫林省的议会议长，这是一位潇洒的先生。我愿意谈谈皮埃尔·贝迪耶。有一天，我接到他妻子的电话，她告诉我他正逐渐死去。我立即回答道：‘我来了。’贝迪耶躺在医院里；他一动不动。我惊呆了。我留在医院，握着他的手至少有一个小时，一个半小时。每过五分钟，我在他耳边轻声地说着深情的话。突然，他动了动一根手指，接着便苏醒了……从此，他的妻子和女儿到处宣称是我救了前者丈夫、后者父亲的性命……”

皮埃尔·贝迪耶很乐意回答我的问题。首先他向我描绘了自己患上的疾病：“一种脑白质炎，损害了中枢神经系统的白质，脑电流也停止了……90%感染该病的人都会死亡，剩下10%幸存者当中的90%会留下严重的神经系统后遗症。”

“1994年9月4日至21日，我在普瓦西医疗中心住院。雅克·希拉克尽管公务繁忙，但仍然来探望了我两次。当时我处于人工呼吸状态，浑身插满了管子……表面看来，我处于昏迷状态，但是我能听见周围人的谈话。在我住院的第二个和第三个星期他来了。我完全能听见他对我说的话。您可以想象他的到访对我产生了情感上的震撼。雅克·希拉克，十八岁我就开始追随的政治英雄，当时却陪在我的床边……和我说话！‘我感觉你好些了，’他在我耳畔轻声地说，‘我科雷兹的祖父稍懂巫医的法术。’接着他开始回忆一些‘强大而神秘的力量’，‘人类的真理’……我感到他释放了能量……在他身上存在某些原始的朴素的东西。”贝迪耶将希拉克身上鲜为人知的天赋和他对原始人类

1 采访结束不久，皮埃尔·贝迪耶因受贿一审被判处十八个月徒刑，缓期执行，剥夺公民权三个月。他已提出上诉。

及其艺术怀有的如火山喷涌般的激情联系在一起。他透露曾经有幸聆听希拉克谈论这些话题："我抱以谦逊的姿态细细品味他的话语……他身上有印第安纳·琼斯[1]的一面：一个名副其实的冒险家。"

雅克·希拉克并没有将谈话局限于他两度赴普瓦西医疗中心探病。他经常打电话给贝迪耶十一岁的女儿玛丽-安娜。他用柔和的声音安慰玛丽-安娜，使她对父亲的健康状况感到放心："我懂些巫医的法术，有点隐士的法力，别担心：我知道你爸爸会挺过去的[2]……"伊夫林省的议会议长可以谈谈他这段生命的时光："从雅克·希拉克到来的那一刻起，我再也不怕了。我知道我会痊愈，我知道我不会留下后遗症……他触及了人性的坚强……"

弗朗斯-奥利维埃·吉埃斯贝尔曾经提到在"宣称未卜先知"的人[3]身上具有"巫医"的一面。所有的政治观察家都强调了希拉克领导的竞选运动能为人感触得到的特点。其中的乐趣在于他纵横在法兰西的国土上，邂逅了法兰西的民众，尽可能多地和他们握手。当我们研究竞选运动中的民意调查曲线图时，我们不得不惊讶于曲线力扭颓势的方式。这也是我坚持就政治学论文尚未涉及的方面向他提出问题的原因所在！

"您肯定明白我为什么向您提这些问题？"

总统显然不甚明白我意欲何为。

"有一个希拉克谜团。据说您具有神赐的力量。我知道您不愿意就这一话题和我谈谈，尽管神赐的力量是一个无法定义的概念，属于荒谬的范畴……"

---

1 好莱坞影片，中译名为《夺宝奇兵》，主人公名叫印第安纳·琼斯。——译注

2 引自2007年1月21日与作者的谈话。

3 《希拉克传》，同前书，第37页

雅克·希拉克并没有过多解释他身上具有“科雷兹的巫医”的法力。然而，在另一次访谈中，他主动向我谈起了他寻觅的爱和握手的重要性。

在法国电视二台播放之前，我已经观看了帕特里克·罗特曼[1]为希拉克拍摄的纪录片《年轻的狼》的第一部分，并且深深地被几帧图像所震撼，图像中希拉克身处密集的人群中。我希望和他就此进行一番对话。

“我已经看了罗特曼兄弟为您拍摄的纪录片的第一部分……”

“我招人骂了，对吗？”

“在一些画面里，人群将您围绕得水泄不通，我很想知道您是否体验到了约翰尼·哈雷蒂[2]举行大型演唱会时相同的感受呢？人潮，欢呼，您强烈地感受到了吗？”

“是的，是的……确实如此，我一直在能够聚集大量民众的环境下进行政治活动——保卫新共和国联盟[3]，共和民主人士联盟[4]，保卫共和联盟[5]……因此，政党积极分子能够遵守纪律。反正，当时他们确实秩序井然，人数众多……”

“当您对着成千上万向您欢呼的人发表演讲时，您的心情应该很激动吧？人们感觉您按照自己从政的风格，趋步前去和民众握手，到其他人面前，您喜欢这样……”

“的确如此。当路边聚集了群众，我便下车和他们握手。您知道，当我们将他人的手握在掌心时总可以学到一些东西。当我们聆听他人的谈话时并非总能学到东西，但是当直视他们的目

---

1 帕特里克·罗特曼（Patrick Rotman，1949- ）：法国历史学家，作家，编剧和导演。——译注

2 约翰尼·哈雷蒂（Johnny Hallyday，1943- ）：法国歌星，演员。——译注

3 保卫新共和国联盟 （Union pour la Nouvelle République）：1958年10月，由支持戴高乐的社会共和党、法兰西复兴联盟和共和国民会议等政党合并成立。——译注

4 共和民主人士联盟 （Union des Démocraties pour la République)：1971年保卫新共和国联盟实行改组，并改名为共和民主人士联盟。——译注

5 保卫共和联盟（Rassemblement pour la République）：1976年希拉克当选该党主席。——译注

光，紧握他们的手，我们总是可以学到一些东西。”

当我们试图撬开锁，进入雅克·希拉克的内心世界时，他总是紧紧关闭着。他拥有若干种应对招式。在我后来和他进行的大约十二次的访谈中，他一一都用上了。最常用的一种是：“所有的一切都没有任何意义，只不过是笑闻逸事”，抑或是：“我并不复杂，我是一个简单的人……”

江湖郎中？科雷兹巫医？无论他是何者，他始终将为自己保护激情的源泉，以便明白当原始人希望保护自己免遭当时未知的自然力量的伤害时，在人类的卑弱岁月里究竟发生了什么，他们如何应对对死亡的恐惧，以及这些在我们西方的文化中难以传达的东西如何曾经并且仍然令因纽特人、非洲人感到惧怕的。很可能因为出于家庭传统，对于如何感知原始力量，他曾经初窥门径，而且他全身心地投入，探索人类起源的谜团……然而他也明白这种“火山喷涌般的激情”既不能为政界理解也不能为其所接纳。这也是他将激情紧紧裹藏的秘密所在。

激情到处迸发。例如，他向《费加罗报》的一个记者[1]讲述他和安德烈·马尔罗曾经“就物神对于发现非洲艺术产生的作用展开了非常活跃的交谈”。并且那时提出了一种神秘的论说：“实际上，一切都是以物神开始。”当我向他要求书面的解释时，他回答道：

“在非洲艺术中物神具有特殊的力量，尤其因为它是圣木之主，因此，正是凭借其传统和永恒，非洲文化才能蕴含于圣木之中。”接着希拉克再度激情洋溢地说道，“我将圣木的被毁视为一种真正的苦难。一种对人类尊严极其严重的损害。这是自西班牙征服者犯下毁灭罪行以来西方在非洲推行荒谬的帝国主义扩张政策引发的一幕幕悲剧的组成部分……圣木的被毁使非洲文化简

---

1 1996年11月23日。

化为更苍白的表达。”

凯布朗利博物馆的落成是激情的另一次迸发。在开幕式上，希拉克将马洛里介绍给科菲·安南，人们还目睹了他要求联合国秘书长保护位于楚科察半岛（西伯利亚东北部）的恰普利诺海角附近、鲸群穿越白令海峡形成的萨满遗址。遗址堆积了鲸鱼的颌骨、颅骨以及完整的骨架，千百年来并不为人知晓，直到1976年才被发现。自1990年以来，让·马洛里试图破译“雕刻在象牙上”的“象形文字”的奥秘，了解这一片神圣土地上隐藏的社会等级。马洛里在《鲸路》[1]中的一席话既能让我们理解他与总统结成的友谊，也能使我们获得新的关键词以便继续进行一个领导世界第五强国的人对此所作的破译工作，他试图理解远古人类为了驱除死亡和敌对的力量而在自己和宇宙之间所建立的联系的本质，通过把萨满思想对照米勒瓦什高原巫医的思想这种方法，力求分析和理解萨满思想。

“原始人在解读宇宙标记时和天地保持一种动态的关系。他们在解读熟悉的行星运动时观察到昼夜交替，他们感觉自己依赖于这一天象……在每个地方我们都应该向原始人提问。经过一段漫长而又不甚明了的历史，直至古老欧洲的史前岩洞时期，这些自然的哲学家经历了我们的认知力还无法明白的难以置信的岁月。根据同样的知识让我们重新向他们提问……再一次地试图破译这些‘象形符号’，这些费解的几何图形和‘文字’吧，也别忘了解读年代久远的仪式面具传达出的信息，面具瞪着死气沉沉的双眼，在质询西方这个擅自闯入神圣土地的外来者的身份……草根阶层，凡夫俗子，没有申辩的权利，拘泥于历史的冥顽不化者，人们在经过‘教育’仪式的洗礼后，都将认为您像喝醉酒一般满口胡话，生性堕落，是的，朋友，您真不走运。在被彻

1 一千零一夜出版社，2003年。

底欺骗并被剥夺一切后，您仍须在一条‘颇具科学性’的艰难的求知路上匍匐前行，最终您才能被平等地接纳坐在教授席上……第一个错误的想法就是认为自己比他人更清楚死后将发生的事情……”

8 彼世？

有一些词语，如形而上学、宗教、精神追求——以及人类自起源伊始、关于通过寻找彼世的本源、可见与不可见、众神与一神之间的和谐，试图驯服死亡，换言之，更加接近身后事方式的所有词语——与希拉克不符，因为大部分记者和政治家给他描绘的画像除去明暗不定的部分之外让人产生的印象就是这样。我对此有清醒的认识，因此我明白为了给这幅既成的画像浓墨重彩地添上几笔而出版这本书，等待我的将是什么。然而，我内心仍然相信假如不尝试陪同希拉克走过他年轻时选择的道路，一条他精心掩饰以便能平静地继续行程的道路，那么我们不可能识破所有观察家认为隐藏在爱丽舍宫的主人身后的“谜团”。

然而要追随他的步伐是不易的。实际上，希拉克几乎从未就其信仰和感情倾吐心声：“只要涉及他小心翼翼保护的最主要的东西，那就不可能窥破他将自己裹藏在其中的秘密”，或者“他受多种思想影响，也许认为自己可能不为人理解，他注意避免向外界透露这些思想的准确本质及内容”，贝尔纳·比约[1]写道。他在很长一段时间内为希拉克担任宗教事务顾问，后来成为巴黎市政府的办公室主任。

比约也许是能最大限度勾勒出总统这一面的人。后者自然

1　贝尔纳·比约（Bernard Billaud）：巴黎市长的财务顾问。——译注

否认了他的判断："这是一个完全令人感到惊讶的人，一个纯粹而坚定的天主教徒"，当我就一本名为《他者希拉克》的书开始向当事人提问时，他这样对我说道。仿佛这样否认是不够的，他又补充道："比约曾经备受困扰，因为我没有任命他担任驻罗马教廷的大使。我之所以没有任命他是因为他没有向我提出要求。因此他心里有怨言……我不反对教权，但是他的所作所为有些过分。他再也不关心我周围的人事，也不关心天主教会，而是一直被那些问题困扰……"

尽管如此，希拉克不是曾经写过"所有的诗歌与宗教都表达了对俗世的某种拒绝。人类的最高尊严也许就寓于这种拒绝之中，人类的无限憧憬通过拒绝得以表达。无论包括彼世与否，在这个世界上'我们超脱尘世'[1]。在兰波[2]之前，古老的圣诗就曾以更加令人激动的神秘主义语调吟咏了这样的诗句"一番话吗？

对吉美博物馆的藏品提出的问题将他引向了人类及其起源不可理解的神秘性。总统不介意向我提起他与古人类学家帕斯卡尔·皮克[3]等专家进行的无休止的讨论。然而他总是感觉需要为自己的思考和兴趣点划定范围，就像他担心被看做一个沉湎于纯粹思辨的"知识分子"。

"什么时候出现了形而上学？有人认为是当人类意识到死亡的时候。具体而言，这是由人类安葬尸体表现出来。安葬尸体已经变成一件重要的事，一项仪式……"

话好不容易才从他嘴里挤出。我得以慢慢地进入他的秘密花园。在他所有的研究，所有的疑问后面显露出来的正是对"死后"的神秘的探寻。

---

1 原句是*nous ne sommes pas au monde*，选自法国诗人兰波(Rimbaud)的诗集《地狱的季节》(*Une saison en Enfer*)。——译注

2 兰波（Rimbaud，1854-1891）：法国诗人，诗集有《地狱的季节》、《灵光集》。——译注

3 帕斯卡尔·皮克（Pascal Picq，1954- ）：法国古人类学家，法兰西学院高级讲师。——译注

他告别皮克去寻找亨利·德伦莱，后者著有《初人》[1]，“书中提及了原始人意识到死亡以及存在一个彼世的可能性……”希拉克本人从未明确拒绝去孔波斯特拉[2]和耶路撒冷朝圣，引领年轻人梦想寻找绝对的不是本国宗教的朝圣之路，而是在令他魂牵梦萦的亚洲大陆上开辟的道路。一开始他对印度教产生了浓厚的兴趣，如饥似渴地阅读了大量关于毗湿奴[3]和奎师那[4]的书籍。在拉维·香卡[5]第一次来法演出时，希拉克连续十五次观看了他的独奏音乐会。“印度音乐家最终注意到了一位站在第一排、神情陶醉的高个年轻人。一天晚上，他让年轻人走进了他的寓所[6]。”

在年轻的希拉克的心中，佛教将很快代替印度教。关于这个话题，贝尔纳·比约带来一段有趣的见证[7]。贝尔纳确认了巴黎市长曾向他吐露了一个“令人目瞪口呆的秘密：他二十岁时就打算皈依佛教了”。

“我理解，”见证人回忆往事，接着说，“灵修在他身上深深地打上了烙印，与其说它属于一种宗教，不如说它属于一种智慧。从年轻时代开始，他从来没有停止对灵修的学习和钻研。”

“在西方，西藏享有盛誉，不仅仅因为这片神秘的土地让我们想起了曾发出‘登山静修邀请’的让·德·雷博斯克[8]或格尔森[9]的神学展示的远景，而且还因为它是佛教传播的发祥地，蛮族朝向这片圣土顶礼膜拜。西藏被看做世界上第二个地理和宗教中

---

1 Henry de Lumley, *L'Homme premier, préhistoire, évolution, culture*, Odile Jocob, 200.（亨利·德伦莱，《初人，史前史，进化，文明》）

2 孔波斯特拉（Compostelle）：西班牙加利西亚地区首府，是基督教继耶路撒冷和罗马后第三个最重要的圣城。——译注

3 毗湿奴是印度教的保护神，是维护宇宙秩序的主神。——译注

4 在印度教中，奎师那是至尊人格神首，是上帝本人，万源之源。——译注

5 拉维·香卡（Ravi Shankar，1920- ）：印度音乐家，锡塔琴演奏家。——译注

6 《希拉克传》，同前书。

7 《他者希拉克》，同前书。

8 让·德·雷博斯克（Jean de Ruysbroeck，1293-1381）：荷兰奥秘灵修作家。——译注

9 格尔森（Gerson，1363 - 1429）：中世纪法国预言家，神学家。——译注

心，菩萨在此获得启示的第二段金刚乘[1]。

“菩萨的一生是可能的，并且已经获得圆满，而今天与佛结缘的生命也能为人真切体验，这是一条朴素的真理。真理更加坚定了我们的想法，那就是人不是只活一次，他是开放的。他的结局，命运不是所有可能当中的唯一，一切可能适于人的命运丰富了人类的精神宝库。此外与之相联系的还有于克神甫[2]在旅途中证实十二、十三世纪天主教传教会传教经历时观察到的宽容。

“菩萨实际上完成了人的修行，即不从事任何与尘世相关的活动，身处万丈红尘中而又弃绝尘世。没有任何斗争，没有任何反抗，却保存了唯一的希望：彻底扼息源自无知的生命，以至于不再向往死亡，因为在超越了生与死后，人已经找到了永恒的居所。在形而上学和宗教中，西方借助其对神圣事物的敏锐的感觉认识到了人对永恒的渴求。也许通过对支配欧洲哲学的‘众生的苦难’的理解，西方也明白了佛教是建立在肉体痛楚和斯多噶式的坚韧毅力的基础之上以求从尘世中解脱出来。”

希拉克重拾了一个自年轻时起对他而言就弥足珍贵的话题：“幸好（东方学）使我们避免将自己的历史提出的见解视为绝对，仿佛这些见解就是真相本身一样。”

巴黎市长有一个年轻时就已提出然而一直未能解答的问题：“我们应该知道佛教对与人类相关的问题的回答，并在我们力所能及的范围内去理解……”

在这段令人印象深刻的“演讲”结束后，比约又一次确认“希拉克希望以前所未有的姿态来回应二十岁那年的希冀被压抑多年后从心底迸发的激情”。

---

1 藏传佛教将解脱道分为三大阶段（每一个大阶段中包括了好几个次阶段）：小乘（Hinayana）、大乘（Mahayana）以及金刚乘（Vajrayana）。

2 于克（Huc，1813-1860）：法国传教士。1814年开始赴蒙古传教，也是第一个到达拉萨的法国人。——译注我曾问了总统，是否如同他以前的办公室主任所言，“早在二十岁时他就已经打算皈依佛教了”。

回答是尖锐的。

“在贝尔纳·比约眼中，被除天主教以外的任何其他宗教吸引都是该入地狱的罪过！在十三岁至十五岁期间我的确对佛教、印度教以及神道教产生了兴趣。但实际上他多虑了。”

贝尔纳黛特·希拉克在评价贝尔纳·比约及其所说的关于总统的话时，态度远不如这样明确。她丈夫以前的办公室主任对她而言是一个“朋友”，一个“世俗的圣徒”，“曾经对共和国总统产生了一定的影响”，一个非常熟悉梵蒂冈并且“一步接一步跪拜”穿越梵蒂冈的“虔诚教徒”。然而关于佛教呢？“我丈夫对佛教很着迷。他知道关于菩萨的一切。他为此让人感到很疲倦。如果我弄错了菩萨接连不断的变身（笑声），他就会骂我。他知道关于佛教通过丝绸之路传播的所有知识。我二十二岁就认识了他，作为妻子，我认为年轻时的希拉克对一切都怀有不可思议的好奇心——他甚至十四岁就在蓝带学校[1]听课了！——他所做的远不止对佛教感兴趣。二十岁时，他就知道了一大堆关于西藏的东西。他一直许诺我结婚旅行去那儿——我们从未成行——我们将会睡在一张牦牛皮上……您可以理解，我不得不对这一切留下深刻印象。不容置疑的是，当时他深受佛教思想的影响……”

贝尔纳·比约和贝尔纳黛特·希拉克并非少数几个注意到雅克·希拉克对佛教以及与之相关的一切着迷的人。在参加电视节目《全天候》后，记者兼小说家克里斯蒂安·沙里埃在1982年11月8日的《巴黎日报》上透露：“雅克·希拉克改变了”：

“头上无形的叶环使一丝奇特的光线流淌在他的脸上，人们

1　一所法国烹饪和糕点制作的学校。——译注

可以在他的脸上辨认出一段内心活动的结果。他的谈话影射了注重精神追求的年轻时光，自己对亚历山大-大卫·奈尔[1]的作品的偏爱，这证明一个以前接受唯物论的人可能完全改变了态度，因为唯物论有悖于主流思潮。金刚手[2]是否在这个名叫希拉克的集合体中觉醒呢？金刚手的信徒难道将自己的位置设在了巴黎市政府吗？”

沙里埃不知道这一切不存在任何“形而上学的转变”，相反，希拉克对年轻时代的爱好表现了完全的忠诚。按照他自己的话，当他在奈良的法隆寺[3]里凝视百济观音[4]的雕像时，不是感受到生命中最强烈的“审美”震撼吗？

……然而希拉克的偏好并没有影响他对一切与宗教事件，宗教史，宗教本身以及它们的首领有关的知识的惊人的胃口。他锲而不舍，力图弄懂一直以来人与宗教如何试图管理这不可管理的世界……

今天，除了几个细微差别外，希拉克也许仍会按照他在《希望之光》[5]一书中所肯定的那样写道：“出于家庭传统，我不仅是一个天主教徒，而且还经常从事宗教活动（……）”，然而他同时又对罗马教廷保持清醒的态度，他熟稔罗马教廷的历史，“一个巨大，复杂，充斥着各种派别的世界，积习成俗，数次陷于深重的危机中，时常因为粗暴的论战而处于分裂的状态（……）。如同所有充满活力的肌体一样，教廷在改变，在适应，这是生存的法则，经过两千年的基督化后，其令人惊讶的生命力使之然。”

---

1 亚历山大-大卫·奈尔（Alexandre David-Néel，1868-1969）：法国探险家，作家，东方学家。——译注

2 因手持金刚杵而得名，为大势至菩萨的忿怒化现，司大能力，亦称“大力尊”。——译注

3 法隆寺，又称斑鸠寺，位于日本奈良生驹郡斑鸠町，是圣德太子于飞鸟时代建造的佛教木结构寺庙。——译注

4 日本法隆寺所藏的观世音菩萨立像。——译注

5 同前书。

1978年，他指责在第二届梵蒂冈公会议[1]结束后法国的天主教教阶制度以对外开放的借口将教会的身份置于危险的处境："在这个对基督教具有敏感意识的国家，类似的宗教狂热毒害了除天主教团体之外许多人的思想，他们自认为是不可知论者，但是其思想遭受了无理性的困扰而又难以察觉。"

他没有写出来，对于停止用拉丁语做弥撒，以及格利高里圣颂[2]加剧消失，他感到很惋惜。如同我们将看到的，他对格利高里圣颂怀有深深的眷恋。

也许贝尔纳黛特·希拉克能最为准确地讲述她丈夫对天主教的依恋，显然是她将丈夫引向了天主教——"在这方面，我具有一定的影响"，她承认[3]——而总统的职责与世俗相关联，促使他远离宗教。"由于职务关系，他非常谨慎。必须分清楚身为总统的他和作为普通人的他。他是一个基督徒……"

总统夫人强调了他掌握的有关修道院建筑的知识，对修道院历史和赴圣雅克·孔波斯特拉朝圣充满了兴趣；她讲述了丈夫帮助修女在美马柯定居以及他为圣安吉拉修道院[4]的修缮工作付出了许多努力。

事实上雅克·希拉克就此事透露了三言两语："开始，我投入到修复圣安吉拉修道院的工作中，与其说是出于对宗教事业的关注，还不如说是对建筑物的担忧。我积极寻找，并最终找到一些私营公司参与到工程中。我也很高兴在这块激进的土地上再次出现一所宗教场所。美马柯的居民对西多修道会修女的回归表示欢迎。"

---

1 1962年至1965年召开，此次会议对罗马教廷体制进行了重大改革。——译注

2 格列高里圣颂起源于中世纪的罗马天主教会，是一种单音节、无和声、无伴奏的礼拜圣颂。罗马教皇格利高里一世曾将这些拉丁经文圣歌编辑成册，促使其成为教会仪式音乐，用作弥撒和日课经文的吟诵，故以之命名。——译注

3 Bernadette Chirac, avec Patrick de Carolis, *Conversation*, Plon, 2001.（贝尔纳黛特·希拉克，帕特里克·德·卡洛里斯合著，《对话集》）

4 位于科雷兹省。——译注

为了更好地使我相信她丈夫的宗教信仰，甚至他对僧侣生活的关注，贝尔纳黛特·希拉克告诉我，1976年10月12日，他们应索莱姆[1]隐修院院长普鲁神甫之邀进行访问的经过。甚至在访问索莱姆之前，雅克·希拉克就已经对神甫怀有一种特殊的敬意，后者为了遵从乔治·蓬皮杜的遗愿，曾经命令他下属的一部分僧侣在圣路易岛大教堂[2]内吟唱安魂弥撒曲。

身着黑袍和紫色无边圆帽的普鲁神甫亲自迎接了雅克·希拉克和贝尔纳黛特·希拉克，他们被安排在第一排就座，参加为纪念修道院建成而举行的献堂节弥撒。“作为妻子，我经历了这些不平凡的时刻，”法兰西第一夫人回忆道，“这给我留下了强烈的印象。我们到达了索莱姆，非常壮观。教堂差点儿挤爆了。颂歌旋律优美。当人们爱上格利高里圣颂时就会认为圣颂是优美动听的，我们的情况正是这样——我说的是‘我们的情况’。”

弥撒结束后，希拉克夫妇在比约夫妇的陪同下来到了会客室。雅克·希拉克问普鲁神甫：

“要成为一个本笃会修士必须得有一副音准很好，音色优美的嗓子吗？……因为我唱歌走调得太厉害了……”

“我们不是一所音乐学院。我们只是祈祷，颂扬主。我们当中的有些僧侣唱歌也很差劲，稍微训练有素的耳朵也许就能听出我们吟唱的不足之处。不管怎样，我不能由于这个原因就阻碍您的圣召[3]。”

接着到了分离的时刻。隐修院的院规禁止妇女进入内院。贝尔纳黛特·希拉克向丈夫道别，他将和僧侣们共度下午。“我陪他一直走到内院围墙，就像陪同一位蒙着面纱的加尔默罗会修女一样。神甫向我道别。行了，我留下了我的丈夫：有人照应

---

1 我的出生地距隐修院两公里，因此这个地方对我来说很亲切……（作者注）

2 位于巴黎第四区的圣路易岛上。——译注

3 敬主救灵跟随耶稣的修道方法。——译注

他！”

陪在总统身旁的贝尔纳·比约见证了希拉克夫人没有亲眼目睹的事情：“我们呆在隐修院望午经弥撒[1]，然后来到食堂。先净手，接着神甫引导希拉克先生来到位于他座位右边的主位……我们静静地吃饭，一个僧侣用单一的音调在诵读圣·奥古斯丁[2]的经文，我时不时将目光投向神甫的餐桌上：希拉克先生端坐在位子上，俯视整个食堂的大厅，他看上去对当时的处境感到极为满意。”

“随后神甫带领我们参观了隐修院。每个角落都向我们敞开了：图书馆，神甫的私人小教堂——在小教堂里，神甫以一种无可辩驳的威严给希拉克先生指定了一个跪凳，他跪在上面，在圣体面前祈祷了一会儿——还有热格朗杰神甫[3]的卧室。希拉克先生总是赞叹不已：他摸摸雕像，欣赏油画，抽出书架上的书看看……还要去参观僧侣的单人小室！”

“隐修院的钟声将我们召回到教堂，在那儿我们又听了祷告[4]……”

晚上，贝尔纳黛特·希拉克“夺回”了她的丈夫。轮到她讲讲当时的感受了：“我们直到晚上才见面。他给我讲了午餐，还有用单一音调诵读的经文。他不能讲话。这可让他受不了！他与僧侣们一起吃饭……在隐修院度过的一天给他留下了深刻的印象，他甚至着迷了。普鲁神甫几乎和他粘在一起。晚上他们又见面了。其实，在那一刻我意识到，他也许被这种恩惠感动了……与一些人描绘的焦虑不安正好相反——太滑稽了！——他对僧侣

1 在第三时日课经后，将近十二点举行的弥撒。

2 圣·奥古斯丁（Saint Augustin，354-430）：基督教神学家，哲学家。他的著作在整个中世纪对基督教学说和观点产生了深刻的影响，其中最著名，最有影响的两部著作是《论上帝之城》（*La Cité de Dieu*）和《忏悔录》（*Les Confessions*）。——译注

3 本都会修士。他重建了索莱姆隐修院，恢复了法国的僧侣修行生活，并且对格利高里圣颂做了修改。

4 在午经后，十五点左右举行的弥撒。

在静谧中度过的，冥想、祷告、思考、钻研《圣经》的生活着迷了……在索莱姆度过的一天，是重要的一天！”

在索莱姆之行一个多月后，希拉克没有对马尔蒂红衣主教透露其他的信息：“我们花了整整两小时望献堂节弥撒。然而我还感觉时间过得太快。可以说我被一种奇妙的礼拜仪式俘虏了。冥想和祷告的气氛，格利高里圣颂令人赞叹的美紧紧地把我攫住，圣颂有一种永恒的东西。正是它缓和了缺乏神圣之感的悲戚平庸的仪式……”

他喜欢和宗教领袖或者诸如让·吉东[1]、普鲁神甫，还有有时和他关系紧张的红衣主教吕斯蒂热之类的人物交往，他在让·吉东弥留之际才和他见上面（一个让弗朗索瓦·密特朗乐意与之谈论死亡的吉东）。主教认为总统关注伊斯兰教固然很好，但是不忽视国家的第一宗教可能会更好。雅克·希拉克还和他在阿尔及利亚认识的议事司铎皮埃尔·加西亚保持了若干年的通信联系。他将1978年7月6日在罗马与保罗六世[2]的会面和拥抱视为一个伟大的时刻，更遑论在他出任巴黎市长和共和国总统期间与约翰-保罗二世[3]的多次会面了。

“我很高兴能见到教皇并且和他保持联系，”国家元首向我进一步肯定，但很快他缓和了语气，补充道，“所有政治家都希望见到教皇，包括只要一有机会就前往罗马的穆斯林领袖。”

对于贝尔纳·比约在书中谈论他对天主教会和教皇的态度时使用了“突然转变”这个字眼，总统神色平静地说出了“不”：

“我完全没有改变立场。这是他自己的臆想。”

“他指责您不愿意在欧洲宪法里提及欧洲的基督教起源……”

---

1 让·吉东（Jean Guitton，1901-1999）：法国哲学家，法兰西学院院士。——译注

2 保罗六世（Paul VI，1897-1978）：1963年至1978年为罗马教皇。——译注

3 约翰·保罗二世（Jean Paul II，1920-2005）：1978年至2005年为罗马教皇。——译注

“也许受返祖意识影响，我一直倾向于政教分离。我尊重所有宗教，但是我赞成政教分离。在不影响国家事务的前提下，每个人都可以表达他的宗教观点。”

为了结束关于她丈夫与天主教会关系的谈话，贝尔纳黛特·希拉克引用了乔治·蓬皮杜的话：“我信教。我为怀疑困扰；我的夫人恪守教规。但是，无论如何，我把信仰的问题看成基本问题。”她还补充了一句：“雅克·希拉克就是这个教条的学生。”

关于该主题，我很难形成一个明确的观点，因为如同我已经写到的，我知道贝尔纳黛特·希拉克自己就是一个虔诚的天主教徒，她竭力捍卫自己的说法。然而，曾经就政教分离问题和总统共事的他的两个最亲密的顾问肯定地说，自从入主爱丽舍宫以来，实际上他已经改变了，不再使用贝尔纳·比约为他准备的演讲稿。两人甚至宣称，现在比起罗马天主教，希拉克远远为犹太教和伊斯兰教所吸引。接着他们说起了一些逸闻，表明希拉克与几个犹太教会众领袖和知名人物走得很近。

他与德高望重的犹太教会众领袖雅各布·卡普朗保持着密切联系，定期去后者位于巴黎安德里厄路的公寓看望他，总统对雅各布·卡普朗怀有“无限的崇敬”：“我好几个小时都在听他讲，他尤其喜爱向我讲述犹太民族的历史……”由于这种崇敬之情，共和国总统接受——纯属例外——为会众领袖哈伊姆·戈尔西亚的书作序，书取名为“做个犹太人和法国人”，副标题是“雅各布·卡普朗，共和国的犹太教教士”。在序中，希拉克提及对他怀有的深切的尊敬与挚爱之情：“我有幸能得到他的友谊。我时常和他见面。我倾听他那柔和、热情的嗓音。我想起他直接、专注、充满仁慈的目光。我想起他的微笑……”

总统还喜欢和年轻的教士戈尔西亚讨论。他以前是另一位德高望重的犹太教会众领袖西图科的合作者，现在是空军的随军神甫。更令人吃惊的是他与法国的卢巴维奇团体[1]，尤其和它的领袖希勒尔·帕夫兹纳尔保持联系。1997年7月4日，他授予希勒尔·帕夫兹纳尔荣誉勋位勋章。

总统证实他尤其珍惜和犹太教会众领袖的关系："和其他宗教领袖相比，从他们身上能学到更多，因为犹太教也许比别的宗教能作出更优秀的选择……此外，我很自然地流露出对他们的同情，天晓得他们是否在以色列犯了错……"

2001年2月26日，当他给自己称其为"阿迪"的阿尔道夫·斯德格[2]颁发荣誉勋位团勋章时，希拉克道出了犹太教于他而言所蕴含的代表意义。

"您生为犹太人，您以所有的激情选择了犹太教。首先，在沐于家族的虔诚氛围，披洒着安息圣辉的童年中，它是一道精神风景线。您追念起童年时强烈的幸福感，智慧与神秘感的交替出现以及自由充实的感觉。后来犹太教成为您研究的对象。您曾经当过安德烈·内荷尔[3]、艾曼纽埃·列维纳斯[4]和马尼图等哲学大师的学生。于您而言，犹太教的学习、传承、深入研究不可分离。这不仅是永存的条件，也是生命本身，生命的实质，是您竭尽所能地付出努力以便让犹太教出现在中学、大学、图书馆以及犹太人会所的原因所在。就像您的朋友史穆埃勒·崔加诺一样，您认为犹太文化是对智力和道德的要求，是关于世界和历史的智慧。亲爱的阿迪·斯德格，您是一个有意志的人，一个行动的人。您的人生印上了行动的标记。"

希拉克醉心于犹太民族的历史，他说曾经思索良久为什么犹太人在所有的悲剧与迫害之后仍旧呆在原地。这个问题令他着

1 犹太教哈西德教派的一支，自称是犹太教的正统派，反对犹太复国主义。——译注

2 斯德格博士也是弗朗索瓦·密特朗的亲信。1981年11月16日，他告诉密特朗后者患有前列腺癌，1992年他操刀为密特朗动手术。密特朗对犹太教和圣经的渊博学识让他感到吃惊……

3 安德烈·内荷尔（André Néher，1913或1914-1988）：犹太哲学家。——译注

4 艾曼纽埃·列维纳斯（Emmanuel Lévinas，1906-1995）：法国著名哲学家。——译注

迷。

“首先，”他说，“因为他们在耕耘智慧……当一个犹太人在某个地方定居下来，他要先建一所学校，然后仅仅建一所犹太会所。然而天主教徒开始建造大教堂了……犹太人认为文化的传承比宗教仪式的传承更重要……正因如此我支持犹太学校的发展。也出于对传统的尊重……我之所以给予卢巴维奇学校许多帮助[1]，是因为他们付出了最多的努力。可是这也让我和妻子之间生出一些不快，她屡次因为卢巴维奇团体的负责人拒绝和她握手而感到很不高兴……”

那么，让我们把最后一段话的机会留给贝尔纳黛特·希拉克吧：“所有的问题都萦回在他脑子里。他心里想着它们；而这些问题永远地向他发出呼喊。（……）例如：他持之以恒地研究埃及人对彼世的看法是怎样的。令他着迷的还有中国皇帝，他们认为自己还能继续活下去，因为存在另一个世界，因此他们要自己拥有的所有财务、侍从、妃嫔等等都给他们陪葬……”

关于弗朗索瓦·密特朗，总统夫人的谈话远远离题了。被死亡缠绕的弗朗索瓦·密特朗也向自己提过许多问题，并就这个主题请教了她和丈夫都熟识的让·吉东……她接着说：“对死亡的全部问题不是生命的终止符；自年轻时起他就提出了这些问题。这件事久久地萦回在他心里……”她把这件“最重要的事”和丈夫对考古学及编年学的爱好联系在一起，幽默地说他不停地告诉她：“这个年代，您的家人在哪里？他们像猴子一样在树上吃果子……”

“他一直在重复这个，您知道吗！”接着，她的神情又严肃起来，“他所有的学识都是依靠想知道、认识、理解的欲望来支撑的。他能说出每一种宗教对他的吸引之处。他还可以向您引

1　正是出于这个原因他成为希勒尔·帕夫兹纳尔的朋友。

用《古兰经》的诗句……”但是希拉克夫人的幽默又冒出来了：“有时候，我会想其他的事，因为这有点儿……的确，我很感兴趣，但是，有时我想考虑一些更为轻松的事情……”

在对巴姆巴拉人[1]，泰伊诺人[2]，姆姆依人[3]，芳格人[4]，因纽特人的雕像提出的问题里，雅克·希拉克也许也在时间和空间里寻找对不可思议的死亡的不同答案。

---

1 西非部落，主要分布在马里。——译注

2 印第安人的一支，主要分布在安的列斯群岛。——译注

3 主要分布在尼日利亚的东北部。——译注

4 主要分布在喀麦隆南部，赤道几内亚和加蓬。——译注

9 慈悲

每当提起“希拉克隐秘的一面”这个说法时，慈悲这个字眼总是一再出现。这不仅是因为他对佛教的关注。他还想在世界各个角落减轻人类的痛楚。只要他有一个朋友、一个亲信或者朋友的朋友、亲信的亲信在受苦，他就会拿起电话来安慰，使之放心，接着又会拿起电话试图动员他认识的医护人员、外科医生伸出援助之手。他寄出三言两语、鲜花、礼物，表明他就在那里。他毫不犹豫打乱排得满满的日程安排，只为了来到一个病人的床前，然后凑近他的耳畔说说话或者握着他的手，就像我们看到他为皮埃尔·贝迪耶做的那样。同样他也准备着投入到所有人道主义事业中。他身上有“法国医生”[1]，甚至圣伯纳犬[2]的特质。法国民意调查研究所曾在巴黎、昂古莱姆[3]、圣艾蒂安[4]和南锡[5]针对四组人群进行了一项定型调查，目的是勾勒希拉克和其他政治人物的轮廓，被调查者被问到哪些动物能最贴切地代表他们。两组人将希拉克看做鸡，逻辑性强，这对法国人的领袖而言至关重

1 即无国界医生组织。——译注

2 圣伯纳犬因阿尔卑斯山之圣伯纳修道院而得名。公元980年，圣伯纳犬因为守护那些穿越危险的阿尔卑斯山山道之旅客而闻名。——译注

3 位于普瓦图-夏朗德地区的夏朗德省。——译注

4 位于罗纳-阿尔卑斯地区的卢瓦尔省。——译注

5 位于洛林地区的默尔特-摩泽尔省。——译注

要；第三组将他看做秃鹫，因为飞得最高；第四组将他看做拉布拉多犬[1]！

贝尔纳黛特·希拉克强调指出："他爱其他人。他需要给予别人希望，总是对他所关心的人说：'会好起来的。'我的丈夫一直以来都被医学吸引。他甚至宣称用三种药——医用酒精、阿司匹林和金霉素软膏，他可以治好所有疾病！"但是她没有谈到她丈夫具有"巫医"[2]的本事，很显然，她不知道或者她宁愿不知道。

举出两个例子——在众多的例子中——说明雅克·希拉克性格中这个重要的方面：接待"船民"[3]和帮助残疾人。

1979年头几个月，"船民"的命运牵动了全世界的心。时任巴黎市长的雅克·希拉克决定接受一千五百名来自泰国和马来西亚的越南难民。7月19日，他和贝尔纳黛特·希拉克亲自迎接了第一批抵达的难民。一个名叫安道的年轻女孩哭了，因为她所有的家人都留在了越南：他们凑的钱只能让她一个人离开[4]。她父亲呆在改造营里。在法国，她无亲无故，没有人能收留她。时任市长办公室主任的贝尔纳·比约听后非常感动，告诉她可以住在他家里，而且他将尽一切可能使得她的家人和她团聚。他把女孩引见给希拉克，希拉克立即将她的情况亲自通报给越南政府首脑范文同[5]。他还决定将年轻的安道从比约的家里接出来收留在市政府里。

安道激动地讲述了这些时刻[6]："我愣了几分钟，无法抑制泉涌般的泪水夺眶而出。接着几条穿有长裤的腿进入我的视线。

---

1 尼古拉斯·萨科齐的代表动物是石貂，德国牧羊犬，小鸡和鬣狗；利奥内尔·若斯潘被描绘成鼹鼠，蚯蚓，以及两次绵羊。

2 见第七章。

3 1961年至1975年越南内战期间由于政治或经济原因逃离越南的难民。——译注

4 《他者希拉克》，同前书。

5 范文同（Pham Van Dong，1906-2000）：越南总理(1955-1981)，部长会议主席（1981-1987）。——译注

6 *La Fille de coeur*, Flammarion, 2006.（《心肝宝贝》）

我感觉到出现一个个头比我高的人，说着我听不懂的法语。我抬起头，看见一位棕色头发的先生，他弯下腰递给我一条手帕。我站起来，我们脸对着脸。他个头真高！他的眼睛在寻找我仍在流泪的双眼。我们的目光相遇了，温暖而有力的接触。他看上去颇受感动，拍拍我的肩膀安慰我。（……）所有人都释放出一种毋庸置疑的力量。即使我不明白他说什么，他嘹亮的嗓音就像一个习惯发号施令被人服从的人的嗓音在我的耳畔回响。可是我不怕他，反而他高大的身材透出的威严让我感到放心。当他将脸朝向我时，同情心令他的线条变得柔和了。这个人将会帮助我，我不知道怎样帮，但是我把他看成了我的救命恩人。”安道后来被希拉克夫妇“领养”。

他对残疾人的帮助很久以前就开始了，但是并不为人所知。甚至在定居上科雷兹省之前，在乔治·蓬皮杜内阁任职的他已经表达了对巴黎市公共救助中心的许多孩子悲惨处境的担忧。他们身患严重的残疾，生活在与他们的身体状况完全不适应的救助机构里。高原人民热情而不谄谀的迎接使他相信，在新地盘里，他可以找到问题的解决方法。科雷兹地区相对隔离的地理位置实际上并不构成障碍。所有这些孩子都在法律上或事实上被抛弃了；他们的困难突出，以至于他们的社会安置问题只能在容许的尺度里提出。雅克·希拉克那时决定创立收容中心，孩子们可以在那儿找到适合他们的东西。这项计划的实现取决于在未来收容中心能否被周围环境接纳以及中央政府是否同意。他找到了一些盟友：佩若勒瓦德市市长埃内斯特·库托，波雷奥尔格市[1]市长巴蒂斯特·巴蓬，还有巴黎儿童救助中心副主任让·埃斯屈迪耶。1970年10月1日，佩若勒瓦德收容中心敞开了大门；1972年1月1日，波雷奥尔格市卡斯卡德收容中心也成立了。很快，为了支持

1 Peyrelevade和Bort-les-Orgues两个市镇都位于科雷兹省。——译注

这个行动，成立了“上科雷兹省教育中心联合会”（1981年成为利穆赞大区教育中心联合会，缩写为ACEL），希拉克担任主席，直到1995年7月1日才卸任。2004年，ACEL提供了九百四十张床位；二百五十五位残疾人在车间工作，并付出劳动换取救助中心的帮助。这个联合会包括分布在六个市镇的十四个中心，雇佣了六百八十一名职员[1]。ACEL后来变成了雅克·希拉克基金会。

“我非常关心残疾人……在许多年里，几乎每周我都会去科雷兹，在佩若勒瓦德和‘我的’残疾人一起度过两三个小时……有人也许认为和这些孩子呆在一起没有任何意思，可是，把他们的手长时间地握在手里以后，就会发生奇妙的事情：他们会握紧我的手。突然，发生了某些变化，在和孩子们进行身体接触时，发生了一些既激动人心又饶有趣味的变化……我知道所有孩子的名字……”贝尔纳黛特·希拉克进一步肯定了他所说的：“太奇妙了，他在那儿度过的时光！任何人都不会对他多次，包括担任总理期间访问教育中心而感到惊讶。（……）那一直是感人的时刻。”

雅克·希拉克接着谈起了这项于他而言弥足珍贵的事业[2]：“80%的孩子和家人不再有联系，家人也没有来看望他们……这些孩子要比成年人敏感得多，正是由于这个原因我和卫生部长争论了很长时间，他受到工会的压力，断言把残疾人放在城市比放在农村更为妥当。出于方便的理由，工会更愿意将残疾人留在城区，因为就学更加方便，照顾这些逐渐长大成为大人的孩子是一项困难的工作。而在农村，孩子们可以获得居民给予的更好的照顾，居民住在孩子们工作地附近，可以长时间照顾他们直至他们退休。这种持续性非常重要，因为对于这些孩子没有任何东西能

1 参见网站http://acel.fr。

2 重新当选总统后，他将这项事业变成了第二个任期的三大主要任务之一（其余两个为减少道路交通事故死亡人数和癌症的治疗），尤其还委托作家、心理分析家茱莉亚·克里斯特娃提交一份报告和若干建议。

比生活环境的割裂更艰难，甚至更悲惨。我们习惯于换工作，换老师以及换其他玩意儿的人很难明白这种断裂……对于他们，一直由相同的人来照顾他们非常重要。然而，只有在农村，加之有一群愿意生活在自己的土地上、能够回到自己的家、在同一栋楼里从事自己职业的人，这种持久才成为可能。大部分孩子被剥夺了家庭，他们需要一种稳定的爱，这与一些人想的正好相反……后来我终于使他们屈服了！……”

没有任何东西能比他为佩若勒瓦德教育中心联合会创办二十五周年纪念日撰写的文章更能概括雅克·希拉克对“他的”残疾人的浓浓关爱了。

“我朝一个小女孩弯下腰，她一个人孤零零的，一动不动，一言不发。她仿佛躲进了一个我们无法到达的世界里。”

“我心底感到一股怒火油然而生。”

“为什么是她？为什么会这样？”

“我能做什么？”

“我站在那儿，无力，也无助。”

“我开始说话，和她说话。天马行空，关于她，她的痛苦。关于我，我的困难，我的工作和我的生活。”

“我把她的手握在我的手里，她的手突然抓住我的一根手指，是出于偶然吗？也许吧。但是，我相信在几分钟的时间里她和我连接在了一起。”

“她的手松开了。她在自己的世界里，在自己的星球上又出发了，就像小王子[1]一样。”

采用一种更官方的方式，当时的总理雅克·希拉克制定了一部旨在帮助残疾人的法律，1975年6月30日获得通过。这是第一次在法律层面全面涉及残疾人问题。法律规定了国家的义务和责

---

1 法国作家圣·埃克絮贝里的童话作品《小王子》的主人公。——译注

任。

还是他，在第二次担任总理时，推动了1987年7月10日通过有利于残疾人就业的法律。

1995年7月1日，由于入主爱丽舍宫的缘故，希拉克被迫辞去利穆赞大区教育中心联合会主席的职位。他在科雷兹发表了一篇演讲。在演讲中，他公开重申了自己的事业和为之奋斗的理由。

“我们投向残疾人的目光影响了我们对整个人类的认识……我们不愿意让残疾人的与众不同消失。我们不愿意抹去他们的存在。我们愿意给他们一个位置。这亦是共和国公约的宗旨所在！”

10 “我生命的悲剧”

他说了！

然而2001年，贝尔纳黛特·希拉克说：“他对此讳莫如深，不想触及这个话题。”

尽管我确信他会对这段痛苦的经历保持沉默，但我还是想碰碰运气，跟他提起了他妻子的书。

“没有任何理由去否认……”他毫不犹豫地回答我，“它曾经是，现在还是我生命的悲剧。我有一个聪慧、漂亮的女儿，十五岁那年得了精神性厌食症。今天，我们开始知道如何治疗那种病，但是当时，我们完全不知道应该怎么办。她陷入深度厌食状态，事实上，再也没有走出来了。她受到二十四小时的看护。我妻子一直陪在那儿。这的确是我的生命，尤其是我妻子生命中的难题。我们无能为力……”

愧疚无法阻止痛苦蚀穿外面的盔甲。

1973年7月底，贝尔纳黛特·希拉克和两个女儿洛朗斯和克洛德，以及她的母亲到科西嘉的波尔托-维基奥[1]度假。她丈夫，当时担任农业部长，留在了位于梵伦纳路的办公室里。洛朗斯十五岁，完全就是她父亲的翻版：“一个非常机灵的小姑娘，身材娇小，鬈曲的棕色头发，黑莹莹的眼睛，目光炯炯有神。

1 波尔托-维基奥（Porto-Vecchio）：位于南科西嘉省的南端。——译注乍一看去，没有一丝怯意！她在很小的时候就能清晰地发音吐字了。很快就变得喧嚷聒噪。（……）她的脾气火爆，非常喜欢说话，（……）性格外向。有时候很难相处。她非常聪明[1]。”7月24日，洛朗斯参加了赛艇比赛。黄昏时候，她落入水里，后来抱怨头疼得厉害。在回宾馆的路上，母亲驾驶的汽车每颠簸一次，她都要忍受巨大的痛苦。她高烧近四十度，母亲马上叫来一个医生。医生诊断错误，给她开了阿司匹林。难熬的夜晚。温度没有降下来。另外一个医生诊断为脑膜炎，声称必须将她立即送往阿雅克肖[2]，但是她不能被搬动。身在巴黎的雅克·希拉克在一个医疗队的陪同下马不停蹄地赶来，将他的女儿用救护飞机接走了。洛朗斯住进了皮蒂耶-萨尔贝特里埃医院[3]。腰椎穿刺术做得不好：她痛得大声嘶喊……在脑膜炎和这次事故之后接踵而来的是极其严重的精神性厌食症。后来，让·贝尔纳教授推测洛朗斯感染了一种非常厉害的脑膜炎病毒，病毒破坏了她的脑垂体……不管病因是什么，雅克·希拉克的长女变得越来越消沉，而刚开始她的医学学业完成得还不错。她甚至从五层楼上跳下自杀。现在她生活在一个小公寓里，置于永久看护状态下，每周有一次机会出去跑步、骑马。神经精神病学教授路易斯·贝尔塔尼亚每周和她一起度过两个小时，一直持续到2006年10月。10月28日，教授的去世使希拉克一家陷入了深深的悲伤中。

贝尔纳黛特·希拉克将女儿的病视为一种苦难，一种失败。她认为“时常不在场的父亲”和疾病之间存在因果关系：“孩子们忍受由此带来的苦难。十五岁就患了病的洛朗斯用她的方式在受苦[4]。”她说他们的家庭生活曾经被洛朗斯的病痛击得四分五裂，她使尽浑身解数来“保持一种平衡，尽管这个任务因为丈

1 《对话集》，同前书。

2 阿雅克肖（Ajaccio）：科西嘉大区的首府。——译注

3 皮蒂耶-萨尔贝特里埃医院（Pitié-Salpêtrière）：附属于巴黎六大，是欧洲最大的医院。——译注

4 出处同上。

夫常常不在家而变得不容易。但是他总是过分地投入到工作中了。”

倾听了他一番痛苦的告白后，我问雅克·希拉克是否感受到一种负罪感……他犹豫了：

“我不知道……也许一开始，我做得不够。我不知道……说心里话，也许我应该做得更多。这是一个非常可爱，非常聪明的女儿。一直以来照顾她的医生是路易斯·贝尔塔尼亚教授[1]……对我而言，这的确是一个痛处。脑细胞被感染了，她什么也不能做，什么也不想做。她就成那样了……”

“您和她谈话吗？”

“是的……我轻声地说话。我们和一些善良的人一起试图让她做一件勉强称之为工作的事情，即使没有报酬……但是没有用。对我妻子而言，这是一个沉重的负担。”

“和这样的痛苦比起来，政治上的攻击应该算不了什么吧？”

“我毫不在乎萨科齐或其他什么人……许多事情我都没有放在眼里……我要强调的是我妻子的功劳堪称卓越，在我接连担任不同职务，实现抱负的同时，我的妻子一直尽量使这个问题对我产生最小的影响，并且继续尽心尽力把问题完全担当下来……”

雅克·希拉克将他妻子对洛朗斯的照顾与她为索莱纳少年之家[2]的付出联系在一起，一个“非凡的创造”：“她成功地说服电视曝光率高的吕弗教授从马赛过来负责管理索莱纳少年之家。”

回到贝尔纳黛特·希拉克在爱丽舍宫的那间塞满了许多小东西的小办公室：许多乌龟，几个十字架，一幅约翰-保罗二世赠

1 在教授去世几个星期后希拉克说了这几句话。路易斯·贝尔塔尼亚曾经是一个抵抗运动成员，并且参加了*Témoignage chrétien*杂志的创刊工作。

2 2004年11月17日，索莱纳少年之家举行了开幕仪式，由马塞尔·吕弗教授负责管理。贝尔纳黛特出席了仪式，她是少年之家的发起人，得到了帕特里克·布瓦弗尔及其妻子维罗尼克的鼎力支持。少年之家命名为索莱纳以纪念他们15岁就去世的女儿。该机构得到“黄色碎片”活动的资助。

送的圣母像。我告诉她，她的丈夫向我谈起了洛朗斯。“这是我们的生命背负的十字架”，她脱口而出，接着告诉我一个特别痛苦的片断：“一些同情我们的所谓癌瘤学医生到市政厅见我丈夫，向他建议把洛朗斯送往一家重症监护中心，中心提供免费服务……一天，一个住院实习医生向她说出了这样的话：‘大家知道你为什么在这里，也知道你靠的是什么！’因而洛朗斯收拾了包，逃走了。太可恨了。您真的认为一个这样的家伙有资格照顾其他人吗？这是一个脆弱的女孩，她再也不愿意回医院了。（……）现在（路易斯·贝尔塔尼亚去世后）我必须书写新的一页了。所有一切曾经而且仍然是痛苦的。克洛德也忍受了极大痛苦。这打破了我们家庭的平衡。我试着尽可能少地和我的丈夫谈论这件事。没有必要坚持谈起。这样有什么用呢？没有任何用处。他要背负沉重的负担。应该告诉他开心的事情，和他谈谈马尔丹[1]，谈谈将来……”

我属于倾向尊重私生活，包括政治人物的私生活的那一代人，因而我决定把谈话是否涉及两个话题的自由留给希拉克：一个是洛朗斯的病，另一个则是新闻界和出版界频频关注的他的艳遇。

令我大为吃惊的是，在第三次访谈开始时，倒是他递给了我1996年6月13日《巴黎竞赛报》发表的一篇文章，名为《希拉克和他的美国未婚妻》，编者按语如下：

“法国总统让乔治·布什（父亲）去寻找她真是白费力气。《巴黎竞赛报》已经发现了她生活的地方，并和她见面了：弗洛朗斯·赫利西曾是一个在哈佛夏季学校注册的巴黎政治学院学生，雅克·希拉克的未婚妻。总统常常说起他如何成为，也许是

1 总统的外孙，克洛德·希拉克的儿子。

唯一的一个在快餐店工作过的非美国籍国家元首……为了增加收入，他也登小广告，提供拉丁语授课服务。一位来自南卡罗来纳州奥兰治堡的年轻漂亮女孩给了他回应。在进入华盛顿的三一宗教学院之前，她来波士顿补习拉丁语。四十三年后，弗洛朗斯已是一个和身为政府官员的前夫离婚并有两个女儿的母亲，她向我们讲述了她的1953年仲夏，仍被她称为生命中最美的夏天……”

总统的解释："我曾经与一个美国姑娘订婚，一个拥有一辆两用卡迪拉克、长着雀斑的可爱姑娘。”他决定和她结婚，并且写信给父母。他的父母亲不同意，因为他已经和贝尔纳黛特·戈德隆·德·库尔赛勒订婚了。“事情严重了！我解除了婚约，到新奥尔良去了。”总统审慎地说道，可是他还是指出与《巴黎竞赛报》写的内容相反，他从来没有“教过拉丁语……她说那是她第一次拥抱男孩……我不能确定是否属实”。很快他再一次强调：“我不记得曾经给人上过拉丁语课。”

经过几次访谈和表达了对他私生活的尊重后，我又向他提起了他曾经给我看过的《巴黎竞赛报》上关于他的美国未婚妻的文章。

“由您来决定是否谈论女人这个话题……在您的生命中她们扮演了一种重要的角色吗？”

“我可不讨厌女人，但是我也不滥情。我有一个可爱的美国未婚妻……仅此而已。”

我徒劳表明了自己对这一主题的保留态度，我发觉总统在这点上走得太远。我只能向他的夫人求助，或者说，我想起了她的话：

“您的夫人也谈论了这个话题。她写道：‘女人，一个接一个地匆匆而过……’”

“她太夸张了！”

“昨晚，我读了《性与政治》[1]的第一章，讲述了您第一次进入马提尼翁宫时与一个女记者之间发生的激情故事……书中写道，这个故事被玛丽-弗朗斯·加罗[2]以国家利益为借口结束了……”

总统专注地听我说话，给人感觉他是第一次听这个故事：

“在1974年和1976年期间吗？”他问道。

“是的，她在《费加罗报》工作，并陪您到过罗马尼亚旅游……”

“有可能……但是这件事没有给我留下太多印象……我不反驳。”

“这对她可不好！”

“艳遇在我的生命中没有扮演一个决定性的角色。我爱过一些女人，尽可能不引人注目……”

“书中写到，当时您甚至准备离开妻子？”

总统的语气变了，他更为尖锐地反驳：

“毋庸置疑，我从来没有想象过离开我的妻子，这是非常清楚的……”

一阵沉默过后，他不再反驳了，相反，他回应“有过这回事”。换句话说，他最终想让我写进书里，这个故事是真的，只是他从没有打算为了这段感情而离开妻子。

几个星期以后，贝尔纳黛特·希拉克用一种轻松的语气触及了这个微妙的话题。女儿克洛德参加了访谈的第一部分，她利用克洛德离开的机会打开一个柜子，给我展示了一个硕大的分类箱。

“这是我的信件的四分之一。他给我寄了成堆的信件和情

---

1 Christophe Deloire et Christophe Dubois, *Sexus Politicus*, Albin Michel, 2006.（克里斯朵夫·德卢瓦尔，克里斯朵夫·杜布瓦合著，《性与政治》）

2 玛丽-弗朗斯·加罗（Marie-France Garaud，1934- ）：希拉克的前任政治顾问。——译注

书。我把所有的都保存下来了。他继续给我写信。我晚上出去，他睡得很早：他就给我留小纸条。他去参加一个首脑峰会，我去科雷兹，他也让人送张纸条给我……这是为人的一方面，认识这方面非常重要。当然，他以前追求女人：哪个政治人物现在或以前没有追过女人呢？我们之间的关系仍旧非常稳固……”

我向她提起一本影射她丈夫一段艳遇的作品——她自己道出了书名：《性与政治》——以及我和他之间就此进行的对话。她微笑着，告诉我她对这个故事完全知情；同时，还对我说，当总统宣称永远不想离开她时，她相信了。接着，她总是面带微笑，向我透露了一个关于她婆婆的逸闻。婆婆“果敢肯定地”朝她喊道：“我的宝贝儿，离婚，那可不属于家庭生活！我们家不允许离婚！”

显然，一直以来对丈夫充满了爱慕和景仰的她，用这些字眼描述了丈夫的吸引力：“他很英俊……女人都争相追逐他。他魅力十足，有很强的感染力。您知道女人都追逐权力。就是这样，必须要明白……”

贝尔纳黛特·希拉克举了几个例子证明她的观点，并让我知道总统坚持要她呆在身边或者能用电话找到她：“我必须呆在那儿。我是他的固定点。我们一结婚，爸爸就注意到了。”她又讲述了洛朗斯出生后，雅克·希拉克无法忍受用电话找不到她，否则，他就立即打电话给她的父亲。父亲告诉她希拉克很焦急：“我的乖女儿，要注意了：雅克在找你。你在哪里？他在找你，他很着急……我总不能绑在椅子上吧！我要带我的宝宝去花园散步。我要看望朋友……”她评论道：

“他总是这样。绝对地说，他宁愿喜欢一个稍会逢迎的妻子，任何时候都要称赞他是最伟大的、最英俊的、最强的、最聪明的，他所做的一切都很出色，他干什么都会成功……我可不是这样的。为什么？也许因为我们在巴黎政治学院相识，在批评方面我训练有素，很长时间内，我们的行为就像我们还是学生一样……我必然不是被他的光芒弄得眩晕的女人……我常对他说，他的行动不一定被解释成他的合作者向他汇报的那样……一段时间以后，我小心翼翼——因为他说我‘帮倒忙’——以免过多烦扰他。有一个整天向你指手画脚的妻子确实令人厌烦——但是我不是那样的，我向您保证……我试图给他提一些富有建设意义的批评，以帮助他履行职责……他是由民众选举出来的，对此我感到很骄傲，我告诉他一些我在外省听到的消息：‘并不完全是这样的，雅克！不是只有您的内阁成员给您作的报告……’这经常使他恼火不已。他宁愿喜欢一个总是歌功颂德的妻子。这样的女人是有的……不管怎样，他是最英俊的！而且他非常聪明！他也没有向我说许多恭维话呀！卡特琳娜·奈伊[1]说他不是‘称赞妻子的专家’，这是事实。但是，我知道他喜爱我做的事情。当我到医院，去工地时，我知道他为我骄傲，但是他很难向我说出口。总是出于害羞……”

1　卡特琳娜·奈伊（Catherine Nay，1944- ）：法国政治记者。——译注

11 游牧者的帐篷

从青少年时期开始，他的思想沿着丝绸之路在逐渐伸展，时而护送菩萨到西安和西藏，时而陪同张骞[1]和马可·波罗[2]前往阿富汗和遥远的安条克公国[3]，或者想象成吉思汗[4]和他的蒙古骑兵凶猛地扑向商队，继而建立了强大的帝国。走在丝绸之路上的沙漠商队运送了如此多的丝绸、香料、贵重金属，尤其还有知识，思想、文化和信仰，这条路连接了东方和西方两个世界，也连接了青少年时期的他和总统宝座上的他。

他身上游牧者的一面时常得到强调。他的确常常身在别处，但是他主要的帐篷，就是他在爱丽舍宫的办公室。只要人在巴黎，那他就会一周七天，每天花十二小时呆在里面。他睡觉的帐篷更小。在这两个帐篷里堆放着构成他的世界、反映他的世界观的物品和书籍。当他离开爱丽舍宫——参加G8峰会和其他首脑会

---

1 张骞（公元前约164年－公元前约114年）：西汉时期，受汉武帝派遣两次出使西域，沟通了亚洲内陆交通要道，与中亚和西亚诸国正式开始了友好往来，促进了东西方经济文化的广泛交流，开拓了丝绸之路。——译注

2 马可·波罗（Marco Polo，1254-1324）：意大利旅行家。1275年随同父亲和叔叔，穿越中东到达了中国，并在中国居住了十七年，根据其游历经过记录的《马可·波罗行记》向西方介绍了东方见闻。——译注

3 安条克公国存在于公元1098年至公元1268年，是第一次十字军东征时期欧洲封建领主在亚洲建立的十字军国家。其领土包括今日之土耳其及叙利亚的各一部分，都城在西亚著名古城安条克。——译注

4 成吉思汗（1162-1227）：蒙古民族杰出的军事家、政治家。1206年，进位蒙古帝国大汗（后被尊为元朝开国皇帝），统一蒙古各部落。在位期间，多次发动侵略战争，征服地域西达黑海海滨，东括几乎整个东亚，为世界历史上著名的横跨欧亚两洲的大帝国之一。——译注

议——即使无法随身携带他的物品或宝贝，他也不能离开一个黑色皮质公文包，任何人都无权靠近，更别提打开了：公文包里有一个依照他的世界缩小仿制的更加简单凝练的世界……

我未能一下子说服总统让我参观他的办公室，而且既然我原来不知道公文包的存在，我也从来没有想过要和他谈谈他的黑色公文包。但是，我首先有幸“参观”的竟是这个公文包。

2006年8月26日，由于他对人类历史和世界几大文明的年代学具有渊博知识，我向他提了一个这方面的问题，“是的，这些年代学知识对于理解世界是必不可少的。”他回答道。

“年轻时开始，您就以艺术和亚洲为起点，希望要了解人类社会重要演变的历程。”

“和所有人都一样，对吗？”

突然，他站起来，去了隔壁的办公室。一会儿过后，他回来了，拿着一个漂亮的黑色皮包。

“就像我父亲说的，大家无所事事，互相吵吵闹闹……这是我参加国际会议时随身携带的公文包……”

他向我解释在国际会议上，有许多死气沉沉的时间，人们感到无聊，我也是，我让其他人感到无聊……我觉得通过倾吐这番肺腑之言，总统让我更往里深入了一些他的内心世界。后来，我得知即使他妻子和女儿知道存在这么一只闻名遐迩的公文包，她们也从未接触其中的内容。公文包显然代表了他生命中最重要的东西：这是他旅途中的食粮（符合该词的所有解释[1]）。为了永远将它握在手里，他一直人在旅途。

雅克·希拉克当着我的面打开了黑皮包，从中拿出一些蒙着塑料封面的档案，放在他面前的桌上，然后把它们递给我。然而，他留下了一份，告诉我里面是他外孙马尔丹的一张大照片。

---

1 《拉鲁斯辞典》对该词（viatique）的解释为：a. 旅费以及旅途食粮；b. 成功的方法，支持；c. 给面临死亡的基督徒提供圣餐。

我兴奋地翻阅这些珍贵的材料，试着记下来，因为我担心总统会很快从我的手中夺走这些材料。的确，人必须热衷于此才能潜心研究如此枯燥的年代学，从这些大部分由国家科研中心的专家编写的书中寻求乐趣：《从起源到罗马时代的普罗旺斯——人类历史的重要阶段》……《日本，越南和埃及的关联》（副标题：蝎子王），一本杂志封面写有“七大宗教”以及“最后并非最少”，其中一页的正面和反面写有“我们来自哪里？……我们是谁？……我们去哪？”这份材料的某些段落用绿色荧光笔覆划过。材料的开头几行是：

“以下是我们当中每一个人每一天或多或少都会向自己提出的三个基本的重要问题。”

“在尚未达成一致认识的时代，我们人类这个物种的起源问题非常重要，不仅有研究人员，还有公众对所有有关人类化石及其环境的信息表现出的越来越浓厚的兴趣也表明了其重要性……”

接下去的是用绿色荧光笔标注出来带有按语的数据信息，关于人类的进化，“和猿人一起还出现了对称的概念和一定的审美意识，（……）伴随古人出现的还有原始葬礼以及宗教思想，大约三万年前，复杂工具的问世表明了艺术的发明：带有几何晶体构成的倒刺的鱼叉……”所有的信息都处于他从十四岁就开始探索寻觅的中心位置。

这份材料的结尾写道：“全人类应该制定一套新的能够管理好人类未来的世界行为规范，同时记住他的起源，他缓慢而艰辛的进化过程以及他与应给予保护的自然环境之间的固有联系。”

我很惊讶没有看见关于凯尔特人[1]的材料。他说很久以来就

1　凯尔特人为公元前2000年活动在中欧的一些有着共同的文化和语言特质的有亲缘关系的民族的统称。主要分布在当时的高卢、北意大利（山南高卢）、西班牙、不列颠与爱尔兰，与日耳曼人并称为蛮族。——译注

对此感兴趣了。在谈到十九世纪的哈尔施塔特[1]大发现时他变得激动起来，“没有这些我们也许不会知道欧洲历史的续篇”。1824年，在位于上奥地利州[2]的这个地方的确发现了一些初期迹象，表明存在一个铁器时代的大型墓地。两千个墓地相继被发掘出来，能够让人们确定凯尔特文明的发祥地。为了评价这些发现以及对人类认知产生的影响，总统使用了他吝惜的修饰语：多次出现了形容词“绝妙的”。

他对凯尔特人的兴趣让我过渡到了他的前任巴黎市政府办公室主任贝尔纳·比约著述中的一页。贝尔纳·比约记录了1980年4月25日他和希拉克在罗马的一次关于历史的对话：“世界上没有任何地方能像在罗马一样感受到历史的重负，以至于被碾为齑粉，”希拉克对他说道，“仿佛这些圆柱废墟的石块砸在我的头上。过去窒息生命，阻碍未来，我无法忍受被过去的模糊回忆击打！”继而他谈起了“渗出死亡气息的所有的罗马宫殿，石块，道路”。比约将这些话和希拉克不久前对五个记者发表的，并被《法兰西晚报》和法国广播电视局（ORTF）驻罗马的特派记者让·诺夫赛勒报道的讲话进行了对照。希拉克曾宣称“唾弃剥夺了我们身份和凯尔特灵魂的罗马文明”。在他看来，基督教既没有久远的历史，没有宽容的教旨，也没有亚洲几大宗教具有的真正的神秘和深奥。“他含有报复意味地用手指指向我，半严肃半嘲笑地宣布，他对曾在罗马和雅典繁盛一时的石器文明的厌恶，他说：‘我们的根肯定不在这里，说我们的文明源自罗马和雅典是一种欺骗……’”

八月底的星期六上午，对面的总统身穿牛仔裤和薄套衫，在布雷岗松[3]度假时的风吹日晒将面庞镀上一层铜色，我试图知道他

1 哈尔施塔特（Halstatt）：奥地利的一个小村庄。1846年，考古学家曾在此发现了一个史前墓地，属于凯尔特文化。——译注

2 奥地利的五个州之一，首府是林茨（Linz）。——译注

3 布雷岗松（Fort de Brégançon）：法国总统的度假地，紧临地中海。——译注

是否一直坚守这番言论。我听不到一丝呼吸，但是，显然他没有改变观点。他用寥寥几句向我阐述了“罗马文明是一种控制其他民族的占有式文明，典型的殖民文明”……

从我们第一次访谈开始，我就表露了请他允许我参观他的办公室的愿望。在2006年9月3日进行的第四次访谈中，他最终不太情愿地接受充当我的导游，尽管不十分清楚我到底要干什么，而且认为我在浪费他的时间。因此我们从以前雅克·阿塔利[1]在此工作的会议厅到了他的办公室。

门的左边靠墙摆放了一张路易十六时代风格的桃花心木蜗形脚桌子，白色大理石桌面，两排架子。下面搁着鲍里斯·叶利钦赠送的一个盒子：里面装有前面提到的《叶甫盖尼·奥涅金》的两个版本。中间的架子上陈列着一个前希腊化时代的马的头骨：“我喜欢它，不是因为它特别美，而是因为这是莫里斯·让斯[2]送给我的。”再上面有一个硕大的马里博利[3]：“我很喜欢这件巴姆巴拉人的东西，非常漂亮也非常易碎。她代表一种人生观。是用各种各样的零碎东西做成的。这是一个物神，是我的内阁送给我的。原来是雅克·盖尔沙什的收藏品……”

在金黄色长木沙发的另一边摆放着一张相同的桃花心木蜗形脚桌子，上面放了一个图迈头骨的复制品。

长沙发前面，日本茶杯——“我也喜欢这些茶杯，但是它们没有任何价值”——摆在一张中国黑漆桌子上，旁边还有一些摆饰：一匹十八世纪初的蒙古马，两头小象，“严格说来，它们也一文不值”，但是它们是印度的文化科学部部长赠送的，

---

1 雅克·阿塔利（Jacques Attali，1943- ）：法国经济学家，作家，政府高级官员，担任过弗朗索瓦·密特朗的顾问。——译注

2 莫里斯·让斯（Maurice Rheims，1910-2003）：法国作家，艺术史学家，生前为法兰西学院院士。——译注

3 博利（Boli）：非洲巴姆巴拉人的物神，用泥土和其他零碎物品糊在木架上制成。——译注

在他的一次官方访问中，部长为他充当了导游："他对所有的事情都讲得头头是道，我送给他一个双面手表，他回赠我这两头没什么价值的小象。因为他上周来访问了，所以我又把小象摆了出来……"

同样在这张中国矮桌上还陈列了三件因纽特人的物品，一头长有绒毛的牛，一头海豹和一头熊："我是因纽特文化的忠实爱好者。很久以前，我就和让·克雷蒂安[1]合作致力于推广因纽特人的艺术。因纽特人也许是世界上拥有艺术家比例最高的民族。艺术家济济一堂……我支持纽纳瓦特地区[2]独立；该地区一宣布独立，我就去拜访了他们的政府总理保尔·奥卡里克[3]，后来我邀请他出席了凯布朗利博物馆的开幕仪式。他是一位非常和善的先生……"然后向我详细解释让·克雷蒂安开发了一个系统，用于统计艺术家及其作品数，"以避免眼巴巴地看着他们终日制作一些无价值的零碎东西"。

稍远处，在左墙的墙角里，雅克·希拉克向我展示了他的个人博物馆里的一个重要空间，上面靠里的是一个路易十六时代风格布勒镶嵌工艺[4]的柜子，柜子上端放着一只犀牛。这是丢勒[5]一个学生的作品，他也将源自同一处的另一只犀牛安置在几乎和前一个柜子工艺相同且盖有蒙提尼[6]印记的柜子上。总统开始给我讲述这两只犀牛的故事。1515年，除了马里尼昂战役外[7]还发生了一件事：一只犀牛到达了里斯本。这只犀牛是孟买王国国王穆扎

1 让·克雷蒂安（Jean Chrétien，1934- ）：1993年至2003年出任加拿大总理。——译注

2 纽纳瓦特地区（le Nunavut）是1999年4月1日正式设立的自治区，由因纽特人自己管理。——译注

3 保尔·奥卡里克（Paul Okalik，1964- ）：加拿大政治家。——译注

4 布勒（Boulle）：路易十四时期细木工匠。布勒镶嵌工艺是指用色泽不一的木片拼贴，再镶嵌兽角，铜片，贝壳等，做工精细。——译注

5 丢勒（Dürer，1417-1528）：文艺复兴时期德国最重要的版画家，雕刻家。——译注

6 蒙提尼（Montigny，1734-1800）：法国细木工匠。——译注

7 16世纪，法国国王弗朗索瓦一世出兵征服米兰，于1515年与米兰公爵的同盟军瑞士人在米兰附近的马里尼昂交战，法军大获全胜。——译注

法尔二世送给阿尔方索·阿布奎克[1]的，后者将犀牛献给了葡萄牙国王埃曼纽埃尔一世。它一旦被确认是古代人所指的犀牛，很快便家喻户晓并引起了学者们的兴趣。埃曼纽埃尔一世组织了一场决斗，在犀牛和他的一只大象之间进行。大象一看见它的对手就躲进了圈里，犀牛因为大象弃权而被宣布为胜者。它的战绩传遍了整个欧洲。埃曼纽埃尔一世决定把犀牛献给教皇利奥十世，由一个使团浩浩荡荡地护送过去。1516年，一艘运送犀牛的卢西塔尼亚帆船把它放在了马赛对面的伊夫岛上。1月24日，法国国王弗朗索瓦一世和他的宫廷前往伊夫岛瞻望犀牛；后来帆船又出发了，但是在拉斯佩奇亚[2]附近的波尔维内瑞外海遇难了。阿尔布雷特·丢勒在纽伦堡收到一张犀牛的草图，根据草图画出了一张名叫《犀牛1515》的素描，后来诞生了著名的版画《犀牛1515》。希拉克给我看了一些版画的复制品。“正是根据这些素描，丢勒的一个学生雕了两座犀牛像。很久以前我的妻子就送给了我。”他说道。

总统流露出老饕的神色，打开了柜子的两扇门，仿佛让我进入的是诺克斯堡[3]：“这是相扑！”他拿出一个绕着蓝绳的信封，上面画有一些字符。“这是2005年3月26日横纲朝青龙在大阪夺得第十四天春季大相扑比赛的胜利时把它作为礼物送给我的：这是一个裁判颁发给他的信封，他在上面亲笔题了字。”

话到这儿，我决定厚起脸皮，请求雅克·希拉克拼写一下他提到过的人和事物。我想，在他眼中三番两次读到了由于我缺乏文化素养而闪过的同情目光，还有接受做这种事而感到的无聊。无聊促使他好几次礼貌地提出：“所有一切都没有什么意思……”

1 阿尔方索·阿布奎克（Alfonso d'Albuquerque，1453-1515）：葡萄牙将领，1511年击败印度后征服了马六甲，使之成为葡萄牙在东印度群岛扩张的战略基地。——译注

2 意大利港口城市。——译注

3 1936年美国在肯塔基州建立了诺克斯堡军营，设有许多军事机构。——译注

关于朝青龙——我想在这儿没有写错，或者，如果有错的话，我就可耻地将责任抛给我的对话者——总统用了一连串最高级用语："这是最伟大的蒙古冠军[1]，最伟大……每次我去日本就会邀请他共进晚餐……他也来过巴黎，拜访了我……"在他的万神殿里，没有人怀疑相扑大力士占据了一个好位置，甚至最好的位置。雅克·希拉克没有结束倾吐他对相扑的喜爱，因为菲利普-克洛德·蒙提尼制作的柜子里仍然保存了关于日本传统相扑技艺及列位冠军的其他"宝藏"。一个普通的蓝色纸文件袋内装有1999年以来所有相扑比赛的结果。

"您记得所有的比赛结果？"

"当然了，不仅仅是1999年以来的。我记住这些结果就像其他人对环法比赛的结果烂熟于心一样。每次我参加在相扑比赛进行期间举行的国际首脑会议，我都以至少比日本首相早一小时知道结果为荣……"

雅克·希拉克还给我展示了相扑冠军在纸上留下的一系列手印。由于不敢要求总统给我拼写他告诉我的所有横纲级[2]相扑选手的姓名，我只能写出了贵乃花，他的弟弟以及武藏丸的名字。

"您很可能比日本首相更了解相扑？"

"这点上，和他相比我一点儿都不觉得难为情！"

还是从同一个柜子里总统抽出了一份原始字母的比较年表，以及两尊玉制的中国龙："我了解所有拍卖信息，尽管我不买。"

我的向导把我带到一张金黄色木质蜗脚形桌子前，白色大理石桌面，四个蜷曲的桌脚，属于拿破仑三世时期的风格："这里有一件非常精致的东西，很久以前中国的艺术品不太值钱的时候我的妻子送给我的。它是宋朝时期的，公元十世纪至十二世纪。

---

1 朝青龙明德来自蒙古，是日本相扑界第三位横纲。——译注

2 日本相扑的最高级别。——译注

这是一个观音菩萨的头，也就是说一个没有飞升，仍在普度众生的大圣人……那是一个小菩萨……还有那儿是一些中国古代的铜器，我非常感兴趣……”

他用双手分别取过五个器皿，然后给我一一解释：

“最古老的是夏朝，也就是说第一个朝代的酒器爵……它是全国古董商工会主席克雷斯蒂安·戴迪耶的藏品……这件属于二里头文化，二里头是夏商时期年代非常久远的遗址……这是一种酒器觚，商朝的，大约公元前十五世纪，接近二里头文化时期，但是稍微晚些……这是商朝的三足鼎，介于公元前1600年至公元前1000年之间，已经确定商朝在公元前1027年灭亡……最后还是一件商朝的酒器——樽，我估计可以追溯到公元前十一世纪。”

在中国酒器之间，总统指给我看一座格雷罗梅斯卡拉文化[1]的雕像：一件“非常精美的墨西哥作品”，年代可确定为公元前350年。“这一切都不会让人惊叹……”

我无法对他的判断表达我的看法，因为他对欧洲文化之外的文化的了解已经超越了我的思维。

还没走到摆放了丢勒学生雕刻的第二头犀牛的带有布勒镶嵌工艺的柜子前，雅克·希拉克停下来，几乎心醉神迷地对着“最漂亮的作品：一尊姆姆依人的雕像……姆姆依人达到了艺术的巅峰。反正，这很符合我的审美，但是任何人都不能否认这是一件杰出的作品。它原是雅克·盖尔沙什的藏品”。

我不得不再一次暴露我的无知，请求他对这尊姆姆依人的雕像作一番解释。

“姆姆依人是尼日利亚西北部的一个民族。”

“这是您办公室里最美的作品吗？”

“是的。总之，我不能这么说，因为我很难在所有的作品中

1 墨西哥南部的一个州，梅斯卡拉文化的雕像和面具用深绿色或灰色的岩石雕成，多用朴素的直线条。——译注

建立等级，但是我认为它代表了一座艺术巅峰。”

在这尊巨大的非洲雕像旁边有一把用羊骨做的勺子，来自不列颠哥伦比亚[1]，是他的内阁送给他的：“这是一把用来献祭的勺子，不是用来吃早饭的！它属于但吉人，我觉得它很令人感动……”

我们来到摆放了第二头犀牛的柜子前，犀牛被两张拉菲克·哈里里的大照片夹住，2005年2月24日这位黎巴嫩前总理在贝鲁特被暗杀了。对于他，雅克·希拉克给我作了一番简短而有力的评论：“我和哈里里的关系非常密切。”接下来，他介绍了一件早于泰诺人的阿腊瓦克人的作品，他认为年代在公元前1400年至公元前800年之间，“很可能接近公元前1100至公元前1000年”，“它不具有任何艺术价值，可是我费了许多力气才找到。我想它大概值300欧元，但对于我来说，它有很大的价值。现存量非常少了……我对泰诺人极其感兴趣[2]。因此我很高兴在我的办公室里有一件象征前泰诺时代的作品。”

“这是一座素可泰王朝[3]的小菩萨像，蓬皮杜总统非常喜爱，曾经把它放在自己的房间里。弥留之际，克洛德·蓬皮杜[4]将它送给了我……”

我们接着欣赏位于身后，总统的办公桌稍微偏右边的壁炉上摆放的物件。总统拿起一个陶土小雕像，旁边有一个金色铜质的路易十六时期风格的枝形大烛台，燃着九支蜡烛：“这是日本古坟时期的圆筒状埴轮[5]。在古坟周围放有一系列陶土冥器以纪念死者，我们称之为埴轮，埴轮代表了一个人或一只动物……我们

---

1 加拿大最西部的省份。——译注

2 在1996年11月23日《费加罗报》的采访中，雅克·希拉克对泰诺人发表了如下看法：“当整个欧洲为克利斯朵夫·哥伦布举行庆祝活动时，我希望向成为发现新大陆的牺牲者的民族致敬。正是由于这个原因我们举行了此次展览，展示泰诺艺术。”

3 泰国的一个王朝，1238年兴起，至1420年没落。——译注

4 克洛德·蓬皮杜（Claude Pompidou，1913-2007）：乔治·蓬皮杜的遗孀。——译注

5 日本古坟时期大约是公元300年至700年。埴轮是古坟时期一种与墓葬有关的陶土冥器。——译注

无从知晓古坟的象征意义，因为古坟时期的所有坟墓实际上都属于皇室，因此不可能打开古坟，进行发掘。我努力了很久希望能够参加一个‘重要古坟’的发掘工作，没有成功。其中有意思的是，可以知道坟墓里面埋葬了什么东西。为了进行发掘工作，必须获得皇室的许可，然而，皇室没有批准……”

总统开始和我说起题外话了。他提出了这些皇家坟墓中所埋葬的人可能来自朝鲜半岛的历史假设……所以，一切可能与国家机密相关。“算了吧，话题太沉重了！……”总统叹息道。

埴轮旁边是两根翡翠做的奥拉麦克人[1]的仪式节杖，我的向导“非常喜爱”。可是在他的博物馆里有什么是他不喜爱的呢？“我们将它们的年代定于公元前1200年至公元前800年之间。那儿是一座内阁送给我的维拉克鲁兹[2]的前哥伦比亚时期雕像，年代大约是公元500年。非常好看，我很喜欢。”

主人的博学让我感到吃惊，我注意到一幅镶框的小画像，运用了现代派笔法，就想卖弄一番：

“是复制品吗？”

“怎么可能！我的外孙喜爱绘画……”

仿佛自己说得太多一样，他很快转而欣赏另外一座我认为属于非洲艺术的雕像：

“这个真令人感伤！我很喜欢巴布亚新几内亚[3]。这是一个可以随心所欲的乱糟糟的国家。全世界最后一个语言博物馆了。这件东西是尼古拉斯·于罗[4]在新几内亚，尤其向阿斯玛茨人[5]传教结束后赠给我的。他给我带回了这个……”

在把他外孙的作品看做“复制品”后，我试图挽回自己的过

---

1 墨西哥一个古老民族。——译注

2 墨西哥东部的一个州。——译注

3 位于太平洋西南部，1975年9月16日独立。——译注

4 尼古拉斯·于罗（Nicolas Hulot，1955 - ）：法国记者，生态学家，作家。——译注

5 新几内亚高地地区的部落名。——译注

错。

“您的外孙画得很不错。”

“他喜爱绘画。他完成这幅画时才八岁……”

总统停止了他视之为感伤的情绪波动，转而坠入另一种情感中：

“那是来自东帝汶的。因为我曾大力支持东帝汶的独立，大约四五年前，库兹曼总统在巴黎进行正式访问时送给我这个东西。”

“这个东西”是由两座黑色雕像组成：“这是一个家族的象征。两个小雕像安置在悬空或固定的盒子前。”

我瞥见在一个独脚小圆桌上有几件好像是象牙雕刻的物品。

“是象牙做的吗？”

“有人把我当成了傻瓜送给我几件赝品，可以以假乱真的赝品……”

还有一幅外孙的小画作。我不再发表高见了。雅克·希拉克对此心存感谢，继续说道：

“这是扎伊尔的卡松戈雕像，很古老了，大概是十九世纪上半叶的。”旁边有一张照片。我在照片里认出了德国前总理施罗德和他的家人。总统解释道：

“这是施罗德和他领养的俄罗斯小姑娘。她很令人钦佩。从她进入施罗德家庭的那一天起，她就拒绝说哪怕一句的俄语。”

我们来到了希拉克的办公桌前，办公桌镶有红木，红色大理石桌面，路易十五时期的风格，是由巧匠查理·克雷桑[1]制作的。菲利克斯·佛尔[2]总统让人把它安置在爱丽舍宫。

对于继续这次参观希拉克表现出犹豫不决，他几乎看不出此次参观的意义所在。他再三重复：“其实这没有什么意思……”

---

1 查理·克雷桑（Charles Cressent，1685 - 1768）：法国著名木匠。——译注

2 菲利克斯·佛尔（Félix Faure，1841 - 1899）：法国前总统。——译注

他没有给我介绍用青铜和黄铜铸造的，手柄包着黄铜的“剑”形小摆钟，而是开始描述：

“这是一个切削成的白姆贝族人像[1]。它不难看。”

然后他笑着指给我看一座非洲雕像：

“我非常喜欢这座雕像，因为我发现胡须附近的部分它很像科菲·安南。它有点像他，我告诉过安南。这是刚果王朝的雕像[2]……”

我指着两座美洲印第安小雕像试探性地问道：

“这是奥拉麦克人的吗？”

“这是德维尔潘夫人从印度旅游回来后给我带回的。”

总统对充当向导感到厌倦了，尽了最后的努力向我解说堆积在办公桌的“无足轻重的小东西”的其中几样：“这是日本文人放在纸上以免纸张乱飞的东西……大卫·李赠送的雕像，按他的说法，这是一个和尚做的。既然他这样说，应该是真的……这些是新喀里多尼亚[3]的货币……”

总统坐在办公桌前，在桌上偏左方可以看到两张肖像照：一张小的，大约是一次成像照片两倍的尺寸，是戴高乐将军的，还有一个更大的，端端正正搁在桌上的，是他的外孙马尔丹的照片，贝蒂娜·兰斯的作品。

一个木铃铛：“这是毛里斯·尤尔里奇[4]旅行回来带给我的。”最后还有最最伟大的冠军贵乃花的小手表。

参观结束时，总统脱口而出：“真的没有特别有意思的地方。所有一切只对我有价值……”

我们在光芒四射的挂式分枝吊灯下经过，吊灯是十九世纪末用黄铜和水晶制成的，接着走上了路易十四时期的萨伏纳里地

1 白姆贝族是非洲民族，起源于民主刚果西北部的森林地区。——译注

2 刚果在13世纪末至14世纪初建立了刚果王朝。——译注

3 大洋洲的岛国。——译注

4 毛里斯·尤尔里奇（Maurice Ulrich，1925- ）：法国前国会议员。——译注

毯，到了总统办公室的中型会议厅，继续我们的访谈。

为了实现接近希拉克总统内心世界的过程，我必须进入他的藏书室。通过他最亲密的合作者，我得知只要他的书放在书房里，事情就很棘手。

在找到办法之前，我搜集了一些关于他阅读书籍的信息。他喜爱俄国作家：显然有普希金，还有陀思妥耶夫斯基。就像我们所看到的，很久以前，他就阅读了安德烈·马尔罗的所有作品，其中有两部作品是作者题赠给他的。他也很喜欢大仲马的武侠小说。2002年11月30日，在他的努力下，大仲马的骨灰被移入先贤祠："因为您，童年，私底下如饥似渴地阅读的时光，感动，激情，于是进入了先贤祠。因为您，我们曾经是达达尼昂，基督山伯爵或巴尔萨莫男爵[1]，骑马驰骋于法兰西的疆土上，穿越战场，拜访宫廷和城堡。因为您，我们手持火炬走过晦暗的走廊、暗道和地道。因为您，我们曾经梦想。因为您，我们仍在梦想。（……）在心灵最深处的矛盾挣扎中，大仲马象征了法兰西精神。也正是由于这个原因，法兰西人民才如此地热爱他。"

马尔罗和大仲马是弗朗索瓦·密特朗讨厌的两个作家……此外两位国家元首的藏书室没有——实际上——相同的书籍。弗朗索瓦·密特朗喜欢的弗罗芒坦[2]、巴雷斯[3]、普鲁斯特、孟泰尔朗[4]、沙东[5]、德里厄[6]，从未吸引过他的继任者。而且我强烈质疑雅纳克人[7]是否对弗朗西斯·卡尔克[8]产生过一丝喜爱之情，而希拉

1 三者均为大仲马小说中的人物。——译注

2 弗罗芒坦（Fromentin，1820-1976）：法国画家和作家。——译注

3 巴雷斯（Barrès，1862-1923）：法国民族主义作家。——译注

4 孟泰尔朗（Montherlant，1895-1972）：法国作家。——译注

5 沙东（Chardonne，1884-1968）：法国作家。——译注

6 德里厄（Drieu，1893-1945）：法国作家，散文家和记者。——译注

7 指密特朗，密特朗出生在普瓦图夏特朗地区的雅纳克市。下文中科雷兹省的前任议员指希拉克。

8 弗朗西斯·卡尔克（Francis Carco，1886-1958）：法国作家。1909年创作了《金发黑女人》——译注

克读遍了卡尔克所有的作品，更不用提乔治·弗雷斯特[1]的《金发黑女人》。

我询问当事人，想知道他是否真的记得《金发黑女人》，我听到他回答：

“我确实记下了《金发黑女人》，这是法兰西文学的伟大时刻……您知道吗？您读过吗？”

我再一次从他的面部表情察觉出，希拉克不明白为什么我们没有读过或重读过这部伟大的作品也可以活着。

“这是一本绝妙好书”，他下了结论。

我当然弄到了《金发黑女人》。为了试图从这种对一本书的酷爱中吸取点滴经验，我忍不住抽出一小段，共和国总统不仅很欣赏这段，还能背诵出来：

当我十五岁时，征服者熙德[2]
为了向我献上他的士兵和马刺，
走出坟墓；用一种超自然的声音：
“朋友，”他说，“你想和施曼娜同寝吗？”
而我，我回答“得了”，“去你的”
以一种漫不经心的口吻，一剑
我刺穿了他的腹部；接着我阉割了教皇
和他的芥末商：我扯下了他的金长袍，
金灿灿的三重冕，还有盛圣体的金银器，
耀眼如日，在傍晚的金辉里！
红衣主教拖着我的战车，匍匐爬行，

1 乔治·弗雷斯特（Georges Fourest，1867-1945）：法国作家，诗人。——译注

2 熙德是西班牙著名的民族英雄，原名罗德里戈·鲁伊·地亚斯。公元1404年左右生于比瓦尔村，父亲是比瓦尔的贵族。他英勇善战，赢得摩尔人的尊敬，称他为“熙德”（阿拉伯语对男子的尊称）。卡斯蒂利亚国王阿方索六世因熙德对摩尔人作战功勋卓著，将自己的堂妹施曼娜许配他为妻。

我曾经七次攀登了喀尔巴阡山。

我对鄱德沙[1]说："您只不过是个无赖！"

为了服侍我，阿莫拉巴干之子，

向我献上了他的三十个姐妹和八十个妻子，

在卡伊玛大汗的宦官们簇拥下，

我陶醉于可耻的肉欲快感！

……

我鄙视为我剃须的懦夫，

我不担心别人是否同意我

我给阉人取了代称，

是的！我把他们叫作废物！

弗雷斯特也模仿各种文学流派和古典大师（高乃依，雨果……），这也可能是希拉克喜欢他的原因之一。律师[2]出生于利摩日，表面上过着一种有条不紊的生活，他的反成规吸引了一个男孩走到了其生活于其中的文化环境的对立面。

卡尔克出身外省，是一个旅行家、诗人、并结交画家朋友。他也是个资产者，每当夜幕降临，他便踱步走在喧嚷的街区里以从中获取创作《耶稣鹌鹑》和《女牢》的灵感，他共有百余部作品……

为了更清楚了解希拉克喜欢拿在手中浏览、翻看、阅读的书有哪些，最理想的是进入他的藏书室，但是他的藏书室就是卧室。因此总统阅读的地方是一个私密的空间。然而，我知道他原封不动地保留了让-米歇尔·威尔默特装修的卧室和菲利普·斯达克装修的铺有黑色地砖的前厅，弗朗索瓦·密特朗不希望被打扰时则喜欢呆在前厅工作。弗朗索瓦·密特朗的神灵得助于希拉克一家的默契一直在爱丽舍宫游荡。自从入主爱丽舍宫以来，关于

1 土耳其人对神圣罗马帝国皇帝的称呼。——译注

2 指弗雷斯特。——译注

他的遗愿，他曾经向法国人宣布：“无论我在哪里，我将与你们同在。”他留在了这座宫殿而不是别处。但是，在这间铺上黑色地砖前厅的圆桌上，书和档案被因纽特人的小东西以及洛朗斯送给父亲的小礼物所代替。在卧室里，除去波德莱尔的作品以及让·多尔麦松的几本书外，弗朗索瓦·密特朗也许不喜欢他的继任者的藏书陪在病榻旁边。

希拉克的书——除了一些例外——和他办公室的东西以及黑色公文包保持和谐。首先来谈谈这些例外。几乎不令人感到惊讶的是：所有戴高乐将军的著述——某些书甚至有若干个版本。而更让人吃惊的是：七星书库收录的所有作品：魏尔伦的诗，纪德的小说，保罗·艾吕雅的六卷精装版诗集，保罗·艾吕雅和安德烈·布勒东合著的《超现实主义简明字典》，一本讲述保罗·艾吕雅和马科斯·恩斯特[1]的关系的书，圣·艾克絮贝里的全集，几本法国诗选，其中当然包括乔治·蓬皮杜的选集，几本属于后者的书，《拉封丹寓言》，尼古拉·德·斯塔尔[2]的《画作的理性目录》，圣-琼·佩斯[3]的《航标》，还有几十本侦探小说。

藏书室剩下的其他书都是关于人类起源、考古学、消失的文明、亚洲、宗教、写作、语言以及原始艺术方面的。我们无意于过于详尽，但仍然列举一些如下：《宗教和考古学图册》，《消失的文明之光》，菲利普·索莱尔的《女人》，《中国陶器》，《中亚艺术》，《中华艺术》（1665年，题献给玛格丽特·德·科勒拜尔，查理·帕斯加的礼物），《日本艺术》，《历史百科字典》五卷（米歇尔·穆尔，波尔达斯出版社），《宗教百科全书》，《法语万能字典》（菲德利克·勒诺瓦和伊塞·塔尔丹-马斯克利耶合著），《写作史》，《人类与宗教》（让·德吕摩），《终止

1 马科斯·恩斯特（Max Ernst，1891 - 1976）：德裔法国作家和画家。——译注

2 尼古拉·德·斯塔尔（Nicolas de Staël，1914-1955）：俄裔法国画家。——译注

3 圣-琼·佩斯（Saint-John Perse，1887-1975）：法国作家，外交家。——译注

语言的死亡》（克罗德·海然热），《双语儿童》（克罗德·海然热），《楔形文字和象形文字的诞生》，《文字奇遇记》，《彼世的习俗》（让-皮埃尔·摩恩），《起源之初的女人》（克罗蒂娜·科恩），《人性的黄金时代》（让·夏瓦勇），《三百万年：九百亿人》（皮埃尔·肖努），《世界神话传说选集》（格兰德），《法国和世界考古学动态》（纳丹），许多伊夫·科蓬斯，帕斯卡·皮克，亨利·德·兰莱，让·马罗利的著作，《法兰西的黎明》（保罗·居特），《法兰西的身份》（费尔南·布罗代尔），玛兹诺出版社出版的“中心”系列所有艺术书籍，关于古埃及，前哥伦布时期艺术，中国历史和艺术的书籍，安德烈·查斯戴尔著的所有版式的书，《非洲通史》八卷，关于非洲艺术的其他作品，《蒙古帝国史》，一些关于孔子、老子的书，《成吉思汗之子》，关于西藏的书和其他同一主题的作品，不要忘记从青年时代起可能阅读得最多的书：热内·格鲁塞的《草原帝国：阿提拉，成吉思汗，帖木儿[1]》，一本集中体现并概括“隐秘的希拉克”的书。

当年轻的希拉克开始寻觅之旅时，热内·格鲁塞在执掌吉美博物馆。寻觅之旅将为他狂热的想象开辟一片天地：游牧者和萨满巫医的世界，按照安德烈·马尔罗的话，在这个世界里草原艺术无疑代表了人与宇宙最动人的一种谐和。

具有如此宽广的文化背景——我将弗朗索瓦·密特朗与之进行了对照——希拉克是否和第五共和国他的前任一样打算著书呢？

他开始回答了“不”，接着口风有了细微的变化：

“我写了《希望之光》的主要部分……必须告诉您我一直都极其忙碌……有的人思维敏捷，我比较笨拙，我不是一个思维敏捷的人，因为我挤不出时间写作。”

---

1 帖木儿（1336 -1405.）：帖木儿帝国创建者，军事统帅。帖木儿是中东历史上最有名的征服者之一。关于他的出身有两种说法，一种认为他是成吉思汗的后裔，是一个突厥化的蒙古人，另一种认为他是个突厥人，只不过自封为成吉思汗的后裔。——译注

“那您爱好写作了？”

“也许吧。”

“您忘了告诉我，您已经完成了部分手稿，叫做《千源》。”

共和国总统没有回答我，但是告诉我一个秘密：

“有一个人鼓励我写：他就是皮埃尔·塞杰尔……然后我没有写。”他说道，声音里透露一丝懊悔。

几次访谈结束后，在近期出版的《三个人的战争》中我读到，1994年年末，由于调查结果的不利，希拉克打算弃政，开始写一个关于一位中国公主的剧本，因此我就这个计划询问了他。

“我对仇恨和气馁不甚敏感。我不相信民意调查，不管是好是坏。这是我和萨科齐很大的区别……我一直对他说：‘不要再相信民意调查了！’”

“您的意思是1994年年末，您从来没有考虑放弃？”

“绝对没有！”

“你从何时开始写这个剧本？”

“七八年前开始写了……一个关于杨贵妃的故事，她给唐朝玄宗皇帝的晚年注入了爱情的活力。我成功地说服了迷人的中国女演员巩俐出演杨贵妃的角色。这是一个发生在中古时代，八世纪的美妙故事。我写了三分之一了，而且一直笔耕不辍……”

他一直迷恋中国，包括西藏，还有日本。他的妻子透露，他不厌其烦地观看《七武士[1]》……他远不是嗜饮啤酒、几乎不识字、只爱看侦探小说、以踏遍法国乡村拍拍奶牛屁股为人生唯一乐趣的焦躁不安的人。希拉克的文化修养以及由此产生的世界观使他成为一个不循常规的总统，显然，他的政治思想不可能不受其浸染和影响。

1　日本著名导演黑泽明的代表作之一。——译注

II

祖父、父亲和其他标志

12 希拉克祖父的高大形象

“我不太记得希拉克祖父了，因为我五岁时他就去世了。他非常高，而且非常强壮。在家里，从父亲到儿子，个头和身材是递减的。我的祖父比我的父亲高，父亲比我高。这应该是一种退化现象！我的祖父是个真正的人物，很有威信。我有点儿怕他！”

总统的几句话足以表明我们将认识他的祖父和父亲，即使遗传方面的知识从未算作具体科学的一部分。希拉克给我们开辟了一条认识之路，他断言——错误地断言——他上两辈的希拉克比他更高，更强壮，哪怕自己是法国第一人也枉然，他还不是希拉克家族最高的人……他眼中的祖父是个身高大约两米的人，超过儿子五厘米，超过孙子十厘米……然而希拉克将会超过祖父五厘米，父亲将会超过祖父八厘米！

贝尔纳黛特·希拉克也确信路易·希拉克对他的孙子产生了很大影响，尽管他去世时小希拉克还不甚懂事：“他非常惧怕祖父。（……）既然我的丈夫不熟悉祖父母，因此很大程度上我相信是遗传对性格产生了影响。当目睹他日复一日地发展，我从他工作、研究卷宗的方式中意识到了小学教员[1]的教诲。”

再次聆听总统一一道出他的回忆吧：“我的祖父母外祖父母

1　希拉克的祖父路易·希拉克曾经当过小学教员。——译注都是世俗学校的小学教员，最令人敬佩的是希拉克祖父。他是校长，在布里夫[1]以费尔曼-米尔博学校校长的身份退休了，今天人们称那个学校为希拉克学校。如果您问起费尔曼-米尔博学校，有些人不知道是什么，但如果您问起‘希拉克学校’，所有人都知道。他曾是一位颇具影响力的校长。另一件广为人知的事情是他加入了共济会。我甚至在我位于圣费雷奥勒的小房子的阁楼上找到一些共济会的饰物：这是众所周知的。我的一个极要好的朋友米歇尔·巴鲁安向我谈起他时就像谈论一个共济会的显赫人物。”

“每个星期，议事司铎沙斯特吕斯和我的祖父分别在当地的天主教报纸和左派报纸上互相攻击，布里夫就按照充满敌意的报纸的出版节奏生活着。后来，路易·希拉克成为《快讯报》的记者，并受到重视。这不是一个普普通通的记者，而是一个家喻户晓的人物。”

雅克·希拉克走开了去找一份他祖父的档案。他拿回几份报纸文章的复印件和路易·希拉克在图卢兹《快讯报》的记者证的复印件以及1943年至1945年他的父亲写的关于食品供给和使用布票买衣服的几封信。

据此，我免不了要在科雷兹进行一番调查。

1868年10月29日路易·希拉克出生在博利耶-多尔多涅，父亲弗朗索瓦·希拉克是一个住在尚-德-弗瓦尔广场的木匠。母亲叫安娜·穆黛。他久久地依恋自己出生的小村庄，那里保存了他许多童年的记忆。尽管铁路的发展使驳船的建造工地开始衰败，而公元889年厄德国王在那儿止住诺曼人进攻步伐的埃斯特斯城堡，以及建于九世纪、到了十一世纪成为科吕尼修道院一部分的圣皮埃尔教堂却不畏时间的考验。路易六岁时是否对他两个月

1 布里夫（Brive）位于科雷兹省。——译注

大的弟弟皮埃尔的死留下了深刻印象？尚-德-弗瓦尔广场的希拉克一家和在博利耶做农民的其他希拉克家庭关系如何？我仅仅知道小学教员注意到了路易和他的伙伴布法尔，并鼓励他们继续学业。木匠也同意他的儿子搭载“社会升降梯”，并且就像当时人们说的那样为此不惜血本……

1885年4月1日路易通过了初级文凭考试，随后——和布法尔一样——以当年第一名的成绩进入了图尔师范学校。1888年7月30日他通过了高级文凭考试，10月1日被任命为博利耶的实习教员。没有任何事情更能令他高兴了，不仅因为他爱博利耶甚于其他一切，而且因为他可以用一千法郎的年收入帮助体衰的父母和年岁已高的祖母，没有他，祖母无法过上舒适的生活[1]。

所有人似乎都很满意小学教员，但是1893年出现了两篇针对他的措辞严厉的审查报告。6月9日，第一篇报告认为他错误地解释了“自由”这个词，没有认真检查学生的作业，在黑板上忘记了写“h”而写了“Mac Maon[2]”，又把格雷维（Grévy）[3]写成了“Crèvy”。11月18日，第二篇报告指责他没有备课，没有读好苍鹭寓言[4]，并得出结论：“他几乎不思考，教学方法一板一眼，平淡无奇。”这两份报告对他横加指摘，是否受到一个针对他的政治阴谋唆使呢？他被怀疑是米埃勒瓦奇的支持者：难道他真的站在声名狼藉的社会党和进步主义共和国议员米歇尔·米埃勒瓦奇（1893～1898）一边吗？或者——更有可能——这只是一个基于他和议员的同姓者，1867年出生于博利耶，即比他年长不到一岁的马尔塞·米埃勒瓦奇[5]的关系而借题发挥的阴谋呢？总之，

1 路易·希拉克的职业相关资料取自他存放在科雷兹省档案馆编号为W1081A的行政资料。

2 麦克马洪（Mac Mahon，1808-1893）：曾任第二帝国的元帅和第三共和国的总统。——译注

3 格雷维（Grévy，1807-1891）：法国政治家，1879年至1887年任第三共和国总统。——译注

4 《拉封丹寓言》中的一篇。——译注

5 请参见1907年地区性杂志《Lemouzi》，其中米埃勒瓦奇发表了一篇关于博利耶的长篇文章。离开市镇后，他成为了一个不出名的作家。——译注

1894年，他被调往整整一百公里以外的塞居尔。他怒斥这种在他看来的不公正决定。他写信给学区监察员表达他的不满，并声称他是父母和祖母的主要赡养者，“他们从来而且永远也只为我活着”。事实上在塞居尔他不可能帮衬他们，更何况离开博利耶，他就失去了部分收益，尤其是不能给私人授课了。他估计每年损失约三百法郎。他要求在博利耶得到一个新职位。

他坚决表达的意见几乎没有受到重视：“希拉克先生不相信他的领导，犯了严重错误……”他不断地提出调换职位的要求，因为他和勒洛省卡于斯市镇的小学教员奥诺丽娜·杜麦结婚了，甚至准备离开科雷兹，和她团聚。最终，他的要求得到了部分满足。1897年5月学区监察机关将他派往了戈隆[1]，靠近博利耶，他的妻子也调往了科雷兹省，结束了近两年的分居生活。

真是赶上时候了：翌年1月6日，阿贝尔·希拉克出生在博利耶路易的父母家里。

路易在戈隆只待了几个月。他又被调到一个中世纪市镇多兹纳克[2]，在那儿一直待到1901年，其间他一直要求调回到博利耶。1899年9月，他借口母亲去世，六十七岁的父亲生病，祖母已经八十五岁，再次提出了调回的要求。终于他被派往盖萨克[3]，夫妻俩将在那儿呆七年。

他的妻子和他几乎一点儿也不满意新的职位，因为“盖萨克贫困落后”，没有自来水，而且交通不便。他又以“父亲患上急性肾炎以及心脏并发症”为由，四处奔走希望离开盖萨克。1908年，他要求在布里夫获得一个职位，随便哪个职位都行，以便能让儿子阿贝尔·希拉克——共和国总统的父亲——当时他已十岁了，进入初中学习。他们的儿子“天性敏感”，希拉克夫妇一直

1 位于科雷兹省。——译注

2 科雷兹省的一个行政区。——译注

3 位于科雷兹省。——译注

不愿和他分开，把他留在了盖萨克。1908年12月，奥诺丽娜·希拉克被指派到一所布里夫的幼儿园，而路易担任了费尔曼-米尔博公立男校的副校长，同样在布里夫。在位于农村地区的市镇兢兢业业地工作了二十多年后，希拉克夫妇显然很高兴得到这个职位。“共和国的黑骑兵”路易将竭尽全力，向他的学生灌输团结博爱的价值观念，他想把他们培养成共和国负责任的公民，而他自己是这个共和国的忠诚战士。1912年6月，负责审查他的教学能力的学区监察员对此印象深刻：“在希拉克先生的班上学生走进教室和开始做体育锻炼时会唱歌。这给严肃的班级氛围带来了快乐的音符，消除了人的疲劳……就是这样，尽管班级人多，难以管理……”

当他的儿子阿贝尔奔赴战争前线时，路易被任命为临时校长。1919年，他成为正式校长。针对他的工作情况而作的审查报告也是对他褒奖有加的。1923年，学区监察员声称路易上的关于团结和互相帮助的思想道德课给他留下强烈印象后，该年度的审查报告便把路易称为“一个非常优秀的校长”。从此，每一份审查报告均以祝贺信结尾。最后一份审查报告作于1929年4月22日。从中我们得知路易·希拉克让学生背诵《惩罚集》[1]，尤其是《共和二年的士兵》，还有拉·布吕耶尔[2]描写人物的片段和克莱蒙·马罗[3]的一首诗。最近，他刚让学生研究了伏尔泰传记，十八世纪启蒙思想的发展……历史方面，他让学生学习美国独立战争。这份审查报告的结尾写道：“他给所有人树立了廉洁奉公的榜样，这无疑给他带来了毋庸置疑的威信和与之相称的声誉。因此他管理的学校跻身于最好的学校行列。工作非常优秀。”

路易·希拉克受到学生父母的尊敬，很快就成为布里夫的知

1 雨果于1853年发表的讽刺诗诗集。——译注

2 拉·布吕耶尔（Jean de La Bruyère，1645-1696）：法国道德学家，作家。——译注

3 克莱蒙·马罗（Clément Marot，1496/1497-1544）：法国十六世纪的诗人。——译注

名人物。这位人民的教育家重视世俗教育，为公立学校辩护，正是以此为起点，这位共和国信念的积极提倡者将拓展他的活动范围。他甚至成为共济会布里夫-拉加雅德分会的长老。为了人类的进步，他的具体行动涉及政治、哲学和社会领域。他还是布里夫区激进社会党办公室里非常活跃的一员，参加了两次世界大战之间这段时期内进行的所有战斗。他写信辱骂科雷兹议员查理·德·拉斯戴利（1919～1924），后者曾经担任了普恩加来内阁的财政部长（1922～1924）。历史颇具讽刺意味：他的孙子雅克·希拉克后来娶了拉斯戴利的外甥女贝尔纳黛特！

小学校长的拿手好戏就是轻松从容地“消灭神甫”，尤其在左派联盟时期，如同贡贝斯神甫所处的时期一样，左派联盟又掀起了天主教徒和在俗教徒之间的战争。图尔主教卡斯戴尔神甫格外仇视共济会会员。1925年10月出版的《天主教联盟》第一期上，他严厉抨击了“这些人故弄玄虚，损害信奉天主教的法国的实力和美”。在每一期杂志上，天主教联盟成员都要求废除1901年至1904[1]年通过的不利于宗教团体的法律。他们爱谈论的话题就是回归教育自由。“法国存在教育自由吗？”他们问道。科雷兹的天主教徒们无法接受在他们的省里只有十分之一的孩子进入教会学校学习；因此天主教联盟成员大肆庆祝在布里夫创办博絮埃教会学校。在与当地共济会成员的斗争中为了帮助天主教徒，联盟成员求助于一些露出了阴险嘴脸的知名人物，如当时任阿尔代什省议员的夏维尔·瓦拉（1929年10月13日在布里夫的圣里贝拉大厅）以及菲利普·亨利奥（1931年10月4日的教区年会）。

但是以激进社会党人亨利·夏贝尔市长和拉布鲁斯参议员为中心组织起来的世俗人士总是获得胜利。当夏贝尔将世俗化称作“共和国的底座”时，他的朋友路易·希拉克总是不吝惜自己的

1　第一部法律将宗教团体置于严密的监视之下；第二部法律禁止他们进行教学活动。

掌声。

路易·希拉克与神甫和主教进行论战，编写小册子，更是不遗余力地投入到帮助劳动者阶层的众多活动中。他在很长一段时间内担任了拉加雅德体操协会的秘书长，此外还担任了人民大学的校长（在1924年3月被任命为副校长之后[1]），世俗学校校友联合会的副主席，全国收养儿童组织分区秘书……

在参加众多社会活动后，路易·希拉克本应退休了，他也确实于1930～1931学年内退了休，但是他却以更多的精力开始为他人服务。图卢兹的《快讯报》看重他的论战才能，邀请他担任该报驻布里夫的编辑兼记者，一个名叫罗伊尔的记者最近去世了，他的职位空缺出来。就这样1931年5月26日他成为了一名记者。他热情地投入到工作中，同时也没有忽视他人，他尤其出色地完成了他的朋友布里夫市长亨利·夏贝尔委派给他的廉价房出租管理办公室（HBM）的工作。亨利·夏贝尔让人修建了玫瑰城，里面居住了几百户收入微薄的家庭。他的管理工作并不限于收取租户缴纳的十分低廉的租金，也不局限于听租户反映问题：他把这个居民区变成了一个生活多姿多彩的地方，在那儿组织晚会，邀请戏剧演员、音乐家和杂耍艺人来表演……他用事实表明了自己投身于“人民阵线”的决心。

1934年2月，当他认为共和国受到威胁时，路易·希拉克为保卫共和国而斗争，后来在1936年他大力支持组建左派联盟。1934年年底，借布里夫区议会选举之际，他公开表明自己的态度。他在《快讯报》上为左派三位候选人开辟专栏，此举招致《中部先驱报》的猛烈抨击，1934年12月1日他予以了还击：

“……三位候选人都致力于捍卫共和思想和世俗思想，促进社会民主进步。这在您看来是不能容忍的。一点小事，您就宣称

1　当时一个名叫Jarrige的人是他的秘书兼档案员。

是败坏道德。（……）冷静一点儿，亲爱的先生。让我们来看看现在形成的两大阵营吧。”

“左派，我要重复一遍，因为我们必须不厌其烦地说，它是所有共和主义者的阵营，他们总是忠于他们的信念，他们的纲领，为和平奋斗——是的，国家内外的和平，社会和谐和博爱——哦，不对，就像您所说的那样，是出于个人利益的目的，为了革命；它是所有将捍卫法国和国民权利置于一切之上的那些人的阵营……”

路易·希拉克在向“右派阵营”吹响冲锋号后结尾写道：“因此，下个星期日，所有左派力量将会联合起来对付你们这群乌合之众。战斗的结果是毋庸置疑的：共和主义旗帜将会赢得胜利！”

1934年12月1日这天，布里夫-拉加雅德的天主教报纸《小加雅德》指责了路易·希拉克的荒谬论调：“他甚至说他的所有读者——再说人数也屈指可数——会投票给他支持的候选人，但是他不敢报出候选人的名字。实际上，他希望那些脸色苍白、困惑的激进分子顺从地投票给他……”

在政治形势动荡的年代，路易·希拉克参加了所有游行活动，既是积极分子也是记者。他饱含热情地报道了1935年7月14日的民众集会，当天，参加集会的民众庄严地宣誓：“团结起来捍卫面包、和平和自由。”1936年选举结束后，当他看到共和政体的规章制度在布里夫区得到充分尊重时，他鼓掌表示赞同，尽管他的朋友社会党人市长夏贝尔为了使其助手让·罗马庸当选而被迫退出竞选。1936年5月23日，他参加了法国妇女选举联合会代表大会，当年在布里夫妇女就投票参与了选举。女权主义集会以一场在蒙托邦宾馆举行的宴会宣告结束，他坐在了宴会的主桌上。有几份报纸翻印了一张照片，照片上在一条横幅下站着一群参加会议的人，路易·希拉克身处他们中间，横幅上写着：“法国妇女要投票！”他鼓励布里夫的妇女上街游行要求获得投票权。

在莱昂·布鲁姆[1]的政府中，布里夫足以自豪地列出两名科雷兹人：国家经济部长查理·斯皮纳斯和全国儿童保护署副秘书苏珊·勒格尔。1936年7月14日，两名部长到布里夫为儿童收容所揭幕，并作为积极分子参加了民众集会，而在去年民众曾庄严宣誓要团结一致捍卫“面包、和平和自由”，路易·希拉克在《快讯报》上发表了一篇格外长的文章庆祝此次活动，他在文中毫不吝惜地用最美的形容词颂扬了一番。

1936年8月25日，在布里夫有五百多人参加了一个声援西班牙共和党人的民众集会，集会结束时大家唱起了《国际歌》。“布里夫的共和党人和反法西斯人士宣称和他们的西班牙兄弟团结在一起”，第二天路易·希拉克这样写道。无须过多援引他的报道来确认他对能够为一家报纸工作感到非常自豪。从西班牙战争爆发之日起，该报纸每天都将头版以及另外很重要的一部分版面用于报道共和国军队和前来支援的国际纵队的保卫战争。那时候，他感觉与他的报纸、政府和党保持了完美的和谐。布里夫收容来自比利牛斯山另一侧的难民。和他所有的朋友一样，他坚信“法西斯主义是行不通的”。1937年1月6日，他饱含热情地报道了布里尼亚克民众集会上发表的演说。演说中洋溢出的共产主义和和平主义的激情没有让他感到惊讶。他为之深深折服：“在布里尼亚克度过了一天，我们相信法西斯主义是行不通的……”同样是在一月份，他被选举为布里夫新闻界工会主席，并再次当选为区激进社会党办公室的助理。

他于1937年5月8日辞世。5月11日举行了葬礼，场面堪比一名部长的葬礼，大量的民众都前来参加。许多人发表了演讲，其中

1 莱昂·布鲁姆（Léon Blum，1872-1950）：法国政治家和作家，1936至1937年当上人民阵线政府首脑。——译注

提到了“他的逝世给激进社会党以及当地各种捍卫世俗和民众教育的组织留下了巨大的真空”。他的童年伙伴布法尔已成为布里夫另一个政治派别的领导人，用几句话总结了那天人们所讲的悼念词：“……希拉克有热情激扬的灵魂，睿智的头脑总是能征服我，还有广博的知识。强健的体魄给予了他更多的能量，他具有一种威望。（……）他作为图卢兹《快讯报》的记者积极介入公众生活，很久就以其可靠的信息、准确的判断和文雅的措辞使人敬服，因此，他对本城生活和政治事件产生了毋庸置疑的、通常是积极的影响。”甚至和他政见不同的记者也颂扬了他的“宽容精神以及造就民主力量的自由精神”，“他勇敢地捍卫自己的思想，勇气让对手也对他肃然起敬；他永远都能拿捏好分寸，表现出最适合的风度”。

一家报纸甚至没有引用名字指出了路易·希拉克的孙子参加了他的葬礼。共和国总统一点儿也不记得了。

13 严父慈母

“今晚，我想念我的父母。我想念祖祖辈辈正直纯朴的爱国者。如果我值得他们回忆，那我就已经履行了我的义务。”1995年5月7日21时，在市政厅的宴会大厅里，刚刚当选为共和国总统的雅克·希拉克把胜利献给了他的父母。

他们是谁？他和父亲、母亲保持了什么样的关系呢？对其父母的进一步了解是否能让我们弄清“希拉克谜团”呢？

就这一主题向他提问之前，在一些关于他的文章和书里，我注意到希拉克曾承认父亲对他非常严厉，母亲对他关怀备至，甚至用挚爱包围了他。在没有完成的《千源》一书的手稿中，他透露了一条关于父亲的颇为重要的信息：“他充满自信，身材比我高大强壮，这赋予他一个很大的优势。”对于第一个中规中矩的问题（您的父亲是谁，您和他之间关系如何？），回答也是中规中矩的。

“我的父亲生于1898年。十八岁那年，他应征入伍，和所有人一样，被派到了凡尔登。在那儿，他身受重伤，被扔在战场上等死。我的母亲收到了信……事实上，他没有死。他挺过来了，回到了家里。他没有学历，进了银行工作，后来成了格朗达美大街上的国民工商银行的经理。他的主要客户包括曾经解雇他的飞机制造商亨利·波泰。这样，他成为波泰最密切的合作者。1940

年，在德国人到达前，他让人搬走了生产波泰63系列飞机的梅奥特[1]工厂。1940年6月，他到了加拿大。他和马塞尔·布洛克[2]、亨利·波泰保持了密切的联系……”

总统说他从父亲那儿得到一种出自本能的尊重。他说，与祖父不同，父亲不是共济会会员——“他对共济会不感兴趣，但是，话说回来，他厌恶种族主义和反犹太主义，他不认为人和他人是对立的。甚至说起德国人他也认为：‘我们将来必须和他们和解。犯错儿的不是德国人，而是他们的首领。’”

“因此，他把部分价值观传承给了您。”

“不能说他把价值观传承给我，因为在我们身上，这是天生的，出于本能的……他从来没有对我说：‘应该这样做，或者那样做。’”

“政治上他属于什么派别？”

“什么派别都不是。他从来不参加任何政党的活动。他属于温和派。”

“他对您严厉吗？”

“是的，他很威严！但也很公正。我和他关系很好，因为他对人公正。我从来没有和他争吵过。”

“您的记分册上成绩差强人意。他对此有什么反应？”

“反应不太好，但我还能应付，就像跳高一样，每次升级时总是擦着竿子过去；我从没有留过级。中学毕业会考时，我对自己说：‘这次考试很重要’；我还给自己设定了目标，我开始用功学习，后来一举通过了会考，而且得到了较好的评语。以前，我升学时成绩都是贴近及格线，但是，我从来没有留过级，也没有参加开学复试。在我看来，假期学习的想法是无法让人忍受的。我只做必须做的，只是为了在暑假期间不学习。”

1 梅奥特（Méaulte）：位于皮卡第地区索姆省，是亨利·波泰的故乡。——译注

2 马塞尔·布洛克（Marcel Bloch，1886-1944）：法国历史学家，抵抗运动成员。——译注

我告诉他有一些作者断言他父亲是个激进的反戴高乐主义者。

“我从来没有听过我父亲谈论政治。我也从未听说过他对党派问题感兴趣。也许他性格偏激，但是，和我祖父不同，他从来不参加党派活动……宗教没有给他带来任何问题。我母亲是一个遵守教规的天主教徒，我的成长受到这些思想的影响，这从来没有成为父亲的难题。该望弥撒时，他就去望弥撒。他生性开朗、为人宽厚。他并不是不反对任何主义……”

“反对戴高乐主义？”

“完全错误。我记得他对战时的戴高乐将军绝对持肯定态度。”

雅克·希拉克又回到了他和父亲的关系上。

“他是一个认为生活中存在一种等级的人：父亲就是父亲，儿子就是儿子，儿子只能服从父亲。今天这种观念几乎不合时宜了。但当时这是不言而喻的，不允许讨价还价。”

他再一次重申：

“我和父亲之间的关系非常融洽。他是一个冷静坚定的人，他认为自己就是守护神。我很爱他，在我看来这是不言而喻的。他是我的父亲，就是这样……他说的话是不能讨价还价的。”

那他和母亲的关系呢？

“我很爱母亲，她非常宠爱我。如果您问她的朋友，她们会告诉您母亲把我当作心肝宝贝，她完全痴迷于她的儿子，尤其当他从学校回来的时候。我很小的时候，为了激发我做作业的兴趣，她就给我一个棒糖。她自己剥开糖纸，免得让我自己来动手……嗯，可以说我被宠爱着……每次我需要什么东西，她就会给我。她对朋友说：‘太可怕了，为了满足雅克的稀奇古怪的想法，不晓得费了多少心思！’”

“在《对话集》中，您的妻子提到您的母亲喜欢帮助他人，她认为这种乐于和人交往的态度影响了您……”

“我母亲的确喜欢和他人交往，我父亲也是，这不能不对我产生影响……（长时间的静默）总之，我就是人们所说的受到优待的孩子。”

熟悉公公婆婆的贝尔纳黛特·希拉克和圣费雷奥勒的老人们能够补充一点儿总统的话。所有人都证实弗朗索瓦·希拉克对待儿子很严厉，而母亲则用一种几乎令人窒息的爱宠着儿子。

总统夫人说一战的阴影笼罩在公公的心上。他念念不忘他在普利佩特沼泽经受的苦难，无法想象他曾经忍受的痛苦。“这是一个酷爱运动的人。每个星期日下午，他都收听有关橄榄球比赛的报道。旁人必须一声不吭。如果我丈夫说了话，父亲就会说：‘闭嘴，我的小家伙，你什么都不懂！’雅克·希拉克当时有二十多岁了……”

总统年轻时代的几个见证人强调这些看似并非偶然的话产生了毁灭性影响。米歇尔·巴塞，母亲最好朋友的儿子，童年时期和希拉克关系熟稔，举出许多例子，通常都是这种让人丢脸的难听的话[1]：“杰基用挨了打的孩子的目光窥探身材高大、居高临下俯视他的父亲，等待他的同意，一个无动于衷的、拒不妥协的父亲。”巴塞出书显然有意揭童年伙伴的老底，然而当谈到一个当面好挖苦儿子，但背后不吝惜对他的溢美之词的父亲时，他无意中缓和了自己的语气，例如父亲夸奖儿子的记性：“一篇文章他只需瞟一眼就能记住主要内容了。”

贝尔纳黛特·希拉克对公公的严格教子给出了一个解释：“我婆婆极端溺爱他，以至于公公要负起管教的责任，进行制衡……在他看来，事业有成是基本的美德。”弗朗索瓦·希拉克希望他的儿子获得成功，他要求儿子好好工作，用心学习。他原

---

1 Michel Basset, *Jacques Chirac. Une éternelle jeunesse*, Jean-Claude Gawsewitch éditeur, 2004.（《雅克·希拉克——永恒的青春》）

本希望儿子成为法兰西银行的经理。“别人讲的所有关于我丈夫年轻时就胸怀政治抱负的话都是很可笑的。”希拉克夫人总结道。她还说公公本来想把自己的执拗强加于孙女洛朗斯和克洛德身上，甚至要求检查她们的记分册。为了淡化处理这幅肖像画的严厉色彩，雅克·希拉克的夫人强调了他的父亲通常待人慷慨、风趣，还能用希腊文和拉丁文朗读文章……

我问希拉克夫人，她丈夫对父亲的真实情感是怎样的，她听懂了我的问题，在第二次访谈的过程中，她给了我一封1956年6月20日父亲节雅克·希拉克从阿尔及利亚寄给父亲的信：“我向你送上迟到两天的父亲节的祝福。尽管我非常想，但是我无法提前给你写信。（……）我马上要出发了，但是我不想再过二十四小时，甚至更久，才向你表达我的爱。（……）替我问候妈妈。我深情地拥抱你。”贝尔纳黛特·希拉克说：“我丈夫很爱他。”

她谈起婆婆玛丽-路易斯·希拉克要比谈论公公说得更多：“一个了不起的女人，总是在帮助他人，烹调手艺也很高明，一个品行高尚的人。体型上他像父亲，但是他从心地善良、坚韧、胆子大的母亲那儿也得到很多！当雅克·希拉克的母亲提醒我母亲说她儿子应结……一门好亲事时，我母亲感到很吃惊！‘我替您培养了我的儿子’，她对我说。”

她给我讲了一件轶事，表明未来国家元首的母亲呵护儿子到了何种程度。当时雅克·希拉克在塞纳街95号父母家里准备国家行政学院的入学考试。玛丽-路易斯·希拉克最好的朋友玛格丽特·巴塞路过这个街区时决定上门问候她。她敲了敲门。玛丽-路易斯身穿白大褂，开了门：

“啊，玛丽-路易斯，我打这儿经过，来问候一下您……”

“您没有感冒吧，我亲爱的玛格丽特？”

“没有！”巴塞夫人诧异地回答道。

“那么，到会客室里呆五分钟吧……我不想家里有病菌，因为雅克在准备考试……”

雅克·希拉克对母亲非常依恋，经常打电话给她。贝尔纳黛特·希拉克记得她在圣费雷奥勒度过的假期，那时她丈夫在阿尔及利亚服役。婆婆把她带到公墓，在家族墓穴旁边哭边想念她的杰基。

她还记得母亲去世时，她丈夫陷入到巨大的悲痛中：“他当时是农业部长。1973年夏末，我婆婆病重，住在比蒂。我丈夫赶过来和我们呆了二十四小时。然后他又动身去巴黎，但是，不久后，他的母亲去世了[1]。我见到了他，对他说：‘结束了！’‘怎么就结束了！’他回答我。这句‘怎么就结束了’将在我的耳畔回响直到我的生命结束……”

在访谈中，总统好几次向我提起他记不住人名和日期。概括而言，我觉得，他没有对自己的过去过度地感兴趣，他说自己曾经天真地认为只要他真正想要某个东西，他就没有理由得不到[2]，因此他重构了自己的过去。我倾向于认为，这种重构至少有部分是没有被他察觉的。所以为什么要相信一个常常被称为“超级思想者”的人呢？当我三番五次向他陈述一个和他的情况不符的事实时，他不仅没有表现出任何不快，反而质疑他那该死的记性。此外，我所察觉出的重构的过去并非总是对他有利的……不管怎样，我习惯于相信书面资料甚于口述证词，因此我查阅了军事档案，职业档案，布斯盖案件的第189号案卷，战后对亨利·波泰预审的几份资料，我询问了图尔主教，听了保存在万森国防史档案处的1981年去世了的亨利·波泰的录音，目的在于借助这些资料完

1 1973年9月8日。

2 Catherine Clessis, Bernard Prévost, Patrick Wajsman, *Jacques Chirac ou la République des cadets*, Presse de la Cité, 1972.（卡特琳娜·克雷西斯，贝尔纳·普雷沃斯特，帕特里克·瓦伊斯曼合著，《雅克·希拉克或者贵族子弟的共和国》）

整描绘出共和国总统之父的肖像画。

阿贝尔-弗朗索瓦·希拉克在布里夫中学完成了学业，参加了自然科学类的会考。然后他去了佩里格，被任命为高中助理教师。1917年4月18日，他出现在布里夫复检委员会门前，参加了第八十八重炮兵团。当时他才十九岁。1917年9月28日，他担任了一班的炮手。1918年1月16日，他被调往第二百八十九重炮兵团，参加了索姆河战役。5月20日在蒙迪迪耶[1]——不是总统向我说的那样在凡尔登——他被弹片击中了胸部。他被悉心照料了三个月，于1918年4月重返前线，加入了第八十一重炮兵团。停战后，他决定留在军队，而没有返回布里夫和家人团聚。这个决定标志着他和父亲的决裂吗？和三十四名军官及三百五十四名士兵一起，他志愿加入了1919年3月15日阿勒尔将军在法国组成的波兰第一装甲兵团。阿勒尔将军在法国指挥了一支五万人的骁勇的波兰军队，显然他的军队得到了法国参谋部的同意和帮助。停战当天波兰宣布了独立，立即遭到布尔什维克的反对。布尔什维克想取回一战前被沙皇俄国丢失的领土。

布里夫的炮手在孚日山区的马蒂尼-勒班接受训练，一直持续到1919年6月。6月1日至16日，五个雷诺RT坦克连用列车运往罗兹[2]。他所在的第二连由让·杜弗尔上尉指挥，将首先同红军作战。8月19日阿贝尔·希拉克从罗兹出发了。第二连的任务是为第五十八步兵团和维埃勒波勒斯卡师提供支援，步兵团和维埃勒波勒斯卡师肩负着摧毁布尔什维克在坚固的波布鲁斯克要塞布置的防御工事的重任，从前波布鲁斯克要塞是为了抵抗强大的拿破仑军队的进攻而修建的。8月28日，法国装甲车和波兰步兵纵队进入了波布鲁斯克要塞，受到当地民众的热情欢迎。同一天，阿贝尔·希拉克由于他的勇敢和献身精神受到波兰第一坦克兵团的嘉

1 位于皮卡第地区的索姆省。——译注

2 波兰第二大城市。——译注

奖。他“在整个战斗中和步兵第一小分队始终一起前进，并且在危险的情况下确保了指挥连队的上尉和各排长之间的联络”。炮手在波兰一直呆到1920年6月8日。回到布里夫的父母家以后，他随后以实习生身份进入了法兰西银行布里夫分行。

实习没有持续很久：阿贝尔决心赢回失去的时间。他将大跨步地走上自己的职业道路。他跑着，就像后来他的儿子做的那样。“他急不可耐地走过了一段又一段”，法兰西银行的经理给了他这样的评语。的确，从1920年12月1日开始，他进入工商业和殖民地私有银行圣克洛德办事处（汝拉）担任管理专员。

在汝拉地区任职两个多月以后，他和玛丽-路易斯·瓦莱特结婚了。这个科雷兹姑娘的生活环境和他父亲的生活环境截然不同：她来自一个恪守教规的天主教家庭，而且属于右派，亲近梅萨克市长保罗·瑟拉克公证员。正是这位瑟拉克先生拟定了两位新人的婚约。

1921年2月5日，阿贝尔在诺埃阿克举行了宗教婚礼。诺埃阿克神甫主持的祝福仪式，可以看做他与从事反对教权的职业、捍卫世俗学校的路易·希拉克决裂，或至少是脱离路易获取独立的行为。路易·希拉克是否参加了婚礼呢？如果他参加了，那就用了一个让的假名。“家族里没有人叫让·希拉克”，雅克·希拉克不假思索地说道。婚礼结束后，两位新人又去了汝拉，将在那儿度过近两年的时间。

阿贝尔·希拉克令银行的管理层感到非常满意，但是1922年1月19日他辞职了，因为他没有像自己预期的那样被任命为代理人。经理对他的离去感到很难过，在他的工作证明中写道，阿贝尔·希拉克 在各方面都令他非常满意。“我们对这位合作者能作出的最美的赞扬就是以此表达他的离开给我们带来的遗憾”。他进入昂热的西部信贷银行担任总部管理专员，几周后被任命为该行驻尼奥尔办事处的副经理。18个月以后，他再一次辞职北上巴黎，在那儿找到一个位于维克多·雨果广场的塞纳银行办事处的经理职位，令昂热的银行经理目瞪口呆。在评价这所成功吸引了一位雄心勃勃的职员的机构时，他无法掩饰他的惊讶：“他迫不及待地要过来，又等不了一段足够长的时间来完成职业训练，这使他在一段相对短的时间内频频更换公司，也让他犯了一些错误。然而，这些错误没有损害他的诚实和信誉。”希拉克最终会安定下来吗？才不会呢！在维克多·雨果广场他只呆了八个半月。这一回他的急脾气和他来了个恶作剧：他贴现了一张一百五十利佛尔的支票，可是这张支票在见票时没有兑现。这时塞纳银行正打算缩减办事处的数量，于是就以工作失误为由将他解雇了。

要阻止希拉克龙卷风可没那么容易。很快他就东山再起了。多亏约瑟夫·巴亚尔的推荐，1924年11月3日，也就是被解雇一个月后，他作为管理专员进入了国家信贷银行的代尔纳办事处工作。他再次迈开了大步伐。三年内，他从管理专员升任勒瓦卢瓦-佩雷办事处的代理人，接着担任代尔纳办事处副经理，继而担任了勒瓦卢瓦-佩雷办事处的经理。

1932年，他被任命为塞纳汽车公司的助理常务董事。同一年的11月29日，小希拉克出生在第五区的杰弗莱·圣喜莱尔大街诊所里。同样在这一年里，国家信贷银行被卷入了航空总公司的丑闻中。1929年底，为了重振航空工业，使之在外国市场具有竞争力，在空运部部长洛朗·埃纳克的倡导下建立了该集团公司，其轴心就是国家信贷银行。国家信贷银行向外贷款过多，无法应付主要客户的相继破产。1932年2月26日，国家信贷银行进行了财产清算，不久后，随着新资本的注入重新成立了国家工商业银行。1933年1月16日，国家工商业银行启用了阿贝尔·希拉克担任令人艳羡的格朗达美大街办事处的经理职位。他的命运，更远一点儿说，他儿子的命运正是由此谱写开来……

他不仅赢取了体面的人生——从此他开始带着妻子和小杰基到戛纳和比亚利兹度假——而且他还将认识两位重要的客人并成为他们的亲信：飞机制造商亨利·波泰和马塞尔·布洛克。

波泰和布洛克既是旧友，也是长期的合作伙伴。他们结识在法国高等航空航天学院（SUPAERO），对航空事业怀有共同的兴趣，后来同在沙莱-默东中心服兵役。波泰已经设计了一架金属飞机并申请了专利。1914年第一次世界大战爆发，二人应征入伍，被分配从事军事航空制造：马塞尔·布洛克进入了路易·布莱里奥[1]领导的飞机及附件制造公司（SPAD），亨利·波泰进入了另一个飞机制造商高德隆的公司。他们很快就相聚了，因为马恩河战役结束后，国家交给他们一项任务：制造高德隆G3侦察机。后来马塞尔被调离，暂时告别了亨利。他没有忘记G3侦察机的螺旋桨性能上的不足，于是画了一张新图，发明了“多层胶合”技术：一种商标为“闪电”的高效螺旋桨诞生了。马塞尔和亨利联手创办了闪电螺旋桨制造公司。

从1917年开始，由于专利权使用费用的下调，二人考虑生产自己的飞机，他们在以第一名的成绩毕业于法国高等航空航天学院的路易·科罗莱协助下创办了安茹航空制造公司。一战停战前夕的1918年11月10日，安茹航空制造公司推出了SEA IV双座战斗机，获得了一千架的订单。后来由于参谋部取消了订单，马塞尔·布洛克放弃了航空业转而投向房地产，而亨利·波泰和科罗莱决定转向商业飞机和旅游飞机的领域……

十年里，布洛克远离了航空业，但是1928年9月2日身兼工商业部部长和航空部部长之职的莫里斯·博卡诺斯基飞机失事引发的一系列事件促使他回到了自己最初热爱的领域。所有人都将此次事故视为当时航空业正在经历的严重危机的悲剧性表现。十二

---

1 1909年7月25日，他第一次穿越了芒什海峡，起点为法国的加莱，终点为英国的杜弗尔。

天后，议会主席雷蒙·普安卡雷设立了空运部。激进社会党人，战争期间做过飞行员的洛朗·埃纳克将办公室安置在阿尔玛桥附近的拉普大街。他担负了重振航空业以及生产安全性能更高的飞机的艰难任务。在工程师阿尔贝·卡科的帮助下，洛朗·埃纳克决定推出一系列飞机样机。从此形成了故事的背景，使得一个退出的演员重新回到航空业的舞台。事实上，卡科仍记得战争期间遇到的工程师布洛克，并向他提议为三发动机型的邮政飞机计划设计一架样机。条件是诱人的：国家提供80%的投资。

不久保罗·潘勒韦代替了洛朗·埃纳克，八个月以后，他又被激进社会党新生代的一位年轻有才华的律师皮埃尔·科特取代。这项任命翻开了航空制造历史新的一页。富有激进社会党色彩的一页，因为1933年，尤其是1936～1937年，科特依靠同为激进社会党人的亨利·波泰和马塞尔·布洛克彻底重建航空业，并从中积累了巨额财富。

当科特第一次主管空运部时，虽然身为竞争对手但开展了紧密合作的两人已经开始了一个大规模的工业机械项目。从1934年开始，这个项目使两人成为法国最大的航空制造公司的老板。正是在这一期间（1933～1934年），阿贝尔·希拉克出现在两位飞机制造商的视野里，两个人均是格朗达美大街办事处的顾客。首先是波泰，接着是布洛克，两人听从了希拉克的建议，打算“采购商品”，以极低的价钱购买当时合并了航空领域主要生产企业的航空总公司的股份，并成为该公司最大的股东之一，科特将要倚仗他们，直至1934年他离开空运部。这对搭档中的强者是波泰，他成为了航空业工会的主席。他个性强硬，彬彬有礼，说话直接，与部长们打交道的本事可是无人匹敌，而他的朋友马塞尔羞涩，不善言辞。

阿贝尔·希拉克的银行职业生涯还将持续几年。1934年9月至1935年5月他管理国家工商银行圣拉查尔-奥斯曼办事处，1935

年9月1日至1937年11月15日担任克莱蒙-费朗分行的经理。亨利·波泰没有忘记几年前帮助他成为法国最大飞机制造商的人，他邀请希拉克来管理他的私人事务，而他自己管理北方航空制造公司（SNCAN），一个重组了波泰名下各公司原有资产的国有化公司。

自从希拉克离开格朗达美大街办事处以来，在航空领域发生了许多事情。最重要的事情是在人民阵线组阁的政府任期内，皮埃尔·科特重返了空运部，他随即要求波泰帮助他迫使其同行接受国有化[1]。马塞尔显然和他的朋友亨利站在同一战线上。对这两人来说国有化是一笔赚大钱的好买卖，如同艾曼纽埃尔·沙多所写的那样："思维活跃的工业家发展了他们的研究室和工厂，还有一些考虑周密的人知道如何巧妙地扩张他们的影响和实力，国有化对于他们是一笔从中谋取巨额利润的好买卖。他们重新购回一些竞争力较弱的工厂，再将所有权或使用权转让给科特给他们指定的多家国有企业。通过介入洛林汽车及发动机制造公司的国有化进程，他们获得国家拨付的61%的高额补贴。他们仍然占据已转让的企业的领导位置，把自己的事业和这些企业联系起来，通过吞并竞争对手的破产企业来扩大自己的事业。他们进一步发展了属于自己的非国有化的研究室和生产样机的工厂。"

我们还要补充的是如果说波泰和布洛克做了"一笔好买卖"，那他们也接受了人民阵线政府的社会法则，即增加工资和实行"四十小时"工作制。况且马塞尔·布洛克是一名莱昂·布鲁姆的铁杆儿崇拜者。更有甚者：这两个飞机制造商不顾右派的激烈反对以及《费加罗报》、《巴黎回声报》和《法兰西行动报》发表的恶意诋毁的文章，支持皮埃尔·科特和让·穆兰将一百四十四架飞机运往西班牙。

---

1 Emmanuel Chadeau, *L'Industrie aéronautique en France, 1900-1950,* Fayard, 1987.（艾曼纽埃尔·沙多，《法国航空工业，1900-1955》）

正是为了管理其名下未被国有化的资产以及获得的补贴和专利使用费，波泰聘请了阿贝尔·希拉克。阿贝尔·希拉克成为了总部设在伊斯莱斯-布利诺的亨利·波泰公司的经理，而亨利·波泰本人是北方航空制造公司的常务董事。和国有化之前一样，当时飞机的主要生产中心坐落在索姆省的梅奥特，波泰的家乡。也和国有化之前一样，布洛克的生意和波泰的生意紧紧地联系在一起，这表明阿贝尔和他的儿子雅克也和布洛克家族保持了密切的关系。

直到1940年5月份，亨利·波泰、马塞尔·布洛克和阿贝尔·希拉克将所有的精力都用于扩大工厂的生产，以满足参谋部的需要。在讲述他父亲的生平时，就像我们前面看到的，雅克·希拉克提到法国战争一爆发，他的父亲在德国人到来之前就让人迁走了生产波泰63系列飞机的梅奥特工厂，1940年6月份去了加拿大，后来和他的老板一起隐居在拉约尔直至战争结束。

就像通常那样，一提起这一时期，事情总是有一点儿复杂。在死后才公之于众的录音材料中[1]，亨利·波泰讲述了他曾经叫飞行员到梅奥特，让他们开走随时准备起飞的二十四架飞机，当时德国人的坦克就在几公里之外。飞行员接到命令将飞机降落在埃夫勒基地，可是负责这个基地的法国中校拒绝他们降落。因此他们降落在麦地里。飞机几乎没有受到损伤，但是必须有吊装工具才能将飞机从麦地里拖出来。最终德国人还是得到了这些飞机。波泰还说他在北方航空制造公司的领导位子上一直呆到1940年8月20日，这一天他宁愿辞职也不愿被辞退——“为了不像仆人一样被打发走[2]”——并且把权力移交给了被安排顶替他的生产经理鲁泽。

记忆混乱还是谎言？战后针对波泰公司危害国家安全进行了

1 存放在万森。SHD Diteex 7K67。

2 出处同上。

一次预审，1948年6月16日，预审没有得到结果就进行了分类归档[1]。北方航空制造公司的资料和预审调查可以纠正波泰不准确的回忆。1940年4月27日他作出了将亨利·波泰飞机制造公司的总部迁往拉约尔的决定。6月份，该决定付诸实施。5月17日，梅奥特工厂的人员被疏散，23日，工厂被德国人占领。所有人员都撤退到昂古莱姆，在那儿波泰让人清理出一些采石场用来堆放机器和零件。徒劳的努力，因为法国停战后德国人占领了采石场。在8月20日召开的行政会议上，波泰不仅没有辞职，还认为能够从德国当局手中拿回一些工厂。亨利·波泰和梅塞施米特公司取得了联系，后者希望完善波泰63系列飞机的设计，因为纳粹德国空军需要波泰63系列飞机用来培训飞行员。准确地说，这是应力求在航空领域保留飞机使用权的维希自治委员会的要求而采取的措施。直到1940年12月17日，负责生产管理的比安弗尼·鲁泽才被任命为北方航空制造公司的经理，而亨利·波泰仍然是公司的董事。在1941年2月13日召开的行政会议上，鲁泽宣布了主管航空的国务秘书贝热雷做出的拒绝波泰行使董事职权的决定。

亨利·波泰和弗朗索瓦·希拉克（阿贝尔·希拉克将他的第一个名字换成了第二个名字弗朗索瓦）在拉约尔继续管理波泰公司及其在北方地区的三个子公司。每个月，管理委员会在亨利·波泰的主持下在巴黎或拉约尔召集公司董事和子公司的负责人（子公司把发电机组交给了德国人）。

尽管在录音中亨利·波泰只透露他的子公司为占领者服务，但他解释了自己很清楚北方地区的生意进展如何；当他们获得通行证后，弗朗索瓦·希拉克和他一起回到了巴黎的弗雷德里克-巴斯提亚大街。他还讲述了出于好奇，他想知道梅奥特工厂的情况，但又不愿通过鲁泽的报告，他决定亲自前往梅奥特工厂：

1 CARAN. NL Z6. 14.707（（波泰公司）/ NL Z6.4292 （SNCAN及鲁泽）

“一位德国经理接待了我。这令我产生一种荒谬的感觉。这是一个诚实的人，一个被动员参军的企业家。他向我宣布他住在这座府邸里。‘这是我的府邸……’我告诉他。‘——先前我住在里面……’他用吉普车载着我和其他几个德国人到了府邸。这个人很有礼貌，他说他很遗憾地窖——我的地窖——在他来之前就被掏空了。后来，当我拿回弗加样机，开始生产弗加·M·阿吉斯特教练机时，我可能又见到了那位德国企业家……”

如果说波泰从来没有受到维希临时政府的烦扰，那么在万森的录音资料里，他讲述了1943年如何被德国人逮捕：“很可能是因为一次告密”，他解释道。德国人坚持要参观海洋宾馆，波泰将自己的临时办公室，他的孩子以及希拉克的孩子的教室设在了宾馆里。门房拒绝让德国人进入。几天后，两个盖世太保又出现了，他们强迫亨利·波泰打开他的保险箱，将里面的东西洗劫一空，尤其是几捆纸钞和他妻子的首饰，接着他们把波泰带到了位于马赛天堂街456号的盖世太保据点，当着他的面列出了从保险箱里搜出的东西的清单。波泰接受了审讯，然后被关在第九楼。波泰在那儿呆了几天。他的妻子来为他辩护，并且说关押太久很可能引发他眼睛的炎症。盖世太保有条件地释放了他，指定他呆在拉约尔的住所里，并对他进行定期监控。此外，德国人命令波泰和他妻子不准向任何人透露他们的遭遇。

“如果你们说出去，就把你们关进监狱”，盖世太保威胁他们。

亨利·波泰在关于二战的录音资料结束处，提到了雅克·希拉克：“雅克和我的儿子一起度过了战争……他的脾气不好，什么也不愿干！这使我的妻子很失望……当他回到巴黎后，情况完全改变了：不仅不再需要催促他——以前，他母亲得拍拍他的肩膀让他干活——但是，反过来说，她必须强迫他去睡觉了。这个转变真不可思议！”

对于战争结束时重压在他头上的人们的猜疑，亨利·波泰一字未提。1945年11月15日，位于弗雷德里克-巴斯提亚大街10号的波泰公司所在地成了搜查对象。弗朗索瓦·希拉克接待了警察局长雅克·佩雷，并且立即通知了波泰以便配合搜查。亨利·波泰没有更详细透露他的保险箱被洗劫在维希临时政府里引起很大反响，布斯盖向拉伐尔讲述了此事后，又给奥伯格将军写了一封措辞尖锐的信，抱怨1943年9月11日罗斯博士带领一群德国军官进行了抢劫。这封信写于1943年10月15日[1]，估计被抢的金条和珠宝的价值在当时折合三千万法郎[2]。这封信不仅仅提及了波泰的遭遇，显然他认为这是一件极其严重的事。布斯盖如此重视这件事以至于他向司法系统提出了辞职："如果这次被抢的财物的价值没有得到知情的德国军官的承认，我将无法继续肩负维护利益的重任了。（……）他（拉伐尔）应该请求您尽快和他谈一下这件事情。"

1945年12月17日，对波泰公司进行搜查一个月后，弗朗索瓦·希拉克作为证人进行了陈述："1940年7月中旬，波泰决定停止所有生产， 到蓝色海岸的拉约尔去居住；公司的管理层和档案都被搬到了那里……停战后波泰就离开了北方航空制造公司，德国人三番五次要求波泰重掌公司；德国人对他进行了监视，1942年，他首先被传唤到盖世太保的据点，理由是为英国人进行宣传，接下来，1943年9月，在拉约尔他被马赛的盖世太保逮捕，关押了两个星期后，他回到拉约尔的家中被监视起来……他和德国当局的接触是被迫的，不得已而为之，并且他尽可能地减少接触。"

在1948年6月归档的预审资料中，我们可以推断亨利·波泰很可能在维希受到另眼相待，尽管他不是英雄，但是他在战争期间

---

1 3 W 89，189号卷轴。

2 相当于约600万欧元。

缔结的“协议”对国家安全的危害相对较小，不需要承担诉究，因而调查没有继续。

当我和希拉克谈起波泰在拉约尔被捕，法国警察对弗雷德里克-巴斯提亚进行了搜查的时候，我感觉自己唤醒了希拉克深藏在内心的记忆：“是的，这是真的……这没有给我留下非常深刻的印象……的确，让我想起了某些事情……”

14 当童年玩伴质疑希拉克的身份

总统曾被冠以所有最贬义的绰号和称呼，从“叛徒”到“超级大骗子”，从“贪官”到“法西斯分子希拉克”，从“墙头草”到“文盲”，他的一个童年伙伴更为夸张，居然声称希拉克不是希拉克。FR3[1]，VSD[2]以及几本出版物引用了他的话，可是既没有扩大这个具有致命后果的传闻的散布范围，也没有使传闻变得可信……

米歇尔·巴塞是玛丽-路易斯·希拉克最好的朋友玛格丽特·巴塞的儿子。他是含着金钥匙出生的：由于母亲的一个德国舅舅提供了经济支援，父亲乔治·巴塞倒卖废旧钢铁的生意经营得非常红火。到了工作的年纪，米歇尔和父亲合伙经营了一桩新生意。他几乎不爱父亲，因为他知道父亲多次欺骗了母亲。米歇尔自己的状态似乎也格外不稳定。朋友、情人、妻子接连出现在他的生活中，其节奏堪比他更换住所和工作的节奏。他在危地马拉经营服装生意，在圣萨尔瓦多和一个钢铁冶金制品进口商合作，在波多黎各干回他的老本行——倒卖废旧钢铁，又摇身一变成为纽约的古董商，西班牙的房地产开发经销商，利比亚的油船租赁公司老板，甚至在蒙特利尔做过几年杂志社总编。

1 法国电视三台。——译注

2 法国著名的周刊《周五周六周日》，VSD是Vendredi, Samedi和Dimanche的缩写。——译注八十年代初，他破了产，决定回到法国。1981年4月，他和法亚尔出版社签了一份出版合同，书名暂定为《克里斯蒂娜·奥纳西斯事件》，讲述克里斯蒂娜·奥纳西斯的生平以及她和谢尔盖·考佐夫的婚姻故事，后者被人们认为是苏联克格勃。三个月后，米歇尔·巴塞把出版合同规定的稿费给了一家瑞士公司。十一月，法亚尔出版社给他安排了一名捉刀人重写小说。1982年，一本名为《希腊女人》的书出版了，巴塞把自己的名字改为查沙里·沃尔夫，沃尔夫是他母亲的姓氏。这本书被当作一本讲述自由至上的西方国家和苏联争夺世界控海权的悬念小说来加以介绍。作品简介中提到作者"是激发这本小说创作灵感的事件中几个真实人物的密友，他见证了苏联情报机构意欲染指世界上最大的私人船队而进行的一场大规模激烈争斗。"当时米歇尔·巴塞也为《巴黎竞赛报》撰稿。

年近五旬时，他希望生活稍微安定一些，想到了事业有成时任巴黎市长的童年伙伴希拉克。如何与他取得联系呢？他打电话给表姐让妮娜·瓦莱特-勒米尼翁。表姐将米歇尔·巴塞介绍给市长秘书丹尼斯·埃斯努。通过电话联系上的丹尼斯建议他写信给希拉克。身心疲惫的冒险家向总统简要诉说了他的处境，并且请求他的旧友在巴黎市文化关系联络局为他谋一份工作。关于这次昔日伙伴与他重新取得联系，希拉克只是轻描淡写地回答："我没什么印象了，也许这是真的[1]。"

巴塞声称在随后的几天里，他与巴黎市文化关系联络局局长会面了，局长向他提供了五个或六个职位，让他从中选择。巴黎市长可能已经下达了指示，让人尽量找一个不起眼的闲差来安置他的童年伙伴。但是，在接下来的那个周末，巴塞收到了一封巴黎市长署名的信："由于缺乏影响力，我不能向你提供帮助[2]。"

---

1 2006年11月9日星期日的电话谈话内容。

2 2004年4月1日在VSD上发表的对米歇尔·巴塞的访谈。

这种转变的解释理由是：市长的合作者打听了他们首领的童伴的情况，这一举动不是不可能的。总统坦言他一点儿也不记得这一切了。

1984年，米歇尔·巴塞一直在找工作。他答复了《法兰西晚报》上刊登的一则广告，并被PMS雇佣了。这是保卫共和联盟位于第七区的广告业务处。他在《明日目标报》上登载广告，为希拉克政党筹措资金。当希拉克得知此事后大发雷霆。有一次与市长秘书偶然会面时，米歇尔·巴塞决定让人捎话给他的童伴："你不愿意帮我，但是我为你工作！"几天后，他再次见到了雅克·希拉克的秘书，她对米歇尔说："我不知道您对他做了什么，但是他一看见您的名片就撕成粉碎，他气得发狂！"在一些尚不清楚具体情况的条件下，巴塞被PMS解雇了。

八十年代末期，米歇尔·巴塞为一个比利时营销小组工作。该小组试图在欧洲迪斯尼附近找到一块地皮用来建造一座拥有四百个房间的宾馆。之后，1989年，他在法兰西民主联盟找到一份工作，这次和以前一样，为联盟筹措资金。按照法兰西民主联盟财务主管乔治·德·拉卢瓦耶尔的指示，他负责为《玛丽亚娜日报》[1]招揽广告业务。乔治·德·拉卢瓦耶尔清楚记得米歇尔·巴塞以及他们之间关于希拉克的无休止的讨论。巴塞似乎很愿意为他所厌恶的而且是保卫共和联盟竞争对手的法兰西民主联盟工作。他的交际非常广泛，尤其在钢铁工业和废旧钢铁交易领域。他还认识斐利帕西出版集团名下的《巴黎竞赛报》的老板阿尔贝·弗雷尔以及银行家让-马克·维尔纳。1996年3月，拉卢瓦耶尔下属的组织关闭了，米歇尔·巴塞重新陷入进退维谷的境地。他遇到了严重的经济问题。"我帮助他渡过了难关，通过巴黎市政府为他找了一个住处"，拉卢瓦耶尔回忆道。但是他的话

---

1 与让-弗朗索瓦·冈名下的《玛丽亚娜》杂志无关。

被米歇尔·巴塞的遗孀也是他最后一任妻子的罗萨尔巴·巴塞否认了。拉卢瓦耶尔还记得巴塞向他透露的一些心里话，他很同情巴塞："在他处境困难时，他想向雅克·希拉克求助。巴塞和希拉克见过一次，并告诉他自己计划写一本回忆童年的书。可是希拉克坚决不同意别人谈论他的童年……从此，巴塞对总统怀有根深蒂固的怨恨。"雅克·希拉克一点儿也不记得和母亲最好朋友的儿子有过这次会面，他说很久没有见过他了，并且声称"他甚至算不上朋友"。

米歇尔·巴塞考虑向他年轻时就不喜欢的伙伴报复。他报复的念头和很久以来萦绕在他心头的、报复多年前就去世了的父亲以及兄弟姐妹的想法融合在一起。因此，他决定根据他母亲，"玛丽-路易斯·希拉克最好的朋友"的私人日记出版一部讲述雅克·希拉克年轻时代的作品。他试着取回这本日记。这有什么关系！他决定按照他自己的回忆重新编造日记。因此，他假借母亲之笔写道，雅克·希拉克可能不是希拉克夫人的儿子。他还把希拉克的亲生父亲描写成一个极端令人讨厌的浪荡家伙来自圆其说……

"有人对我说过这个。我丝毫不在意……"雅克·希拉克先是哈哈大笑，继而简短地评论道。

巴塞为《巴黎竞赛报》以计件算酬的方式工作。他通过杂志社负责人，丹尼尔·菲利帕实的朋友罗杰尔·泰隆牵线搭桥拉近了和菲利帕实出版集团的关系。丹尼尔·菲利帕实也是审读评委会成员。这部具有匕首般杀伤力的书稿被通过了，1996年以八千册的发行量付梓出版，书名为《总统的青葱岁月》。这可不是一个高明的谎言。只有《法国星期日》和《这儿是巴黎》谈论了这本书。《巴黎竞赛报》最终也决定不予发表书评。《总统的青葱岁月》读者寥寥无几，未售出的书被毁掉了。

为了发泄他对政治人物，尤其是雅克·希拉克的怨恨，米歇尔·巴塞又写了另一本书，还是由菲利帕实出版集团出版，取名为《政治的衰退》[1]。

《总统的青葱岁月》几乎没有人读，幸亏大部分记者对一些攻击弗朗索瓦·密特朗有一个私生女玛扎琳娜·潘若的言论也持同样的态度， 然而这本被错误地当作玛格丽特·巴塞私人日记的书还是为其他几本书提供了素材。2002年总统选举前夕由弗拉马利翁出版社出版的《希拉克》一书中，菲利普·马德兰驳斥了巴塞的怀疑。相反，《费加罗报》著名记者埃里克·泽穆尔为写《不自爱的人》多处引用了巴塞书中的内容，但一次也没有提到素材的来源。《不自爱的人》一书出版于2002年。可是泽穆尔的出版商巴朗的律师们让他把有关雅克·希拉克“真实身份”的章节删除[2]。之前泽穆尔没有让步，在书中对巴塞假借玛丽-路易斯·希拉克最好的朋友之名提出的怀疑做了修饰。罗萨尔巴·巴塞证实了我的推测：事实上，她丈夫从来没有从他的哥哥让-弗朗索瓦和姐姐伊丽莎白手中拿到他母亲的日记。因此，米歇尔·巴塞仅仅凭借个人的记忆来重新编造他母亲的所谓私人日记。

后来，米歇尔·巴塞成功说服出版商让-克洛德·格瑟维奇重新出版《总统的青葱岁月》，该书一直被当作玛格丽特·巴塞的私人日记加以介绍，但是换成另一个名字：《雅克·希拉克，永恒的青春》[3]。“VSD周刊花了四个版面用来登载书评。巴塞的访问取名为‘杰基不一定是玛丽-路易斯的儿子’。”文章讲述了“玛格丽特·巴塞的私人日记”遭遇到的所谓审查。VSD没有揭露作品违反了新闻界最重要的规定，即必须对信息来源进行核

1 Michel Basset, *La Déchéance politique*, Filipacchi, 1997.（米歇尔·巴塞，《政治的衰退》）

2 参见2004年4月1日至7日的VSD周刊。

3 同前。

对，而只是用“一切都过去了，仿佛我们已经埋葬了这本书”解释第一版遭遇的失败。该文作者按照同样的思路写道：“几件令人困惑的事情不由让人想到菲利帕实集团进行了自我查禁”，为了支持这个论点，作者引用了《2004年拒绝作证报告书》中《普通审查纪事》章节的一段：“当时，希拉克的众多亲信和几十个政治记者既没有收到这本书，也没有听到有关它出版的消息。”“再往里一点儿深究，据传‘有人对高层施压’。嗨！调查被终止！我们没有证据，但事实显而易见，正是在幕后挥舞着阿娜斯塔西的剪刀[1]的希拉克事实上应对《青葱岁月》的失败负责。”尽管VSD登载了书评，马克-奥利维·福吉尔也在法国电视三台的《我们不能取悦所有人》节目中进行了点评，以及其他不起眼的书评，玛格丽特·巴塞的所谓私人日记的再版仍然没有获得成功。还是希拉克在耍花招吗？

未能出版对总统出身提出怀疑的章节，埃里克·泽穆尔感到很气恼，他将修改传闻的片段并把它写进根据真人真事创作的小说《另一个人》[2]。“小说没有掩盖事实，既允许了言论自由，也尊重了他人的私生活”[3]，记者在一期电视节目中这样解释。他创作了两个人物：弗朗索瓦·马萨克，被认为影射希拉克，和阿尔贝·里代尔，相当于现实生活中的米歇尔·巴塞。里代尔认为自己被童年的伙伴出卖了，想出版母亲的日记。小说以马萨克—希拉克和里代尔—巴塞两个人物的对话结尾。

“这么说来，我母亲告诉了你母亲一些事情了？如果我没弄错的话，都是瞎编的故事：谎话连篇，所有这一切。我不是我母亲的儿子？你从哪听来这样的蠢话？”

“我写的。但这是事实，你自己心里清楚。”

---

1 阿娜斯塔西的剪刀是指对出版界采取的审查措施。——译注

2 德诺埃尔（Denoël）出版社，2004年。

3 VSD, 同前。

“看来我猜的没错。日记不是你母亲写的，而是你写的。你编造了这些蠢话来害我。”

“我什么也没编。反而是你几个月来一直烦我。警察在追捕我，那些坏蛋。”

“你怎么能编造这样的事呢？”

为了阻止书的出版，马萨克提出给里代尔一个瑞士户头，一叠钞票和一枚农业勋章……

“这一切完全没有击中我”，当提到出版界重新出现影射这件事情的作品时，国家元首回避了问题。

小说家和记者可能为雅克·希拉克离开政治舞台而感到遗憾：他们将很难再找到一个既平和又对他们的“屠杀游戏”[1]完全无动于衷的人了。

---

1 影射对希拉克的种种诋毁论调。——译注

15 求学

雅克·希拉克在战争爆发前的记忆是模糊的。几幅轮廓模糊不清的图像：克莱蒙-费朗、纳依、巴黎、还有伊索-阿达姆附近的小村庄帕尔曼，战争前期希拉克一家在这儿居住过。德国人到来前，雅克·希拉克离开小村庄去了科雷兹的圣费雷奥勒，他的父母在那儿有一座家族传下来的房子。在科雷兹呆了几个月后，雅克和母亲前往拉约尔（瓦尔）与阿贝尔·希拉克相聚，他的老板亨利·波泰撤退到了拉约尔。总统把在拉约尔度过的四年描绘成一段自由自在的幸福时光，他和街角一群以达律斯·祖尼诺为首的“小淘气鬼”玩得无拘无束，简直反了天。为国防作出历史性贡献的亨利·波泰在万森根据其记忆录音时，把他主要合作者的儿子说成一个“小疯子”。瓦尔火车站站长埃蒂安·戈拉甚至在未来爱丽舍宫主人的屁股上踢过一脚：“要说起来，这可是小希拉克自找的！他那时应该有十岁多一点儿。嗯，这可不是个聪明家伙，而是一个无时无刻不干荒唐事的小笨蛋！”雅克·希拉克曾经率领一帮小伙伴把兔棚里的兔子放了出来。兔子分散地窜进了亨利·波泰那所带花园的住宅里。“当雅克放掉兔子后，”当时看管住宅的戈拉接着说，“您可以想想我有多生气！我赶到时，所有的孩子四散逃走了，但他没有逃。他正视我，用目光向我发出挑战。我对他说：‘小淘气鬼，你知道你干了什么好事吗？’他回答我说：‘是的，是我干的。’他承担起了这桩蠢事的责任。您瞧瞧，那时他已经表现出领袖的一面了。”

在拉约尔居住期间，有两件与战争相关的事情给希拉克留下了深刻的印象：法国舰队在土伦被击沉，以及后来他遇见了解放拉约尔的人。

希拉克家的儿子和达律斯·祖尼诺常常光着脚丫在山上奔跑，用弹弓打鸟，和接连而来的法国军队、意大利军队还有德国军队保持着近乎微妙的关系。“一天，我们在一座离拉约尔不远的山上，视野相当开阔。突然，我们听到一声可怕的爆炸声，不知道怎么回事，还看见一道道闪光……我们回家后才知道法国舰队沉没了。我记得波泰先生和我父亲勃然大怒，他们把海军狠狠地批了一通，认为海军应该离开土伦，到北非和英格兰停靠，他们这么认为是完全有道理的。我记得父亲说：‘一个接着一个的胜利，德国人走向最后的崩溃！’”

希拉克和历史第一次相遇发生在1944年8月20日的卡萨洛萨别墅。日后他和布洛塞将军的友谊可以溯源到这一天。布洛塞将军领导自由法国第一师（DFL），德拉特将军把登陆普罗旺斯行动中最艰巨的任务交给了他：“扼住敌人的喉咙，把防守土伦营地东面的德军牵制在原地。”盟军指挥部希望9月25日能够有一个港口供盟军使用，于是把B军行动定于八月底开始。

8月16日，自由法国第一师在卡瓦莱尔海滩登陆，在一个矿山环绕的葡萄园里扎营。17日清晨，部队继续在加辛附近集结力量，德拉特把将军召到了科戈林交待任务，将军决定8月20日发起进攻。从19日晚上开始，自由法国第一师就和敌人接触了，敌人的据点被成片的矿山和铁丝网保护着。德军用机关枪和大炮凶猛地反击。经过一阵猛烈的炮轰后，8月20日一大早进攻开始了。20日晚上，德拉特将军宣布“战事处于胶着状态”。24日，布洛塞将军一个人开着吉普车穿过了整个土伦城，但是直到最后空军加入战斗，德军才于28日投降。

“迭戈·布洛塞将军是一个非常引人注目的人，”雅克·希拉克回忆道，“他是第一批到达拉约尔的人当中的一个。我记得很清楚，因为他来过我家。我父亲和两三个官员迎接了他……因为别人告诉过我中尉挂着两道杠，而他佩戴两颗星，我迎接他时称他为‘我的中尉’……我有一些他写给我的信——我不知道放哪儿去了——因为他一直给我写信直到他死于交通事故[1]。他在信中署名为‘你的中尉’。他的死让我很震惊，我决定以自己的方式向他致敬。卡萨洛萨别墅由一条土路连接国道。我做了一块木牌，用墨水写上：布洛塞将军路，我把木牌竖在土路和国道连接处的岬角上。人们经过时养成了看看木牌的习惯。有一天，一些人在思忖木牌的来历，他们询问了市政府。市议会显然没有考虑过这个问题。省长和专区区长也不能说出这个名称的来历。直到有一天，有人问起当时的老站长埃蒂安·戈拉，‘是那个小家伙叫出来的……’他毫不犹豫地回答。无须任何思索，是我主动将这条土路命名为‘布洛塞将军路’。因此，当我成为总理后，曾被邀请为布洛塞将军路主持落成仪式，将军的子女也出席仪式。我去了[2]。”

他还是一个叛逆的孩子——以他的年纪和当时的时代而言，他更像一个“街头顽童”——年轻的希拉克（当时他十三岁）回到了巴黎，喜欢弹弓胜过喜欢钢笔。他把一部分本该在卡诺中学度过的时间用于到吉美博物馆凝望菩萨雕像。这正是本书开头提到的逃课时光。然而，从第一次逃课开始，他的行为彻底改变了。他决定修读学校的正常课程，也就是说刻苦用功，通过考试。表面上看，没有任何东西将他和中学、巴黎政治学院以及国

---

1 1944年11月20日，在英勇地参加了孚日战役后他在上索恩省死了。1940年6月27日，迭戈·布洛塞归顺了戴高乐将军。

2 1974年8月15日。

家行政学院的同学区分开。可是，由于他具有超群的智慧，他避开了众人的目光，继续耕种自己的秘密花园。

几年内，他甚至还接触了左派。尽管他穿上了鞋和大学校服，神情严肃，学习用功，但是叛逆的性格从来没有远去。他为甘地的死而落泪，他学习了印度教、佛教，他在斯德哥尔摩请愿书上签字，他渴望成为一名远洋轮船长，而他父亲希望他进入巴黎综合理工学校，决定给他在路易大帝中学的数学高级班报名。1950年夏天，他通过高中毕业会考十拿九稳没有问题，只等着进入巴黎综合理工学校的预科班了，他在一艘五千吨的散装货船上当了一名驾驶见习生。

“这是一段我想要自由的时期。我对自己说：‘必须去航海，哪儿海阔天空就去哪儿……’”

“这种对自由的需要，是相对父母而言吗？”

一旦涉及到他的父母，总统就顾左右而言他了：

“我想向您展示我做驾驶见习生的第一张工资单……我对自己说：会考结束后必须要做点儿事情，不能老是呆在一个地方。因此我悄悄地去了鲁昂……”

“悄悄地？”

“是的。我没有预先通知我的家人，直到第二天才告诉他们。我不能说得到了家人的赞赏……”

上一章提到的童年伙伴米歇尔·巴塞，他母亲最好的朋友之子，认为[1]这次航行自始至终都是由雅克·希拉克的父亲安排好的，希拉克的父亲是工业和海运业联合会主席的朋友。

还是把发言权留给当事人吧。

“我动身去了鲁昂。为了使自己成为一名登记在册的海员能够上船，我想了些办法。我成了一名海员。然后我去勒阿弗尔找

1 《雅克·希拉克，永恒的青春》，同前。

活儿干，在那儿我找到一艘名叫‘圣马尔丹船长’的船，属于工业和海运业联合会。当时联合会由一位才能卓越的亨利·康加代尔管理。后来我得知我的父亲和他关系很好。我登上了这艘五千吨的散装运货船，船出发去阿尔及尔装运煤炭，然后驶往梅利利亚装运一种在世上可以想象到的脏东西：铁矿石。我说它脏东西是因为它带来很多不便。首先，铁矿石很重，因此船的支撑点被压得很低，只要船一倾斜，那么倾斜状态就会保持很久。其次，铁矿石产生一种红色粉末，可以进入任何地方，并且很难把它清洗掉。至少需要一个星期才能把自己完全洗干净。尤其是睫毛，头发……”

“上船之前，我对自己说：‘一个水手应该吸烟斗。’所以我买了一个烟斗，因为我没有钱，我买了一个非常普通的烟斗和一个‘大屁股’打火机——它就是这样叫的。于是我上了船。我们三班倒，实行一种称为‘热铺’的制度，也就是说三个人一个铺位，当然除了船长，他在自己的小舱里有一个铺位。船长是一个了不起的人，已经不知道多少次经过了好望角。这是一个真正的水手。他看到我来了。我点燃了烟斗。显然，我还没有在加斯科涅海湾航行过两小时，再加上烟斗和‘大屁股’帮忙，我晕船晕得厉害。他让我到他的舱里，他从铺位下方拿出两个油渍沙丁鱼罐头，对我说：‘对付晕船要做两件事。第一，你必须给我扔掉这个烟斗！它没有任何好处，不会让你成为水手，但是肯定会让你成为一个病人。第二，对付晕船的唯一办法是吃油渍沙丁鱼蛋糕，因为它能垫垫胃……’我吃了他的沙丁鱼，情况完全改观了。从此我一直这么做：这个办法非常有效。”

“那时我十七岁。这段旅程还有另一个好处，在阿尔及尔卸货的两天，这位神奇的船长问我：‘你是处男吗？’我回答他说是的。‘听着，这可不行，我帮你解决这个问题。’于是他把我带到了卡斯巴区……”

“这位船长很让人吃惊，他患有痔疮，因此，脾气并不总是很好。他坐在艉楼上，大声地发号施令。当我们到达勒阿弗尔时，他扯起大嗓门叫喊：‘噢啦！噢啦！快到了！’——我们通常将要敲击码头……”

“一天，我看见码头上出现一个高挑的身影，我自言自语地说：‘开始有麻烦了。’是我的父亲，他对我说：‘相当好玩呀。我们回家！’非常严厉，但是没有商量的余地。于是我回到了巴黎，竟然神奇地躲过了屁股上挨一脚。（长久的沉默。）”

“您一直感觉需要空间吗？”

“是的，我很喜欢空间！”

“所以您对艺术的热爱是一种在时间和空间中的旅行方式……”

“的确是……”

在回家路上，雅克·希拉克告诉父亲他希望停止学业，当一名远洋轮船长。但是他屈服于父命，为进入数学高级班做准备，但同时他也在翻译普希金的作品，如饥似渴地阅读有关亚洲的书，流连于博物馆、古董店，为左派的思想激动不已，正相反，所有思想都没有令波泰公司的经理感到激动。

“一开始，我年轻时先被左派吸引。更确切地说，是被共产主义吸引。和传闻相反，我从没有加入共产党，但是我定期参加第六区的共产党分部组织的会议，靠近圣苏尔皮斯广场……我作为观察员出席会议，但我从来没有入党。我唯一积极参加的活动是在圣苏尔皮斯广场卖了一段时期的《人道主义一星期日》，就在教堂前面，后来我在那儿因为号召人们在斯德哥尔摩请愿书上签字而出名。他们让我们喊：‘请读《人道主义一星期日》，法国共产党的机关报！’后来我忍受不了束缚：他们向我们反复灌输必须对所有题目进行思考，没有持续多久我就和他们拉开了距离……这是在中学毕业时。我任凭自己被一些内涵丰富的思想所吸引……”

雅克·希拉克没有进入巴黎综合理工学校，而是走进了巴黎政治学院。他父母最终还是感到很满意，更何况他经常和一个各方面条件都不错的女孩来往，她就是贝尔纳黛特·德·库赛尔。他成了米歇尔·罗卡尔[1]的朋友，后者带他参加自己创办的政治社会研究中心（隶属于社会民主党——工人国际法国支部）的会议。

“我和罗卡尔非常要好，他对我说：‘来加入社会党吧。’然而我也没有加入社会党。”

在1972年进行的一次采访中，他详细地透露：“我和社会党有过交往……我发现他们过于保守，过于右倾。我只在那里呆了几个月，后来我离开了。当时既没有联合社会党，没有毛泽东主义者，也没有极左分子。因此在几个月内我观察了共产党的情形，但是我从没有加入他们的队伍。”

在巴黎政治学院第一学年结束后，1953年暑假期间，他又一次向父母发出挑战：他迷恋于美丽的弗洛朗斯和她的两用式卡迪拉克，他在美国订婚了，而他已经和贝尔纳黛特有婚约在先，他写信将这个好消息传到巴黎。

贝尔纳黛特·希拉克回忆起她未婚夫在美国度过的那个夏天：“在那儿，他遇见了一个‘迷人’的年轻姑娘——那是他说的，我没有看过她的照片。她把他称作甜蜜男孩。他从美国写信给我的婆婆（我保留了他寄的明信片）：‘我订婚了！’这位坐在华丽敞篷车驾驶座上的美国姑娘让他一见钟情。我的婆婆打电话到我父母家找我：‘小姐，您不想和我喝一杯茶吗，因为我很担心我的儿子……’我去了。‘太恐怖了！您必须帮我：我可不愿意要一个开敞篷车的美国儿媳妇！’”

1 米歇尔·罗卡尔（Michel Rocard, 1930- ）：法国前总理，法国社会党前总书记，先任欧洲议员，欧洲议会外交委员会成员，法国当代最重要的政治家之一。——译注父母的反对很有效："事情严重了。我解除了婚约。"总统简短地说道，没有就他在美国的情感经历多费唇舌。

出游是短暂的。从美国回来后，雅克·希拉克决定和贝尔纳黛特·肖德龙·德·库赛尔订婚，并且继续巴黎政治学院的学业。事情进行得很顺利。这段中规中矩的经历不值得过多关注，因为这与"希拉克谜团"没有任何关联。

1954年6月，他被批准升入三年级，获得的评语是"好"。他和一个朋友去斯堪的纳维亚半岛度假，也许发现瑞士和瑞士人很合他的口味。回来后，在未婚妻的帮助和母亲的呵护下，他准备国立行政学院的入学考试， 参加完考试后，还未等到成绩出来，他又独自一人动身去了美国，他将在那里为《法国进出口贸易》杂志[1]编写一个关于新奥尔良港口的特刊。正是希拉克的父亲找到了这本和马塞尔·布洛克——战后改名叫马塞尔·达索——关系密切的周刊所提供的工作。"我也做过记者"，他对我说，递过来这份有他署名的期刊的一些复印件。十一月，玛丽-路易斯打电话给儿子告诉他一个好消息：他进入国立行政学院的笔试了。几个星期后，他在十余个知名人物面前进行了重要的口试。那天，他患上了重感冒。路易·若克斯向他提了最后一个问题。

"人们经常引用这位古代医生的哲学……您知道我指的是谁吗，希拉克先生？"

"是的，主席先生，您说的是伪君子？"

大厅里爆发出一阵笑声，但是雅克·希拉克并未因此而被国立行政学院拒收。从此，他的政治生涯似乎完全被规划好了。可是，在进入国立行政学院之前，他还必须服兵役。

雅克·希拉克说："当时，国立行政学院的学生可以免除六个月的军事训练。首先我被分配到海军。我又领教了晕船的厉

1 根据调查结果，他还撰写了一篇关于"新奥尔良港口"的经济地理学论文，在文中他着重强调了洪灾风险。2005年9月11-12日有报道在头条中写道："大学时代的希拉克曾经预言了新奥尔良的洪灾"……

害，但这不是我不愿被编入海军的主要原因。我想去阿尔及利亚，而不是躲起来。这是原则问题！一收到调动证，我就下定决心要竭尽全力改变自己的职务。但是我不认识任何人。我也不知道通过何种途径，我最终还是见到了国防部的圣维克多统帅。‘为什么你想换职务？’他问我。‘我不想做一个贪生怕死的人。我想去阿尔及利亚……’他很和善，办好了必须的手续。突然，我被召入海军的通知取消，我收到了去索缪尔骑兵学校报到的通知。”

“于是，我必须在索缪尔骑兵学校接受正常的六个月军训。我的队长是一个叫维雷勒的中尉。我认真学习，并且参加了考试。毕业时获得的军衔很重要，因为根据军衔可以选择职务。”

“当宣布成绩时，索缪尔的副指挥官鲁维卢瓦将军说：‘我不报第一名的名字，我跳到第二名……’他宣布了第五名，第六名，我记得不太确切了；我一直没有被点到名字……接着维雷勒中尉集合了队伍，说了一句我一直都记得的话：‘我们中间有一个阴险家伙……’这个阴险家伙竟然是我。‘希拉克被降级，因此他作为中士分派下去……为什么？——就是这样。这是军队安全处……’”

“我还是让人讨厌。我不知道这是什么原因。鲁维卢瓦将军仁慈地给我批准了二十四或四十八小时以便回巴黎试着摆脱困境。”

“我结婚了。我妻子的一位叔叔若弗鲁瓦·德·库赛尔是爱丽舍宫的秘书长，并且获得过解放勋章：一位非常体面的先生。我请求和他见面，希望他能活动活动，或者至少向我解释一下到底是怎么回事。我见到了他，他用一种极其冷漠的声音对我说：‘军队安全处提交了一份关于你的报告……’他就差没和我说：‘我很后悔让您娶了我侄女……’不管怎样他应该想到了。他补充说道：‘我帮不了你。就这样。’”

"我出来了。我一直不明白这是怎么回事。我只好求助于我以前的一个老师，沙尔多内教授，我在巴黎政治学院的导师，一个杰出的人。他对我说他会去打听消息。"

"是因为您在斯德哥尔摩请愿书上签过名？"

"沙尔多内是国防部长柯尼希将军的朋友。他向将军陈述了我的情况。柯尼希召见了我，向我询问了从事过的活动。我向他解释了整件事情，并且补充说我没有杀任何人。'我会解决你的事情。'柯尼希当着沙尔多内的面对我说。"

"两小时后，索缪尔学校接到了恢复预备役军校生希拉克的军衔和权利的命令。我回到了索缪尔，事情就这样解决了。"

但是总统的军事档案对他讲述的内容作了一点修正：他没有以第一名的成绩从索缪尔预备役军官学校毕业，而是在一百一十八名学生中排名第八。重要的是，必须强调一下，每次我向他指出他的叙述和事实之间存在一定出入时，他总是很爽快地承认，顺便对自己的差记性评论一番。即使他不是以第一名从索缪尔毕业，他的评语也是非常好的。他被评价为一个"思维开阔，聪明，有文化，有教养，具有极佳表达能力，遵守规则的人。现场判断准确，反应敏捷。指挥正确。学习刻苦，能很快掌握技能。应该能够成为一个合格的队长。"

1955年11月初他被晋升为少尉，作为"伙夫头"派遣到德国的亚琛。他的工作尤其包括在食堂里宣布每餐的食谱，最后照例以仪式用语结束："感谢主赐食给我们的妻子、战马以及马背上的战士！圣·乔治保佑，骑兵万岁[1]！"

当他所在的骑兵队开赴阿尔及利亚时，他被派往了柏林充当英法俄三语翻译。他很沮丧。他揣着天大的胆子将军队的官僚

1 《希拉克传》，同前。

机构闹腾了一番，甚至差点儿被当作逃兵，可是他坚决要求去阿尔及利亚。他仅仅认为对于时刻准备为法国服务的他，他的用武之地在那儿，而不是在办公室里。这个决定还透露了反习俗的意味。总而言之，他是这一届同学中唯一选择这条路的人。

后来，希拉克解释了这样的选择："由于我被国立行政学院录用了，我本来完全可以不用去阿尔及利亚服役。我是作为志愿者去的。我甚至没有向自己提过阿尔及利亚战争是否合法的问题。不是的，我问过自己这个问题，但我一点儿没有迟疑：我来到了北非的山地里……既然法国决定了——不管对不对——阿尔及利亚必须是法国的一部分，好吧，我将作出自己的贡献：这是一个基本的选择……"为一个深陷阿尔及利亚战争的部门服务，如同别人向他指出的，将"令人厌恶至极"。

国民议会授予了居伊·摩勒[1]"特殊权力"以便将阿尔及利亚保留在法国内部。五天后，在横渡地中海之前，雅克·希拉克以闪电般的速度在圣克洛蒂尔德教堂结婚了……

1956年4月1日，希拉克进入非洲第六战斗兵团，13日抵达奥兰。他在阿尔及利亚度过的十四个月肯定是铸就他性格的因素之一。他喜爱发号施令，和战友一起同甘共苦，分担他们的恐惧，抗击敌人，保护当地人居民……他又像以前一样成为了首领。

二十二年以后，他向《巴黎竞赛报》宣布："对我而言，和人们想的正相反，这是一段无拘无束的时光，也许这是我感觉自己对事情发展有实在影响的仅有的几段时期之一。（……）因为我的号令之下是人的生命，（……）这是唯一我感觉在指挥的时刻。"

然而，我们必须进一步说明这番话是雅克·希拉克当上总统之前说的。今天，作为军队首领，他乐意再次谈论那段时期以及

1 居伊·莫勒（Guy Mollet，1905-1975）：法国政治家，1956-1957年出任政府总理。——译注

他为法国在阿尔及利亚服役的经历。

“我不了解阿尔及利亚，我赞同‘法国的阿尔及利亚’这一说法，并且本能地维护它……然而，我艰难跋涉了许久，有些事情让我震惊，让我伤心。我对自己说：‘这些人，我们不加过多区别就踢他们的屁股。’但是这种想法没有走得更远，也没有让我对信念产生怀疑。看到我们让阿尔及利亚人遭受的惩罚，我并不总是感觉很舒服……一种弥漫的意识……我没有从中得出结论。”

在提到2003年3月初他对阿尔及利亚进行的如凯旋般的访问后，总统又回到了这个话题上来。在访问中，他向布特弗利卡总统归还了1830年7月5日法国接管阿尔及尔时台伊[1]递交给布尔蒙元帅的国玺：“布特弗利卡是一个复杂的人，我很喜欢他。他讨厌殖民时期，但没有过多告诉我，因为他很礼貌。这是一个我们通常回避的话题。他向我提到了一本奥拉尼省[2]前任长官用阿拉伯文写的书，其中有几页是关于我的：‘省里驻扎了一个名叫希拉克的军官指挥的小分队，我要颂扬一下这位法国军官……因为他对当地的人总是彬彬有礼。从来没有出过任何问题。’”

“的确，”总统说，“我有一条牛筋鞭子，用来惩罚部下最细微的错误——我的意思是：如果没有必要而他们当中有人闯入民宅，把手放在女孩的胸部上，反正，诸如此类……我就会动用牛筋鞭子。”

雅克·希拉克讲述了他在阿尔及利亚进行正式访问时，布特弗利卡组织了一个盛大的招待会，招待会聚集了许多抵抗过法国的人。他向希拉克介绍了一位在阿尔及尔炸掉一家法国咖啡馆的妇女以及作品中有几页关于希拉克的前行政长官：“两个人都上了台，拥抱了我。这没有使我感到惊讶，我真心地拥抱了他

1 奥斯曼帝国在阿尔及尔的统治者。——译注

2 位于阿尔及利亚西部，主要包括奥兰及其周边地区。——译注

们。”

军事档案馆保存了希拉克少尉作战的主要记录。1957年5月4日，他受到奥兰军团指挥官皮德隆的嘉奖，原因如下：“八个月以来，这名年轻的队长参加了他的小分队执行的所有军事行动。1957年1月12日，当友军一个小分队的部分人被叛军俘虏时，他不顾敌人的火力，带领队伍，以身作则带头向敌人发动攻击。他的英勇行动确保了及时撤退伤员，重新夺回武器和物资。”

这次嘉奖使他赢得了银星英勇十字章。

骑兵队队长将他评价为“一流的军官，（……）在任何情况下都能够指挥装甲分队或步兵分队，（……）他在行动中充分表现了卓越的作战才能。（……）望再接再厉。”因此，雅克·希拉克作为预备役军官得到不断晋升：1957年底为中尉，1966年底为上尉，1974年10月初为骑兵队队长，1983年10月初为中校，1992年10月初为上校，1993年5月12日他不再担任预备役军官。

“除政治之外，我真正想从事的唯一职业是当一名军官。”回到法国后，事实上他向国立行政学院递交了退学申请以便继续服役，但是申请被院长驳回了，他只能顺从。然而他在心中永远怀念自己度过的战争岁月。

他在国立行政学院求学的两年里烦闷透顶。在那儿他不受人喜欢，因为他几乎从不和别人在一起，他总是抛出观点鲜明的论断，过分地讨女孩子欢心。尽管他的学习历程表面看上去很顺利，但是这位未来的高级公务员，不知疲倦地刻苦用功，能够以令人眩晕的速度掌握资料的人，总是擦过“黄色警戒线”。举个例子：后来他当上了巴黎政治学院的讲师，同时也在修读国立政治学院的课程。有一次他让一个学生评价这个句子：“右派摩勒和左派摩勒的交替运动造就了居伊·摩勒，这种运动使得人们说社会主义在发展。”此事引起轩然大波。“我遭人唾骂。他们差点儿把我赶走，而我说这句话的时候并没有恶意。”总统说道，并爆发出爽朗的笑声。

贝尔纳·斯达茨认为他是一个“埋头苦读而且与众不同的人”。他学习刻苦，而同时他继续“逃课”。除了他妻子，任何人都不知道他对亚洲以及其他事物的热爱……

1959年6月，他以第十六名的成绩毕业。他再一次动身去了阿尔及利亚进行“行政支援”，这次带上了妻子和孩子。由于曾在那儿服过兵役，他原本可以免于进行“行政支援”，但他一秒钟也没有考虑过这个主意。对他而言，为法国服务，在当时就是为阿尔及利亚服务。

他出任农业负责人的办公室主任。1960年1月24日，平静被革命运动撕裂了。临时政府溃散了：大部分部门负责人选择了夏尔将军。希拉克在由国立行政学院和他同级的学生提交的支持戴高乐将军的请愿书上签名之前犹豫了：“我们，包括最坚定地拥护‘法国的阿尔及利亚’的我，一致决定对戴高乐将军保持忠诚。”

接着他略显啰嗦地讲述了他不管战时戴高乐将军的成功，而是如何从那件事试图了解“戴高乐国父”。“他有胆量说：第一，阿尔及利亚不属于法国，必须对此下以定论，让阿尔及利亚独立；第二，这符合法国的利益，因为法国不能允许自己拖着一个如此沉重的负担。这不仅违背法兰西的精神，而且完全不符合法国的利益……那一刻我对自己说：‘这个人’，如果我能允许自己这样称呼的话，他真正为法国着想。他显然明白法国的利益在于将独立还给阿尔及利亚，道德上、政治上、物质上以及经济上。就这样，我成了戴高乐主义者。这个人对法国，法国的利益和他的使命进行了一定的思考。”

1960年，雅克·希拉克进入了审计法院，同时继续在巴黎政治学院做讲师。他还执行了一项和他对艺术的热爱以及他的“逃课”生涯完全相符合的任务：他和安德烈·查斯戴尔教授合作发起了一项后来成为安德烈·马尔罗主要功绩之一的活动：对艺术作品进行全面清点[1]。

作为特派员，他进入了政府秘书处。接着，在乔治·蓬皮杜入主马提尼翁宫，着手第二次组阁之际他很快进入了内阁。“按照内阁成员的习惯，所有的人都会蜂拥争夺脏兮兮的、空间狭小而且构造不好，但是靠近总理的办公室，也就是说在马提尼翁宫里面的办公室，而我对自己说最好是远离权力：人的风险更小……因而，他们把几个月前雇佣我的比雅尔[2]的办公室分配给我了。我在这间漂亮的办公室里安顿下来。在里面我就像个王子。”

“总理的办公室主任弗朗索瓦-夏维耶·奥尔托利将希拉克介绍给了乔治·蓬皮杜。当今总统回忆道：“当有人叫我进去时，我进去了。我看见蓬皮杜正在签署文件。我有一点儿惶惶不安。身为年轻公务员的我，不知道做什么和说什么是合适的。一会儿过去了，在我看来却像过了很久，奥尔托利说话了：‘总理先生，我想向您介绍来自审计法院，即将进入您内阁的希拉克。’蓬皮杜一言不发，只是看着我。我也没有说任何话，既不知该补充什么，也不知该做什么的奥尔托利脱口而出：‘他很能干！’这时蓬皮杜抬起了头：‘我很有信心，因为我认为如果他不能干的话，您不会带他来的！’然后蓬皮杜又投身于他的文件签名夹中。奥尔托利向我示意，我们出来了。这就是和蓬皮杜的第一次接触……”

关于希拉克的传记和文章都会强调，当他专注于分发下来的有关建筑、公共工程和交通的文件时，他对工作具有强烈的欲望。有人给他取外号叫“推土机”。他尤其对航空运输感兴趣，

1　参见第一部分，第四章。

2　雅克-亨利·比雅尔，国家经济总督察，当时为政府秘书处担任经济事务顾问。

并且重新和马塞尔·达索建立了联系，后者将在他的职业生涯里扮演一个具有决定性作用的角色[1]。尽管年轻，希拉克却渴望成为民用航空公司的总经理，这是六十年代中期乔治·蓬皮杜向他许诺的职位。但是总理注意到了这位忠诚、能干的年轻下属，要为他筹划最宏远的目标。

总统讲述道："一天，他召见我，对我说：'希拉克，我给您一个竞选区，您将是候选人……'事实上，我感到莫名其妙，因为这不是我的目标，我也从来没有考虑过。蓬皮杜一下子把这个主意灌输给了我。和许多人写的正相反，皮埃尔·朱耶完全没有掺和总理的决定。"

"我对他说：'好极了。'我不记得那一刻发生了什么事，但是我们的谈话被打断了，他让我回头再找他谈。一会儿过后，谈话得以继续：'希拉克，您将参加巴黎地区的选举……'我耳畔仍然回响着这次谈话。我回答说：'这个，总理先生，这不可能。我很愿意参加竞选，但是如果我参加某个地方的竞选，那将是在我的家乡科雷兹省，不会去其他任何地方！'他熟悉自己的选区地图，于是反对我的意见：'在科雷兹是不可能的。那儿有三个区：布里夫，是查尔波奈；图尔，我们拿不下；第三个尤塞尔是共产党的地盘。因此您要参加科雷兹的竞选是不可能的。'——'听着，总理先生，我乐于服从他人，但是我要不就参加科雷兹的竞选，要不我就不参加。我会拿下尤塞尔的……'我眷恋故乡的土地和人民，除了那儿，我不会参选其他地方。这是一种血肉相连的东西。蓬皮杜不高兴了……"

雅克·希拉克在科雷兹已经有一个立足点了：圣费雷奥勒市市长让他竞选市议员。从1966年6月开始，每个星期他都要访问那儿，在选区的公路上来回穿梭，使唤各位市长，熟悉问题，

1　参见第二部分，第16章。

倾听民意并且经常许下承诺，回到巴黎后，他利用自己在马提尼翁宫的地位不厌其烦地向政府提出意见。他吸引了这个带有激进社会主义色彩的地区的市政官员。爱格勒东市市长查理·斯皮纳斯曾经担任了人民阵线政府的经济部长，希拉克的祖父在《快讯报》的专栏里也对他大为赞赏。他将希拉克置于自己的庇护之下，这样评价他："他是个社会主义者，这是毫无疑问的。他肯定属于人民阵线！"——希拉克对此的回应是："如果和斯皮纳斯这样的人并肩作战的话，那是肯定的[1]。"多亏马塞尔·达索的帮助，他可以支配一家报纸《利穆赞崛起》，此外，他获得了乔治·蓬皮杜的全力支持，这可非同小可。总理还同意去利穆赞给他培养的新手鼓劲儿：

"在我的内阁，（……）我还尚未发现能够抗拒他的魅力的人，证据是尽管我日理万机，我还是来到了这里，因为我也不能抗拒他的吸引。我仍然希望他不至于太快把我从政府里推出来，可是，具有如此充沛的活力，如此旺盛的工作精力，如此卓越的实践能力，他能让所有对手感到害怕！"

总统继续叙述他的政治生涯的起步阶段。

"我很侥幸。我的竞选对手是罗贝尔·密特朗，一个讨人喜欢的人，后来我和他保持了非常友好的关系。社会党人和共产党人缔结了一份由弗朗索瓦·密特朗签署的退出竞选协议书，按照协议，第一名可以继续参选，而第二名退出竞选。一个名叫瓦尔的共产党人占据了第一位，第二位是我，罗贝尔·密特朗处在第三位。"

总统的记性又一次恶作剧了。一个好笑的失败者，不仅因为他弄错了共产党候选人的名字，不叫瓦尔而是叫埃蒙，尤其还因

1　查理·斯皮纳斯去世后，雅克·希拉克在利穆赞地区杂志《Lemouzi》上向他致敬："一个莱昂·布鲁姆那样的民主人士，查理·斯皮纳斯积极拥护若黑斯构想的允许个人自由发展的社会主义思想，完全不同于蛊惑人心的政客。就像他所在的政府一样，他一直恪守只行使宪法赋予的权力，激励公共劳动而非一个社会阶层胜过另一社会阶层的行为准则。"

为后者在第一轮中没有获得第一名，而是得了第二名。希拉克领先于他！

在第二轮投票前夕，罗贝尔·密特朗发表一份声明指出他哥哥签署的协议不适用于他："我是弗朗索瓦·密特朗的弟弟，因此我是特例，因此共产党候选人必须退出竞选，尽管我排在他的后面。"他哥哥反驳他说不可能。

"这个可怜的人被迫退出竞选以便让共产党候选人继续走下去！如果共产党候选人退出了而把机会留给了罗贝尔·密特朗，我就不能当选了。我之所以当选，是因为我和一个共产党人对决。罗贝尔·密特朗也没有发表任何声明号召选民支持共产党候选人。"

"我们进行了一场艰难的竞选活动。罗贝尔·密特朗被推举为科雷兹的候选人就好比我被推举为红衣主教一样。他是工程师，一位城市资产者，非常聪明，但是他对奶牛可不太清楚，也不熟悉乡村集市。我们买牛时拍板交易的方式不对他的口味……在集会上，在他眼中我表现傲慢，我不得不承认这点，事后我很后悔……我在大厅里用方言演讲。这个不幸的人……（大笑）另外也很滑稽，因为我发言说得不好，但最终取得了不错的效果……后来我和他保持了非常友好的关系，尽管他曾经是我的对手……"

1967年3月12日，雅克·希拉克当选为科雷兹省的议员，而且改变了自身的气质。在他当选十余天后，戴高乐将军注意到他，接见了他一小时。雅克·佛卡尔是将军非常亲密的合作者，同时负责非洲事务和掌管民事诉讼署，是戴高乐主义运动的中坚力量。他也从希拉克身上发现了优秀的素质，甚至把他列入了政府下一批成员的名单。蓬皮杜在他的名字旁边写道："我认为如果我们要吸纳一名年轻成员，他就是那个必须吸纳的人[1]。”

“我当选的时候，”总统继续他的叙述，“在国会只有多数派的声音。当然，我一直说这是我的政党的声音！登记加入保卫新共和国联盟是最基本的。我接到一个电话催促我登记入党。我来到国民议会。有人不耐烦地在等我，就像等所有当选者一样。马克·雅盖和热内·托马西尼领导的小组接待了我。‘棒极了，希拉克，非常好……’接着托马西尼问我想进哪个委员会。对政坛一点儿也不熟悉的我直接回答：‘财政委员会。’他们发出了一声吓人的叫声：‘你在打什么主意？财政委员会，十年后才能进去！你知道：比如我……’——‘那么，随你的便吧！’——‘好吧，如果你想这样的话……’我也开始用你称呼他。‘如果你要这样的话，那就随便了，你也是：你想把我放哪儿就放哪儿吧，我才不在乎呢……’我砰地把门关上，走了。”

“我不记得我被安插到哪个委员会去了：实际上我没有时间管它……”

5月7日，雅克·希拉克来到了马提尼翁宫，碰见了正从里面走出来的蓬皮杜。总理向科雷兹新任议员打招呼：“希拉克，我刚和将军见过面，我们决定给您委派一个职务……”

总统说：“我有点儿惊讶。我向他表达了感谢。他接着说：‘……就业国务秘书。’不存在这个职务呀。这是第一次设立就业国务秘书的职务。我是名单上的最后一位。蓬皮杜补充道：‘我要告诉您两件事情。第一：请不要将自己看做一名部长。第二：您得知道就业将是我国的重要问题，因为法国人永远不能容忍失业者超过300 000人。’您知道当时，”爱丽舍宫的主人给我解释，“国内掀起一场声势浩大的活动，共产党宣称在准备实行国民经济发展计划时，政府已经预见了将会有400 000人失业，而

---

1 Jacques Foccart, *Tous les soirs avec de Gaulle. Journal de l'Elysée*, tome I, Fayard/Jeune Afrique, 1997.（雅克·佛卡尔，《和戴高乐度过的夜晚，爱丽舍宫日志》，第一卷）

当时的失业人数略低于300 000……”

总统回忆他的岳父对他得到政府任命的反应：“雅克，这样不稳定是什么意思呀？您以前在审计法院呆过，还当过议员候选人。后来当选了，如今您又辞职了……”

“我可怜的岳父，这超过了他的承受能力！总之，他是一个善良的人……被任命为就业国务秘书，这不妨碍我在选区内做一些正经事情。我全面地展开了自己的工作。每个星期我都会去那儿。每周五晚上，我搭乘火车，凌晨4点30分到达尤塞尔，周一早上返回。没有一个星期的周六周日我没去选区。当选后，这是一个有关忠诚的问题，但这也是认识法国的唯一方法，就是和民众真正接触。这种接触不是仅仅指时不时去选区闲逛，必须要长期地维持下去……”

我给总统读了他写的《希望之光》中的一段：“天职就是政治家吗？我很怀疑。我常常想在一个保留给我、界定得更清楚的活动领域内，我的生活会更幸福。完成了工作，一段真正自由的时间，既没有时刻承担的职责，也没有长久的忧虑。”

“当然了，”他回答说，“这都是我们发自内心没有过多考虑而说出来的话……”

“从当选议员的那一刻起，对政治的热情就再也没有离开您吧？”

“当然。”

“但是您看着哪儿，想走到哪儿呢？您的志向究竟是什么？从何时开始，您瞄准了总统的位子呢？”

他思索良久，正要开口回答，很快又改变了主意：

“的确很难回答这个问题……”

再一次沉默。

还有一次，我再次询问他从何时开始孕育了最远大的志向，他避重就轻：

“我一直努力工作……”

“很久以前您就一周工作七天了……”

“是的。大概每天工作十二小时。”

“那么，从什么时候开始的呢？……”

“很难讲。（他犹豫了很久）我会让您吃惊的：我从来没有瞄准这个位子，但是我可能做了为当选总统所有该做的事情。我从未对自己说：我要当总理，或这样那样的部长。我从没有要求任何东西。”

他决定把就业秘书处的办公室安排在提尔西路。了解他在提尔西路上办公十二个月期间采取的措施，对理解他的“左派趋性”至关重要，他在1995年参加总统竞选时提出的、旨在缓解“社会断裂”的纲领不是顾问们挖空心思想出的花招儿，而是涵盖了1967～1968年以及1974～1976年他第一次被马提尼翁宫任命期间，曾付诸实践的想法。

希拉克是第一个实施后来被称为“社会失业待遇”措施的人。他制定了一套自诩为“所有资本主义国家和社会主义国家中最佳社会保障体系”的制度。事实上，他设立了为所有失业人员提供资源的保障机制，并且普及了补充救助体系。按照要求，法国失业救助管理局（UNEDIC）将失业前三个月的津贴由参照工资的35%提高至40%。他还设立了国家就业中心（ANPE），规定了解雇赔偿金的最低比率。他和各工会领导人亲密合作，实施了一系列重要的改革措施。

1968年“五月风暴”来了。历史学家和记者均承认——关于雅克·希拉克的这个现象是罕见的——在谈判和缔结格奈勒协议过程中他充当了蓬皮杜的“火车司机”，为最终走出这场社会危机发挥了决定性作用。

“1968年‘五月风暴’中您扮演了一个极其重要的角色……”

就像符合他的习惯一样，希拉克反对美化他扮演的角色，尽量淡化他的作用，并且肯定这一切都是“出于偶然”。

“作为就业国务秘书，我和各个工会保持了友好的关系……”

“您接到了和工会保持这种关系的命令吗？”

“当然是。但是我不需要过分努力。在法国总工会（CGT）有乔治·塞居伊；法国工人力量（FO）有我一个关系要好的朋友安德烈·贝尔热隆；法国工人民主联合会（CFDT）有欧仁·德康。尤其是在法国雇主协会（CNPF）有一个重要人物弗朗索瓦·塞拉克，我的家庭密友。他在法国雇主协会负责处理经济问题，而且在经济界已经具有很强的影响力。1968年4月的一天，他到位于提西尔街的办公室里看我，‘听着，’他对我说，‘我想第一个告诉你，我要离开一段时间去接受手术……’我还听到他说：‘直到我回来社会上可不能出任何事情，我要离开三个星期……’没过多久，5月13日，总罢工爆发了！……”

“我所扮演的微不足道的角色就是在蓬皮杜和我向您提到的这些工会领导人之间充当中间人……”

“您忘了亨利·克拉苏克基……”

“的确，他是个和蔼可亲的人。我们专门和他进行了会面……”

“您和他在一起时使用了假名‘沃尔特’……”

“我在和工会的关系上花了很多心思……克拉苏克基在一些让人无法接受的地方和我约会：安维尔广场、皮嘉尔广场旁边……我向蓬皮杜汇报了我所做的事情，他建议我小心行事以免被挟持为人质：‘我不怀疑您能摆脱麻烦，但是，对于政府而言，那将是一件骇人听闻的事情；因此，小心行事，不要让事态转变成这样，我信任您……’后来有一次，我去皮嘉尔广场旁边赴约会，身上带了一把左轮手枪。至少，如果发生了不妙的事情，我还可以自卫。告诉您，我没有用上，不过，这些都是废话了……我有两三次都带上了左轮手枪……当然，今天这所有一切看上去都很可笑。”

谈到和他交情很好的记者菲利普·亚历山大，总统变得更健谈了。马塞尔·达索派他到《利穆赞崛起》工作，也就是说，帮助希拉克夺取1967年竞选的胜利。在《危难中的爱丽舍宫》一书中，菲利普·亚历山大讲述道：

“他把左轮手枪悄悄地塞进口袋。他召集了负责保护他的警官和他办公室的一名成员。他对他们说：‘我在最危险的街区有个约会。我没把握。你们陪我去。’”

“黑色标致轿车到了指定街道的街角。希拉克指了指一座灰色的屋子，在屋子前面两个彪形大汉踱来踱去。他告诉保镖：‘就是这儿。在四楼。如果三刻钟后，你们还没有看见我回来，就冲上去。带上武器。’他最后一次犹豫地说：‘三刻钟之后，明白吗？’”

“他下了车，走完了剩下的一百米。左轮枪的枪柄摩擦着他的胸膛。他走近两个保镖，低声地通报了自己的假名。他们回答道：‘好的。请随我们来。’”

“希拉克跟在两个向导的后面，登上充斥着油炸食品气味和收音机声音的楼梯。到了四楼，门打开了。国务秘书走进了一个小房间里：一张床，一个桌子。一个胸罩挂在椅子上，但是里面没有女人，只有三个男人，其中两个是法国总工会的著名领导人。雅克·希拉克坐在别人递给他的椅子上。心跳又恢复了平常的节奏。”

“在街角的标致车里，身着便装的警官死盯着他的手表。这一插曲的结局是：政府和工人之间的实质性谈判开始了。”

我又开口了：

“您和克拉苏克基之间建立了牢固的关系。”

“是的。”

“他和您有一个共同点：在文盲的身上做文章，他本人很有学问，而且是个音乐迷……”

“有一天他告诉我他是一个古典音乐的爱好者，我回答他除了《马赛曲》，我对音乐一无所知。”

“您在继续隐瞒自己的情况。”

“在这种情况下，我没有。我真的不喜爱古典音乐。我比较喜欢中国音乐，亚洲音乐，甚至在办公室我也听。相反，对于古典音乐，我不太听……”

我又回到了他在最终导致签署格奈勒协议的谈判中扮演的“重要”角色的话题，在签字仪式上，人们看见他坐在乔治·蓬皮杜的旁边。

“我记得这一特殊的时刻，将近凌晨4点，我们签署了协议。问题是我们是否把各行业应增至的最低工资（SMIC）[1]定为三法郎。我们准备让步到二点八法郎左右。我悄悄离开了大厅，打算和塞居伊或克拉苏克基秘密谈谈。我出去了，后来达成了一致——我想是和塞居伊——定为一个略低于三法郎的数字。我悄悄进去，他坐一边，我坐另一边。蓬皮杜提出了这个数字。这时法国工人力量的代表发言了：‘我们大家都同意三法郎！’每个人都惊呆了。塞居伊只好宣布他同意。就这样，我们将各行业应增至的最低工资定为三法郎。”

那是1968年5月27日的清晨七时。协议尤其明确指出行业应增至的最低工资增长35%，劳动者工资平均增长10%。当时雅克·希拉克相信法国将会重新开始工作，但是难以解决的罢工仍在继续。许多部门空无一人，这是权力部门的溃败。5月29日，戴高乐将军没有预先通知就在国外消失了。蓬皮杜孤身作战——

1　当时为各行业最低保证工资（SMIG）。

终究，不是完全地独自一人——希拉克形成了拥护者中的最后一个方阵。

“我非常平静。我对自己说一切都会过去的。我发现这段时期部长们的表现并不出色：说得好听点儿他们人间蒸发，说得难听点儿他们开始和别的地方进行接触。内政部长富歇消失了。我们被迫将他的办公室设在马提尼翁宫。即使是奥利维耶·吉沙尔，我们也不是常能见到他……各个部门办公室也是同样。我有一个办公室主任，是我的同届同学，关系很密切：他写信通知我一旦危机结束，他马上向我递交辞呈，同时还告诉我他是个忠诚可靠的人。他们所有人都是可怜虫。我通过人缘很好的米歇尔·科达得知密特朗邀请并接待了一些人，‘您知道我看见谁在密特朗家排队吗？奥利维耶·斯蒂恩和专区区长埃里尼雅克（雅克·希拉克办公室的成员）。您不相信也罢，他们在那儿等了七个小时，最后还是没被接见。’这就是当时的环境[1]。在我的办公室里，只有让-保罗·帕雷尔[2]和安妮·莱里捷表现很好。安妮·莱里捷对我说：‘随他们去吧，这一切都没有任何意义，局势会平静的……’”

“因此，我就把办公室安置在了马提尼翁宫。蓬皮杜周围的人不多了，因此不挤！当然，还有皮埃尔·朱耶，米歇尔·乔贝尔，玛丽-弗朗斯·加罗，爱德华·巴拉迪尔[3]……”

“是在这个时候，您和乔治·蓬皮杜之间建立了良好的关系吗？在格奈勒发挥了重要作用后，您成为了他的心腹？”

“蓬皮杜不是一个向合作者倾诉心声的人。我一直对他非常忠诚，我既不期待他感谢我，也不期待他对我予以特别重视。”

总理不承认戴高乐将军没有把自己动身去国外的消息预先通

1 请阅读《希望之光》有关该主题的内容，同前。

2 后来成为标致汽车的董事长。

3 爱德华·巴拉迪尔（Edouard Balladur, 1929- ）：1993年至1995年担任法国总理，法国右翼政治家。——译注知他，戴高乐在他心目中的形象突然被破坏了。6月18日，戴高乐在玩冒险游戏吗？难道他只是惊慌失措？不管怎样，两人之间的关系急剧恶化。蓬皮杜提出了辞职。戴高乐拒绝了，但被迫解散议会，对蓬皮杜作出让步。希拉克被任命为预算国务秘书。戴高乐主义者在议会选举中获胜。作为感谢，戴高乐解除了总理的职务。"我内心的某些东西被动摇了。于是我们的关系只是公务以及社交场合上的关系，再不是一个伟大的人物和为他奉献的某个人之间的融洽关系"，蓬皮杜对此这样写道[1]。迷失方向的希拉克准备离开政府，但是蓬皮杜劝说他打消了这个念头。相反，要求他留在预算国务秘书的职务上继续历练自己，同时及时把法国经济运行状况告诉他的保护者。

接替蓬皮杜的莫里斯·库夫·德·穆维尔向年轻的雅克·希拉克提供了其他职位，他一一拒绝了。他在新总理身边充当了前任总理的发言人和调解人。

"库夫很高兴能够执掌马提尼翁宫，他不想激化自己和蓬皮杜的关系，而且认为我的中间人角色很好……因此他把我和组阁联系在一起，不是由于我的才能，而是因为这能使他避免和蓬皮杜谈判……我记得很清楚库夫一点儿也不喜欢埃德加·弗尔……在和蓬皮杜谈起这件事后，我对总理说：'必须把埃德加放到国家教育中心。'——'不可能，他会为所欲为的'，库夫回答道。我还记得自己这样回答他——对此我很确定：'总理先生，您错了（由此可见人可以幼稚到何种程度）。或许他会成功，那将是政府的成功；或许他会失败，那将是他个人的失败……'这个理由说服了他任命埃德加在教育中心就职……嗯，事实正好相反，因为埃德加比我们更聪明！他任职后，选择了米歇尔·阿利奥-玛丽的未来丈夫，一个非常友好、也是我的朋友的人担任他

1 Georges Pompidou, *Pour rétablir une vérité*, Flammarion, 1982.（乔治·蓬皮杜，《重塑真相》）

的办公室主任。作为预算国务秘书，我和阿利奥经常保持联系，她代表埃德加不断地向我提出一些要求以便增加教育中心的经费。应阿利奥的要求，为了让埃德加高兴，我花费了一些时间解决国家教育中心的问题。”

希拉克一只脚踏在库夫政府里，另一只脚踏在蓬皮杜那边，而后者和政府保持了一定的距离。这时，马尔科维奇事件突然出现了。围绕着阿兰·德隆的保镖兼亲信斯德凡·马尔科维奇的死，展开了一桩针对前总理的卑鄙阴谋。在巴黎到处在传播一些有关蓬皮杜夫人的伪造的色情照片。由于库夫·德·穆维尔和戴高乐都没有迅速制止这起阴谋，该事件对蓬皮杜夫妇造成了更大的伤害。希拉克完全投入到了捍卫他的保护人的斗争中。“最忠心、最勇敢、真正帮助了我的人是雅克·希拉克”，后来乔治·蓬皮杜肯定地说[1]。

按照他的习惯，尽管当事人自己进行了肯定，雅克·希拉克也不愿承认他在保卫蓬皮杜的斗争中发挥了重要的——最重要的——作用。

“这个事件我记得很清楚。在蓬皮杜要求以及库夫完全同意的条件下，我留任了预算国务秘书，库夫很清楚我和蓬皮杜的关系。这个国务秘书的职位实际上使我进入部长之列。我整天呆在希沃里大街，晚上，将近七时，我来到拉杜尔-莫布尔大街和皮埃尔·朱耶、玛丽-弗朗斯·加罗以及其他两三个人见面。在那儿，我们谈天说地……”

“您成为蓬皮杜的亲信部队的一员了？”

“是的，是的……一天，我到了那儿，看见朱耶神色异常。我问他出了什么事：‘出现一个问题，真是一件骇人听闻的事：总理会为这件事伤心的。但必须要告诉他。’我回答道：

---

1 乔治·蓬皮杜，《重塑真相》，同前。

'您来告诉他，您是他最亲近的人，您把这件事告诉他。'——'我有个主意。这件事是让-吕克·加瓦尔[1]告诉我的。我们派他去吧……'我坚持己见并且重复说应该由他去做这件事，但没用。"

"于是，加瓦尔去把这件事告诉蓬皮杜。他毫无保留地全抖出来了：有一些关于蓬皮杜夫人的照片，等等。事情进展得很糟糕。蓬皮杜反应很不好，这是我唯一责备过他的事情。他极其怨恨加瓦尔，没有原谅他。他迁怒于加瓦尔。这不合适。因此，朱耶和我很难从他身上找回正常的状态。"

今天，雅克·希拉克知道谁策划了这起针对乔治·蓬皮杜的阴谋吗?

"蓬皮杜一直相信库夫参与了这件事。我没有任何证据。他认为热内·加皮唐[2]也有份。对于后者，他起码记住一件事：没有预先告诉他。"

"戴高乐将军也什么都没说吗?"

"戴高乐将军没说任何东西。有人想通过这件由各种各样的零碎东西拼凑成的离奇事件，来达到从政治上杀死蓬皮杜的目的。"

"据说蓬皮杜在皮夹子里有一张叠了两下的小纸条，上面写着他认为该为此次事件负责的人的名字……"

"完全正确。"

"您从来不知道有哪些人的名字吗?"

"不！您知道，蓬皮杜是一个有意思的人，但是他把为他服务的合作者和他的朋友截然分开。这两类人没有任何联系。时不时我被邀请去看电影，在电影院我遇见了他的几位朋友……"

"在马尔科维奇事件中为了保卫蓬皮杜，您采取了哪些行动

---

1 蓬皮杜派驻在马提尼翁宫的特使，2006年11月去世。

2 左派戴高乐主义者，时任掌玺大臣。

呢？我只知道您痛骂了[1]一顿当时的信息国务秘书若埃尔·勒·杜厄尔，他允许了在国家电台播发关于此次事件的消息……”

“但是我什么都没有说！”

“然而，蓬皮杜认为您是最用心保卫他的人！”

“我除了说过‘所有一切都很卑鄙’之外，再没说其他的……”

“您打了电话，您……”

“也许我表达了对一个我认为是由别人策划，没有任何依据的阴谋诡计的愤怒……仅此而已。”

这个阴谋坚定了蓬皮杜要做戴高乐将军继任者的决心。1969年1月17日，在罗马宾馆，他对几个记者说：“我想，这对任何人都不是秘密，只要举行共和国总统选举，我将作为候选人参加竞选。”蓬皮杜和戴高乐将军以及历史戴高乐主义决裂了。

1969年4月27日，戴高乐在关于地方分权和参议院改革的公投中失败了。结果公布几个小时后，他卸职了。四十八小时后，蓬皮杜宣告了他作为候选人参加竞选。雅克·希拉克成为他的选举班子成员：他被任命为财务主管，负责管理收入。这股中坚力量还包括米歇尔·若贝尔，爱德华·巴拉迪尔，当然还有玛丽-弗朗斯·加罗和皮埃尔·朱耶。

雅克·希拉克回忆了收到第一次民意调查结果的情形，阿兰·波埃尔遥遥领先，而“蓬皮杜位列第三十六名之后”。

“朱耶脸色极其难看。‘我们的民调结果不好’，他对我说。我回答说：‘永远不能相信民意调查。’——‘总理知道了，心情很不好。玛丽-弗朗斯·加罗，您和我，我们邀请他去对面的小咖啡馆吃晚饭吧。’——‘我很愿意，但是我已经和人

---

1 1986年，圆桌出版社出版的《一个叫希拉克的陌生人》一书中，蒂埃里·德雅尔丹讲述了希拉克让人停车，从一个小酒吧打电话给若埃尔·勒·杜厄尔，并且对他说“如果不立即停止的话，他会后悔的”。若干年以后，若埃尔·勒·杜厄尔和我谈起了这件事。

约好晚餐了。’——‘取消您的晚餐！……’我不得不打电话给我妻子，告诉她我不能去赴约了。接着，我们去了对面的咖啡馆——拿破仑咖啡馆——那儿实际上没人。老板赶忙跑到我们面前。朱耶说：‘我们坐在哪儿？’我指了角落里一处安静的地方。蓬皮杜神色狡猾，说：‘不，我们坐在露天座位里。让人认识的时候到了！’”（一阵大笑）

总统接着又说了竞选过程中发生的另一件趣事。

“我来到竞选总部。像往常一样，那儿有十五个记者。我进去了。因为在三楼，我有一个跑着上楼梯的习惯。在二楼，我看见一个先生坐着在等人。我上楼了。我呆了大约三刻钟，一个小时，又下楼了，一直是跑着，就在这时，我在二楼注意到的那位先生出去了。所有的记者都涌向他，他冲着他们说：‘我不发表评论……’他转过了街角，走了。我问记者们：‘这个古怪家伙是谁呀？’——‘提克斯耶·维尼昂库尔？他刚和蓬皮杜先生见面。’——‘我也希望他是提克斯耶·维尼昂库尔先生，但是，我能告诉你们的是，他没有见到蓬皮杜先生，因为他没有走进蓬皮杜的办公室。他在二楼的楼梯平台上坐了一个小时！’”

总统如数家珍似的继续他的回忆：

“我试着到处筹款，这很难，因为当时别人不急着给我们钱。蓬皮杜问：‘款筹得怎样？’我们回答说：‘没有任何问题！’事实上，我们一个子儿都没有。朱耶，还有我，我们抵押了房子从中取出一点儿钱……后来，筹钱变得更容易些……”

接着，他又讲了阿拉伯国王提出要给他们几箱钞票用于竞选，蓬皮杜拒绝了（“绝对不用国外的一个子儿！”）；后来费萨尔[1]对巴黎进行正式访问结束后，新任国家元首确信有人千真万确接受了这几个箱子。“我很高兴能够从物质上助您取得成功”，

1 费萨尔（Fayçal ibn Hussein，1883-1933）：叙利亚国王。——译注

国王借机对他说。蓬皮杜被这些话刺伤了，但是，几经踌躇后，他拒绝展开调查。“很可能有人拿走了这些箱子”，雅克·希拉克得出这样的结论。

皮埃尔·朱耶和玛丽-弗朗斯·加罗通常被认为很大程度上“炮制”了现任总统。正是他们在离开希拉克后，用尖酸刻薄的话把他塑造成易受影响、每换一次顾问就改变自己主张的形象。

“我被指责改变主张有很长时间了。这没有对我产生很大影响。反驳是比较容易的，我也反驳了几次：‘只有傻瓜不会改变’。可是我观察到当人们给您贴上标签，您就很难把它撕下。我有时很可能改变主意。然而和我一起工作，对我很了解的合作者从来没有指责我是没有主见的人。可是，形象既已形成了就很难摆脱……”

我提起了在他身边皮埃尔·朱耶和玛丽-弗朗斯·加罗的角色。

“两个截然不同的人，为了支持蓬皮杜他们联合在一起，并且很快就发现在蓬皮杜的周围还有一个人——我——让别人佩服。自然而然，他们想办法让我进入他们的队伍。我以某种方式成为了第三个，外加聪明、有学识、十足的戴高乐主义者、十足的蓬皮杜主义者、十足的法国人、不苟言笑的皮埃尔·朱耶，还有玛丽-弗朗斯·加罗，伶牙俐齿，也很聪明，但是在我们当中她有点儿惹人讨厌。也许他们有点儿利用我。我们组成一个小组为蓬皮杜和他提出的想法服务，我重复一遍，我是三号人物。后来，事情发生了变化。在触及事情的本质上，我重新保持了我的独立，尤其对于基本问题，我们很快在这上面发生了分歧：欧洲问题。他们两个都是反欧洲的，而我，我赞成某些关于欧洲的想法。慢慢地，我们不再见面。一切结束了，他们埋怨我……”

“他们散布了很多关于您的言论……尤其玛丽-弗朗斯·加罗反复宣称您是一个没有信念、没有主见的人。这个形象一直贴附在您身上……”

“每个人或多或少都容易受到他人影响。我再说一次，只有傻瓜才不会改变。当影响和能力相关联时，任凭自己被他人的才能影响是完全正常的。让人恼火的是没有动机地随意改变主意。我从来没有觉着自己没有正当理由就改变了主意……”

1969年6月15日，乔治·蓬皮杜以58.2%的选票当选为共和国总统。他任命雅克·沙邦-戴尔马[1]为总理。总统认为雅克·希拉克尚未锻炼出来，同时把他视为自己的继任者，因而他把希拉克放在财政部长瓦莱里·吉斯卡尔·德斯坦手下继续担任预算国务秘书。希拉克甘愿屈居麾下，因为他被吉斯卡尔的传记和智慧所吸引。从此，瓦莱里·吉斯卡尔·德斯坦和希拉克（他被皮埃尔·朱耶和玛丽-弗朗斯·加罗领导，他们二人在爱丽舍宫为蓬皮杜充当了具有影响力的顾问），形成了一个反沙邦的集团，沙邦积极鼓吹“新社会”概念，被大部分戴高乐主义者同党所诋毁。

雅克·希拉克开始变得有名。1970年6月26日，法国电视管理局（ORTF）在《概况》节目中第一次用上了他的肖像画。1971年1月，他成为总理的部长级代表，负责处理和议会的关系。乔治·苏菲尔在《快报》杂志发表的一篇精彩文章中将他称为“科雷兹的武士”。从此他被誉为蓬皮杜式戴高乐主义的“同谋”。如果说热内·托马西尼是戴高乐主义政党共和民主人士联盟名义上的首领，那么希拉克才是真正的组织者，他确定路线，准备宣言稿[2]。当沙邦在马提尼翁宫忙于捍卫他的“新社会”时，希拉克已经成为雅克·弗卡尔和民事诉讼署各成员的亲信，并且积极从事反对他的活动。

八月底，他准备在《棋逢对手》节目中迎战法国共产党秘书长乔治·马尔歇。出于这个目的，他参与制作一部极端反共的短

---

1 沙邦-戴尔马（Jacques Saban-Delmas，1915-2000）：法国政治家，1969-1972年任总理。——译注

2 《和希拉克度过的夜晚，爱丽舍宫日志》，同前，第二卷，第573页。

片，并且选择了民事诉讼署一个熟悉的成员扮演一个工人的角色。“胡来！”当弗卡尔得知这个在二十四个省拥有很高知名度的“工人”的名字时，他愤怒了！他通知了希拉克，在最后关头给他找了另一个在雪铁龙工作的民事诉讼署成员，后者没有公布名字[1]。这位负责处理和议会关系的部长面对法共秘书长的吹牛伎俩脸色变得煞白……

希拉克在戴高乐—蓬皮杜机构里的地位如此重要，他也负责处理震动了共和民主人士联盟的丑闻，尤其是地产担保管理处事件[2]。他对政党运作投入的精力比对部里工作投入的精力还要多。和众议员、参议员的关系显然不是他关注的方面。“人们普遍认为我是第五共和国最不称职的部长”，他这样评价自己。

当沙邦被解除总理职位，皮埃尔·梅斯麦尔取而代之时，希拉克和他的朋友们对此都非常满意，希拉克要求蓬皮杜更换他的职位，于是得到了农业部部长的位子。他将在这个职位上大显身手。

“农业让我很感兴趣。首先，我明白人们说什么，我感受到了那些东西，我相信法国是一个在农业上可以大有作为的国家。应该生产更多的产品，养活更多的人，因此，很可能描绘出一张宏伟蓝图。我实施了一些改革措施，这些措施对于使法国的重要王牌——农业——的现代化是不无裨益的。”

“对于这个话题，我们一直忘记说起一些显而易见的事情。今天，全世界有至少八亿人忍饥挨饿。五年后，我们还将增加三十亿人。人类实际上用光了农业生产的所有资源，所以当今世界的最大挑战是知道如何养活更多的人。现在我们是世界上第二大农业强国，第一大农业加工品出口国，因此农业创造了就业机会。对于我们和世界其他国家而言，农业政策至关重要，因为威胁人类的正是饥饿。自从托尼·布莱尔宣布农业本身没有意思以

---

1 《爱丽舍宫日志》，同前，第四卷，第51页。

2 同上，第四卷，第244页以及第五卷，第403页。

来，人们过于轻视了农业，这引发了大规模的争论。”

“在这个行业我充分发挥了才能，因为我感觉自己在支持一项正义的事业。”

1973年议会选举结束后，由于皮埃尔·朱耶施压，被提名为总理的不是希拉克，皮埃尔·梅斯麦尔留任原职。希拉克留在了农业部。

在这个职位上，他的工作表排得再满也是白搭，他总是有剩余的时间和精力去顾及其他的事情。在共和民主人士联盟内部进行的一场针对沙邦的无声战斗结束后，他支持了蓬皮杜提出的五年计划，该计划竟然让历史戴高乐主义者尖叫不已，从米歇尔·德布雷开始。1973年12月中旬，《观点》杂志的封面：《梅斯麦尔应该离开》，戴高乐党派内部的紧张局势更是加剧。希拉克确信这还是沙邦的一个小伎俩。这些战役发生在蓬皮杜临终的背景下。1974年3月1日，他着手进行了最后的部委调整，最明显的迹象是将雅克·希拉克安置在波沃广场。

“当蓬皮杜宣布任命我为内政部长时，他说了一句一直回响在我耳边的话：‘这样您将走完一段足够的历程来了解整个政府了。’没有深思熟虑的人是不会说出这番话的。我对自己说，我是一块经过大火考验的铁，在需要时可以根据具体环境发挥功效。”瓦莱里·吉斯卡尔·德斯坦的总理这样告诉弗朗兹-奥利维耶·吉埃斯贝尔[1]。

1 《雅克·希拉克》，同前。

16 再造之恩

1968年6月议会选举期间的一个晚上，雅克·希拉克的父亲突然去世了，可还有两位长辈也很疼爱希拉克。对他来说，随着时间的流逝，马塞尔·达索和乔治·蓬皮杜实际上成了他的父亲兼保护人，前者是精神之父，而后者，没有他，雅克·希拉克显然不会有这一段众所周知的人生经历。

总统讲述了一件趣事，比长篇大论能更好地让我们明白他与大名鼎鼎的飞机制造商马塞尔·布洛克，即达索之间的关系的性质。故事发生在1940年5月，德国军队扑向巴黎。我们还记得当时希拉克一家住在伊斯勒-阿达姆附近的帕尔曼。总统说马塞尔·布洛克打电话给他母亲，对她说："我立即过来接你们，德国人来了。您只要带上雅克和一只箱子就行了。"

每当雅克·希拉克说到马塞尔·达索的名字时，他的声音都变得温柔了。"我有点儿像他的儿子……"，他总结道。

豪华轿车停住了。雅克和他母亲上了车，车上还有马塞尔，他的妻子玛德莱娜和他们的两个孩子，塞尔日和克洛德。不一会儿，伊斯勒-阿达姆桥上拥堵的交通使汽车停了下来。天气很热，车窗玻璃摇下了。雅克·希拉克讲述了这一幕：

"我们看见一个法国军人经过，孤零零地朝着巴黎方向走去。'上尉！'马塞尔·布洛克大声叫唤他。——'怎么了？'——'出了什么事？为什么只有您一个人？’——‘德国人来了。’——‘你们没抵抗吗？’——‘您还没明白吗？他们朝我们开枪了……’”

雅克·希拉克记得就这样一直走到了维希，然后在圣费雷罗住了一段时间，后来去了拉约尔和波泰一家会合[1]。

然而，出现了一个小问题：塞尔日和克洛德·达索强烈否认了这段叙述。他们说，1939年9月以来，他们和母亲待在圣埃尼昂（卢瓦尔-谢尔省）。5月10日以后，父亲用车接他们到了波尔多，在那儿布洛克一家和波泰一家度过了一星期。他们从那儿去了布尔布勒。整个七月，父亲四处奔波为家人找一个更安全的落脚处。“一路上我根本没有看见雅克·希拉克”，塞尔日·达索肯定地说，他既不记得在战前，也不记得在战争期间曾经见过雅克·希拉克。他的哥哥克洛德似乎不这么肯定。也许战争期间他在拉约尔见过希拉克，那是1940年10月份以前，他和父亲在拉约尔拜访别人的时候。“我父亲对我说过的唯一一件事情就是有一天因为希拉克认出了他的汽车，一辆格朗汉佩吉汽车的商标，他为希拉克买了一列电气火车玩具。他没有告诉我其他的事情。另外，他为什么要对小希拉克感兴趣呢？这需要一个说得过去的理由。小希拉克毕竟不是天才！”这个故事让塞尔日·达索感到很惊讶。他接着说：“我从来不和雅克·希拉克玩。不管怎么说，我不记得他了，我对此并不感到惊讶……我第一次见到他时，他是农业部长……”几分钟过后，塞尔日·达索又开口了：“他从来没有被邀请到我家来……我父亲从没有说过：‘瞧，我遇上了一个了不起的小男孩’……”

那么小雅克·希拉克是和谁一起，而且怎样离开帕尔曼的呢？“他母亲最好的朋友之子”[2]米歇尔·巴塞讲述[3]了他在雅

---

1 见上文第15章。

2 见上文第14章。

3 《雅克·希拉克，永恒的青春》，同前。

克·希拉克身边见证的这段小插曲。1940年5月3日星期五，凌晨，阿贝尔、玛丽-路易斯和雅克坐轿车离开了帕尔曼，“用篷布遮盖的箱子堆得超过了车顶，一辆真正的流浪者的车”，后面吃力地跟着他们的朋友巴塞一家的雷纳斯特拉大车。午餐小憩时，雅克·希拉克挨着让-弗朗索瓦和米歇尔，坐在雷纳斯特拉车里，而小伊丽莎白·巴塞爬到了希拉克一家的车里。当晚，两辆车到达了圣费雷罗的集市；多利亚克咖啡馆的顾客们都出来围住了“巴黎人”。晚上，希拉克一家和巴塞一家在玛丽-路易斯的祖宅里共进晚餐，一顿由“守护神”（欧也妮）准备的饭。圣费雷罗的老人们忘记了细节，但是仍能记起两辆汽车到达市镇的情形。他们记得巴塞一家，特别是玛丽-路易斯的朋友玛格丽特。北上巴黎之前玛格丽特和她的孩子们实际上在圣费雷罗呆了几周。

那么雅克·希拉克撒谎了吗？我不认为是这样。那有什么好处呢？但有趣的是必须指出，在他的记忆里，雅克·希拉克将马塞尔·布洛克-达索替代了他的父亲。无须咨询什么资深专家就能明白，甚至在当事人也不知情的情况下，他的记忆机制是如何运作的。老实说，只要听听他谈论马塞尔·达索就行了。

从故事一开头他回忆起马塞尔·达索打电话给他母亲开始，他就给予了非常明确的评论：“我有点儿像他的儿子……”总统像儿子对父亲一般敬爱大名鼎鼎的飞机制造商，他任凭这种爱尽情表露。通常他措辞谨慎委婉，可是对于后者他使用了一些从未用于其他人的词语。

“马塞尔·达索是一位伟大，非常伟大的先生。”为了进一步阐明他的话，他提到了一个让人情绪激动的时刻：当他在电视上看到马塞尔·达索展开一个小纸片时，里面包着一片有四瓣小叶的三叶草，这是他的吉祥物：“这是我经历过的最令人激动的时刻。他曾经向我展示过他的吉祥物，他小心翼翼地从一张纸里取出，叶子只剩下了叶脉，他说：‘这个救过我的命，它从没有离开过我。’这表明了他对最简单的事物的信仰……在他身上让我印象深刻的另一件事情是：这是一位不会拿国家开玩笑的人。这个伟大的法国人不接受哪怕最细小的有损于国家的行为。这是一个伟大的爱国者……”

接着他谈到了塞尔日·达索，又一次说到：“马塞尔·达索准是把我看成了他的儿子。”

我要求他告诉我他和飞机制造商之间的谈话，他顿住了。“敬爱”这个词回到了他嘴边。他回忆起七十年代初的一幕。他路过香榭丽舍圆形广场，决定去问候一下马塞尔·达索。“我爬上楼梯，让门房替我通报一声。我听到几声叫喊声，只见达索裹着那件终年不换的大衣，拽住一位法国犹太人社区知名人士的上衣翻领猛烈地摇动，然后把他赶出门。随后马塞尔·达索向我解释了他愤怒的原因：此人来为以色列要钱，他发现数额不够，竟然敢大声嚷嚷：‘我们毕竟先是以色列人，然后才是法国人……”由这件趣事开始，总统偏离了话题，花了很久的时间谈论了一番他发自内心对反犹太主义产生的仇恨。

从战后到六十年代这期间，雅克·希拉克没有保留许多对马塞尔·达索的回忆，因此这让飞机制造商的儿子的见证变得更加可信。在塞尔日·达索看来，他父亲与未来总统的关系是从后者在乔治·蓬皮杜内阁负责航空业时，才开始真正密切起来。“后来，的确，我父母经常见到雅克·希拉克和贝尔纳黛特。他们常常光顾位于帕西的房子……可以肯定的是，从那一时期开始他才真正对希拉克感兴趣……”

国家元首肯定了他的话：“当我进入蓬皮杜内阁时，我开始和马塞尔·达索经常往来，这种联系被解释为是由于除友谊之外的其他原因。为什么？因为出于职责，我必须负责航空业。”

“这是您被蓬皮杜内阁任命的原因吗？”

“绝对不是。我出于偶然进入了内阁，同一职位就像落在我的前任头上一样也落在了我的头上：航空，船舶制造，一切有关海运和空运的事务……”

“因此选择了达索……”

“因此选择了达索。自然而然，我和他保持了密切的接触。此外，他很了解我。由此，我们谈论了许多东西。他告诉我他对一些事情的看法，他的政治立场……实际上，他很激进。他也是戴高乐主义者，但是个彻头彻尾的激进分子。他非常，非常爱国，这给我留下了非常深刻的印象……因此我去了圆形广场，他在那里有办公室。”

这时，我提出了一个关于他在政治生涯中筹措资金的问题。

“他建议我创办一份报纸，并提出让菲利普·亚历山大和我合作以助我一臂之力。我和亚历山大一起创办了《利穆赞崛起》，他作为我的技术顾问。我是老板……”

“由达索资助吗？”

“不，因为达索不愿意和我有某种金钱上的关系。他和别人有金钱上的关系，而和我却从来没有。他仅仅给亚历山大支付薪水。达索是一个恪守道德准则的人。我确信他帮助了一些人。但是我，我从来没有名列其中。他明确地告诉了我，他不可能给我任何东西。另外，我也没有向他要求任何东西。”

“但是，在所有关于他的传记中都谈到了这种资助。据说他是你主要的资金提供者。”

“这些人要不心怀恶意，要不乱放厥词。达索是一个非常遵守原则的人。我相信有一些人，出于各种原因，政治的、行业的或其他的原因，被他列为需要支付薪水的一类。从此，他就付钱给他们。这符合他的性格。但是也有一些人，他对他们怀有尊重和友谊，他也许从来不会想到要付钱给这些人……金钱方面的原则是不可动摇的……”

“但是他资助了您的政党，他甚至在《巴黎竞赛报》的访问中承认了此事……”

“这很有可能。他资助了许多政党。但是我能告诉您达索和我之间从来没有直接的金钱关系。他不能容忍接受这样的关系。这完全有悖于他的道德。这是他从来没有，也根本不会和我谈论的一个话题，他既不会为我的竞选活动，也不会为我的党提供资助。我认识其他一些资助了我的政党的人。他可能资助了我的党，但没有通过我的中间人……”

“他说过‘保卫共和联盟是我的舞蹈演员[1]。’”

“极有可能。这不属于应该遭受指责的关系。可是，出于个人原则的原因，他从来没有通过我。我甚至可能是最后一个他资助的对象。我认为，他很喜欢我，很了解我；他不是一个混淆公私的人……”

“但这还是一件人们津津乐道的事情……”

“我能告诉你的是，这不是真的。我向您重复一遍：这之所以不是真的，是出于一个简单的原因，就是他没有这样的想法……”

“因为您和他关系太密切了吗？”

“这不符合我们的关系。在他看来，给我钱是无法想象的。对我来说，向他要钱也是无法想象的……”

《马塞尔·达索，世纪传奇》的作者克洛德·卡尔利耶教授查阅了大批档案，的确没有证据表明马塞尔·达索和雅克·希拉克之间存在直接的金钱关系，但是档案保存了许多由飞机制造商签字报销的《利穆赞崛起》的发票……

我舍弃了关于他的政治筹资这个敏感话题，接着和雅克·希拉克谈起了他给马塞尔·达索提供的帮助，尤其在担任预算国务

1 十八世纪和十九世纪初，贵族包养舞蹈演员做他们的情妇，此处达索意指他花巨额资金资助了戴高乐主义政党。——译注。

秘书期间。他不仅承认自己对推出隼式喷气式飞机发挥了作用，而且直言不讳地担下了这份功劳。

“我以自己是隼式喷气式飞机之父为荣。当时，达索公司的董事长是一个非常出色的人：贝诺·瓦利埃尔（瓦利埃尔是他从事地下活动时的名字），一位伟大的抵抗运动者，波兰籍犹太人，他曾经几次跳伞降落在法国。这个备受尊敬的人是一个大工业家。他和达索一起推出了一款小型的现代飞机，一架民用的双喷气式发动机飞机。他们在研发计划中投了资。他们来见我——还有其他几位部长——要求得到帮助。当时的财政部长是吉斯卡尔·德斯坦。财政部办事情总是拖拖拉拉，从来就不急于支出资金。不过瓦利埃尔成功地和一家由一战期间的某个风云人物领导的美国公司一起获得了一个巨大的市场。他在谈判桌上几经唇枪舌剑。签字的时刻到了。美方和法方聚集到了富格饭店，但是只有国家承担研发计划的一部分投资才能进行签字。吉斯卡尔一直都没有给予支持。他当时在非洲，无法联系上。达索和瓦利埃尔先后从富格饭店打电话给我：‘太过分了。我们必须立即签字……怎么办？无论如何必须联系上吉斯卡尔……’——‘我将尽一切办法联系他……’实际上，我使尽了浑身解数还是没能和他取得联系。我找了他的一些主要合作者，尤其是他的办公室主任，他告诉我他的头儿反对国家承担研发计划的部分投资，因而试图联系远在非洲的他也是徒劳的。”

“13点，13点一刻……瓦利埃尔打电话给我：‘真是一场灾难。美国人准备好了签字，而我们一直没有得到利沃里街的同意。’——‘那我同意你们签字，我信赖你们！我许可你们签字，今天下午你们就签字吧。’我这样做了。交易达成了，这是一首壮丽史诗的开篇，我对此深信不疑。这是法国达成的最漂亮的买卖之一，弥补了我国继“快帆”双涡轮飞机后生产续代产品的不足。国家不仅收回了投资，而且从中赚了很多钱。这就是我自称为隼式喷气式飞机之父的原因！”

“在我同意签字之前，我预先给蓬皮杜打了电话，他对我说：‘这由您来负责。尽量把工作做好……’至于吉斯卡尔回来后，哎呀……他有两三个月没有和我握手。他不高兴，一点儿也不高兴。”

塞尔日·达索证实了总统所讲的全部内容：“这是真的，他一直都挂在嘴边……吉斯卡尔出局了，希拉克签署了计划。如果他没有签字的话，可能永远也不会有隼式喷气式飞机了……”

后来，首次出任总理的雅克·希拉克竭尽所能帮助达索公司出售军事飞机。

1984年6月19日，巴黎市政府告诉马塞尔·达索，市政府将会负责维护保养他的墓地。1986年4月22日，再次出任总理的雅克·希拉克在圣路易圆顶教堂为飞机制造商发表了悼词。他以一句个人评论结束了悼词：“对我而言，我在心底重新感受到自儿时起就对他怀有的无限敬爱之情。由衷地，我希望我们能和他一起配得上这份敬爱之情。”

在花了很久时间谈论马塞尔·达索的访谈结束后的下一次访谈[1]一开始，希拉克知道或猜到了他几乎没有说服我，于是他没有让我提出第一个问题。一上来他就告诉我他明白我的疑问，由于众说纷纭而又和他的说法相反而生成的疑问。他接着说：

“您把它变成自己的说法，然后一遍遍重复，我无所谓，但是为了马塞尔·达索，我要予以驳斥……我对他怀有敬爱和尊重。除了一个我将告诉你的情况例外，我和他从来没有经济往来。我没有产生过这样的想法，他也没有这样想过。马塞尔·达索告诉我如果有需要，我可以使用他停在布尔热机场的二十架

1　2006年9月10日。

‘神秘’战斗机中的一架。有一次，我借了一架，接着第二次，第三次，由于我发现这很方便，我就告诉飞行员某天，某时，我要坐飞机到一个我记不得的地方。于是我收到一封令人咋舌的信，得到了所谓屁股上挨了一脚的待遇。我妻子脸都气得发绿。信上用大字写着：‘我亲爱的雅克，飞机非常昂贵。它花费巨大：维护、汽油、等等。您若不再使用的话将令我非常感激。’我受到了侮辱……马塞尔·达索非常爱我，但事实就是这样。问题本质在于他不愿和我有经济往来。对这类信件没有其它的解释……我妻子震惊得很长时间都没有反应过来。我无须告诉您，我再也没有要求使用他的飞机了。这就是达索：不混淆公私……有一个希拉克他很喜爱，作为技术顾问的希拉克，他能为之腾挪出自己的位子，还有从政的希拉克，他与之没有特殊的关系……”

“除了为您的政党吗？”

“我丝毫不知道他为政党作的贡献，因为我不负责这些事情。我想，他实际上帮助了政党……”

“他自己承认了。”

“那就没有疑问了。”

而另一方面，塞尔日·达索对谈论政治资金问题并没有抱以多大的热情。然而，他还是确认了1967年他父亲帮助了希拉克参加第一次竞选。尽管他帮助了保卫共和联盟，“但是也帮助了其他组织”。事实上，让塞尔日·达索感兴趣的是，他想知道共和国总统是否在我面前批评了他的行为。

“没有，没有。”

“因为他想把我的公司国有化！”

塞尔日·达索不能接受希拉克对他本人以及对他的集团采取的态度。第一次，当希拉克担任总理时，他的国防部长安德烈·吉洛竟然拒绝塞尔日·达索在父亲去世后被任命为达索集团的总裁。“第二次情况更恶劣，我们通过分拆才得以保住性命！否则，达索集团就完了！他提出要围绕欧洲航空防务和航天公司（EADS）组建一个大型法国集团公司。谈判持续了一年。我单独和希拉克谈判，他派来让-皮埃尔·德尼斯烦了我一年。我不知道他为什么这么做，但确实是为了烦我……这是他本人的意愿还是别人的意愿……我没有其他事情可以告诉您了。和我的私人关系还不至于太差，但是说到《费加罗报》我们的关系就恶化了……”

是经济上的迫切需求，还是回忆起梦想中的“父亲”马塞尔·达索向他透露的关于儿子塞尔日的隐情影响了总统的态度呢？他从来就毫不犹豫地对塞尔日加以侮辱。

塞尔日和希拉克对彼此的看法背后，一定藏有许多心照不宣的话。

17 蓬皮杜，精神之父

在《希望之光》[1]一书中，雅克·希拉克把蓬皮杜称为“引导他在政坛上迈出第一步”的人：“我体验到了快乐，就像在生活中弟弟依恋兄长，体会到这种依恋力量的人能够理解这种快乐。”他还提到了“精神上父爱般的关怀”，回想起在这个“父亲”身边度过的这些年，他尽情倾吐自己感受到的痛苦：

“……想起丰富充实的这几年，这一段过去，尽管我身边的人一再要求，我都缄口不谈，我感觉到过往时世的艰难，生活堆砌出的孤寂以及独自面对命运时的沉重感。被别人引导，感受到鼓励和内心的冲动，依靠经验和友谊，这些都是令人愉快的。十年中我有这样的好运。好运充实了我，让我得以展现自己，如果生活没有赐予我和他相遇的恩惠，我将不是现在的我。（……）但是他遗留的事业还要继承下去。”

在乔治·蓬皮杜去世四年后写下的这些话，足以表明雅克·希拉克将自己看做已逝总统的精神之子，事业的继承人。他有理由这样做吗？蓬皮杜也是这样看待他的吗？

许多迹象都指向了这个方向。克洛德·蓬皮杜对弗朗索瓦丝-奥利维耶·吉埃斯贝尔[2]讲述道：“关于希拉克，我丈夫总是说：

1 同前。

2 《希拉克传》，同前。

‘这是一个宽厚，忠诚，勇敢的人。别人可以向他予取予求。’但他很快补充道：‘他如此年轻……他还必须磨练自己。’他想到了让他做接班人。1973年选举结束后，他告诉我，他认真考虑了让希拉克接替自己当总理。”

让·科在《记忆素描》[1]中讲述了一次选举结束后，他和蓬皮杜面对面共进午餐的经过：

“您想让谁当总理？”

“您希望我任命谁呢？沙邦！”

“沙邦？一个衣着讲究的人，发廊的老板，高档鞋鞋商：‘我向您保证您需要穿37码，夫人！’一个柜台主任……”

“我知道，我知道，但是我没有其他人了。可能还有希拉克……您认识他吗？还有希拉克，但是他太年轻了……还有那群戴高乐主义者，如果我从他们当中选出希拉克的话……”

在《讨厌的真相》[2]中，雷蒙·马塞兰写道：“晋升之路就这样拟定好了：先当一个重要部门的部长，然后代替梅斯麦尔出任总理，以便时机成熟时能成为总统候选人。雅克·沙邦-戴尔马的候选人资格很难保留，而现任总理雅克·希拉克决定提出由他充当候选人。很容易猜到谁会成为共和民主人士联盟的选择。”

贝尔纳黛特·希拉克没有从乔治·蓬皮杜那儿获悉他为自己的“学生”预见的前途，不过她提供了许多小细节，关于她丈夫和这个来自蒙布迪夫，也是世俗教员后代的人的关系：“他把希拉克称为‘我的推土机’。‘当心推土机，小姑娘’，他对我说。‘要反抗，否则他会把您碾碎的！’必须见识一下我丈夫超凡的工作能力，他能一心多用。蓬皮杜知道可以日以继夜地依靠他。他推荐他，培养他，必要时以严格的标准来要求他。为了测试我丈夫的能力，培养他，蓬皮杜更换他任职的部门。蓬皮杜的

---

1 Jean Cau, *Croquis de mémoire*, Julliard, 1985.（让·科，《记忆素描》）

2 Raymond Marcellin, *L'importune Vérité*, Plon, 1978.（雷蒙·马塞兰，《讨厌的真相》）

早逝是个悲剧，令人非常难过。我丈夫为此落泪了。太早了，太早了……他很爱我们，可是他和我们之间不会过分随便。他在合作者和私生活之间适当地设置了一道屏障。我们是唯一定期被邀请和他们的演员及艺术家朋友一起观看电影的人……”

当我向总统提出关于他和戴高乐将军在爱丽舍宫的继任者之间关系的问题时，我怀着浓厚的兴趣阅读了2004年4月2日，即他的“精神之父”去世三十年后，他在蓬皮杜中心面对克洛德·蓬皮杜发表的演讲。他用极为细腻的笔触描绘出一幅肖像画，以下是几段摘录。

“完整忠实的图像，抗拒了逝去时间的冲蚀，在我们的记忆中突然出现了，聚集起来，互相拥挤。”

“回忆起杂乱眉毛下他的目光。和您一起，我又重新捕捉到了他的目光，探索、锐利的目光，非常亲切。回忆起他的微笑，眼睛里含着敏锐、幽默、调皮的微笑。回忆起他的声音，音色低沉、沙哑，洋溢热情的美妙声音。回忆起坐在办公桌后映着夜色勾勒出的熟悉的身影。”

“他的睿智和学识一下子能给人留下深刻印象。他的威望和远见顿时能够激发人们的敬仰之情。”

“三十年前，当乔治·蓬皮杜离开时，亲人、朋友、合作者，我们在此聚集，体验到深深的悲痛。”

“对于您，夫人，痛苦是无边无际的。（……）对于我们，尊敬和爱戴他的合作者和朋友，我们失去了一位导师。一位精神的导师，智慧的导师，勇气的导师，行动的导师。这是一位卓尔不群的人，他的才智和道德促使我们所有人都展现出自己最优秀的一面。今后，我们有义务继续完成他未竟的事业……”

当他强调将自己与乔治·蓬皮杜联系在一起的原因时，演说者更是滔滔不绝：“他是一个宽厚的人，像关心自己一样关心他人，总是迫不及待地和他人分享好奇和惊叹。他一直希望调和艺术与城市的关系。也许他用马尔罗式的敏锐预感到我们这个个人主义盛行，技术至上的冷漠社会要想变得温暖，需要依靠艺术和文化所赞美的灵魂融汇。他明白不能仅让追求物质财富成为政治设想。他不是在《难题》上写道：‘获得普及的生活设施本身容许存在一种失望，一种不满足。或许，这就是现代社会的真正赌局[1]？’”

“……乔治·蓬皮杜，奥弗涅这片美丽土地的儿子，他非常了解法国，了解法国的优势和弱点。（……）他阅读经典，洋溢着诗一般的激情，为自己背诵维庸，波德莱尔，阿波利奈尔的诗，这个文学家将把法国的经济、工业、城市和社会等方面的改革变成他的主题，事业，和伟大的冒险。（……）”

“乔治·蓬皮杜的性格和他作为国家元首具有的品质中有一方面比其他更加感动我们，确切地说是他放眼世界的目光，他对文化多样性，对当代社会逐渐加剧的互相渗透现象报以开放的目光。这个深受法国传统浸染的人令人钦佩地为我们的国家做了准备工作，以便迎接全球化和欧洲建设的挑战。对于那些指责他在外交战线上投入过多精力的人，他用一种烙有远见卓识印记的幽默指出国内困难将越来越多地在国际上找到解决办法，今天若没有集体安全就无法想象和平，没有欧洲就无法想象经济和社会进步……”

总统第一次和我谈论蓬皮杜时，他说了一些再格式化不过的句子。他尤其坚持要强调已逝总统拒绝任何随随便便的行为，他向我一个接一个反复唠叨一些到处适用的词语：“尊重，敬仰，爱戴”……于是我问他为什么流露出的感情要比2004年他在蓬皮杜夫人面前发表的演讲里表达得更少。

“您提及了他的声音，他的身影，您的痛苦……是因为您非

1 Georges Pompidou, *Le Noeud gordien*, Plon, 1974.（乔治·蓬皮杜，《难题》）

常爱他，所以您无法在我面前道出发自内心的话吗？”

“也许这比您想的更加复杂，”他回答说，“蓬皮杜没有在他的朋友和合作者之间建立联系，不过，他对他们都很好。一开始，我就将朋友和合作者的身份融于一身。无论我有什么样的感受，都不能表达出来。因此，当他生病时，我非常难过……当他去世时，我很震惊，精神受到打击，就好像不幸发生在我父亲身上一样。但是我既没有发展也没有保持和他之间的私人关系，因为这不是他的行事风格。例如，当我陪他坐车到某个地方时，我听他说话，我做记录。但是，就某一层面而言，我和戴高乐将军共事比和蓬皮杜共事感觉更加自由。我记得公投前，在这儿，爱丽舍宫，将军问过我：‘在您的选区，人们有什么看法？’——‘您知道，这是一个倾向左派的选区。我担心结果可能不容乐观……’我不会用这样的措辞告诉蓬皮杜。”

“是的，我非常尊敬蓬皮杜。他对现代艺术的看法总是令我赞叹不已……在我看来，在文化和道德层面上，他以某种方式充当了法国人的典型。他基础扎实，学识渊博，学习过希腊语和拉丁语。他和桑戈尔的辩论引人入胜。他比戴高乐将军更有学问……他是一个特殊的人，但决不是一个可以与之非常亲昵的人。”

总统回到蓬皮杜希望在艺术和城市之间建立关系的话题上，他给我讲述了如何拯救蓬皮杜艺术中心的经过。

“当我被任命为总理时，吉斯卡尔叫我去讨论一些计划，其中包括正在修建的蓬皮杜中心。他对我说：‘这个计划很可笑，没有任何意义，我们把它取消。’我提出反对：‘还是很有意思的……’当时还需要征询文化部米歇尔·居伊的意见，他多亏蓬皮杜的举荐才能被吉斯卡尔任命为部长，我心里可记着他了！我问吉斯卡尔，居伊是否同意取消蓬皮杜艺术中心的计划。他回答说是的。我抗议了：‘这不可能，总统先生。如果您作出这个决定，您就得换总理了！’”

“有一次，我遇见了米歇尔·居伊，我对他说，他真是有损自己的体面。后来我再也没有见到他。我再也不会接见他。我确实很生气。后来很险才保住了蓬皮杜艺术中心。如果没有我，它就完了。”

如果已逝总统的艺术遗嘱没有被遵守，那么这个自视为总统遗嘱执行者的人准备为之牺牲自己的政治生涯。

18 “我知道蓬皮杜本不想支持沙邦-戴尔马”

自1974年以来，希拉克就被贴上了“叛徒”的标签，因为他没有支持共和民主人士联盟的候选人沙邦-戴尔马接替乔治·蓬皮杜入主爱丽舍宫，而是选举了曾经以一句“是的，但是”和戴高乐将军唱过反调，被历史戴高乐主义分子怀恨在心的瓦莱里·吉斯卡尔·德斯坦。然而，这种自然被绝大多数戴高乐主义者视为背叛的行为，对于雅克·希拉克而言，却只是他对那个被他当作“精神之父”并自视为其继承者的人表达忠诚的举动。

“我知道蓬皮杜不会支持雅克·沙邦-戴尔马做候选人。不管是对是错，我认为沙邦从来没有忠诚于他。我敢肯定，戴尔马过于轻率，而蓬皮杜很看重瓦莱里·吉斯卡尔·德斯坦的才智，应该会选他。因此，我站在了吉斯卡尔这边”，共和国总统今天这样解释道。

鉴于他和蓬皮杜的关系，这番话听起来不像是一个篡位者所言。

1974年4月2日晚，雅克·希拉克在马提尼翁宫里陪伴皮埃尔·梅斯麦尔，准备熬过第三个不眠夜。这时，他从巴拉迪尔那儿听到噩耗：“结束了。”内政部长无法抑制自己的泪水，随后几天里，他都是泪水涟涟。在圣路易大教堂的弥撒仪式上，以及后来在巴黎圣母院举行的官方葬礼上，他都在呜咽啜泣。

随后的几个星期内，雅克·希拉克决定了自己的命运，他选取了一条在二十年后引导他走向爱丽舍宫的道路。或许必须承认，他的态度和反应并不是受到犬儒主义的驱使，而是源自于一种深沉的痛楚，一种儿子失去自己热爱的父亲才体会到的痛楚。“他如此忧伤，不可能不深爱着蓬皮杜”，当时的外交部长米歇尔·乔贝尔后来写道。或者，我们再来看看《世界报》记者皮埃尔·维安松-蓬泰的评论。他对希拉克毫无好感，但是希拉克在整整一年内佩戴黑色领带以示对蓬皮杜哀悼的举动让他感到惊讶。他记录道：“也许人们惊讶地发现了您以自己的方式表达感伤之情，一种无私的感激[1]。”当雅克·希拉克获悉消息时，他身旁的皮埃尔·梅斯麦尔见证了他的反应：“蓬皮杜的逝世使他深受打击。他失去了一位保护人，这不仅是一件丧事，还是一次真正的苦难[2]。”希拉克哭了，他不需要皮埃尔·朱耶和玛丽-弗朗斯·加罗的鼓励，顿时感觉自己是死者的继承人，其政治遗产的恪守职责的保管者，尽管蓬皮杜总统在咽气前没有留下政治遗嘱。

继承人并不一定是继任者。所有见证人都一致把希拉克看做是最受器重的部长，“宠儿”、“推土机”、忠臣中的忠臣，如果他不是那么年轻，那么蓬皮杜会乐意任命他为总理[3]。“这是蓬皮杜的宠儿，他把希拉克看做新人，自己的继承者[4]。”当事人知道他被任命为内政部长具有重要意义：在这个位子上，他可以确保继任进程的秩序。在这样的条件下，雅克·弗卡尔的话和他没有什么关系了。1974年2月26日，即去世前一个多月，蓬皮杜告诉雅克·弗卡尔他已经要求沙邦准备继任总统：“如果我突然发生什么意外，你们当中最适合接替我的人是沙邦[5]。”他说道。可

---

1 *Lettre ouverte aux hommes politiques*, Albin Michel, 1976.（《一封致政治家的公开信》）

2 Le Jeune Loup, de Patrick Rotman, film diffuse sur France 2 les 23 et 24 octobre 2006.（2006年10月23，24日，法国电视二台播放了帕特里克·罗特曼的纪录片《年轻的狼》）

3 让·科，见《巴黎竞赛报》文章。

4 菲利普·塞班，《年轻的狼》，同前。

5 《戴高乐主义的终结，爱丽舍宫日志》，第五卷，同前。

是希拉克提供了与之截然不同的说法。

蓬皮杜去世后接连几天，舆论分析都用上了一些政治上不太常用的概念，比如悲伤，忠诚，爱。这些情感引起了最初的、自然的、“必要的”反应。随后——仅仅是随后——被纳入了一些旨在争夺权力的更为复杂的策略中。这也正是后来希拉克换了措词方式所解释的：“这是各种情况的巧合，总之很意外，它迫使我采取主动，受到朋友的非议，但我坚持认为这是必要的[1]。”这对他而言更是势在必行，作为蓬皮杜的忠诚战士，他附和了蓬皮杜对雅克·沙邦-戴尔马撒的怒火。蓬皮杜的愤怒或许是真的，或许是假设的，被皮埃尔·朱耶和玛丽-弗朗斯·加罗夸大或转嫁了。雅克·沙邦-戴尔马被解职了，不得不离开马提尼翁宫。

（希拉克时代的）背景幕布已经展开，促使希拉克进入马提尼翁宫的一系列风云事件即将上演。乔治·蓬皮杜去世几小时后，皮埃尔·朱耶和玛丽-弗朗斯·加罗让情报部门打开了已逝总统放在爱丽舍宫的保险箱，他们没有在里面找到政治遗嘱。皮埃尔·朱耶声称蓬皮杜在弥留之际曾对他说：“1958年以来实施的政策必须继续下去。”负责照顾垂危病人的护士否认了朱耶曾经接近过总统。然而朱耶、加罗、希拉克三人到处宣称朱耶接近了总统，他选择了梅斯麦尔接替自己。

1974年4月3日星期三，雅克·弗卡尔和米歇尔·德布雷，奥利维耶·吉沙尔在沙邦家用午餐。受其非洲事务顾问的怂恿，沙邦决定在葬礼举行之前就站出来，宣布自己为候选人。弗卡尔把消息告诉了总理。“我会支持沙邦的”，梅斯麦尔作了承诺。但是弗卡尔离开后几分钟，希拉克来到了马提尼翁宫。他兴致勃勃地描绘了如果沙邦成为候选人，戴高乐主义者和法国将会遭受的悲惨下场。他肯定地说——以民意调查（弄虚作假？）结果作为

1 《希望之光》，同前。

证明——沙邦不仅没有丝毫机会获得候选人资格，还会让弗朗索瓦·密特朗有利可图。梅斯麦尔被希拉克说服了，决定维护自己的候选人资格。

4月4日星期四，在圣路易教堂举行完弥撒后，希拉克和瓦莱里·吉斯卡尔·德斯坦共进午餐，席间还有米歇尔·波尼亚托夫斯基，皮埃尔·朱耶和玛丽-弗朗斯·加罗。希拉克肯定地说沙邦最终会退出，把候选人资格让给梅斯麦尔。“如果梅斯麦尔是候选人的话，我向您保证，我就不会参加竞选。”吉斯卡尔作出承诺。

16时09分，一则法新社的快电宣布雅克·沙邦-戴尔马是总统候选人。在国民议会宣读的悼词尚未结束，第二天葬礼才会在巴黎圣母院举行。这条仓促发布的消息使希拉克非常气愤。“不行”，他说。在他的嘴里，这是最严厉的指责了[1]。从此他将使用一切方法来“杀死”沙邦。

17时30分，所有拥护戴高乐主义的要人都聚集在总理家里。雅克·希拉克对沙邦说：“如果您是候选人的话，吉斯卡尔也会参选，您的风头将会被他盖过。您赶不上他。到了最后：您只有15%的选票，吉斯卡尔有30%，而弗朗索瓦·密特朗有45%。”

4月6日星期六，巴黎圣母院里为乔治·蓬皮杜举行了庄重的吊唁仪式，五十多个国家的政府首脑出席了仪式，其中包括理查德·尼克松[2]和尼古拉·波德戈尔内[3]。

4月7日星期日，共和民主人士联盟的中央委员会笼罩在一片紧张的气氛中。雅克·希拉克和埃克托尔·罗兰正式对沙邦发起了攻击：“我们要迎战！……我们会被人嘲笑！……”希拉克在那些惊讶不已的“要人”面前高声喊叫。

---

1 《希拉克传》，同前。

2 理查德·尼克松（Richard Nixon，1913-1994）：美国第37位总统。——译注

3 尼古拉·波德戈尔内（Nicolas Podgorny，1903-1983）：时任苏共中央主席团政治局委员。——译注

4月8日星期一，吉斯卡尔在沙马利埃尔宣布参加竞选，同日，弗朗索瓦·密特朗宣布自己是左派唯一的候选人。

4月9日星期二，皮埃尔·梅斯麦尔在集会上发出号召，推荐自己作为右派唯一候选人参加竞选。沙邦和吉斯卡尔拒绝退出竞选。

4月11日星期四，雅克·弗卡尔来到波沃广场提醒希拉克2月26日蓬皮杜曾经说过的话。“您让我感到很吃惊”，雅克·希拉克高兴地说，这位受他尊敬的戴高乐主义“巨头”的举动让他有点儿动摇了。

4月12日星期五，民意调查结果的变化证明希拉克的预见是正确的。在此之前一直获得30%左右意愿投票并超过吉斯卡尔的沙邦此刻排在了他的后面。希拉克来到沙邦的住所：“您正在毁灭戴高乐主义了。我永远也不会支持您！”后来，他写道：“其他来自外界的阻力使得他的参选充满了最大的变数……雅克·沙邦-戴尔马的外形出众，我承认，但是他是唯一一个认为法国人对他的政府所构想的‘新社会’保留了美好记忆的人，也坚信‘新社会’构想中重复出现的主题足以汇集吸引选票如潮涌般滚滚而来。相反，我先前就肯定他的竞选将会失败——事实也正是如此[1]。”

4月13日星期六，雅克·希拉克和瓦莱里·吉斯卡尔·德斯坦进行了一次面谈。希拉克把自己对德斯坦的支持以及促使他这样做的原因都告诉了后者。当德斯坦提出如果获得胜利将任命他出任总理时，希拉克丝毫没有流露出兴奋的神色，这让德斯坦很惊讶。而雅克·希拉克否认了这一说法：“吉斯卡尔没有提出让我担任总理。他从来没有和我一起展望马提尼翁宫的前景，我想他这样做是有理由的。”

---

1 《希拉克传》，同前。

19时28分，由希拉克发起，四十三个人（四位政府成员，三十九名共和民主人士联盟议员）签名的支持瓦莱里·吉斯卡尔·德斯坦的宣言公布了。从此，沙邦再也没有机会崛起了。

从这一天开始，在戴高乐主义阵营中，许多人拒绝和"叛徒"握手，并且诋毁他的名誉。

4月16日星期二，在一片嘈杂声中，希拉克不顾嘘声和辱骂，向共和民主人士联盟四百名议员和负责人大声宣称对于戴高乐主义政党来说推举沙邦做候选人是自杀行为。

"我必须去科贝尔大厅[1]解释我为什么选择吉斯卡尔而不是沙邦……这可真不容易，我从里面出来时嗓子都哑了。相对于整个党团而言，我的力量非常薄弱。我对自己说：这也许符合法国的利益，蓬皮杜也希望如此。"今天的共和国总统回忆道。

4月17日星期三，在他的日记中[2]，弗卡尔对执行办公室的会议进程作了如此记述："所有人都发言反对希拉克所做的事情，认为这是无法让人接受的，必须支持沙邦，而大家却没有这样做。希拉克在党团办公室表态绝不妥协，这是一个积极投身于反沙邦活动中的狂热分子……"后来大家决定"郑重通知梅斯麦尔，催促他向内政部长解释，后者必须停止针对共和民主人士联盟候选人的阴谋诡计。"

可是，游戏结束了。沙邦失败了。选举使弗朗索瓦·密特朗和瓦莱里·吉斯卡尔·德斯坦脱颖而出。

5月19日，瓦莱里·吉斯卡尔·德斯坦以50.81%的得票当选为共和国总统。翌日，他提出任命希拉克为总理，但是出乎新总统意外，希拉克以责任重大和共和民主人士联盟处于分裂状态为由没有回应他的提议。希拉克之所以犹豫不决，是因为在他看来，最重要的事情是弥合戴高乐主义阵营的裂痕。似乎是皮埃尔·朱

1 议会党团会议厅之一。

2 《戴高乐主义的终结，1973-1974》，第五卷，同前。

耶说服了他出任总理一职，否则共和民主人士联盟可能会遭遇灭顶之灾。

因此，希拉克将走进马提尼翁宫，但是他的首要任务是拯救共和民主人士联盟，获得共和民主人士联盟的领导权。

5月27日，他把自己的办公室安置在梵伦纳路上。由于存在着很深的误会，新任总统和他的年轻总理的关系很快便恶化了。雅克·希拉克回忆道：

“我曾经对波尼亚托夫斯基说总统应该向戴高乐主义政党致敬。吉斯卡尔接受了这个主意。他告诉我他将邀请戴高乐主义阵营的所有众议员和参议员共进午餐。我对此感到很欣慰。我建议他坦诚地和他们交谈，告诉各位议员他依靠他们。没有必要对他们讲故事，而是必须告诉他们：‘我们共同赢取，共同保证法国的利益……’”

“我去赴午宴，完了！他坐在那儿，对面没有餐具。他让人首先服务他就餐，我是最后一个，在他面前没有坐任何人！午餐结束了，吉斯卡尔站起来，上了一堂四十五分钟的关于宪法权的课。我对自己说：‘真是一场灾难！’戴高乐主义阵营的成员们气疯了，都站了起来。从这一刻起，一切都完了：他们之间的关系已不可救药。”

“吉斯卡尔很愚蠢。他不信任我，追根究底主要是因为‘波尼亚’[1]，他颇费了一番唇舌对吉斯卡尔说我是最无能的人，将会背叛他。我不是吉斯卡尔的眼中钉，而是‘波尼亚’的眼中钉，他讨厌戴高乐主义者。一开始，他就要尽一切手段为了让我和吉斯卡尔闹翻。他永远都不能忍受自己没有被任命为总理。还必须承认的是，就行为举止而言，我完全不同于吉斯卡尔……”

一切皆已就绪，两人将迈着大步朝不同的方向前进。

1 指的是米歇尔·波尼亚托夫斯基（Michel Poniatowski，1922-2002）：原籍波兰的法国政治家，曾任内务部长。——译注

III

长征：通向爱丽舍宫

19 征服共和民主人士联盟

四十二岁那年，希拉克当上了总理。也许这能让任何一个雄心勃勃的年轻人感到满足，除了他。他接受了这项任命，仅仅因为这是实现他主要目标——获得共和民主人士联盟的领导权的唯一方法。只有这一目标能让他有朝一日问鼎总统宝座，配得上做乔治·蓬皮杜的精神之子。因此，希拉克在接受任命时说了这句话："我接受……你们可能会感到遗憾……"

吉斯卡尔极为轻视他的总理，他指望希拉克向他双手奉上戴高乐主义党派。他对秘书长克洛德-皮埃尔·布罗索莱特说："希拉克还是个孩子。他没有魄力，会一直忠于我的。"进入马提尼翁宫不到七个月，希拉克不顾所有"巨头"的反对，雷厉风行地控制了戴高乐主义党派，赌赢了第一局。然而在又一次跨越了看上去不可逾越的障碍的同时，他的形象也被丑化了。他的阵营对这个瘦高个的胆量感到震惊，但又无法阻止他那难以抑制的上升势头，便开始将他描绘成一个狡猾的、玩世不恭的、粗鲁的、为达目的准备付出一切的政客。说得好听，是第二个发动雾月十八日政变的波拿巴；说得难听，那就是皮诺切特[1]的年轻翻版。在许多人眼中，"法西斯分子希拉克"被视为一个打折扣的总理。为

1 皮诺切特（Pinochet，1915-2006）：1973年至1990年为智利军事独裁首脑。在美国的支持下，他通过流血政变，推翻了民选总统阿连德建立军政府。任内进行了意义深远的新自由主义经济改革，但是同时残酷打击异己，造成大量侵犯人权的事件。——译注

了显示自己宽宏大量，他表现得不如吉斯卡尔那样引人注目。他主张进行大规模的社会改革，尽管遵循了1967～1968年就已开始实施的改革的思路，这些改革措施只是默默地躲在惹人注目的标题后面。

开局不顺。吉斯卡尔并不情愿和他的总理分享权力，他一下子就把自己任命的大部分政府成员强加给希拉克，总统仅仅咨询了他的信徒“波尼亚”。记者和评论员一致认为，希拉克只是成功地在他的队伍里安排了奥利维耶·斯蒂恩担任海外省——海外领地国务秘书，西蒙娜·韦依[1]担任社会事务国务秘书，皮埃尔·勒隆担任邮电国务秘书，热内·托马西尼担任负责处理政府和议会关系的国务秘书。今天，雅克·希拉克只确认了他对西蒙娜·韦依的任命：“在任命让-雅克·塞尔旺-施雷贝尔后——这已是一个对戴高乐主义党派的挑衅之举了——吉斯卡尔决定在社会事务国务秘书的职位上安排一位女性（安娜-玛丽·弗里茨），她是洛林地区的议员，也是塞尔旺-施雷贝尔的密友。我到了吉斯卡尔的办公室。其他的安排我已经认了。我对他说，这不可能，我拒绝让她进入政府。我最终迫使他任命了我非常欣赏的西蒙娜·韦依。皮埃尔·朱耶和玛丽-弗朗斯·加罗讨厌她，朱耶甚至希望加罗能够进入政府，我没有满足他的心愿。”

总统回忆了当他任命自己很喜欢的让-皮埃尔·弗尔卡德担任经济和财政部长时，吉斯卡尔对此所作的评论：“他父亲非常聪明，他没有遗传其父的聪明才智，但是他具有一个明显的优点：不是戴高乐主义者！必须要指出，这很正确！”

从一开始，吉斯卡尔迫使他忍气吞声，竟然到了羞辱他的地步：吉斯卡尔的自我意识，优越感如此强烈，他一心要肯定自己的绝对优势，而且想检验一下总理的忠诚。德国总理赫尔穆

1 西蒙娜·韦依（Simone Veil，1927- ）：法国前部长，前欧洲议会主席。——译注

特·施密特[1]第一次访问法国时，希拉克亲自去机场接机，并且将他引导至吉斯卡尔办公室的门前。吉斯卡尔竟然没有让希拉克陪同访问者一起进去，甚至也没有邀请他参加官方举行的晚宴。最初的几星期，希拉克被迫两度提出辞职以应对来自吉斯卡尔阵营的挑衅：停止修建蓬皮杜中心和停止在太平洋进行核试验。更为甚者，爱丽舍宫领导了一切工作，作了所有的决定，经常都没有告知总理，后者看上去也越来越乐意接受总统独揽大权。这种表面的顺从最终麻痹了吉斯卡尔，他不知道他的“信徒”希拉克组织了一次行动。最终，这次行动从吉斯卡尔身边夺走了一些助手，并对他进行了口诛笔伐。

我们再回过头来说说“波尼亚”。米歇尔·波尼亚托夫斯基被称为“总管”，每个人都视其为一个才华横溢、不择手段的聪明人。他的祖辈里出过塔列朗[2]，达达尼昂，卢富尔[3]以及其他风云人物，他决定不把自己的才能用于服务自己，而是为朋友瓦莱里·吉斯卡尔·德斯坦卖命。若没有他，吉斯卡尔也许不会经历这样的命运。入主爱丽舍宫以后，他仍然向这个专家咨询，不管是策划阴谋，放冷箭，还是开玩笑。就政治而言，这比得上甚至超过一把锋利的剑。自己为吉斯卡尔提供了优质忠诚的服务，作为回报，“波尼亚”要求把办公室设在波沃广场，在那儿他可以更加方便地监视自己公开的或暗地里的对手，使用一切手段“打击共和民主人士联盟，让它跪地求饶”。他将自己的武器瞄准了多数派中最重要的政党。吉斯卡尔和“波尼亚”以为，希拉克在背叛了沙邦和戴高乐主义党派的“巨头”后会乘势前进，他们犯了一个重大的错误。马提尼翁宫的主人希望控制共和民主人士联盟，并非为了让它为吉斯卡尔服务，而是为他自己服务。从那时

---

1 赫尔穆特·施密特（Helmut Schmidt，1918- ）：德国社会民主党政治家，1974～1982年出任前西德总理。——译注。

2 塔列朗（Talleyrand，1754-1838）：法国改革家。——译注

3 卢富尔（Louvre，1639-1691）：路易十四宫廷的大臣。——译注

起，“波尼亚”和希拉克交锋了。

为了损害戴高乐主义政党及其领导人的信誉度，削弱他们的实力，“波尼亚”开始在内阁成堆的档案里搜寻证据，安装电话分机，针对民事诉讼署和各种“事件”发起调查。但是这场战斗并不能很快结束，点滴的辛勤劳动凝成了一项长期的工作。

相反，希拉克领导的战斗像是一场闪电战：出其不意，迅速，先声夺人。总统没有告诉我他所使用的手段，但他没有掩饰促使他重掌共和民主人士联盟的念头：“我很快意识到即便我不想过多过问，一个无人统率的政党是无法前进的。一个政党，尤其是戴高乐主义政党，应该得到体现。”

在玛丽-弗朗斯·加罗，热内·托马西尼和驻议会代表夏尔·帕斯瓜[1]的协助下，雅克·希拉克一个接一个地在戴高乐主义阵营的议员那儿做工作。1974年7月，议会党团主席克洛德·拉贝第一个归顺了希拉克，接着是秘书长亚历山大·桑吉内蒂。可是各位“巨头”仍然对“叛徒”抱有敌意。

9月26日和27日，在滨海卡涅举行的共和民主人士联盟议员的辩论日上，希拉克俨然是政党的领导人，给共和民主人士联盟制定了明确的雄心勃勃的目标，以便能重振士气。他希望在下一届议会中至少获得150个议员席位。尤其值得一提的是，他为政党获得相对于国家元首的独立性奠定了基础。

然而，“巨头”们不仅予以抵制，而且希望他们中的一员奥利维耶·吉沙尔担任党的领导人，取代被认为过于倾向希拉克的桑吉内蒂。马提尼翁宫的主人成功说服了爱丽舍宫的主人，使他相信如果让一个对希拉克自己，继而对他吉斯卡尔持敌对态度的人担任共和民主人士联盟的领导人，那对总统是不利的。1974年12月12日星期四，希拉克将赴安的列斯群岛会见美国总统杰拉

---

1 帕斯瓜（Charles Pasqua，1927- ）：法国政治家，保卫法兰西和欧洲独立联盟的创始人。——译注

德·福特。经过这一番分析，吉斯卡尔并不认为希拉克动身去安的列斯群岛之前采取主动是智慧和勇气的表现。

同样是在12月12日，“巨头”们晚上聚集在宪法委员会主席罗杰·弗雷位于皇宫酒店的居所里用餐。其中有雅克·弗卡尔、奥利维耶·吉沙尔、雅克·沙邦-戴尔马、米歇尔·德布雷、皮埃尔·梅斯麦尔。阿兰·佩尔费特和莫里斯·库夫·德·穆维尔也参与其中，和他们一起讨论在下星期六下午举行的共和民主人士联盟全国代表大会上应该采取的策略。希拉克泰然自若地给他们打电话，不请自来，要求出席晚宴。

沙邦宣布，他们打算推荐奥利维耶·吉沙尔担任亚历山大·桑吉内蒂现在的职位。希拉克假装很诧异。他随即声明反对奥利维耶·吉沙尔做候选人，这将和马提尼翁宫形成“无法接受的两极对立”。面对总理的坚决态度，宴席上的宾客们放弃推荐吉沙尔，认输了，可是他们提议实施集体领导制。这时，希拉克对着这群吃惊的历史戴高乐主义者脱口而出，由他担任共和民主人士联盟的秘书长最终会使事情变得更加简单。接着，他离开了，没作任何决定，“巨头”们也没有把这则声明当真。他们相信，希拉克的候选人资格将会被驳回。

在此期间，为了说服——用许多振振有词却不连贯的承诺——桑吉内蒂第三天把位子让给希拉克，朱耶、加罗、托马西尼和帕斯瓜等人耍起了花招。桑吉内蒂突然召集成员于星期六上午在艾格隆洲际饭店召开中央委员会。

星期六上午，如同“阴谋家”们预计的那样，桑吉内蒂在乱哄哄的会议厅里宣布辞职。希拉克在一片难以描述的喧哗声中提出他做秘书长的候选人，喧哗持续了数小时。他受到了讥笑和辱骂。罗贝尔-安德烈·维维安最为激烈，他把希拉克称作“皮诺切特”。希拉克犹豫了，但是夏尔·帕斯瓜和年纪尚轻的米歇尔·努瓦尔让他放心，预言他会以总数八十票中的60%获胜。八个月内他第二次动摇了戴高乐主义阵营的等级制度。他只需参加下午在马约门区协和饭店举行的共和民主人士联盟全国代表大会上的授职仪式了。

雅克·希拉克走进了会议厅，反对他任职的异议进入白热化。一天之内他第二次被喝倒彩、辱骂、嘲笑。“巨头”们说出的话很刺耳。奥利维耶·吉沙尔说：“这是一个错误的选择，因为它会使我们产生分裂。您的决定将使三十多年的努力化为泡影！”瓦尔德瓦兹省议员热内·里比耶尔的措辞更为激烈：“秘书长先生，您手下的一位部长最近把我们形容为‘具有巨大吸引力’的党。如果您担任共和民主人士联盟的领导人，我担心这个修饰语很快就不能应用在我们这个戴高乐主义政党身上了。”虽然希拉克在一片难以描绘的喧哗声中激起了争论，但他在一阵阵夹杂了雷鸣般掌声的欢呼声中结束了这些争论。一项支持希拉克的提案以举手的方式通过了。只有雅克·沙邦-戴尔马没有参加投票。在戴高乐主义阵营内部，有人说这是“强奸”共和民主人士联盟。几个星期后，雅克·希拉克对《新观察家》杂志记者乔治·马密谈论这个话题时用了一个绝妙的表达[1]：“‘强奸’共和民主人士联盟？其他人说我暴力犯罪。其实不是我强势，而是共和民主人士联盟软弱！”不管观察家们如何评价希拉克和他使用的方法，他们众口一词，认为一个“新的希拉克”从此占据了政治舞台。

这个戴高乐主义政党拥有了一个新领导人，他将尽力包扎它的伤口，使其成为一个现代化的政党。试图“解散”共和民主人士联盟的“波尼亚”在这场战斗中失败了，而吉斯卡尔竟然没有从他的总理的赌局中瞧出任何端倪！

---

1 1975年2月3日。

在马提尼翁宫任职期间，希拉克记挂着既要对整个社会，也要在社会生活的各个方面留下主要印记。在社会事务方面的助手西蒙娜·韦依协助下，他付诸了具体实践，尤其全身心地投入，促进通过一项关于人工流产的非常重要的法律。

在马约门区发表的演讲中，他已经宣布制定增值税法，重新推出了关于职工分红制的“戴高乐”计划。尽管石油危机最初产生了一定影响，他通过提高最低工资、退休金和家庭补贴来保护雇佣劳动者和消费者。为了帮助处于困境中的企业，他还组建了调整产业结构部门沟通委员会（CIASI），以及在各省设置了旨在为中小型企业提供帮助的企业金融问题核查委员会（CODEFI）。通过加强针对部分失业人员的补偿机制，希拉克保护雇佣劳动者，使他们避免因经济增长放慢而被解雇。他还加强了对企业解雇原因的真实性，以及由此引发的各种问题的控制。他通过失业救济管理局（UNEDIC）实施了等待就业期间的额外补贴制度（企业失业者在一年之内可以领取先前净工资的90%）。此外，希拉克还促进了提前退休制度的发展，最终在所有职业领域普及了社会保障制度。

他在接受《新观察家》杂志采访时[1]，坦言了对各种社会问题的看法：“我一直对我们社会过于不公平感到震惊，这种过度不公平并非相对于其他国家的不公平而言，而是对于某些人——比如戴高乐主义者——认为应该存在的社会公平而言，他们希望人的尊严得到肯定。实际上，就像您说的，人们衡量了这些‘重负’，看到了这些使特权永久存在的‘粘连’关系，尽管这是一项棘手、艰巨的任务，我认为应该以具体的方式来表明我们意志坚定，希望组织一个更公正，更人性的社会。”

雅克·希拉克坚韧不拔地工作。由于在大多数问题上他不能

---

1 同前。

按自己的意愿行事，他开始在国际上为自己塑造良好形象，这也是走出马提尼翁宫的必要条件。他接见了中国副总理邓小平，并与之建立了私人关系。他出访俄罗斯、利比亚、印度和伊拉克，并和萨达姆·侯赛因结下了友谊，这层关系后来给他招致了极其尖锐的批评。2003年，共和国总统拒绝加入美英对伊的军事打击后，美国中央情报局参与组织了对总统的舆论战。

尽管雅克·希拉克发展了和伊拉克以及萨达姆本人的关系，但他停留在六日战争[1]结束后由戴高乐将军制定的法国对阿拉伯国家的政策范围内，另外加上他私人进行的接触，尤其还有他和马塞尔·达索如同父子般的密切关系。务必还要提醒一下，自从第二次世界大战结束以来，法国在伊拉克还拥有石油方面的利益。战胜国——美国，英国，法国——分享了土耳其石油公司遗留下的资产。因此法国拥有伊拉克石油公司（IPC）23.75%的股份，为了管理这些股份，法国还创办了法国石油公司（CFP），即后来的道达尔公司。

1961年12月以来，伊拉克针对伊拉克石油公司中的“大股东”，包括法国的道达尔公司掀起了一轮激烈的斗争。卡希姆将军最终收回了已出让股份的99.5%。可是六日战争一结束，为了感谢巴黎对以色列所持的保守立场，巴格达表达了和法国建立石油领域优先合作关系的意愿，希望借此突破西方阵营的一角。1967年11月23日，法国埃尔夫公司（Elf）和伊拉克国营公司（INOC）签署了一项协议。为了给两国之间的新型关系增添光彩，戴高乐将军甚至接受12月份出访巴格达，但最终还是伊拉克国家元首阿卜杜勒-拉赫曼·阿里夫于1968年2月访问了巴黎，受到隆重的接待。伊拉克一号人物首次提出购买幻影战斗机。从此

1　即1967年的第四次中东战争。——译注

伊拉克走出了孤立的局面，巴黎也得以在阿拉伯世界立足，开始实行独立于伦敦和华盛顿的外交政策。

1968年9月，巴格达发生了政变：复兴党获得了政权。伊拉克新任领导人艾哈迈德·哈桑·贝克尔将军的名字很快被人忘记。被认为是政权二号人物的萨达姆·侯赛因很快以其强硬作风得到人们的尊敬。

法国石油公司（Total）立场比较模糊，尽管属于“大股东”中的一员，但它是法国公司，在这样的名义下，它没有被视为“帝国主义”。它试图修复伊拉克石油公司和伊拉克当局的关系，可没有成功。1972年6月1日，巴格达在群情欢腾之中将伊拉克石油公司收归国有，但通知了法国驻伊大使“已采取一切手段保护法国的利益”。因为当时伊拉克出产的石油是法国石油公司供应量的四分之一，法国石油供应的15%，这是一项具体的保证，但有点儿让人难以接受……

6月14日至17日，萨达姆·侯赛因接受邀请正式访问巴黎。对萨达姆和他提出购买武器，尤其是幻影战斗机的要求采取何种立场，政府成员没有达成共识。财政部长瓦莱里·吉斯卡尔·德斯坦对法国对以色列出口增长过快持谨慎态度，而外交部长莫里斯·舒曼则完全反对对伊军售。

1972年6月14日，萨达姆·侯赛因一抵达巴黎就在总理雅克·沙邦-戴尔马提供的晚宴上直切要害：“我们已经把美国人、英国人以及所有不尊重我们国家尊严的人关在了门外。我们知道法国——她的历史可以证明——将尊重我们的尊严。因此在我们和最好的朋友苏联进行合作的同样条件下，我们提议和你们合作。”四十八小时后，乔治·蓬皮杜在爱丽舍宫接见了萨达姆·侯赛因。法国总统对购买幻影战斗机说了“不”，对购买直升机说了“可以”，对购买地面军用物资则回答了“可能”。翌日，两国政府首脑签署了一项协议，保证十年内伊拉克维护法国的石油利益。法国石油公司可以购买伊拉克石油公司国有化前它所能买到的原油桶数。

石油市场行情上扬，当局由此萌生了减少外汇流失的念头，这些一一拨开了谨慎的拴锁。1973年年底，法国石油公司安排了伊拉克一号人物贝克尔将军的女婿在马提尼翁宫和皮埃尔·梅斯麦尔的办公室主任进行会谈。将军的女婿掌管巴格达购买武器的账户。这一回，巴黎敞开了军火库的大门。从1974年开始，法国汤姆逊半导体公司和伊拉克签署了一份金额达17.64亿法郎的空中掩护雷达合同。另一方面，巴格达辩护说，1973年赎罪日战争爆发后，海湾国家作出的石油禁运的决定将法国排除在外，并且该决定必须针对被指责支持以色列的美国。

几个月以后，瓦莱里·吉斯卡尔·德斯坦不仅兑现了他向伊拉克作出的承诺，而且促使了双方关系进一步发展。1974年8月，一个伊拉克代表团抵达巴黎，为新任法国总理雅克·希拉克访伊做准备。代表团参观了安德烈·纪罗领导的原子能委员会，纪罗向代表团介绍了法国核电站的优点。9月1日，两国政府签署了一项“和伊拉克军队装备相关”的协议，伊拉克空军负责人和达索公司之间进行了最初的谈判。尽管我们不太清楚这一阶段的详情，但是我们可以肯定按照一切有利于达索公司就是有利于法国的这一承诺，总理对这些谈判给予了支持。

1974年12月1日，萨达姆·侯赛因在巴格达张开双臂迎接了雅克·希拉克。据观察家们的记录，马提尼翁宫的主人完全“吸引”了这位伊拉克的强权领导人，他陪同萨达姆“浪费”时间，屈尊跪在地毯上和他的子女玩耍。希拉克对他受到的款待感到很高兴，宣布将为法国公司签署多项协议，总额达150亿法郎。尽管这个数字似乎有点儿夸大，但仍然表明两国的工业和军事关系进入了飞速发展阶段。

1975年3月12日，达索–斯奈克玛代表团前往巴格达兜售幻影

F1战斗机。同年9月5日，伊拉克总统的飞机降落在奥利机场，雅克·希拉克亲自到机场迎接，并发表了热情洋溢的讲话：“您是我的私人朋友。我对您的敬重和爱戴可以向您证明！”几天内，两人一起参观了卡达拉施军事设施，共同度过了一个周末，增进相互了解。波城–普罗旺斯的居民仍然记得这些显赫的宾客共同度过的时光。卢斯坦·德·波玛尼埃尔酒店的佳肴尤其受到萨达姆·侯赛因的称赞。

在希拉克眼中，萨达姆是一个希望使自己国家变得现代化的阿拉伯世界领导人，法国应该承担起帮助他的责任：“他们相互拥抱。希拉克寻求在对外政策上开辟一个吉斯卡尔不想让他染指的领域，而萨达姆希望和一个拥有先进技术的欧洲国家建立关系，以此摆脱苏联的控制。希拉克知道伊拉克是一个非常重要的国家。他抓住了机会”，大使雅克·莫里泽回忆道[1]。

这次访问临近尾声时，在凡尔赛宫的镜厅为到访客人举行的官方宴席上，总理肯定了他的政府对巴格达所持的友好立场：“法国准备将人员、技术和专家带到您的国家。”马塞尔·达索也出席了宴会。希拉克说服了达索，使之相信自己对伊拉克作出的承诺是正确的，就像加卢瓦将军讲述的那样[2]：“马塞尔·达索非常喜欢雅克·希拉克。在希拉克进入马提尼翁宫之前，他就时常说道：‘这个小家伙会走得很远。’希拉克对自己的政策方向很有信心，并且很快告诉别人实施独立的对伊政策的原因，这项政策也促使伊拉克不再遵从苏联的旨意。法国应该实施一项具有影响力的阿拉伯政策，马塞尔·达索最终完全被这项政策的重要性说服了。他甚至为得到伊拉克市场感到相当自豪。接下来，生意归生意……此外他相信劝说的力量。当一个敌人想向他使坏时，他告

1 Georges Malbrunot et Christian Chesnot, *Saddam Hussein. Portrait total*, Editions 1, 2003.（乔治·马布兰诺、克里斯蒂安·切斯诺合著，《萨达姆·侯赛因的完整肖像》）

2 Guy Vadepied et Pierre Péan, *Marcel Dassault ou les ailes du pouvoir*, Fayard, 2003.（居伊·瓦德皮耶、皮埃尔·皮昂合著，《马塞尔·达索，权力之翼》）

诉我，‘那就邀请他吃晚饭吧。’对他而言，用同样的方法足以说服萨达姆·侯赛因不要攻打以色列……”从1975年11月开始，伊拉克空军的官员被派来参观工厂，工厂里生产他们希望得到的F1战斗机。同月，两国政府签署了一项核能合作的协议。

协议签署不到两个月，1976年1月，从印度正式访问回来的途中，希拉克在外贸部长雷蒙·巴尔的陪同下在巴格达作短暂停留，和他的朋友萨达姆见面，希望推动伊拉克和斯奈克玛、达索、汤姆逊以及马特拉之间的谈判。

夏末，雅克·希拉克辞职了，雷蒙·巴尔迅速取而代之，就像雅克·希拉克代替皮埃尔·梅斯麦尔那样。1977年6月25日，新任总理访问巴格达，签署了第一份出售36架最新幻影F1战斗机的合同。

总体来说，我们应该承认和伊拉克签署的这一批协议有利于戴高乐主义政党以及其他党派，就像我们在针对马塞尔·达索的调查中所得出的结论那样[1]。飞机制造商的密切合作者加卢瓦将军抱怨达索给政党提供支持花掉了很多钱，达索道出了这样一番话：“但是，我亲爱的加卢瓦，您一点儿也不明白：我资助民主，资助所有的政党，必须要这样做！我们依靠出口卖了很多飞机，是外国人资助了政治竞选。只须提高一点儿出口售价就行了！”加卢瓦确认了马塞尔·达索说的这席话：“实际上是外国人资助了政治竞选。只须提高一点儿出口售价就行了。不管怎样，如果没有中间人，我们任何东西也卖不了，不管是对阿拉伯国家还是对别的地方。操作很容易：我们要求获得允许，付给一些本地中间人佣金。我们只是付给他们一部分佣金：在5亿元中，2.5亿元给购买国的中间人。至于剩下的2.5亿元，通过银行转账，它们从避税天堂以现金方式到了政党手中。法国并不是唯

1　《马塞尔·达索，权力之翼》，同前。

一使用这些手段的国家。美国的洛克希德公司用了同样的方法和瑞士一起夺取市场，您还记得荷兰爆出的丑闻吗：波哈德亲王亲自收取酬金！”

通过提高飞机的售价，伊拉克市场为达索公司“资助民主”立下了汗马功劳。佣金、回扣和提高售价的金额引发了尖锐的讨论。关于达索公司慷慨解囊的受益人，加卢瓦将军提供了一些让人感兴趣的细节：“瓦莱里·吉斯卡尔·德斯坦周围的人都是常客。米歇尔·波尼亚托夫斯基到香榭丽舍圆形广场来。我们打电话给达索的特别秘书让妮·格朗丹：‘让妮，把8号包裹给我带来’，达索说……”即使雅克·希拉克的名字没有出现，但是他的政党作为马塞尔慷慨资助的“舞蹈演员”之一榜上有名。我们甚至可以肯定戴高乐主义政党是他的特级芭蕾舞演员。

瓦莱里·吉斯卡尔·德斯坦和总理之间的裂痕不断加深，而雅克·希拉克对共和国总统却表现出了最大程度的敬重。

1976年1月初，吉斯卡尔借政府小幅改组的机会晋升了“波尼亚”和让·勒卡纽埃，两位对希拉克成见最深的部长成为国务部长。从此，马提尼翁宫的主人开始向共和国总统传达了他很快必须再找一位总理的信息。1976年的省议会选举对于多数派而言是一场灾难。国家元首的位子被动摇了，而评论界很大程度上宽恕了政府首脑。3月底，在皮埃尔·朱耶的影响下，吉斯卡尔委托雅克·希拉克“负责协调和促进多数派政党的活动”，因此赋予了他更多的权力，使之成为多数派的首领。后来，他改变了心意，决定收回他一不小心赋予了总理的权力。从此，二人的决裂进入了倒计时阶段。“如果您想要我的位子，总理先生，坦率地说出来吧”，有一天总统非常恼火，脱口而出。

5月23日，让·勒卡纽埃和雅克·杜阿麦尔在“波尼亚”的支持下发起成立了后来的法国民主联盟。希拉克明白了：战争愈发激烈了。从那时起，他在最有利的情况下找了一个借口离开马提尼翁宫，这样就违背了一条不成文的规则。按照这条规则，总理依照总统的意愿坐上了位子，总统可以像让他上台一样让他下台。

吉斯卡尔意识到了危险，便邀请希拉克夫妇到布雷岗松城堡过圣灵降临节。记者和评论作者无聊地议论着他们二人为人处世的方式之间产生的碰撞。一方面，随着时间的推移，总统被内心无限膨胀的自我意识所驱使，把自己当成了一个贴上古老标签的卡佩王朝君主，如同路易十三和1815年以后的查理十世那样。另一方面，经过国立行政学院的培养，总理看重自己的资产阶级出身，既把自己看成一个巴黎人，也自认为是一个鞋底沾上泥浆的纯粹的科雷兹人。“那天我明白了吉斯卡尔不能忍受他的孩子走在我身后。如果还有下次，这也是显而易见的：贝尔纳黛特和我跟在狗的后面！”距布雷岗松聚会五个月后，他对贝尔纳·比约这样说。

在一串长长的名单上，轮到我最后一个向雅克·希拉克提出关于那次在总统避暑别墅度假的问题了。他主动承认布雷岗松之行不是他辞职的首要原因，但是这个周末揭示了他们之间关系的真正性质：

“首先让我感到惊讶的是，星期六下午我们呆在房间无所事事，直到晚上七点半。第二天，吉斯卡尔邀请了他的滑雪兼游泳教练及其夫人吃晚饭。他们都是很和善、很谦虚的人。他们到了。真是太可怕了：安娜艾莫娜曾经告诉贝尔纳黛特穿长裙来赴宴。教练穿的是翻领运动衫，而他夫人穿的是短裙。我感到很难受。在喝开胃酒时，这个可怜的姑娘一直在拉扯裙子，试图让它再长出几厘米。我们可以看出她很痛苦，对待在那儿感到很绝望。不应该做出这样的事情，或者应该提前通知他们。我发现这不是个人偏好上的过错。真无法让人接受！两位客人被吓坏了。

您明白吗：他们对面坐着共和国的总统和总理，以及他们穿着长裙的夫人。您可以设想自己处在那个男孩的位置上，我们实际上没有对他说话。我拼命找话题，试图和他们聊聊，尤其和那个年轻的女人，她甚至没有回答我，一动不动。我们不能允许这样的事情再发生。无论何时都必须尊重他人。那完全是缺乏尊重的表现。在喝开胃酒时，总统和夫人坐在两把扶手椅上，还有四张凳子是为我们四个人准备的！真是没有教养。”

雅克·希拉克用一句强硬的话作了总结：“我受够了！”不到一个月后，1976年7月4日，总理向总统递交了辞呈，总统要求他推迟到议会复会。8月25日上午，在总统到来之前，雅克·希拉克向参加内阁会议的部长们宣布了辞职。他认为自己没有得到必须的资财来面对困境：“我没有获得我所要求的资财和自由。”接着，他对“波尼亚”和勒卡纽埃说：“你们当中的某些人使我的工作变得复杂。他们削弱了政府各部门的连贯性，同时也削弱了多数派。”

吉斯卡尔到达后，总理重新提出了辞职。总统接受了，并发表了几句怀有敌意的评论。接着雅克·希拉克和总统进行了一次非常短暂的面对面交谈。他向总统宣布后者再也不会听到在政治上谈论他。一会儿过后，他在马提尼翁宫面对摄像机宣布他将离开：“今天我认为自己不具备必要的条件来担负起总理的职责，在这样的条件下，我决定结束总理任期。”

他的语气中蕴含着愤怒。雅克·希拉克和瓦莱里·吉斯卡尔·德斯坦之间的战争全面爆发了。

下午，辞职的总理召集了内阁全体成员，并对事件作了如下评论：“1974年我选择了吉斯卡尔·德斯坦，因为没有其他可能的选择。我不再具有执政的条件。因此，今天上午，在全体人员都出席的内阁会议上，我毫不犹豫向共和国总统宣布，不难找出几个部长用尽各种方法让我的工作无法进行下去。为了使法国免遭共产党领导的联盟执政后带来的痛苦，我将追随总统领导的多数派继续战斗。我不反对政权更迭，可是共产党跻身于左派联盟会减少这种可能出现的几率。获得政权的共产党不会自愿放弃。如果事情照这样发展下去，左派联盟将赢得1977年的地区议会选举，以及1978年的议会选举。在我们国家，自由和民主会造就这样的局面。密特朗在寻求获得执政权二十年后，如何想象他会愿意将它当成赌注呢？你们听好了：如果左派获得执政权，将来就再也没有总统选举了！”

这种报复的语气表明了希拉克决心像和左派斗争那样和右派进行斗争。他很符合朋友和敌人为他描绘的画像。

对于第一次担任如此高的职务，他的总结是怎样的呢？雅克·希拉克很难得到别人对他的作为进行的客观分析。他在马提尼翁宫的继任者雷蒙·巴尔经常说，当他到任时，他发现国库空虚的状况是最不严重的。十年后，克里斯蒂娜·米达尔在《增长》杂志上进行了一番模棱两可的评价，其中提到通货膨胀从15%下降至10%，生产得到恢复。反过来，在“石油冲击”的影响下，失业者的数目增加了一倍，贸易赤字也增长了。

吉斯卡尔和希拉克之间的关系还存在一个谜团：尽管前者给他带来了打击——他的确予以了强硬的回应——希拉克今天仍然被吉斯卡尔的智慧所吸引，而且宁愿相信，没有“波尼亚”，他也许能和吉斯卡尔和睦相处：“是‘波尼亚’破坏了我和吉斯卡尔的关系。他想尽一切办法让我们互生怨气。没有他，我们的关系也许还过得去，我会为他服务，我个性较强，我的秘密花园被保存下来了……‘波尼亚’是我和吉斯卡尔之间关系的恶魔。”

这个解释在我看来部分地重构了他的过去，这种重构能够更好地将长久以来他对吉斯卡尔的尊敬和他为了将后者送入爱丽舍宫付出的努力联系在一起。1974年，他不是说过“我没有共和国总统的智慧……也许正因如此他进入了爱丽舍宫”？在我们多次的访谈过程中，这种拒绝，仇恨和尊敬模糊的混合两次三番地表现出来。因此，在一次访问中，我向他提问了。

“他能当上总统要归功于您……”

“毫无疑问。”他回答说。

“为什么？”

“因为我当时认为他是最好的。后来，我改变了看法……”

“绝对意义上的最好，还是对打击左派来说是最好的？”

“他的智慧能够吸引人，这毫无疑问。一个非常出色的人，但是他的想法有问题，与戴高乐，与蓬皮杜——我要让您吃惊了，与密特朗不同，他不代表法国……”

20 攻占巴黎市政厅

雅克·希拉克可不会坐以待毙。当他在梵伦纳路[1]任职时，虽然不得志，但对第五共和国的精神还是推崇备至，他把这种精神看做是使总统成为国家体系支柱的关键。他离开马提尼翁宫反使得他从种种束缚中解放出来。进攻的时刻到来了。第一步，就是在科雷兹省发表一篇讲话，他要在这里重新夺回国民议会议员的权力。与此同时，他着手改造和重整戴党，把它打造成对付弗朗索瓦·密特朗和左翼势力的武器，尤其是对付吉斯卡尔和法兰西民主联盟的战车。我们将看到一场波澜起伏的运动，在这场运动中，他的顾问们凭借各自的影响力左右着运动的进程。

1976年10月3日，他发表了那篇著名的埃格勒东演讲，这篇改良主义演讲的结语是："我诚邀你们加入这个伟大的联盟……它将会把保卫戴高乐主义的精髓和建立一个真正的法国工党政策结合起来。"并不是"联盟"这个词引起了大家的注意，而是"工党政策"，起初这个词并没有出现在巴黎起草和修改的演讲稿中。希拉克吐出这个出人意料的词证明了在他争夺权力的漫长征途中，他对于词汇的选择始终是随心所欲的。贝尔纳·比约说希拉克认为"词汇和想法并没有其固有的价值，不过是我们争权夺利时耍些聪明的手段而已"。比起他要捍卫的主义和如何斟词

1 国民议会所在地。——译注

酌句，希拉克更关心政党和选举活动的组织，争取选民的工作和他希望带给选民们的利益。

他的身边除了属于极端保守派的玛丽–弗朗斯·加罗和皮埃尔·朱耶，还召集了两位改良派的代表：他任总理时期的内阁成员热卢姆·莫诺和阿兰·朱佩。前者是位严肃的新教徒，但是思想开放，曾经是国土政治部的议员，担任过国民议会内阁主任一职，将出任新戴党的秘书长。后者将在新组织中负责教育工作。

正是朱佩起草了雅克·希拉克在查理·斯皮纳斯家发表的埃格勒东讲话，查理是国民阵线的前财政部长，自从希拉克踏上了科雷兹的土地，他就一直鼎力支持。演讲虽然被保守派的顾问们修改过，但仍保留了改良派的声音，建议征收财产税。但是没有包含任何与“工党政策”相关的内容。10月2日的晚上，在斯皮纳斯家，希拉克在夏尔·帕斯瓜的陪同下，让人向莱昂·布鲁姆重新宣读了他的演讲。莱昂指出谈论“法国工党政策”，这更像是“左翼的言论”。

正当保卫共和联盟准备在12月5日在凡尔赛门举行成立仪式之际，吉斯卡尔决定让多维尔市长、工业部长米歇尔·多尔纳多出任通过选举的巴黎市第一任市长。考虑到首都的新地位，市长已经成为一个关键职位。按照民意调查的结果，总统认为选举不过是走走形式而已。1976年12月12日，米歇尔·多尔纳多在爱丽舍宫的台阶上宣布参加竞选。对于戴高乐主义者而言，这无疑是宣战的信号，因为他们已经认可了皮埃尔-克里斯蒂安·泰坦热[1]提出的吉斯卡尔派候选规则。四十八个小时之后，希拉克重新赢得了科雷兹省的国民议会议员的资格。几天之后，当玛丽-弗朗斯·加罗在他面前谈起竞选巴黎市长的可能性时，他扮了个鬼脸……

12月5日，保卫共和联盟诞生了。雅克·希拉克在五万名狂热

1 皮埃尔-克里斯蒂安·泰坦热（Pierre-Christian Taittinger, 1926- ）：法国政治家，前巴黎第十六区市长。——译注

的联盟成员前取得了胜利，他蓄势待发。1977年1月初，在蒙帕纳斯大厦第三十二层保卫共和联盟的总部，希拉克参选首都市长的提议获得了党内领导层的一致赞同。唯一的问题是：他不应当以多数派的分裂者的身份出现。1月18日，他通知总理雷蒙·巴尔，为了避免让巴黎落入社会—共产党分子之手，他将参与竞选。第二天，他在“二十点”节目上，用拿破仑—戴高乐的口吻宣布参选，仿佛是首都受到了反革命、枪骑兵，甚至是苏维埃分子的攻击而摇摇欲坠：“我来到法国的首都，是因为在我们的历史长河中，自从1789年大革命以来，只要巴黎沦陷，法国就会遭殃！”像往常一样，他攻击“集体主义者”，当他痛斥“佛罗伦萨联盟”时，所有的人都明白他在针对吉斯卡尔。他的攻击毫不留情，什么样的手段都使得出来。

今天，作为法国的最高主宰，当年为了对付吉斯卡尔派而使用的手段已经渐渐被淡忘了。

“我根本没有什么野心要成为巴黎市长，但是整个都乱了套！巴黎的戴党分子们都在争吵。克里斯蒂安·德·拉马莱纳[1]、加布里埃尔·卡斯佩雷[2]、皮埃尔·巴斯[3]都宣布参选。所以，我们都被牵扯进去了！包括玛丽-弗朗斯·加罗和皮埃尔·朱耶，我们都认为唯一的解决方法就是我站出来。我孤注一掷，说决定参选，希望我这么做的就支持我吧！就这样，我成为了候选人。”

“吉斯卡尔在爱丽舍宫的台阶上宣布支持多尔纳多，他把自己的权威倾注在未来市长的身上。我说：这不可能，我们不能这么指定巴黎市长！当吉斯卡尔看到事情进展得不妙，他曾试图说服埃德加·富尔[4]参选。当有一座国家宫殿触手可及时，埃德

1 克里斯蒂安·德·拉马莱纳（Christian De La Malène）：法国前部长，负责科学研究，有关原子和空间电荷问题。——译注

2 加布里埃尔·卡斯佩雷（Gabriel Kasperait，1919-2006）：法国政治家，巴黎第九区市长。——译注

3 皮埃尔·巴斯（Pierre Bas，1925-）：法国审计法院的荣誉行政官员，政治家。——译注

4 埃德加·富尔（Edgar Faure，1908-1988）：法国前总理，律师。——译注

加·富尔跃跃欲试……我和埃德加和露西·富尔[1]是要好的朋友。还记得那一天晚上11点我接到露西的电话：'雅克，你能马上过来一趟吗？来看看我和埃德加，就在拉赛饭店，我有重要的事要告诉你。'那时，我是部长……"

"不，您当时不再是部长了……"

"啊，是吗？不是了？我去了饭店。露西神采奕奕。埃德加低着头坐在扶手椅里。露西命令他：'好吧，你以你的名誉担保你不参加巴黎市长的选举……'"

"事实上，他几乎接受了吉斯卡尔的邀请。然而埃德加按照露西的要求郑重地向我保证。埃德加真是个不错的家伙……"

"我参加了巴黎市长的选举，但不是野心勃勃地要做首都的主人。我完全不知道这意味着什么。但是这次，一场灾难正在酝酿中，况且吉斯卡尔那么的狂妄自大，我对自己说：'这不可能！'"

他那时的讲话无疑是惊人的一举。在与共和国总统进行了二十个小时的谈话后，我不禁自问，他在发动相似的谩骂和攻击后发生过什么变化。1977年2月11日在庞门的讲话中，他责备那些抱怨教育自由化的人们，然后疯狂地抨击第五共和国要去"美国人和德国人"那里寻找合法性，"临时的政客们使法国蒙羞"。他忘记了他的朋友查理·斯皮纳斯，抱怨莱昂·布鲁姆和社会党人在1936年拒绝出兵帮助西班牙共和党人，把自由阵营让给了法西斯和纳粹分子。他的顾问们曾试图制止他说出这样的话，但是无功而返[2]。那个马尔罗的崇拜者雅克·希拉克大抒己见，却忘了布鲁姆并不像他口中所说的那样不堪，他曾鼓励皮埃尔·考特、卡斯通·屈赞[3]和让·穆兰偷偷地给西班牙共和党人运

1 露西·富尔（Lucie Faure，1866-1913）：埃德加·富尔的妻子。——译注

2 《他者希拉克》，同前。

3 卡斯通·屈赞（Gaston Cusin，1903-1993）：法国工会委员，皮埃尔·考特的内阁成员。——译注

送武器和飞机[1]。和他的父亲一样，雅克·希拉克一直是（西班牙内战时）纵队的热衷拥护者，正如我们所看到的，他授予纵队的战士们“老战斗者”的身份。

他在公共场合的行为，给人留下的印象是打击一切反抗的对象。几乎没有一个观察家能找出合适的词语来形容他的行为的复杂多变，他像个与众不同的政治斗兽。他喜欢和人打交道，喜欢和他们握手、拥抱。撇开他说的那些话，人们能感觉到他的热情。对此贝尔纳·比约有过精彩的描写：“在竞选的巡回途中，雅克·希拉克从来不是被嘲讽的对象，连半点儿恶言恶语也不曾听到过。他激发了群众的热情，受到普遍的爱戴，如果我们不承认这般景象是绝对真诚的话，我们如何去理解这种场景屡屡上演的原因呢？与他接触的人都被他的真诚所征服，这是他的魅力持久散发光彩的原因。自此，虽然雅克·希拉克是个蹩脚的演说者，对于用敏感词汇煽动群众毫无天赋，但这些都已经无关紧要了。他能够通过其他的方式达到目的，充分地展现了他神秘又高深莫测的性格：他身处这片领域，在正常的政治斗争中，能够通过透明的、无可争议的方式夺取胜利、吸引大众，这种能力让人难以相信，或者是根本不存在的[2]。”

让-弗朗索瓦·普罗布斯特[3]当时负责他的宣传工作[4]，透露了一个发生在1977年1月底的小故事，明显地反映了希拉克在政治活动战略中的一个侧面。将近中午，几辆雪铁龙汽车从十五区的街区和市场参观回来后，径直将希拉克和他的随行送去参加当地日报的工会举办的午宴。希拉克坐在第一辆汽车中，突然在埃菲

1 参见Pierre Péan, *Vies et morts de Jean Moulin*, Fayard, 1998（皮埃尔·佩昂，《让·穆兰的生与死》）。

2 《他者希拉克》，同前。

3 让-弗朗索瓦·普罗布斯特（Jean-François Probst, 1949- ）：希拉克的顾问，法国右翼政治家。——译注

4 Jean-François Probst, *Chirac et dépendances*, Ramsay, 2002（让-弗朗索瓦·普罗布斯特，《希拉克和他的依靠》）。

尔铁塔前停住了。普罗布斯特和热卢姆·莫诺坐在第二辆车中，惊讶地关注着眼前的景象。

“我们看见希拉克大步流星地向一个卖栗子的流动摊贩走去，女老板躲在她的小摊铺后，被遮得严严实实。就像记者们想的那样，我们以为‘风风火火先生’（希拉克的一个外号）有点儿饿，或是突然嘴馋了想吃栗子。但完全不是这样：他是去争取选民的。我们认真听他俩的对话。”

“您好女士，我是雅克·希拉克，市长候选人。”

“您好先生，我是科雷兹人。”

“很高兴，很高兴认识您，亲爱的女士！怎么样，生意好吗？”

“一点儿也不好。”

“发生了什么事？”

“有人让我不得安宁。”

“究竟是谁让您烦恼呢，女士？”

“警察，先生。他们总是不停地因为执照和营业税的事情来烦我。”

“稍等一下，女士。我给局长打个电话。”

“说到做到。五分钟之后，这位未来的巴黎市长启动了一项后来法国国家民防部门的救援组织计划（ORSEC）。他用汽车里的电话（那时，还是电台2000）训了警察局长一顿：警局人员打扰了雅克·希拉克的一位科雷兹的朋友，一位在埃菲尔铁塔下卖栗子的小贩！十分钟之后，‘大绊脚石’局长赶到了，连声道歉。他向卖栗子的商贩保证不会再遇到任何麻烦。这位女士满心欢喜，连忙感激她的恩人，表示以后就算闭着眼睛她也会投希拉克和保卫共和联盟的票。这个故事传遍了科雷兹。候选人为一个商贩花了二十分钟，并留下了五十法郎。”

1977年3月22日，雅克·希拉克在市政厅当选。从此他坐上了一个真正有分量的位子，他的手头有一百五十亿的预算，领导着三万六千名公务员。“他使巴黎市长成为了最具政治影响力的工具”，雷蒙·巴尔评价道。他有一套实现雄心壮志的办法，这成为他日后竞选总统的资本。

这个故事勾起了总统的回忆。

“您重建了戴党，成功地当上了巴黎市长。我很难想象，您没有想过要当总统吗？”

一段长久的沉默。

“我不知道怎么回答这个问题……也许，也许吧……”

出人意料，由于保卫共和联盟，右翼获得了立法选举的胜利，保卫共和联盟超过了民主联盟。这终结了吉斯卡尔和“波尼亚”要粉碎“同伴和无赖[1]”的政党（保卫共和联盟）的幻想。巴黎市长成为了多数派真正的领导者，他在演讲中宣扬反自由主义，鼓励建立在民族概念上的欧洲，坚持“社会进步”，重新唱响社会戴高乐主义之歌。

1978年11月26日，雅克·希拉克的汽车在科雷兹省的一条结冰的公路上出了意外。脊柱和股骨骨折，他痛苦难耐，被送到了科尚医院。12月6日皮埃尔·朱耶在医院里让希拉克签署了一份抨击欧洲和极端讽刺吉斯卡尔的文件。文件中有这样一句话：“像往常一样，当涉及到法兰西的衰落时，外国党就用温和而令人放心的声音进行鼓动。”《科尚呼吁书》的影响对于希拉克而言是灾难性的，总统因此气急败坏。

皮埃尔·朱耶是愚弄了这个受伤的人吗？对于这个问题的答案，有几种不同的说法。从一开始，贝尔纳黛特·希拉克就说她的丈夫刚刚动完手术，发着高烧，是有人强迫了他。很长时间，

1 法语中同伴、伙伴（copain）和无赖、流氓（coquin）拼写相近，这里是讽刺的手法。——译注

雅克·希拉克都承认他读过那份文件，还补充说他同意从中删去一句话，并补了一句“蠢话”。

那么今天呢?

“那不是我事业中一段辉煌的时间，”他承认，“事实上，是朱耶起草了那份文件。我的屁股摔裂了，脊柱也断了。外科医生们犹豫是要在腿上动手术，还是在脊椎上；他们不能同时动两个地方……最后，他们决定在我的腿上动手术。一下子，我坐在金属支架里，腿上绑着石膏，那就是我当时最好的样子！我疼极了，我没有读过那份文件。”

“您依旧把《科尚呼吁书》看做是一种负担吗？”

“是的！”

正值欧洲议会的选举，在皮埃尔·朱耶、玛丽-弗朗斯·加罗和夏尔·帕斯瓜的影响下，希拉克顶风而上，开展反对欧洲的行动。“这个萎靡不振，缺乏实体的欧洲，我们再也不能容忍了！”他用尽力气呼喊道。结果是灾难性的。由西蒙娜·韦依领衔的吉斯卡尔派位居首位，而保卫共和联盟只取得了第四名。立法选举获得的胜利付诸东流。

投票当晚，巴黎市长召见了玛丽-弗朗斯·加罗，目的是第二天早上开除她。她和皮埃尔·朱耶一样，抢先一步，自己离开了。总统回忆道。

“我习惯独立，尤其是在产生分歧的重要问题上：欧洲问题。他们都是反欧洲者。而我，有一个关于欧洲的想法。慢慢地，我们迷失了方向。在我们之间，这是早已注定的……他们为此很责备我。”

以这种方式分道扬镳也反过来证明直到那时，他的两位顾问所起的举足轻重的作用。

1979年中期，四十六岁的雅克·希拉克似乎走到了仕途的尽头。法国人对他的印象坏极了。在欧洲议会选举前十五天，《快报》发表的一份调查显示法国人认为他野心勃勃，专制独裁，而且51%的人认为他不会是一个共和国的好总统。

他还剩下一个政党和首都市长的职位，他远离计划或者空谈理论，开始努力地帮助巴黎市民。因为，虽然他是一个政坛上的战士，但他还没有失去对他人的爱心。在他的身上有一种“服务的乐趣”，正如他试图向我解释的那样，虽然这种说法让人惊讶，他也意识到他的话很难让人信服。为了缓解尴尬的局面，我问起他的政治诺言的核心之一“服务他人”，他在回答前沉默了很久。

“这说起来有点儿可笑，但是不管怎样，是的，就是‘服务’。我认为每个人都应当在他的位置上有所贡献。我乐于服务他人。当我是士兵时，我希望能为国效劳。在不同的情况下，我都尽力为他人作出贡献。从政治中，我们能够获得满足与激情，但是归根结底，我们是从服务中获得的乐趣。我为我的科雷兹选区服务，我为巴黎多做实事。这不是什么惊天动地的大事，但是最终：如果我能够第二次赢得所有区的选票，那说明人们还不是那么的不满意……”

21 一顿著名的晚餐：希拉克和密特朗

“一个富有的农民，命不久矣，

喊来自己的孩孙，悄悄地说……”

——拉封丹

瓦莱里·吉斯卡尔·德斯坦在被弗朗索瓦·密特朗击败的二十个年头后，仍然不能接受失败的打击，他把责任归咎于雅克·希拉克，并在回忆录的第三卷[1]中披露了希拉克阴谋对付他的证据。这个证据是在弗朗索瓦·密特朗死前二十六天得到的。“我们应当摆脱吉斯卡尔！”这是雅克·希拉克和弗朗索瓦·密特朗于1980年10月在伊迪斯·克雷松[2]家吃完晚饭后，单独会谈中说的话。

让我们来看看吉斯卡尔的记叙，他声称是在1995年12月15日晚，在弗雷德里克-勒普拉大街，与几乎奄奄一息的密特朗见面后写下的话。

“……我把汽车停在宽阔的人行道旁，走向屋子的大门。让我吃惊的是，弗朗索瓦·密特朗，非常疲倦，由一个护士搀扶

1 Valéry Giscard d'Estaing, *Le pouvoir et la Vie. Choisir,* Companie 12, 2006（瓦莱里·吉斯卡尔·德斯坦，《权利和人生，抉择》）。

2 伊迪斯·克雷松（Edith Cresson, 1934- ）：法国女政治家，法国第一位女总理，前欧盟研究专员。——译注

着，在屋子的门厅等我。他也许还保留着接见一个国家元首，或是前国家元首的习惯，来欢迎我的拜访，因为他是一个严守礼节的人。他从电话中得知我的来访。我们俩乘电梯上楼，狭小的电梯里只能容下两个人。”

护士走楼梯上来，弗朗索瓦·密特朗问她：“我们要下楼吗？”

“护士没有回答他，把他引向房间的门。他挪开身子让我进去，”瓦莱里·吉斯卡尔·德斯坦继续写道，“在他的办公室，看起来也像是卧室，他坐在一张矮脚的扶手椅里，似乎是一张医疗椅，整个人半躺在里面。”

在往下读之前，让我们先停下来想想吉斯卡尔所描述的密特朗向他揭露真相的场景。弗朗索瓦·密特朗的秘书之一克里斯蒂安·迪富尔，那时也在弗雷德里克-勒普拉大街工作，他的印象和吉斯卡尔的回忆完全不同：“是我为他打开了门，把他先带到了我的办公室。他和我呆了十分钟左右，接着我把他引到弗朗索瓦·密特朗的办公室。这两位前总统单独地呆在一起。”这与吉斯卡尔的证据相互矛盾。

打断一位前总统的话可是失礼的事情。让我们接下去读：吉斯卡尔由弗朗索瓦·密特朗……或是克里斯蒂安·迪富尔带到密特朗的办公室。他先问候了密特朗的身体状况，接着问他最近从事什么活动。“我在写作。”他对吉斯卡尔说，“我刚写完一本一百二十页的书。现在它在编辑那儿。”

“是您总统时期的回忆录吗？”

“不，恰好是当选之前。是我竞选之前的那个时期。”

“我想他暗指的是1980年和1981年，以及竞选活动时期。”吉斯卡尔在这段对话之下写道。

再让我们稍作停顿。负责弗朗索瓦·密特朗书稿的是奥迪尔·雅哥布出版社。在他最后一次去埃及旅行前几天，弗朗索瓦·密特朗确实交给出版社一份手写的书稿，开头是他和乔治-马克·贝纳穆[1]的谈话。这本书于1997年出版，书名是《被死神打断的回忆》[2]，共二百四十六页，记述了他从1940年7月受伤入狱到1971年工人国际法国分部召开第五十八次大会[3]的人生经历。

以交流文学创作为契机，吉斯卡尔暗示他正在写回忆录的第三卷，想问问1980年密特朗和雅克·希拉克在伊迪斯·克雷松家一起用晚餐的事情。根据吉斯卡尔的记叙，弗朗索瓦·密特朗"爽快地"答应了，吉斯卡尔问是不是他首先开口的，密特朗答道：

"不！不是我。是希拉克。另外，我认为这次见面是行不通的。我不想掉进陷阱里。一开始我拒绝了，但是他一再坚持，最终我同意了。"

"那些描写过这场晚餐的人，比如弗朗兹-奥利维埃·吉埃斯贝尔，说你们私下交谈了二十分钟。我明白您可能不愿向我谈起。但是您能告诉我你们都谈了些什么内容么？"

"这并不为难，"弗朗索瓦·密特朗回答说，"晚餐实在很无趣。晚餐后，雅克·希拉克说他希望和我单独谈谈。伊迪斯·克雷松把我们带到餐厅旁的一间房间，然后关上了门。我们俩单独呆着。我不太记得当时的原话了，但是雅克·希拉克的意思很明确：'我们要摆脱吉斯卡尔！'这让我很吃惊。"

瓦莱里·吉斯卡尔·德斯坦接着问他是否知道希拉克这个举动的原因，弗朗索瓦·密特朗微微一笑，脸上挂着"玩味这段回忆"的表情。他明确地说道：

"他说您'对法国是个危险'。"

"这有点儿模糊。您没有详细问过他这个危险的性质吗？"

---

1 乔治-马克·贝纳穆（Georges-Marc Benamou，1957-）：法国记者，2007年成为总统顾问。——译注

2 奥迪特·雅哥布，1996。

3 1971年6月11日至13日，工人国际法国分部（SFIO）在埃皮奈市（Epinay-sur-Seine）召开了第五十八次大会，这次大会标志着法国社会主义的空前团结。——译注

“他只说了这些。他重复着：‘对法国是个危险。’我明白他是决心要打倒您。他是个说到做到的人。直到1980年，您都是不可战胜的。我是这么认为的。当我1980年秋天决定参加竞选时，我认为自己没有半点取胜的可能。因为如果米歇尔·罗卡尔也参选，社会党就可能会遭遇溃败，为了避免这种局面的出现，我才决定参选。但是最后四个月，您的形势急转直下。直到那时，我要再次重申，您还是不可战胜。这可能是由法国人的天性决定的。我能够当选是因为在第二轮投票中雅克·希拉克把五十五万张选票转投给我。您只要看看这些数据：如果没有那转投的五十五万张选票，我不可能当选。”

“如果您想了解更多的情况，”他补充道，“您可以去找伊迪斯·克雷松谈谈。”

这个秘密被保存了十年，它掩盖了自从1981年吉斯卡尔就在孜孜不倦寻找的心灵慰藉……

吉斯卡尔是否听从了垂死的密特朗的建议，去找“伊迪斯·克雷松谈谈”呢？这有点儿困难：他曾经在1994年接触过前总理，试图了解更多关于这顿著名晚餐的情况！无巧不成书，在吉斯卡尔出版了自己的书后，伊迪斯·克雷松在2006年发表了她的一部著作《法国历史》[1]。在书中她讲到1994年2月9日，一个法国代表团乘飞机参加费利克斯·乌弗埃-博瓦尼[2]的葬礼，在飞机上，吉斯卡尔拥有一个总统包间，就在密特朗的包间后面，他朝她走过来。“他对我说，他正在写回忆录，他已经得到总统的批准，希望我能告诉他在1981年总统选举之前希拉克和密特朗在我家谈话的情况。从个人角度而言，我一直和希拉克保持着良好的关系——1979年当选时，我们一起成功地在欧洲议会推行了能够

1 Edith Cresson, *Histoire française*, Editions du Rocher, 2006（伊迪斯·克雷松，《法国历史》）。

2 费利克斯·乌弗埃-博瓦尼（Félix Houphouët-Boigny，1905-1993）：科特迪瓦第一任总统，1960年至1993年。——译注

更好地维护法国利益的战略计划。我不可能把希拉克看做敌人，何况他是那么那么的亲切和勇敢[1]。”

“但是，吉斯卡尔微笑着，用我们熟悉的洞察人心的目光注视着我。希拉克和密特朗秘密会晤的消息已经在巴黎传播开了。我总是否认这件事。这只是一场由让·德·利普科维斯基[2]组织的，在我家举行的晚餐……”

在1981年选举前不久，伊迪斯·克雷松的老相识让·德·利普科维斯基建议她安排一次这样的会面。他们商定了时间，她的丈夫、利普科维斯基、希拉克、弗朗索瓦·密特朗和她一起共进晚餐。伊迪斯负责准备晚餐，把服务的任务交给了在她家工作了二十多年的路易莎，对于伊迪斯来说，她就是一个朋友。

“吃完饭，希拉克和密特朗在客厅进行了一次单独的长谈，我的丈夫回屋工作，让和我在厨房里。大约两个小时后，我们重新聚在一起，接着他们就分头离开了。想想这两个男人之间会说些什么真是让人兴奋，他们俩将一前一后掌管法国的命运。这顿晚餐对于选举的结果产生了什么影响吗？”

对于这个问题，伊迪斯·克雷松确信地回答密特朗会获胜：“保卫共和联盟的基础是坚决反对背叛了戴高乐的吉斯卡尔，在右翼中下达了选举密特朗的命令。从密特朗和希拉克希望有一次会谈和我能够提供一个合适的场所那一刻起，我就开始着手准备。况且我希望社会党候选人获胜，我认为他代表着法国的利益。”

但是，在1994年2月从亚穆苏克罗飞回巴黎的总统航班上，吉斯卡尔，着急于回忆录的诞生，等待着伊迪斯·克雷松的回答：“我对他说我完全不知道他想说什么。几分钟后，我问密特

1 同上。当我告诉雅克·希拉克有一本历数他善行的书即将出版时，他大笑着回答我：“要对这本书进行审查！”

2 让·德·利普科维斯基（Jean de Lipkowski，1920-1997）：法国政治家，1968年至1974年任外交国务秘书。——译注

朗是否同意他来询问我此事。他笑着说不。可见这是吉斯卡尔在虚张声势！”

面对这些实证，我们可以对吉斯卡尔的证据产生质疑。同一件事情上，他还要了另一个手腕，想让弗朗索瓦·密特朗为自己没有说过的话负责。

吉斯卡尔宣称弗朗索瓦·密特朗向他承认说是希拉克策划的这次会面，但是伊迪斯·克雷松却说是让·德·利普科维斯基提议（这两种说法提出的时间非常相近），然后两人才接受邀请的。

我们还有其他的理由相信瓦莱里·吉斯卡尔·德斯坦对弗朗索瓦·密特朗所说的话是不真实的。我们注意到举办那顿晚餐的时候，雅克·希拉克还没有决定参选。弗朗索瓦·密特朗身边的亲信不能澄清证据，我们不得不怀疑在密特朗死后借其口说出的证据的内容。克里斯蒂安·迪富尔毫不含糊地表态：“弗朗索瓦·密特朗绝不可能向吉斯卡尔承诺这样的话。”我还要补充通过调查1994年夏天到1995年5月希拉克和密特朗之间的关系，我很难想象后者会给前者这样愚蠢的一击，何况密特朗在希拉克入主爱丽舍宫的道路上给了他那么多微小的鼓励的信号[1]。

最后提及、但并非最不重要的事是，吉斯卡尔称密特朗曾说过：“我能够当选是因为在第二轮投票中雅克·希拉克把五十五万张选票转投给我。您只要看看这些数据：如果没有那转投的五十五万张选票，我不可能当选。”很难相信弗朗索瓦·密特朗这样一个精明的政治家会作出一个违背事实的分析。如果我们把第一轮右翼获得的全部选票相加，那么一共是一亿四千三百万张选票。然而，在第二轮投票中，吉斯卡尔不但获得了右翼的所有选票，而且还多得到了三十万张选票，最终的票数是一亿四千六百万。而密特朗不但获得了左翼的所有选票，还

---

1 Pierre Péan, *Dernières volontés, derniers combats, desnières souffrances*, Plon, 2002, et chapitre 23 du présent ouvrage（皮埃尔·佩昂，《最后的意志，最后的战斗，最后的痛苦》，第23章）。

赢得了原本主要是弃权者集体投出的一千二百万张票。这些弃权者，严格地说不是政党分子，所以保卫共和联盟的领导层可能下达的投票命令对他们是不起作用的。

正因如此，我希望补充雅克·希拉克对于吉斯卡尔很晚才披露的“证据”作出的正式反驳：“我从来没有对密特朗说过那些吉斯卡尔硬加在他身上的话，”现任总统把握十足地回答道。“我从来没有对他说过‘我们应当要摆脱吉斯卡尔’，这完全是一派胡言！”关于伊迪斯·克雷松的说法，“唯一存在争议的是我同密特朗共处了两个小时。我没有和他共度两个小时。我自己清楚：大约一小时。我也了解密特朗：我们没有在一起呆上两个小时！”

总统回到了这个话题上，很明显，这件事在他的心中占据了重要的地位：

“那是一顿为了互相认识的晚餐，我不是那种对密特朗说要支持他或是要击败吉斯卡尔的人。弗朗索瓦·密特朗是个非常精明的人，他也不可能要求我支持他。我更没有意图要和他联手陷害吉斯卡尔。完全没有任何阴谋。我们只是谈了对法国总体上的想法……的确，我对吉斯卡尔没有好感，但是我不可能站到自己阵营的对立面。”

如果我相信希拉克没有在竞选前六个月策划一起可怕的阴谋导致吉斯卡尔失败的话，我却肯定自从1976年起两人之间残酷的争斗基本上解释了右翼失利的原因，这在第二轮投票中使吉斯卡尔深受其害。之前，无论是立法选举还是欧洲议会选举，希拉克被吉斯卡尔挫败后，从没有忘记抨击吉斯卡尔。在他决定于1981年参加总统选举前，他在1980年10月22日宣称：“如果我们要改变政治局面，要么我们更换总统，要么总统应当努力改变自己。”之后，我们可以看出他更倾向于第一种解决方案。但是当他说“更换总统”时，他没有想到弗朗索瓦·密特朗，而是他自己！……

几个月之后，一场关于减轻财政压力的里根主义运动后，在第一轮投票中他比吉斯卡尔少了三百万张选票。看到这样的结果，他深信未来的总统已经确定（这没有让他垂头丧气！），没有必要再涉足其中，也没有必要牵连新崛起的保卫共和联盟，否则保卫共和联盟就会像是对付吉斯卡尔的工具，况且他应当鼓励他的政党为下一次的立法选举做准备，他自信能够在立法选举中获胜。尽管他的新顾问爱德华·巴拉迪尔（代替了朱耶－加罗的位置），向他提出了恳切的建议，他还是拒绝发表有利于吉斯卡尔的言论。"'已经没有撤退的余地了，'他提醒道，'5月10日，每个人都会根据自己的良心投票。从个人的角度而言，我不可能投票给瓦莱里·吉斯卡尔·德斯坦。'"这样一个极小的表态都会被大多数保卫共和联盟的成员们理解成是投票给密特朗的允诺。

吉斯卡尔急切地邀请希拉克参加在庞丹举行的一次重要会议，可是希拉克拒绝了。他是否给保卫共和联盟下达了明确的投票指示？我不这么认为。当他得知左翼戴高乐主义者菲利普·德沙尔特[1]在寄给党员们的信中劝说他们把选票投给密特朗时，他训斥了德沙尔特。相反，他没有阻止夏尔·帕斯瓜（他竞选活动的组织负责人）、勒庞和保卫共和联盟的其他领导人之流东奔西走，为吉斯卡尔的道路设置障碍，要求党员们弃权或是投票给密特朗。

共和国的总统没有全部承认这个事实："如果是德沙尔特和沙邦[2]的某些朋友说出这样的话，那么是可能的，甚至是真实的，但是这不是来自保卫共和联盟的领袖的话。"他说他从来没有指示过要投票给密特朗，但是他强调"戴党人不喜欢吉斯卡尔"，

1 菲利普·德沙尔特（Philippe Dechartre，1919-）：戴高乐将军的部长，经济和社会议会的主席。——译注

2 此处指的是雅克·沙邦－戴尔马。——译注

“戴党人已经受够了吉斯卡尔，但是如果说我们策划了一个意在打倒他的阴谋，那是错误的”。他本人也不喜欢吉斯卡尔，这种反感可能使他私下希望左翼的候选人获胜，他对米歇尔·朱诺[1]吐露了这样的心声。

历史不会重现，但是正如菲利普·塞甘[2]后来强调的那样[3]，那段模糊不清的形势不会妨碍我们猜测雅克·希拉克已经全面清楚地认识到，如果密特朗当选，对于保卫共和联盟和他自己的前途都更为有利。左翼获胜后，他最终获得了右翼的自由阵营。从此，作为反对党当之无愧的领袖，他可以冷静地审视变幻的未来。

---

1 Michel Junot, *Quand les Parisiens aiment leur maire*, Edition de Fallois, 2006, page 220（米歇尔·朱诺，《巴黎人民爱市长》，第220页）。

2 菲利普·塞甘（Philippe Seguin,1943- ）：1986年至1988年担任社会事务和就业部部长，法国政治家。——译注

3 《年轻的狼》，同前。

22 一场和弗朗索瓦·密特朗面对面的长期较量

在与密特朗残酷较量了十四年后，这位继任者似乎忘记了所有的苦涩，仿佛“继任”这个事实已经医好了他所有的伤痛，也在他的记忆中抹去了面对这样难对付的敌人所经历的种种紧张和不安。在我们的交谈中，他时常提起密特朗的名字，每一次我都能感受到他对密特朗的赞赏之情，不止因为这个人物的敏锐、智慧，对于法国历史透彻的了解，还出于一种尊敬的爱。例如：

“在第一次共治时期，您和弗朗索瓦·密特朗的关系并不融洽。这对于你们来说不是愉快的阶段，每个人都坚持各自领域的权限。对于这一点，您还有什么记忆吗？”

“我一直都说我非常欣赏弗朗索瓦·密特朗，首先因为他是一个非常智慧和博学的人，和我完全不一样……”

“可以说你们在文化上有分歧……”

“的确，我们的文化是不同的，关注的是不同的主题……他精通历史，尤其是法国史，这不是我的强项，我总是兴趣盎然地听他说。其次，和新闻报道相反，这些报道的来源可能是同僚散布的假消息，我们从来没有任何一次正面冲突，我们从来没有互相谩骂过。左右共治时期，每周部长会议前我至少要见他一次，见面会持续半个小时，或是三刻钟。我强调这些，是因为据说某些书中根本没有记录这样的事实……”

“不是某些书，而是所有的书，所有的电视都在讨论您和密特朗长期的争斗！”

“确切地说从来没有任何冲突……”

“除非，当然在激烈的电视辩论上，在你们共治的最后阶段，当您要求他：您能够看着我的眼睛，否定我的说法吗？”

“是的，那是在电视上……但是我说的是，某些人说的，消息源可能是我的或他的同伴，按照他们的说法，因为我们一定经历过紧张的时刻、困难的时候，所以我们一定起过冲突。弗朗索瓦·密特朗待我总是彬彬有礼。我们不曾有过摩擦，而且我们总是防备出现这样的状况……如果说我们的关系充满了紧张和困难的话，那就大错特错了。可能会存在一些问题，但并不意味着会导致关系的紧张。我，我对密特朗的印象是非常好的。他是一个聪明的人，他试图稍微控制一下他的世界，所有的政客都会这么做，无一例外。”

还有一次，我们看到总统先生坚持强调弗朗索瓦·密特朗和戴高乐、蓬皮杜一样都是“法国的象征”。我认为不需要煞有介事地去分析，让人感觉他把密特朗当成了一个精神上的父亲，在密特朗去世几个小时后，他表达了对其感人至深的敬意。要使他谈谈和密特朗之间的冲突和斗争，我明白他是不愿意或是不能说的，总之是不可说的。他只同意讲述他们关系中积极的一面。在我们第一次的谈话中，当他告诉我弗朗索瓦·密特朗怎样坚持把他安置在总统办公室，办公室还被他精心还原成戴高乐将军时期的布置时，我能够感受到总统的话语中流露出害羞的情绪。担任了五年外交部长的于贝尔·凡德里纳证实说，因为希拉克，他和前任总统在爱丽舍宫进行过大量的交谈。每当他要作出某些重要的决定时，希拉克都要问他，密特朗总统是怎么想或会怎么做[1]。

1 参见第四部分。

在相当长的时期内，雅克·希拉克被一个人缠住了，他阻碍了他的进程，遮挡了他的视线，但是希拉克因为急躁和充沛的精力（他的标志）依旧斗志昂扬，但他没有足够的信心去自己制定一份清晰可行的战略方案，能够让他在眼下完全担负起政坛首脑的职位。他继续受到顾问们的摆布，首当其冲的就是爱德华·巴拉迪尔，还有夏尔·帕斯瓜和其他几个影响稍弱的人，比如雅克·都邦[1]、阿兰·朱佩、米歇尔·胡森[2]。我感觉今天又多了解了一点儿希拉克，不禁自问他和巴拉迪尔两个完全不同的人怎么能保持这么长时间的亲密关系。当我向总统表达出我的惊讶之情时，他谨慎地回答说：

"我也是……"

接着话题转到了一个小故事上，我想这件事对他触动很大，因为他向我讲过两次："1986年议会选举胜利之后，我和巴拉迪尔在巴黎市政厅组建政府。会议结束后，爱德华·巴拉迪尔如愿以偿当上了财政部的部长。我起身正要离开，他突然对我说：

"'雅克，我会向你要些东西。'

"'您想要什么就尽管告诉我，爱德华。'

"'是这样，如果我能成为国家部长，我会很高兴的。'

"我的手臂摊了下来，因为就我而言，我完全不关心这类事情。

"'听着，爱德华，如果您想成为国家部长，这是可能的：曾经有过先例，所以没有问题。'

"他说谢谢。

"这很可笑，小小的虚荣心在膨胀……"

---

1 雅克·都邦（Jacques Toubon, 1941- ）：法国原司法部长，巴黎第13选区议员，1983年至2001年担任巴黎第十三区区长。——译注

2 米歇尔·胡森（Michel Roussin, 1939- ）：法国前合作部长。——译注

他认为法国人在推选弗朗索瓦·密特朗入主爱丽舍宫后，由于社会党和共产党的联合，在接下来的立法选举中会抛弃左翼，可惜希拉克失算了。他低估了红色浪潮的力量。因此1981年保卫共和联盟的规模缩减到一定的比例，八十八名议员在国民议会中面对两百八十五名当选的社会党和社会党联盟的成员，力量对比悬殊，但是他们仍掌握着多数派。雅克·希拉克让人难以捉摸。他的冷静和前晚的烦躁形成了鲜明的对比。他披上了反对派领导人的外衣，但并不反对所有的人，他的态度相当地严谨负责。尽管他的政党内绝大部分人都不赞成，他还是坚持自己的理念：1981年9月18日投票取消死刑。1982年1月23和24日的保卫共和联盟会议上，他的讲话转而围绕着共和国和社会准则。他重复了二十多次形容词"共和国的"。

是不是他得知了某些社会党人计划改变巴黎市的地位，还是因为他很快地重新振作了起来？雅克·希拉克对总统弗朗索瓦·密特朗发动了正面的攻击。国民议会的保卫共和联盟的主席克洛德·拉贝于1982年4月27日要求密特朗和皮埃尔·莫华[1]的组合下台！6月23日，希拉克批评了政府，要求法院提案审查，质疑政府的合法性。他说："法国式的社会主义是破碎的梦想！"

一个星期之后，部长议会决定把巴黎划分为二十个充分行使权力的区。密特朗评论道："既然希拉克的所作所为紧跟拉贝的脚步，要求我下台，就不要对即将发生的事情感到惊讶。我，我从来不会要求一个由人民合法选出的总统离开。他要为此付出代价[2]！"贝尔纳·比约从爱丽舍宫的礼宾主管处得知这个消息，并报告了保卫共和联盟的领袖[3]。

希拉克低估了他的攻击造成的后果。政府官员们在假期归来

1 皮埃尔·莫华（Pierre Mauroy, 1928- ）：1981年至1984年担任法国总理，法国政治家。——译注

2 《他者希拉克》，同前。

3 同上。

后投票通过了新的质疑巴黎市地位的法律。希拉克把这部法律看做是个人侵犯，助长了他的不满情绪。1983年3月，巴黎市长对想要颠覆他政治基础的社会党人进行了报复。保卫共和联盟在首都所有选区获得了胜利，打击了社会—共产党的反对势力。希拉克满意地看到反对派从左翼收回了拥有三万多居民的三十一个城市的信任，而且终结了左翼的社会主义的经济计划，决心在第三次货币贬值后进行一场正式的改革。

那个时期矛盾频出：当左翼逐渐“右”化时，与其斗争的领袖希拉克越来越受到欢迎，在巴黎实施了与他宣扬的里根主义的观念有所出入的社会政策。希拉克不断受到胜利的鼓舞，把目光放得更远，开始谋求1986年立法选举的胜利。当了解到如果希拉克取得立法选举的胜利，弗朗索瓦·密特朗不会主动辞职时，他的朋友“爱德华”（爱德华·巴拉迪尔）开始思考这个局面的意义。1983年9月13日，《世界报》的头条刊登了一篇文章，文中巴拉迪尔提出了一个左翼的总统和一个右翼的总理“共同执政”的可能。他指出这样的组合不违背第五共和国的宪法，这篇由某位戴党人士写的文章标志着一个历史的转折。从这天起雅克·希拉克开始把巴拉迪尔当成他的“全权总管”：巴拉迪尔成为了保卫共和联盟的领导人最心腹的顾问。这严重地威胁到夏尔·帕斯瓜和他的同伴们。

为了实现弗朗索瓦·密特朗竞选时许下的诺言之一，社会党人决定大规模地建立统一的、公立的国家教育服务，把公共资产保留在公立学校中。这项计划激发了由来已久的争论。教育之争重燃战火，有可能再一次分裂国家。希拉克确信在这件事情中，弗朗索瓦·密特朗肯定要拿自己的童年为例，进行辩解。主教试图同社会党人秘密协商，进行抵抗，雅克·希拉克则努力把教育问题政治化。最终，这个问题成为了对付总统和政府的一件利器。

巴黎的新任大主教让-玛丽·卢斯蒂杰试图阻止这次教育权的回收。由于红衣主教和巴黎市长关系紧张，事情变得更加复杂。希拉克主张施加压力，卢斯蒂杰赞成主教秘密协商。红衣主教要求希拉克对密特朗保证，保卫共和联盟不会火上浇油，而会帮助他摆脱政教分离的极端分子：这是为了保护民族的利益和维护民众的和平。

虽然希拉克拒绝了主教的要求，但一开始他又答应了保卫共和联盟不参与斗争。爱德华·巴拉迪尔证实市长和巴黎大主教之间实现合作历经曲折，而更曲折的是他自身和他的领导达成进一步的共识。卢斯蒂杰要求希拉克不要出现在1984年3月4日为了维护私立学校利益的凡尔赛大游行中。比约回答说希拉克不会去参加。但是希拉克确确实实参加了多达八十万人的游行……这件事震动了整个法国，抗议的势头不减，政府似乎也不打算让步。是否是因为希拉克的缘故，事情不再是简单保护学校的自由，而是彻底变成了政治斗争呢？6月24日，二百万示威者聚集在巴黎街道上，市长走在游行队伍的前面。一个月后，皮埃尔·莫华辞职，弗朗索瓦·密特朗让步。

今天对于雅克·希拉克而言，那时和总统的较量意味着什么呢？

“我参加了保护私立学校的大游行。我还记得当时拥挤的人群……但不能因此指责我支持政教分离。”

“今天您还会这么做吗？”

“我不知道。这是一个原则问题，组织这次游行也是为了打击社会党政府……”

展望1986年的立法选举，保卫共和联盟更多的是与中间派，而不是与国民阵线合作，尽管夏尔·帕斯瓜施加了一定的压力：几年来，他一直致力于向让-玛丽·勒庞靠近。说到纲领，他是个极端自由主义者，和爱德华·巴拉迪尔一样想要破除社会党人的一切成就，加强私有化进程。希拉克带领右翼取得了马提尼翁宫的第二次胜利，可以说大部分的胜利归功于他的“总管”，巴拉迪尔成为了强大的财政部部长。

在两年的共治中，密特朗和希拉克两头政治斗兽毫不留情地互相斗争。密特朗的权力被削弱了，他挖掘宪法中细枝末节的规定来限制总理的野心，尤其是在国际事务中。他还大张旗鼓地公开批评希拉克。此外，他拒绝签署私有化的政令。希拉克以辞职威胁，但最终还是不得不放弃了某些改革措施。“我惊呆了：我曾经以辞职威胁密特朗，但是他毫不在意！[1]”

尽管没有获得改革方案的全部通过，他还是鼓励爱德华·巴拉迪尔彻底改变法国经济结构，使其适应国际环境。1983年3月，左翼完成了自由转化，法国成功转型，从政府领导经济转向市场引导的自由经济。很多大集团在私有化过程中免去了大部分由左翼任命的领导者，强行安置了效忠国民议会的雇主，这些雇主拥有极高的地位。不久后，法国电视一台的私有化在媒介中掀起了惊涛骇浪[2]。

夏天的胜利后，是秋天的阴云密布。阿兰·德瓦凯[3]推行的大学改革使得青年人走上街头，为首的是一个才华横溢的新人朱利安·德莱[4]，他原来是托洛茨基分子，后来加入了社会党。阿兰·德瓦凯想要建立大学入学审查制度。数以万计的大学生和中学生（在大卫·阿苏利纳[5]的带领下）行动起来，占领了各处地方，举行罢课和游行。形势越来越紧张。12月28日，雅克·希拉克要求多数派的议员修改改革中有争议的三点：注册，选拔

1 让-弗朗索瓦·普罗布斯特在帕特里克·劳特曼的资料中，《年老的狮子》，同前。

2 参见Pierre Péan et Christophe Nick, *TF1, un pouvoir*, Fayard, 1997（皮埃尔·佩昂和克里斯多夫·尼克，《法国电视一台，权利》）。

3 阿兰·德瓦凯（Alain Devaquet, 1942-）：法国前教育部长。——译注

4 朱利安·德莱（Julien Dray, 1955-）：法国社会党发言人，法国政治家。——译注

5 大卫·阿苏利纳（David Assouline, 1959-）：巴黎市议员，巴黎市长助理。——译注

和文凭的国家性质。但是总理的让步没能平息学生的怒火。12月4日，一场可怕的游行聚集了大约五十万名学生，最终在荣军院的广场爆发了严重的冲突，造成几人重伤。第二天，又发生了新的暴力事件。当晚，一名年轻的学生马里克·乌塞金被机动队队员（骑着摩托，拿着长棍，清理街道的警察）殴打，之后身亡。12月6日，阿兰·德瓦凯递交辞呈。雅克·希拉克匆匆从伦敦赶回来，当晚会见了国家总统。这次会谈后，密特朗说："国家的团结是首要的。我和我的国家谴责每一个动用武力的人。"12月8日，总理撤回了改革法案。

私立学校事件动摇了密特朗的第一个七年任期，德瓦凯的教育改革把希拉克政府笼罩在乌云之中，还引发了对于内政部长，团队中"最阴险人物"夏尔·帕斯瓜的特别公诉。

政府还面临一个前所未有的、悲剧性的问题：恐怖主义。1986年2月巴黎发生了三起爆炸事件。1985年5月和让-保尔·考夫曼[1]同时在贝鲁特被劫持的人质米歇尔·赛拉[2]在囚禁中死亡。3月8日法国电视二台的队伍在贝鲁特被劫持。3月17日巴黎-里昂高速火车沿线发生一起爆炸。20日香榭丽舍大街上发生的命案造成二死八伤。5月7日卡米耶·松塔格在贝鲁特被绑架。7月9日"直接行动[3]"在警察局制造一起爆炸：一死二十二伤。9月4日至17日，巴黎发生了一系列的谋杀案造成十一死一百五十多人受伤。9月24日马赛尔·库达里在贝鲁特被绑架。11月17日雷诺汽车的主席乔治·贝斯被"直接行动"打伤。1987年1月13日，记者罗歇·奥克在贝鲁特遭绑架。11月8日，游轮"丝科"号上四名比利时人被法塔赫（阿布·尼达尔[4]的革命委员会）绑架。

---

1 让-保尔·考夫曼（Jean-Paul Kauffmann, 1944- ）：《巴黎晨报》的记者，1985年在黎巴嫩贝鲁特被劫持。——译注

2 米歇尔·赛拉（Michel Seurat）：法国研究人员，1985年在贝鲁特被劫持。——译注

3 法国恐怖组织的绰号。——译注

4 阿布·尼达尔（Abou Nidal, 1937- ）：早年参加反对以色列占领斗争，是巴勒斯坦"法塔赫"激进组织"革命委员会"的领导人，从"法塔赫"分裂出来后，堕落为恐怖组织头目。——译注

除了“直接行动”的活动外，恐怖主义活动还在法国和伊朗秘密战争中扮演了角色[1]。由于巴格达和德黑兰正在交战，法国向伊拉克提供了军事援助，因此双方的秘密战争不断升级。在这个问题上，夏尔·帕斯瓜紧随着外交部长让-贝尔纳·雷蒙的脚步，1987年7月17日巴黎和德黑兰断绝了外交关系，雷蒙通过派遣密使让-查理·马尔基亚尼[2]调解两个首都之间微妙的关系。这次外交危机的起源是伊朗驻巴黎大使馆的翻译瓦里德·戈迪，被怀疑参与了巴黎发生的一系列谋杀案，但他拒不接受法国司法机构的指控。雅克·希拉克对致力于释放被扣留在黎巴嫩的法国人质，由马尔基亚尼安排的与伊朗、黎巴嫩、叙利亚和塞内加尔之间的秘密交易毫不知情。巴黎检察院反恐怖主义小组的负责人阿兰·马尔索一直关注着事态的发展，他向埃里克·泽穆尔透露说[3]：“我们以为事情会在国家层面上解决，可是事态毫无进展，看不到希望，断断续续。”对于和德黑兰之间秘密关系的不知情使得希拉克在1988年4月28日面对弗朗索瓦·密特朗的电视公决中付出了惨重的代价，总统选举的第一轮投票中希拉克票数惨淡（19.94%，对手是34.09%）。所有的分析家都认为这是选举的转折点。

关于释放伊朗翻译官，密特朗在镜头前对希拉克说：“……我不得不说我想起您遣送戈迪先生回伊朗前，在我的办公室对我说证据确凿，已经证实了他是1986年底血洗巴黎的系列谋杀案的同谋。这就是为什么我认为您所有（在左翼依旧掌握着权力的时候，对于恐怖分子赦免的）做法都是卑鄙可耻的。”

希拉克反驳：“……您能看着我的眼睛说，我对您说过我们有证据证明戈迪是先前发生的惨案的同谋或是凶手吗？我一直说

1 参见Pierre Péan, *La Menace*, Fayard, 1987（皮埃尔·佩昂，《威胁》）。

2 让-查理·马尔基亚尼（Jean-Charles Marchiani, 1943-）：前欧洲议员，前瓦尔省省长。——译注

3 《希拉克，不自爱的人》，同前。

这件事唯一的办法是诉诸法律，我不知道……卷宗的内容，因此我们不可能确切地说戈迪是否牵扯在这件事情中？法官最后的判决是：否……您能看着我的眼睛否定我的说法吗？”

密特朗：“看着您的眼睛，我否定您所说的一切！戈迪被捕，大使馆被封锁，以及在德黑兰造成的后果，是因为政府的说法让我们认为事情足够严重：他是1986年底恐怖主义的制造者之一。”

两个人可能都是真诚的。希拉克“不了解真相。当密特朗训斥他时，他迷惑了，但是他是真挚正直的”，前法官马尔索说。密特朗通过吉勒·梅纳热[1]已经了解了事实，梅纳热经常和负责此案的马尔索和布卢克法官见面。

在总统第二轮选举的前四天，即5月4日，人质（马赛尔·卡尔东、马赛尔·方丹、让-保尔·考夫曼）获救，这没有转变希拉克的不良形象，他只获得了45.98%的选票。人质事件让希拉克在民众中留下了一个极坏的印象，这并不让人奇怪。

“那时您知道马尔基亚尼在这件事中扮演的角色吗？”

“从那时起，我就不断地跟帕斯瓜说他是不值得交往的人，总是在说假话。他把人质事件的所有功劳归于自己，我敢说这是一派胡言。这是我一生中犯下的重大错误。帕斯瓜曾要求我帮他一个私人的忙，任命马尔基亚尼为瓦尔省省长。我这么做了，现在后悔莫及。”

“我调查过人质事件[2]。我肯定您是被骗了……”

“的确……事实上，他没能欺骗我多久，因为我从不信任他……他说的所有关于人质的消息都缺乏事实基础。可是他偏偏有虚张声势的本领……1995年秋天，当两名法国飞行员在塞

---

1 吉勒·梅纳热（Gilles Ménage，1943- ）：法国高级官员，密特朗内阁顾问。——译注

2 三份调查：皮埃尔·佩昂，《威胁》，同前；《UT 772航班》（*Vol UT 772*, Stock，1992）；《非洲的伎俩》（*Manipulations africaines*, Plon, 2001）。

尔维亚被击落，我打电话给米洛舍维奇[1]的欧洲雇佣兵。我竭尽全力解救他们。然而有人操纵了事情，马尔基亚尼动了手脚。最后，米洛舍维奇告诉我他会把两名飞行员交还给我们，但是要求交付给一名高级军官。我批准了一名少校军衔的军官乘GLAM飞机接回两名被释放的飞行员。但是走下飞机站在他面前的是谁？马尔基亚尼！”

“解救考夫曼时，他要了同样的手腕：并不是他解救的……”

“我很清楚并不是他解救了考夫曼！”

“是谢克·泽恩在达喀尔安排好了一切，马尔基亚尼只是在最后才露面……”

“是的，确实是，就是这样。在人质事件中，我给帕斯瓜打了无数个电话。二十次，五十次，一百次，我不断重复告诉他无论马尔基亚尼说什么，他所说的一切都是假的。另外，马尔基亚尼不停地要钱，我没有给他。帕斯瓜希望我能从马提尼翁宫的特别经费中拨一份给马尔基亚尼……”

在两轮总统选举中，雅克·希拉克成为了爱德华·巴拉迪尔和夏尔·帕斯瓜施加重压的对象，目的是为了和在第一轮选举中获得14.39%选票的让-玛丽·勒庞达成政治协议。我们再次看见“希拉克，隐秘的一面”断然拒绝接受他的两名主要顾问的摆布，而这两人已经成为共治政府中强大的人物。

1985年4月，弗朗索瓦·密特朗为了比例代表制放弃了多数派的投票。雅克·希拉克气急败坏，他认为总统这样做就会给他厌恶的主要对象勒庞和国民阵线提供暂时的有利条件。6月22

1 斯洛博丹·米洛舍维奇（Slobodan Milosevic，1941-）：南斯拉夫政治家。1983年开始步入政坛，当选为南共联盟主席团中央委员。1989年，担任塞尔维亚共和国主席团主席。1990年7月，塞尔维亚共盟改组为塞尔维亚社会党，米出任主席，同年12月当选为塞尔维亚共和国首任总统。1992年12月连任。1997年7月23日，在南联盟总统选举中获胜，出任南联盟总统。2000年下台。——译注日，他向弗朗兹-奥利维埃·吉埃斯贝尔说不该“耍弄他”，他说：“这可能为人们心中小小的种族主义的种子萌发提供历史机遇……有一件事情能让我拿起武器，走上街头：那就是种族主义[1]。”不管怎样，我们从中能窥见这个所谓的“风向标”（没有主见的人）实际上从没有改变过方向。

1983年3月，他拒绝在巴黎第二十区获得11%选票的勒庞加入市镇多数派，相反几个月之后，在德勒（Dreux）举行的部分市镇选举中，在两轮投票之间，他同意保卫共和联盟的候选人与国民阵线签订一项协议，允许玛丽-弗朗兹·斯蒂尔布瓦[2]担任市长。一次象征性的伟大胜利标志着极右势力突然闯进法国政治生活。雅克·希拉克马上就后悔了，他描述那次失误为无意间犯下的“历史性的错误”。

几个月之后，巴黎市长的内阁领导人罗伯特·庞德罗[3]认为雅克·希拉克的态度是“愚蠢的”，要求市长助理米歇尔·朱诺陪他去市长办公室试图说服他改变主意。朱诺说[4]：“雅克·希拉克友好、轻松地接待了我们，他习惯性地拨了拨炭火，直到博布（罗伯特·庞德罗）把话题转移到勒庞的身上。很快，他就爆发了：‘我讨厌这个人，他代表了一切我所厌恶的对象。我拒绝和他及他的同伙们接触！’庞德罗解释说我和他都认识勒庞，他没有传说的那么极端，我们可以同他谈谈，为了赢得多数，他的选票是必要的，甚至是不可缺少的。再说社会党人也不排斥托洛茨基分子和那些承认布尔什维克主义曾犯下过滔天罪行的人。但全是白费口舌，雅克·希拉克丝毫不愿讨论这个问题。”

今天，总统还没有停止谈论他和极右翼及勒庞之间的关系：

---

1 《雅克·希拉克》，同前。

2 玛丽-弗朗兹·斯蒂尔布瓦（Marie-France Stirbois, 1944-2006）：法国女政治家，国民阵线议员。——译注

3 罗伯特·庞德罗（Robert Pandraud, 1928- ）：法国国民议会法律委员会成员。——译注

4 Michel Junot, *Quand les Parisiens aimaient leur maire*, Editions de Fallois, 2006（米歇尔·朱诺，《巴黎人民爱市长》）。

“我一直讨厌国民阵线，这几乎是一种本能，我不能忍受种族主义和仇外思想。”他强调说：“这是本能，我讨厌种族主义的一切表现形式！”

他告诉我一个小故事，用来表明他的态度：“1987年8月，我和妻子在戛纳度假，住在杜卡普酒店。我去游泳，当我走上通向海滩的小路时，忽然有个家伙冲过来，对我说：‘你好，希拉克先生。’我伸出手，但就在我抬起头时，我发现那是勒庞。我抽回手，转过身，但是太晚了。我已经掉进了勒庞的陷阱，他让人拍下了他设计好的和我的见面。不久后，西帕图片新闻社的老板给我打电话，说要见我。他指给我看在戛纳拍的那张照片：

“‘有人给我提供了这张底片，’他对我说，‘我非常震惊，我不喜欢这种方式。我把照片买下了。’

“我说，希望他把照片卖给我。

“‘这不可能。我买下它是因为这是我的责任，但是我拒绝把它再卖给您。我把它送给您，连同底片一起。’”

雅克·希拉克又唱起了他反国民阵线的主旋律：

“没有什么能让我震惊，但是我实在无法理解仇外思想和种族主义。如果说我对以色列人不留情面，那是因为他们的政治。然而，我不能容忍种族主义，反犹太主义。我生下来就这样，这在我的基因里根深蒂固。”

总统由此谈到了1988年选举。第一轮投票中他只得到了20%的选票，密特朗获得了34%的选票，因此和获得14%选票的国民阵线结成联盟的问题就被尖锐地提出来。

“是的，就连爱德华·巴拉迪尔，那时我和他的关系非常亲密，也试图劝说我与勒庞‘联手’。我对他说：‘爱德华，这个办不到！我们可能会在竞选中失败，就算是我们失败了，至少不要是因为这个原因。’我承受了巨大的压力，虽然我在道德上不能接受，但是我清楚这种‘联姻’在政治层面上是有意义的。我能够理解一部分人的想法。在多数派（前多数派，即右翼）中，帕斯瓜尤其希望我和勒庞接触以求达成共识。帕斯瓜在我的耳边喋喋不休，希望我能见见勒庞，和他合作。爱德华也反反复复地说：'雅克，如果我们不想办法与极右翼合作，我们就要输掉选举了。'帕斯瓜和爱德华[1]两人使出浑身解数说服我，一个比一个的招数利害，而且还有不少人也赞成这样的联盟。当时，我受到了来自四面八方的批评。我认为这个想法我们可以从政治的角度上去支持，但是在道德层面上是立不住脚的。当我们讲政治时，不需要恪求传统道义，但是一些原则上的界限是不能轻易逾越的。可以说，不论和国民阵线达成什么样的协议，对我来说，那都是不能跨越的界限……人们可以在很多事情上声讨我，但是不能怀疑我对极右翼的态度。"

"埃里克·泽穆尔肯定地说，在1988年总统选举的两轮中，您见过勒庞两次：第一次是在贝努维尔，第二次是在星形广场附近的帕斯瓜的一位朋友家里，但是您拒绝和他达成政治协议……"

"我保证没有在贝努维尔见过勒庞。而且，虽然帕斯瓜苦苦纠缠希望我和勒庞会面，却不可能在我们讨论的时候把他带来。总之，没有发生任何变化……"

记者们和所有声称和雅克·希拉克走得很近的人都把他描述为一个气馁、沮丧的人，在很多方面质疑自己，不相信自己的未来。人们发现了他脆弱的一面，朋友们纷纷离他而去。"我曾把希拉克看做一个理想的人……我认为他是一个坚强、勇敢、稳重的人……我想那个时候我失望了"，夏尔·帕斯瓜说道[2]。

---

1 Daniel Carton，*La Deuxième Vie de Charles Pasqua*, Flammarion en 2001（达尼埃尔·卡尔东，《夏尔·帕斯瓜的第二次生命》）。书中讲述了1988年2月到3月末帕斯瓜和勒庞的两次午餐。此时巴拉迪尔已经和勒庞合作。在两轮投票中，帕斯瓜竭尽全力说服希拉克给勒庞打电话。在最后一次努力后，帕斯瓜失去了耐心，他砸坏了一把椅子，向总理骂道："你永远不可能成为总统，因为你的屁股上没有睾丸！"希拉克回应说："你永远不能让我和魔鬼妥协！"

2 《年老的狮子》，同前。

“迟疑”、“沮丧”、“垂头丧气”，但是从希拉克家人的口中，我们却听不到这些词。在妻子和女儿的帮助下，总统很快澄清了这些谣言。她们还记得1988年之后希拉克的脾气有点儿火爆，倒不是因为他情绪低落，而是因为他戒了烟！贝尔纳黛特至今回忆起来还忍俊不禁。雅克·希拉克说要向她透露“一些私生活的事情”，他把妻子叫来，问道：

“您没有发现最近我的生活有什么变化吗？”

“没有，我没有发现什么。”贝尔纳黛特回答说。

“我戒烟了，而我的妻子却没有发现！”

“他确实有些反常！”希拉克夫人说，“但是沮丧、茫然，不！这些都是记者说的话。他很快就振作起来，迈开大步去开垦自己的土地……总统从来不曾萎靡不振。在他身上，这种事情从来没有发生过。”她轻蔑地否定了这些传言。

首都市长再一次赢得了1989年3月市镇选举的巴黎二十个区的胜利。但是接下来的秋天，保卫共和联盟的两名重要人物夏尔·帕斯瓜和菲利普·塞甘[1]决定把希拉克踢出戴党领导层。让-弗朗索瓦·普罗布斯说：“他们俩策划了一起阴谋。第一个说：‘希拉克是傻瓜！’第二个说：‘希拉克，完蛋了！’他们俩筹划在1990年2月11日举行保卫共和联盟选举前说服投票人和党员们，以及市长身边的重臣、保卫共和联盟的秘书长阿兰·朱佩排挤希拉克。”雅克·希拉克再一次以胜利者的姿态获得了68.6%的选票，继续连任保卫共和联盟的主席。

当我提醒总统，夏尔·帕斯瓜想把他“踢出”保卫共和联盟时，他简洁地回答说：

“我想不起他试图……”

我试着了解为什么总统能和他保持这样一种亲密的关系：

1 菲利普·塞甘（Philippe Séguin, 1943- ）：法国前国民议会议长，国家审计法院首席院长。——译注

"他正直善良，有独特的魅力。我只记得他对我的支持，其他的已经忘记了。他总是给我写信。我非常喜欢他，我是个忠于友谊的人。他曾责备我在他惹上官司时没有帮助他。我一直明确地告诉他，我对他的好感不能超越个人关系，而他的身边总是围绕着值得怀疑的人。"

在经历了1990年2月政变之后，巴黎市长对于帕斯瓜的口气严厉起来，他把帕斯瓜称为："我曾经的朋友。"

时值马斯特里赫特条约[1]的全民公决，巴黎市长又一次直面帕斯瓜、塞甘及大多数的党员，如果条约通过，那么法国就将真正成为欧洲的一部分。他赞成通过条约，但直到那时，他也不曾表现得像一个自信的欧洲人。他意识到他要成为总统就要促成条约的通过，但是他无法预见自己所处的位置会遭遇什么"暗礁"。他观察到保卫共和联盟中2%的人"赞成"，6%的人"出于对希拉克的个人好感"投了赞成票。其他所有人都反对。如果"否决"占了上风，那么他国家领导人的生涯就结束了。帕斯瓜和塞甘会处在强势的地位上，在取得立法选举胜利的情况下，拒绝共治。

总统回忆起他政治生涯中的这个关键时刻：

"我不是一个狂热的欧洲分子，这很明显，但是慢慢地，我相信欧洲代表着和平和民主，如果我们希望为和平和民主工作，我们就应当建设欧洲……我们不应当长期处于斗争中，尤其是当我们看到美洲和亚洲都在快速地发展……因此我越来越欧洲化，当我们对马斯特里赫特条约表态时，我投了赞成票……"

"这对保卫共和联盟来说是一场灾难……"

"那时，我是保卫共和联盟的主席。我们在一个巴黎剧院

---

1 马斯特里赫特条约（Traité de Maastricht）：正名为《欧盟条约》(the Treaty on European Union)，是1992年2月7日由当时欧洲共同体12个成员国于荷兰马斯特里赫特签署的条约，1993年11月1日开始生效。该条约催生了欧洲联盟(欧盟)，赋予其新的政治和社会责任，以取代欧洲共同体。——译注

或是在迪贝利[1]家，在那儿，在法国医疗保险互助会，召集全党负责人开了一次大会[2]。所有人都登台说不应当通过马斯特里赫特条约，我作为主席最后发言，我宣布：‘现在，我们应当投票通过马斯特里赫特条约！’这对于保卫共和联盟的干部来说无疑是晴天霹雳：80%至90%的人都反对马斯特里赫特条约。他们呼喊、吵闹。我对他们说：‘就是这样：我们投赞成票。我说应当投赞成票，这是为了你们的利益、法国的利益、为了和平与民主……’当我说完时，博得了一片喝彩。这是一个已经不复存在了的政党的特点，它盛行着友爱团结之风……在我演讲的前半段我听到的是嘘声，但是最终当我说应当按照他们刚才所想的相反方向投票时，人们欢呼起来……但这些都不存在了。保卫共和联盟已经消失了！”

最终，条约获得通过，雅克·希拉克开始全面备战立法选举。

在最后的三个月中，他走访了三十六个省，将近二万五千公里，带领右翼取得了压倒性的胜利。1993年3月23日，雅克·希拉克要求弗朗索瓦·密特朗离开爱丽舍宫：“如果第二轮投票继续第一轮的势头，那么总统先生就要承担所有的后果。面对它的外国伙伴们，民族的利益要求法兰西不能再处于一种迷迷糊糊的状态中。它的利益就是密特朗先生辞职，我们将迎来新的总统选举。”

第二天，即3月24日，贝格伯[3]政府举行了最后一次部长会议，这也是弗朗索瓦·密特朗第二个七年任期中最后一次左翼政府的会议。总统回答雅克·希拉克说：“当然，我又一次面对同样的问题：是留？是去？我也问过自己这个问题。如果我不是总统，那么我一定会被希望我离开的浩大的反对声所指引。这个声音已经响了几个月之久了。这个声音从星期一开始大起来。我明

1 让·迪贝利（Jean Tibéri，1935- ）：法国前巴黎市长，1995年至2001年。——译注

2 1992年7月4日星期六，雅克·希拉克宣布将在9月20日对《马斯特里赫特条约》的全民公决上投“赞成票”，受到了两千名保卫共和联盟成员中大多数的嘲讽，“清楚明白，不是冲动，毫不迟疑，因为涉及到法国和法国在欧洲的地位问题，一点儿马虎都犯不得。”

3 皮埃尔·贝格伯（Pierre Bérégovoy，1925- ）：法国政治家，1992年至1993年担任法国总理。——译注

白是保卫共和联盟希望我下台。它的主席渴望5月份登上共和国总统的位置，对他来说，这是唯一的出路。因为他不是很肯定新的多数派在两年内通过对国家事务的治理能够为他重新找回1995年的声威……但是我有一项任务还没完成。国家的责任，当然，这项任务也表明了我在最后十二年中积蓄的力量并没有被消灭，而且在今后它还会是一股重要的势力。我应当勇敢地应对这场战争，我要参战。虽然我知道我会变成众矢之的。但是他们没法把我赶进'捕鼠器'。如果我是他们口中失败的将军，那么我要把手中的剑交给谁呢？是希拉克？是吉斯卡尔·德斯坦？还是布尔格[1]先生或者帕特里克·普瓦尔·达沃[2]？……"

3月28日，星期天，右翼获胜，但是胜利的将军决定不去亲自摘取胜利的果实。因为他在马提尼翁宫的第二次任职没有给他留下美好的印象。他认为自己不能从马提尼翁宫进入爱丽舍宫。由于他和老朋友爱德华的亲密关系，他把马提尼翁宫留给了"管家"巴拉迪尔，相信在接下来的日子里，他会帮助自己攻占爱丽舍宫。

1 马丹·布尔格（Martin Bouygues, 1952- ）：法国第三大移动电话业者，布尔格电信公司领导人。——译注

2 帕特里克·普瓦尔·达沃（Patrick Poivre d'Arvor, 1947- ）：法国电视台著名主持人，从1987年开始主持法国电视二台的《二十点》节目。——译注

23 巴拉迪尔的“背叛”，抑或人生的机遇

如果没有爱德华·巴拉迪尔的“背叛”，雅克·希拉克可能永远不会成为共和国的总统。在失去了这位决定独立门户的重要政治顾问后，巴黎市长别无他法，只能改掉听命他人的习惯，自己动手去设计一套方案；头一次，他独自提出了自己的想法，这些想法在朱耶、加罗、巴拉迪尔、帕斯瓜等人的时代只能被隐藏起来。面对左翼的老对手和科雷兹的激进社会党人，他终于可以大展拳脚。他召集新的顾问以助他一臂之力。他成为了自己，希拉克找回了雅克，用他女儿的话说，他“回归”了。

为了验证我对总统生涯的这段解读是否确切，一个周日的早上[1]，我给总统打电话。他依旧出言谨慎，但是兴高采烈地回答了我两次：“几乎千真万确！”

很多人（吉斯卡尔、帕斯瓜、朱佩、塞甘……）都反复劝说他，把爱德华·巴拉迪尔安置在马提尼翁宫不是个好主意。但是什么都不能动摇他对小报上戏称“三十年的老朋友”的绝对信任。他很快感觉到，那些报告坏消息的人却掌握着真理。但是雅克·希拉克没有发现或是不愿意发现，他更不愿去想象最糟糕的

1 2006年12月10日。

情况。他们之间难道没有达成协议，他把马提尼翁宫交给他的朋友，作为交换，后者帮助他进军爱丽舍宫？

选举的第二天，爱德华·巴拉迪尔并没有召集巴黎市长组建政府，这同1986年雅克·希拉克召集他到身边组建政府的态度截然相反。保卫共和联盟的领袖甚至还要费力去争取在政府中安插几名自己人。此时，他的家庭遭遇了一次灾难，女儿克洛德的丈夫菲利普·阿贝尔去世了，这让希拉克的注意力暂时从政治中转移出来。4月8日，葬礼当天，马提尼翁宫的主人宣布了“未来五年”的政府计划。雅克·希拉克不情愿地从总理实施的超过共治期限的行动中看出他的图谋不轨。5月末，在巴拉迪尔的候选进程中扮演重要角色的索福瑞公司[1]，已经帮助他在54%的法国人眼中成为了“总统人选”，而巴黎市长只获得38%的支持率。

6月中旬，巴黎市长同当选为国民议会主席的菲利普·塞甘握手言和，他开始疏远内政部长夏尔·帕斯瓜。帕斯瓜号召全面颠覆戴党的价值理念和基本选择，让总理忿忿不平的是巴黎市长居然毫不犹豫就通过了政党规则的修改。两个朋友之间的关系越来越紧张的消息传遍了整个巴黎。巴拉迪尔没有错过这次机会，他提醒人们不再处于第五共和国统治之下，不再是政党的领袖统领国家。7月19日，在多数派负责人的中餐会上，巴拉迪尔很遗憾雅克·希拉克没有摆脱菲利普·塞甘的言论的威胁。观察家们明白了这位把握十足的前“管家”已经开始在马提尼翁宫施展拳脚，脱离了保卫共和联盟的主席，并把眼光瞄准了爱丽舍宫。

左右共治一开始，弗朗索瓦·密特朗和爱德华·巴拉迪尔之间的关系更加刺激了巴黎市长。总统很欣赏这位新总理，文明开化、冷面又滑稽，还和他一样是“104[2]”号的老学员。第一次部长议会，两位执行长官就国际政治中南斯拉夫和卢旺达两个主

1 法国市场调查公司。——译注

2 天主教学院坐落在巴黎第6区，沃日拉尔街，104日。

要问题达成了共识。很快，总统就发现总理“影响重大，分寸得体[1]”，他感觉这一位“比多数派更稳重”。从1993年6月开始，巴拉迪尔要参加下届总统竞选的传闻在整个巴黎市越传越响，弗朗索瓦·密特朗装作不相信：“如果他这么想的话，他不会说出来的”，他催促马提尼翁宫的主人出面反对巴黎市长。但他不断向他的伙伴们重复，他不会支持他们中的任何一个。而保卫共和联盟的主席，难以想象他“三十年的老朋友”正在准备背叛他……

越来越焦躁的希拉克阵营响起了新的警钟：8月12日，在法国电视二台的《二十点》节目中，面对希拉克是否会自然成为保卫共和联盟的候选人，巴拉迪尔没有回答。三个星期后，因为希拉克理所应当地成为了候选人，总理取消了访问保卫共和联盟的青年暑期大学。青年们呼喊：“密特朗去拉切[2]，希拉克去爱丽舍宫！”，他们的喊声没有消除新戴党内部不断激化的动荡。当时《世界报》的评论员奥利维耶·比福在文章结尾这样写道：“在民意测验中，巴拉迪尔遥遥领先，在这样困难的处境中，希拉克只能希望要么总理的评价一落千丈，要么就两人一同沦陷。他没办法向大家宣布，民意测验证明他当初的选择是明智的，他在舆论中‘创造了’一个新人巴拉迪尔先生，他不能接受这种戏剧性的场面。基于这一点，巴黎市长就必须在斯特拉斯堡更努力地表现才能逃避这场灾难。”

在斯特拉斯堡，雅克·希拉克最终睁开了眼睛，他对弗朗索瓦·巴鲁安[3]吐露：“我太幼稚了。”巴鲁安在拉法内尔·巴凯[4]面

---

1 《与一位总统的对话》，让-皮埃尔·埃尔卡巴克执导的五幕电影，由法国电视二台发行（*Conversations avec un Président*, film en cinq épisodes de Jean-Pierre Elkabbach, diffusé par France 2）。

2 法国朗德省的地名，密特朗在那里有私宅。——译注

3 弗朗索瓦·巴鲁安（François Baroin, 1965- ）：法国国务部长兼内政、内部安全与地方自由部长。——译注

4 参见Raphaëlle Bacqué et Denis Saverot, *Chirac Président. Les coulisses d'une victoire*, Editions du Rocher et Editions DBW, 1995（拉法内尔·巴凯和德尼斯·萨夫罗特的出色作品，《总统希拉克》，《胜利的内幕》）。

前说："这终于让我轻松下来。脓包被挑破了。我想他终于明白巴拉迪尔在把我们引向分裂。"

两人之间安排了一次释疑的会面。9月11日，他们在马提尼翁宫面对面会谈了两个小时，官方的说法是为了"规划大局"。媒体被要求采访这次会面。总理陪巴黎市长一直走到台阶上。记者问巴拉迪尔这是否是一次"和解"之谈，他回答说："如果是为了和解，那么也得两个人先闹翻啊！"但是没有人会轻易相信。

共和国总统清楚地记得这次会面，更确切地说是会面结束的方式。

"在马提尼翁宫会面后（我想这是最后一次），总理送我到台阶上。我对他说：'再见。'然后我走下两层台阶，突然他对我说：'雅克，我希望你现在明白我永远也不会成为你的总理。'他那时还不是候选人。对我而言，他还应当继续服务下去，意思是如果我赢得了选举，他应当成为我的总理。事实上，这是告诉我他将反对我……他在台阶上以这种方式告诉我，在我离开时，他向我转过背去，我明白了他要参加竞选。"

"您透露说随着时间的流逝，您再也抓不住他的目光了。"

"是的，是的……"

我试着让他说说那段痛苦的岁月，让他认识到这次背弃让他经历了怎样的苦难。他没有流露出更多的感情。"这让我很痛苦，"他一开始这么回答我，接着稍微放轻松了点儿，"我们曾经亲密无间，我从没有想过他会想从我们的关系中获得某种利益。"

希拉克也许明白，但是至少在某一段时间内，他必须这么做……这两个人不得不维持自己的好形象。他们周围的人趁着9月26日保卫共和联盟在拉罗舍尔举办党员学习日的机会安排了一次交流，目的是"向公众说明竞争不一定就是战争……目标很明白：平息、消除疑惑、确定新的目标。总之，是自觉接受现状”，奥利维耶·比福这样写道。因此我们看到雅克·希拉克和爱德华·巴拉迪尔在拉罗舍尔的港口码头上聊天。这次会议拍摄的很多照片远远不像是和解的朋友。两个人一起走，但是没有眼神的交流，坐在咖啡馆中也没有交谈。雅克·希拉克几乎是独自走到他的小飞机旁，而整整一天巴拉迪尔的身边聚集了大量的党员，此时身后又跟着一群记者。

雅克·希拉克继续默默地忍受着耻辱，他意识到在自己的政党中是多么的孤立无援。最糟糕的是尼古拉·萨科齐背叛了他，而希拉克一直把他看做是“自家人”，帮助他当上了纳伊利市的市长。他从1970年代末开始成为希拉克的门徒，几乎是半个儿子，他是克洛德·希拉克的密友，聪明、机灵、生气勃勃、博学多识。公开叛变的信号出现在10月24日RTL广播电台《世界报》频道的节目上。面对提问：“萨科齐先生，为什么您不再参加雅克·希拉克的顾问会议？”这位预算部长回答：

“因为总理要求各部长做好自己部门的工作，不要去关心总统选举的事。我这样做了，每个部长都想这样做。这正是为什么我们的政府中没有争吵、没有分歧、而且至今没有走调，也没有不协调的原因。”

雅克·希拉克谈起1993年秋天背叛他的萨科齐显得比平时更加健谈。他首先回忆起“这位年轻的纳伊利市的党员，在政治上对我全心全意。”“我有幸在纳伊利市市长阿希尔·佩雷蒂去世时，第一次帮助了他。萨科齐想要继任市长，这操作起来有些复杂，但他认为一切都应当为他的目标服务。那时我是巴黎市长，由我来决定市长的人选。我对帕斯瓜说：‘你不要去，你把位置留给萨科齐，他年轻，应当把新人推出去。’刚选上市长，萨科齐就不断解释说我在这件事情中没有施加任何影响。我并没有在意，他继续说我没有介入此事。我当时就应当有所警觉……他还是继续支持我。”

接着，总统谈到1993年11月24日萨科齐的叛变，在巴黎里尔街保卫共和联盟的一次领导人会议结束后："我们开完会，所有的人都离开了……我是最后一个，正准备要走。我打了一个电话，突然萨科齐又回来了，对我说：'我应当和您谈谈。'我们俩在三十张空椅子中坐了下来。"

"我将宣布支持巴拉迪尔。"

"听着，很好，但是为什么你要告诉我呢？"

"我，我是一个政治人，我在为政治工作，很明显巴拉迪尔会获得胜利。所以我支持巴拉迪尔。"

"我回答他说：'很好。你按照自己的想法去做。'"

"这让人非常惊讶：这个一直效忠我的男孩跑来对我说他要支持巴拉迪尔，因为他是个政客！"

尼古拉·萨科齐说的却是另一个版本，按照他的说法，希拉克告诉他不论发生什么事，在他自己成为候选人之前，都不要把所有的鸡蛋放在一个篮子里。因此，萨科齐回答不论发生什么，他都会是巴拉迪尔的发言人。根据弗朗索瓦·巴鲁安的记载，希拉克曾要求他回来一起工作[1]。

在这段困难的时期内，巴黎市长对共和国总统发出的每一个小信号都十分敏感。1993年11月末，在大卢浮宫揭幕仪式上，所有人都看到弗朗索瓦·密特朗和雅克·希拉克真心的笑容。几天之后，12月17日，弗朗索瓦·密特朗在瑟黑（东比利牛斯）的发言导致精心设计的左右共治出现了第一条严重的裂痕。在一个由家长和公共教育部门的教员组成的代表团前，共和国总统严厉地批评政府违反了法卢法[2]。他说感到"非常震惊，迷惑不解，我们居然可以扰乱议会[3]"。菲利普·塞甘和雅克·希拉克此后发表了

1 《总统希拉克》，《胜利的内幕》，同前。

2 法卢法禁止或是限制将公共资源用于私人教学。参议院的多数派于12月1日突然废除了这项法律。

3 《对话集》，同前。除了相反的指示，引号中弗朗索瓦·密特朗的话从这个章节中被删除。

相当多关于共和国政教分离的必要性的声明。

12月19日星期天，两位国家部长：社会事务部部长西蒙娜·韦依和国防部部长弗朗索瓦·莱奥塔尔开展了总统竞选活动，宣称总理已经具备成为一名优秀候选人的“必要的条件”。弗朗索瓦·密特朗对这样过早的宣言感到吃惊：“现在就开展竞选运动，这是有点儿不顾日后困难的冒险行为。”他对让-皮埃尔·埃尔卡巴克[1]透露说。总理的行为惹怒了密特朗。1994年1月5日，他向巴黎市长发出了一个新的信号，在新年祝辞中，雅克·希拉克希望解决巴黎市贫困者和无家可归者的问题，弗朗索瓦·密特朗表示支持，并把他单独拉到一个小房间中谈了一会儿……

在接下来的几个月中，巴黎市长投入到一项不同寻常的工作中：他开始秘密地独立思考。在工作团队和某些顾问的协助下，他巡查外省，收集土地信息，但是与往常不同的是，他独自进行整理的工作。他和格札维埃·艾玛纽艾里长时间地会谈，讨论在巴黎横行的灾难，参观落后的街区，咨询以马内利修女[2]。他在蒙福尔-阿莫里小镇用假名字租了一间办公室。只有莫里斯·于尔里克[3]，让-皮埃尔·德尼[4]，克洛德·希拉克知情。当巴黎市长繁重的额外工作接近尾声时，女编辑尼古拉·拉泰才了解了秘密的真相。希拉克用了假名朱斯蒂娜，出版了一本书，书的标题是《一位新女性》（事实上，书真正的名字是《一个新的法兰西——思考1》）……1994年6月21日，凭借出色的宣传计划，这本书因其基调和对问题的剖析让人们眼前一亮。希拉克把书送给了1986年之后出生的青年人，赠给了“关注这个充满敌意的社会，却不怀

1 让-皮埃尔·埃尔卡巴克（Jean-Pierre Elkabbach, 1937- ）：法国著名的电台记者。——译注

2 以马内利修女（Soeur Emmanuelle, 1908- ）：法国受尊重的女性宗教领袖。她在埃及贫民窟二十二年与穷人为伍，协助贫民窟建设学校、诊所、养老院。——译注

3 莫里斯·于尔里克（Maurice Ulrich, 1925- ）：巴黎前议员。——译注

4 让-皮埃尔·德尼（Jean-Pierre Denis）：法国中小企业发展银行的主席。——译注

疑社会基础的年轻一代……在某些郊区二分之一的年轻人没有工作，正如阿兰·杜罕[1]所强调的那样，我们不能再把它看做是就业危机，而是‘社会的断层’。面对不断增长的苦难和极度的贫穷，巴黎不得不建立（无家可归者的）流动专救车（SAMU social）来进行最基本的友爱救助工作，这是一个国家的悲哀！”整个引言部分都是这样的笔调。在第一章节《就业是重中之重》，作者的语气更加强烈，正如他写下的第一句话：“失业是我们的悲剧。”作者在书中设计了一个全新的社会契约。他花了大量的笔墨谈到了共和国和机会平等，描述了可怕的形势：“二十年中，法国人一点儿一点儿和法国分离了。看不到头的经济危机几乎切断了联系着法国民众和社会之间的信任。人们面对失业忧心忡忡，还冒着被驱逐的危险，面对科技的进步和国界的开放显得脆弱无力……”这些在他后来组织的“社会断层”运动中提出的问题，早已出现在这本一百四十一页的书中。很快这本册子成为了最畅销的书，然而社会名流却冷言冷语，他们依旧带着崇拜者的目光，追随着在民意测验中遥遥领先的巴拉迪尔。

《一个新的法兰西》的畅销为巴黎市长进一步深入分析法国提供了一个契机，之后他远离巴黎，居住在“日式旅店”，这幢典型的日式旅馆建于高山的半山腰，离东京两小时的距离。在这里，他盘算扩大自己的势力，谋划运用传媒和政客的伎俩。雅克·希拉克喜欢睡在榻榻米上，喜欢纸制的隔板门和无花果浴，非常欣赏附近的露天雕塑博物馆……“我敢肯定，这在我们家几乎成为一种迷信：这段近乎隐居的生活成就了我丈夫。因为他想了很多，写了很多。那儿没有人指示他。他真正体会到清静独立的好处。就是在那里他重整旗鼓”，贝尔纳黛特·希拉克回忆道[2]。

在那段时间，弗朗索瓦·密特朗的宣传顾问和他的工作小组感

1 阿兰·杜罕（Alain Touraine, 1925- ）：法国著名社会学家，巴黎高等社会科学院的研究员。——译注

2 《对话集》，同前。

到有些无所事事，于是开始着手摧毁他们讨厌的那架巴拉迪尔牌“机器”。1994年6月，欧洲议会选举结果揭晓当晚[1]，法国电视一台和索福瑞合作的节目着实惹怒了皮昂[2]。根据在每个投票现场出口举行的民意测验结果，法国电视一台宣布如果法国人投票选举总统，那么爱德华·巴拉迪尔将会当选。这个消息竟然在右翼糟糕的选票结果（多米尼克·鲍迪斯[3]得到26%的选票）揭晓前公布了。我们确实需要对这种造假行为予以警告，但决不应是皮昂的这种做法。皮昂被戏称为“教主”，在传媒界有四通八达的渠道去了解正在策划的阴谋。因此他曝光了“托切罗岛的午餐”中关系纠结的一伙人：《世界报》的社论作者阿兰·迪阿梅尔、让–玛丽·科隆巴尼、索福瑞的传媒老板热罗姆·雅弗雷[4]，还有尼古拉·萨科齐和阿兰·曼，以及法国电视一台和《世界报》这两家大的舆论制造者。“如果您看电视，如果您看见巴拉迪尔在电视上接受记者的访问，那么您认为巴拉迪尔是出色的。民意测验同样也告诉您巴拉迪尔是出色的。但是从此，这个造假系统被关闭了：巴拉迪尔真是出色的[5]……”“真理在电视屏幕上，舆论在民意测验中。”对于这句话，皮昂不屑一顾。

马提尼翁宫的宣传负责人贝尔纳·布里古莱[6]同意皮昂的分析。他观察到[7]：“尼古拉·萨科齐很快明白索福瑞的领导人是帮助爱德华·巴拉迪尔宣传的一个完美媒介。雅弗雷八面玲珑。他和两位特

1 我在这一章节中使用了两个先前的调查，皮埃尔·佩昂，《最后的意志，最后的战斗，最后的痛苦》和《世界被隐藏的一面》。（Pierre Péan, *Dernières volontés, derniers combats, dernières souffrances* et *La Face cachée du Monde*）。

2 雅克·皮昂（Jacques Pihan, 1944-1998）：密特朗总统的宣传顾问。——译注

3 多米尼克·鲍迪斯（Dominique Baudis, 1947- ）：法国广播管理机构负责人。——译注

4 热罗姆·雅弗雷（Jérôme Jaffré, 1949- ）：巴黎政治学院教育主任。——译注

5 和作者的对话。这个章节使用了雅克·皮昂多次透露的隐情和一次由《辩论》杂志安排的对话，对话发表在1995年11月-12月的第87期杂志上。

6 贝尔纳·布里古莱（Bernard Brigouleix, 1948- ）：法国记者和作家，前法国国际广播电台的主席。——译注

7 贝尔纳·布里古莱，《巴拉迪尔的冒失岁月》（Bernard Brigouleix, *L'Histoire indiscrète des années Balladur*, Albin Michel, 1995）。

别具有影响力的评论家是朋友：阿兰·迪阿梅尔，法国电视二台、欧洲一台、《解放报》、《观点》和几家外省报纸的兼职评论员；让-玛丽·科隆巴尼，《世界报》的领导人，和迪阿梅尔一起担任电视节目《真相时段》的采访主持。雅弗雷、科隆巴尼和迪阿梅尔组成了一个‘午餐’团体，定期和部长们共进午餐。与他们接触的还有《世界报》的老板和爱德华·巴拉迪尔的参谋阿兰·曼[1]……尼古拉·萨科齐和热罗姆·雅弗雷相处融洽：在巴黎政治学院，青年萨科齐是年轻的雅弗雷的学生。他们的谈话从民意测验的分析过渡到竞选战略是再自然不过的事情了。这两个人确信爱德华·巴拉迪尔入主爱丽舍宫是轻而易举的事，但是需要违背第五共和国制定的所有规则。”

皮昂确信破坏这架华丽的机器不费什么大力气。1994年中期，他已经采取了几种措施加以控制。他认为巴拉迪尔过分依靠传媒，会在接下来的时间里难以扭转自己的姿态从总理过渡到人们期望中的总统。果然如此，优势又回到了希拉克手里。皮昂自信地说，巴拉迪尔不善于借助“媒体的语言”，他仿佛身处勃朗峰，生活在一个周围空气稀薄的“气泡”里。经过长年的积累，皮昂的分析功力不断提高，他还同时涉猎好几门学科——社会学、语言学、心理学。为了深入剖析社会，他收集了一些相关的会谈资料和有质量的分析，同时重视调查的结果（这些调查通常是由让-马克·莱什[2]提供的），很快找到巴拉迪尔部署中的缺陷，作为忠诚的仆人，他把自己的结论告知了共和国总统。

1994年7月19日，弗朗索瓦·密特朗接受了第二次外科手术，这打乱了马提尼翁宫主帅的计划。总理的伙伴们得知了密特朗的癌症可能恶化，而且剩下的时日无多。8月3日，部长们参加了一次特别简短的部长会议，他们发现总统非常衰弱，只能断断续续地说

1 阿兰·曼（Alain Minc, 1949- ）：法国经济学家，专栏作家。——译注

2 让-马克·莱什（Jean-Marc Lech）：法国民意调查组织益普索（IPSOS）的负责人。——译注

几个句子，声音嘶哑低沉。在这次会议后，我和总统进行了一次长达五十分钟的谈话，我能够证实这个情况。8月2日，《世界报》刊登了一篇报道，爱丽舍宫同时上演了各式各样的泄密闹剧。爱德华·巴拉迪尔的行为就是一个例子，他开始命令军队列队演习，因为总统大选可能会提前进行[1]。《世界报》详细地报道了在尼古拉·巴齐尔[2]和尼古拉·萨科齐领导下的“快速反应部队”（force d' action rapide-FAR）。巴拉迪尔派以格勒奈尔大街为他们的大本营。

总统可受不了人们拿他的生命来打赌。希拉克阵营也开始订制竞选海报，但是巴黎市长命令停止一切活动，说“这会招致坏运气”。

尼古拉·巴齐尔是爱德华·巴拉迪尔马提尼翁宫内阁的前负责人，8月3日，他否认爱德华在部长会议后开始部署竞选，避免在密特朗和爱德华之间的口角。据他而言，在圣母升天节前夕，正值盟军普罗旺斯登陆五十年庆典，总理在蒙特卡洛广播电台接受采访之后，两个人之间的战争才真正开始。巴拉迪尔第一次以总统的姿态，涉足某些禁区，大谈特谈外交政治（卢旺达，波斯尼亚，欧洲，阿尔及利亚），仿佛他是唯一的主人。总理还回忆起了战争岁月，这只能让爱丽舍宫的主人大为恼火。

“1940年，我们经历了历史上最大也可能是最残酷的考验。四年后，我们获得了解放。为什么？当然，战争的演进对我们有帮助，但是同样帮助我们的是民族的团结，是法国人民在困难中表现出来的团结。我们从中吸取的第一个教训就是，法兰西在经历了这些考验后，应当团结起来。第二个教训是，我们的自由离不开同盟国的帮助，这么说是正确的……我们应当始终与拥护相同理想——‘自由’的民族团结在一起。”

1　《总统希拉克》，《胜利的内幕》，同前。

2　尼古拉·巴齐尔（Nicolas Bazire, 1957- ）：爱德华·巴拉迪尔总理的顾问，法国阿诺集团的总裁。——译注谈论法国人民的团结，忽视抵抗运动在法国解放中的作用，这番讲话冒犯了密特朗。“这次访谈让他火冒三丈”，尼古拉·巴齐尔说。此外，总理在接受《费加罗报》的题为“我的外交政治”的采访[1]中，终于把自己比作国家元首，他已经耐不住性子等待密特朗的离世了。

因此，皮昂开始拆散“索福瑞—法国电视一台—《世界报》”的机器，他认为这架机器在毒害法国人民，巴拉迪尔要“为此付出代价”。他得到总统的特准，“主动出击”帮助巴黎市长，打压总理。他向总统建议第一次“开火”设在市政厅举行的巴黎市解放五十周年庆典上。总统同意了。

一切都准备就绪。弗朗索瓦·密特朗应当在四千名宾客前受到爱德华·巴拉迪尔和雅克·希拉克的欢迎。他成了“开火”的主角，不仅因为他是国家元首，而且因为他是临时政府的成员，是巴黎解放的功臣之一。他现在想阻碍这台机器的运转：只需要在最后一刻更改一下典礼的进程。

按照惯例，雅克·希拉克先致一段简短精彩的欢迎词。接着是弗朗索瓦·密特朗热情洋溢地宣布开始，在他的记忆中，当天他精力充沛，心情愉悦：“是的，我想起来了，那是一个暴风雨后美妙的夏日夜晚……虽然光阴流逝，但丝毫没有磨灭其伟大和意义……”总统站在通道上感谢巴黎市长组织了这次庆典。让马提尼翁宫受辱的是，两个人事先商量好，按照“共和国的传统”，总统发言后立刻去市长办公室在访客留言簿上签字。这样，巴拉迪尔就被剥夺了发言权，在法国电视台的镜头前表现得非常急躁。所谓的“共和国传统”是如此久远的事情，以至于克洛德·希拉克不得不临时去BHV[2]买一本留言簿，因为巴黎市长没有留言簿！十分钟等待的时间对于总理来说是一种侮辱。这个事

---

1 1994年8月，总理对报纸的编辑定下的采访标题确实不知情，但是这个标题惹怒了总统。

2 Boutique de l’hôtel de ville的简称，位于巴黎市政厅附近的一家大商场。——译注

件蕴含的象征意义没有逃过任何人的眼睛……

雅克·希拉克记得很清楚："弗朗索瓦·密特朗希望我在办公室接待他，因为他要吃药。事实上是为了侮辱巴拉迪尔。总统没有吃药。他和我在办公室呆了一会儿，而且看起来身体不错。他在办公室里对我说：'您会当选。'他是否对巴拉迪尔也说了同样的话？我不知道……"

"弗朗索瓦·密特朗向您发出过不少次的信号，目的是鼓励您，他认为这次轮到您了，因为人民喜欢您……"

"我一直和他保持着良好的关系。他不是一个普通人……"

几个月以来，雅克·皮昂，密特朗的"美丽时代"的导演，创建种族主义救助团体的关键人物，创造了"密特朗的一代"。这代人随后成了"叔叔辈"，在1988年反对雅克·希拉克获得大胜后，这批人在爱丽舍宫便不再有什么作为了。这个眼神狡黠、秃头矮个的男人成功地把总统塑造成一个"时髦"的家伙，在一档和伊夫·穆罗齐[1]一起制作的反失业的节目中，总统倚坐在办公桌上接受访问。或是在索邦大学庄严肃穆的背景下和纪尧姆·迪朗[2]一起同法国民众对话。这一次，这位伟大的宣传家不得不承认法国人对总统评价的回升和他没有太大的关系。密特朗重新获得好评，是因为他向受欢迎的总理"靠拢"。法国人开始喜欢左右共治。两个执行首脑就像大脑的两个半球：

"弗朗索瓦·密特朗需要重新找到施展手脚的空间，否则他就只能眼看着总理在九个月中取代他的地位。一切都似乎提前了。唯一能阻止巴拉迪尔的方法，就是重新抬出希拉克"，尼古拉·巴齐尔平静地说道，他对于前总统始终敬爱有加。他继续说："他既不缺少反对派的建议，也不缺少部长的建议。他表现得非常出色，赢得了在座者的钦佩。我接触过那么多世界伟大的

1 伊夫·穆罗齐（Yves Mourousi, 1942-1998）：法国记者。——译注

2 纪尧姆·迪朗（Guillaume Durand, 1952- ）：法国记者。——译注

领导人，但是没有人有他那样的学识和气度……他给人印象深刻。毫无疑问，他也给巴拉迪尔留下了深刻的印象。”总理内阁的前任负责人指出了巴拉迪尔有意或无心犯下的错误：询问总统的身体状况。

“您希望我怎么样呢？”总统在盛怒中答道。

“弗朗索瓦·密特朗在和死亡较量，但是他不能容忍其他人拿他的生命开玩笑。”尼古拉·巴齐尔总结道。

还有一件事情没有逃过巴齐尔的眼睛，这起事件的主角不再是爱德华·巴拉迪尔，而是皮昂，他在其中扮演了导演和受害者的双重角色。尼古拉·巴齐尔知道雅克·皮昂从8月开始，通过让-米歇尔·辜达[1]，开始为雅克·希拉克服务，同时继续为弗朗索瓦·密特朗工作，密特朗此时精力充沛，与合作者们宣称的相反，他还在“不断出击”，对于接班人的选择施加影响。

在已故总统的身边人中，有人还保留着对那段鲜为人知的历史的记忆。弗朗索瓦·密特朗直到夏天还是对巴拉迪尔热情有加，但是从此就把他比作“专制的奥斯曼”。还说他受不了总理“母鸡般的眼神”在他的脸上寻找死亡的消息。总统反过来对雅克·希拉克热情起来：“该轮到他了。”他强硬地说。他同情希拉克孤独的处境：民意测验打压他，“三十年的老朋友”背叛了他，一些忠心的人又纷纷转向巴拉迪尔。国家元首欣赏他的坚韧不拔，突然他感受到一些类似于友谊的东西。米歇尔·沙哈斯[2]记载了这次转变[3]：

“1994年巴黎市长被他大部分的朋友抛弃，和一切切断了联系，只有一小撮效忠的朋友陪他一起困在市政厅中，他只能去外省见见小部分的群众，或者偷偷摸摸地在电视新闻中介绍他的

1 让-米歇尔·辜达（Jean Michel Goudard, 1939- ）法国天联广告（BBDO）全球集团国际总裁。——译注

2 米歇尔·沙哈斯（Michel Charasse, 1941- ）：法国前预算部长。——译注

3 《55圣奥诺雷市郊》，同前。

书，总统时常想到他的悲惨境遇。这种景况让他想起自己曾经经历过的天文台事件或是1968年五月风暴的第二天，民主社会左翼联邦（Fédération de la Gauche Démocrate et Socialiste-FGDS）的失败，那时他也是孤独绝望的一个人，身边围着一组每天都在丧失希望的人。他很钦佩希拉克在困境中始终坚持不懈，舆论对他总是不太友善。总统倾向于那些搏击风浪，不认输，有勇气抵抗可能会淹没自己的漩涡的人。”

雅克·皮昂和他的团队主动介入，他们动员了报界的朋友“拆散那台机器”，又安排了一次会面，让大家更清楚地看到总统的选择。11月17日，法国市长联合会会议闭会的那天，我们又一次看到巴黎市长和共和国总统亲切交谈。

米歇尔·沙哈斯以自己的方式讲述[1]了那段历史，虽然他没有提到皮昂的功劳，但是要传达的总统的意图是一样的。

在到达会议大厦前，总统对他说：“巴黎市长要在大厅前欢迎我，你想办法告诉他，关于总统选举，我不会为难他。我既不想毁他，也不想帮他……”

在大厦出口，趁着混乱，米歇尔·沙哈斯成功地把总统的意思传达给雅克·希拉克。希拉克笑着说：“事实上，我想我已经注意到这点了。”

总统的副官佩尔·德龙[2]，和总统坐在同一辆车中，想起弗朗索瓦·密特朗支持雅克·希拉克的一个更明显的举动。

当年夏天，皮昂和克洛德·希拉克会面的次数越来越频繁。民意测验仍然对巴黎市长不利，他正在专心写他的第二本书，作为第一本的补充。习惯了看见希拉克笼罩在前赴后继的精神导师的阴云下的观察家们，在秋天时发现他的“左倾”倾向和他对于“社会断层”的关注。他们认为希拉克的左倾是受了菲利普·塞

1 同上。

2 佩尔·德龙（Peer de Jong）：前海军上校，总统副官。——译注

甘和评论家埃马纽埃尔·托德[1]的共同影响。然而从1993年起，他在《一个新的法兰西》中第一次公开发表了独立思考的成果。在加入托德的分析前，他围绕同样的主题潜心研究了几个月之久，不断与非右翼和非极右翼的人士来往，比如雷吉斯·杜勃雷[2]、罗尼·布罗曼[3]、马蒂娜·奥布里[4]等等。

1994年10月4日，雅克·希拉克在他科雷兹的朋友，作家德尼·蒂利纳克[5]的带领下参加了"灯塔和航标"俱乐部的会议，俱乐部的创建者是编辑让-克洛德·吉耶波[6]和雷吉斯·杜勃雷。埃马纽埃尔·托德说："总理先生，我们这儿的一个朋友刚刚完成了一份分析报告，您看了一定会高兴的。"他在言语中特别突出了"上层阶级会在总理和布鲁塞尔委员会主席那里得到自我认同，然而被抛弃的民众阶层则会走向希拉克[7]"。希拉克狂喜不已，要蒂利纳克帮他拿到埃马纽埃尔·托德为圣-西门组织[8]建立起草的手稿。在这份笔记上，他激动地用红色和绿色的笔做了记号。弗朗索瓦·巴鲁安解释说[9]："他在笔记中看到自己的预测变成了现实：杰出的人才与真正的法国隔断了。"托德的笔记放在了希拉克为新书准备的资料的最上面。

参加完"灯塔和航标"俱乐部的会议一个月之后，雅克·希拉克在《北方之声》上宣布参加总统选举。

---

1 埃马纽埃尔·托德（Emmanuel Todd, 1951- ）：法国学者，评论作家。——译注

2 雷吉斯·杜勃雷（Régis Debray, 1940- ）：法国总统密特朗的顾问。——译注

3 罗尼·布罗曼（Rony Brauman, 1950- ）：法国医学教授，作家，原法国"无国界医生协会"主席。——译注

4 马蒂娜·奥布里（Martine Aubry, 1950- ）：法国就业和社会团结部长。——译注

5 德尼·蒂利纳克（Denis Tillinac, 1947- ）：法国记者和作家。——译注

6 让·克洛德·吉耶波（Jean-Claude Guillebaud, 1944- ）：法学博士，《世界报》资深记者(因越战报导而获得艾伯特·伦敦奖)。今天担任瑟伊出版社的评论作家和编辑。撰写过大约15部作品，其中包括：《开城行》，获得1988 年度的罗歇·尼米耶奖；《欢乐的暴政》等。——译注

7 《总统希拉克》，《胜利的内幕》，同前。

8 圣-西门组织（Fondation Saint-Simon）：创建于1985年的思考俱乐部，集中了左翼和右翼的政治领导人、记者、大公司的老板等，目的是"深入对当代世界的分析"。

9 1995年3月2日的《新观察家》。

雅克·皮昂，在克洛德·希拉克的身边出现得越来越频繁，他帮助巴黎市长撰写新书，负责新书的宣传计划，同时继续为弗朗索瓦·密特朗服务。所有的评论家都对出现在《大家的法兰西》[1]封面上消防员的形象惊叹不已。尼尔出版社的美工第一次设计的封面上只有标题。雅克·希拉克嫌太朴素，建议加上一个象征的图案。他自己提出了消防员的主意……克洛德·希拉克、尼尔出版社和雅克·皮昂经过试验，最终接受了这个建议。雅克·皮昂没有正式加入竞选队伍，他避免出现在巴黎市长的身边，但是直到竞选结束，他都定期为克洛德·希拉克解答问题。雅克·希拉克一当选，或者说是在结果揭晓前，曾邀请皮昂为他工作。但是皮昂有些惊惶失措，他犹豫了，并把自己的犹豫告诉了朋友让·格拉瓦尼[2]，后者安慰他，并鼓励他接受新总统的邀请。雅克·皮昂接受了邀请，但是他的条件是克洛德·希拉克留在他父亲身边，成为爱丽舍宫中他的"臂膀"，因为他不想在爱丽舍宫办公。

雅克·希拉克回忆起1994年末："那时我不怀疑自己能够赢得竞选。年末的前几天，我在民意测验中还处于劣势，我和朱佩去一家小餐馆，他对我说：'这里确实有些混蛋！'我沉着地告诉他，我们会赢得选举。"

我再一次问他在经历了那么多挫折和背叛之后，他是否感到孤独。

"我该怎么办呢？要报仇吗？"

"您至少觉着生活是苦涩的。"

"我不是一个记仇的人。仇恨不是我愿意去体验的一种感情。"

"在塞尔日·拉菲[3]的最近的一本书《三个人的战争》……"

---

1 Jacques Chirac，*La France pour tous*，Nil Editions，1994（雅克·希拉克，《大家的法兰西》）。

2 让·格拉瓦尼（Jean Glavany, 1949- ）：法国农业部长，上比利牛斯省议员。——译注

3 塞尔日·拉菲（Serge Raffy, 1953- ）：法国记者，剧作家，撰写过多部传记。——译注

“三个人，他们是谁？”

“您，萨科齐和德维尔潘……拉菲肯定地说，在1994年末到1995年初，您想放弃了？

“我从没有想过要放弃……”

“即便是民意测验跌到谷底的时候？”

“我不会被仇恨所困扰，我不会灰心丧气，我不相信民意测验，好也罢，坏也罢。我只有一个明确的想法，我一直坚持这个信念。我不在乎所有的评价。无论有没有民意测验，我都会参选。这是我和萨科齐之间的区别。我经常对他说：‘不要时时去观察民意测验，这会磨灭士气，而且这是白费力气！’”

“还是根据塞尔日·拉菲的说法，德维尔潘称那时的您沮丧到想放弃一切，您甚至开始转行写电影剧本……”

“绝对没有！”

1995年1月12日《世界报》的头版大标题刺激了希拉克派。当天晚报的标题是：“法国人认为爱德华·巴拉迪尔当选法国总统是情理之中”。雅弗雷依靠民意测验的结果，写了一篇长篇评论，想破坏首都选票的声誉，把它从第五共和国的选举程序中抹杀掉。

尽管得到《世界报》和大部分媒体的支持，舒勒-马雷夏尔事件还是破坏了夏尔·帕斯瓜的形象，间接连累了爱德华·巴拉迪尔，反而为巴黎市长鼓了气。内政部长在此事中玩弄阴谋，事实上他想让阿尔方法官把迪迪埃·舒勒（上塞纳地区保卫共和联盟的民选代表、波沃广场主人的近亲）在关于低租金住房的官员调查中被查出问题的案件移交。警方陷害法官的岳父让-皮埃尔·马夏雷尔利用非法监听进行敲诈。法官的岳父答应阻挠女婿查办这件棘手的案件。12月21日，马夏雷尔老爸在戴高乐机场被捕，他刚刚从迪迪埃·舒勒手中收下了一百万法郎……

第二天早上，弗朗索瓦·密特朗召集了米歇尔·沙哈斯，说他不能容忍对法官施加压力，他要求沙哈斯为维护司法独立做些事情[1]。几个小时后，宪法专家沙哈斯递给总统一张简洁的条子，上面明确地写着他将敦促最高司法议会组织一次调查。总统立马决定对由老朋友克里斯蒂安·格雷夫[2]大使领导的司法议会发表讲话。米歇尔注意到这次讲话的严重性，建议总统先开诚布公地找总理和司法部长谈话。总统命令米歇尔·沙哈斯召集这两个人于当晚18点来见他。巴拉迪尔和梅艾涅里[3]向总统解释说他们不曾要求阿尔方法官移交案件。国家元首决定等到年初再把案件提交最高司法议会。然而就在总理驱车回马提尼翁宫的路上，法新社突然发表一篇急讯肯定阿尔方法官移交案件的程序正在进行。盛怒的总统给还坐在车中的总理打电话：

"我不责备您，但是我知道有人在欺骗国家元首。您把我置于一个难堪的处境……"

挂了电话，总统给爱德华·巴拉迪尔写了封严厉的信。接着让人准备向最高司法议会提交案件。这样就改变了舒勒-马雷夏尔事件的性质，打击了政府的"要员"夏尔·帕斯瓜。在案件提交当天，国家安全侦察管理委员会（Commission nationale de Contrôle des interceptions de sécurité-CNCIS）的主席保尔·布歇着手对案件中的监听进行调查。1月12日，委员会审议认定监听是"诡计的第一步"，并把结果上报总理。最高司法议会表态完全支持阿尔方法官。

马提尼翁宫因为这件事情处境越来越尴尬，事件的策划者内政部长也一点一点浮出水面。后果相当严重，巴拉迪尔的民众评价开始下降。

这时正是弗朗索瓦·密特朗点燃的导火索燃烧的时候，1月5

1 场景的描写是根据米歇尔·沙哈斯的《55圣奥诺雷市郊》，同前。

2 克里斯蒂安·格雷夫（Christian Graeff）：法国外交官，1982年至1985年担任法国驻利比亚大使，1985年至1987年担任法国驻伊朗大使。——译注

3 皮埃尔·梅艾涅里（Pierre Méhaignerie, 1939- ）：法国前装备部长。——译注

日他利用巴黎市镇会议新年祝辞的机会，向他的继承者传达了新的讯息。在蓬巴杜夫人的沙龙（也是拿破仑的卧室），雅克·希拉克和弗朗索瓦·密特朗交谈了四十分钟，没有留下任何记录。洛尔·阿德勒[1]是这一幕的见证者，她说[2]：

“那天没有太阳，但是并不冷，因为两个人之间的热度足以温暖空气。这在爱丽舍宫左右共治的记忆中，是不曾见过的景象！希拉克谈到了弗朗索瓦·密特朗的健康，用词准确。密特朗被感动了。休战的时间到了吗？‘十四年实在是太长了，’总统说，‘但是这让我认识了你。在政治斗争中，我们经常对立，但这没有影响人们之间互相理解的能力。祝愿健康？我欣然接受。所谓路遥知马力，日久见人心……’”

尽管民意测验的成绩一直徘徊在中游，不知疲倦的雅克·希拉克开始在外省组织辩论，召开会议，出版新书《大家的法兰西》，讨论“社会断层”问题。1995年2月17日，他发表了两个小时的著名演讲。每一个词都铿锵有力：“法国这台机器已经不再运转了……我来告诉你们是时候放弃自暴自弃的思想了！”四天之后，民意测验的弧线上升了。又过了几天，巴黎刮起希拉克之风。过时的希拉克，过气的政治家，成为了全巴黎的宠儿。很多人通过他的声音回想起他政绩的某些片断，重新思考这个家伙究竟是谁。

3月2日的《新观察家》用《萌芽》[3]中的矿工形象作为他的代表登在杂志封面上，标题是：“他真的改变了吗？”文章的主要作者把发言权先留给了那些了解希拉克的人，他们真诚地回答希拉克

1 洛尔·阿德勒（Laure Adler, 1950- ）：法国著名女记者和作家。——译注

2 Laure Adler, *L'Année des adieux*, Flammarion, 1995（洛尔·阿德勒，《最后的时光》）。

3 《萌芽》（*Germinal*）：是埃米尔·左拉（Emile Zola，1840-1902），十九世纪后期法国自然主义文学大师的代表作之一。作为世界文学史上第一部正面描写产业工人罢工斗争的长篇小说，《萌芽》首次以史诗般的气势反映了资本主义社会劳资双方的尖锐矛盾。——译注

没有改变，但是他终于成为了自己："一个新的希拉克？雅克·图邦，激动地不能自已的希拉克派成员回答：'不，他没有改变。这就是他的本色。但是这一点只有少数人知道。'菲利普·塞甘，表里不一的希拉克的爱戴者回答：'是的，他改变了 。但是并没有好几个希拉克，今天这个是真的：他从保卫共和联盟的保守派中解脱出来了。'弗朗索瓦·巴鲁安，竞选活动的发言人，勤恳的希拉克派成员回答：'被最亲密的朋友背叛的事实改变了他：他找到了自己的身份。'小女儿克洛德·希拉克负责父亲的宣传工作，作为干练的希拉克派成员回答：'他回归了：他在表达自己。'医生伊丽莎白·于贝尔，保卫共和联盟的秘书长助理，带着医生的专业眼光回答：'他的身体和脑袋重新连接在一起：他终于成为了自己。'雅克·希拉克回答：'是的，我感觉好多了。我对法国社会的观察是准确的，我从这种准确中汲取了信心。'"

很多年以后，巴黎市长的助理米歇尔·朱诺以他的方式肯定希拉克千真万确是和左翼"走到了一起"[1]："1995年之后的几年，我清楚地意识到：雅克·希拉克不仅仅是一个右翼分子，而且他还不指望依靠'反动分子'和保守派。从某种程度上讲，2002年他以82%的得票率再度当选，其中有60%的左翼选民为了反对勒庞把票投给了他，这样极好的形势带给他的，与其说是某些评论家所谓的为难，不如说是暗自的窃喜。"

摆脱了巴拉迪尔，希拉克成为了自己。他充沛的精力，亲民的政策，超凡的能力成就了一切。从此他成为了一帮精英的领袖，与法国人民休戚与共。最终反对势力没能阻止他迈向爱丽舍宫的步伐。

3月22日，总统大选第一轮投票前一个月，《世界报》开展

1 《巴黎人民爱市长》，同前。

了对巴黎市长的最后一轮攻击。是谁策划的呢？问题是案件既没有起诉也没有预审，所以唯一的消息来源只能是受制于预算部长的税务部门，那么这个人舍尼古拉·萨科齐其谁。在报纸的头版上，一条足可以杀人的标题："希拉克先生和太太在一笔与巴黎港口的土地贸易中获利"。法拉奎赫办公室[1]的话别有意味……读者很容易就明白候选人希拉克在利用巴黎市长的职务之便为自己谋求经济利益。这几句话压缩了发表在第七版上的文章，稍稍影响了人们对事实的第一印象：

"雅克·希拉克的幸福家庭在埃松省维涅的塞纳河畔拥有247公顷土地，他们把其中103公顷的土地卖给了房地产推销员，当天，即1993年1月20日，此名推销员将土地卖给巴黎的自治港口，这是在国家监管下的公共机构。这笔交易带给作为二十七分之一的遗产的第三占有人——希拉克夫人一笔一百四十万的增值收益，这笔收益出现在1993年希拉克先生和太太的收入中（《世界报》，3月21日）。这些土地卖给推销员是六千三百万法郎，卖给自治港是八千三百万法郎。"

文章发表的当晚，阿兰·朱佩有理有据地指出《世界报》的文章是"粗制滥造"。"正因为人们没有什么好指责雅克·希拉克先生的，人们找到了这个诡计：攻击他的妻子和家庭！"这引发次日报纸刊登一篇解释文章《雅克·希拉克的身边人》，保卫共和联盟的临时主席说："确切地说，提供的解释是清晰的，但是标题还是引起了误会。"事实上，取这个恶意的标题时，《世界报》的记者确切地知道这"案件"不是什么重大新闻……

在文章发表的前夜，大约二十二点，巴黎市政厅二楼贝尔纳黛特·希拉克的办公室里，几个亲信围绕着市长夫人在回答进行"调查"的两名记者洛朗·莫迪和奥利维耶·比福寄来的调查问

1　当时《世界报》总部所在地的路名。

卷。当时在场的有贝尔纳黛特·希拉克的哥哥，多米尼克·德维尔潘，弗朗兹·斯皮[1]和罗热·罗马尼[2]。没有人了解这件事的来龙去脉，而它看起来就像是一架推土机要推倒一切。时间越来越紧迫。谁能够帮忙呢？罗马尼想到了让-弗朗索瓦·勒加雷[3]，巴黎自治港的副主席，保卫共和联盟成员。凌晨前，勒加雷加入了危机小组。他发现不仅是贝尔纳黛特·希拉克和她的丈夫没有介入这件事，而且他的兄弟也没有抽取土地中最好的部分，还可能以低于市场的价格卖出。早晨五点钟，会议结束了：多米尼克·德维尔潘打电话给让-玛丽·科隆巴尼，告诉他发表一篇公告，后来刊登在发表《雅克·希拉克的身边人》那家报纸上。

这次“案件”的战火持续了很久。在点燃了置候选人希拉克于死地的炸弹后，《世界报》刊登了巴黎自治港两位主席的来信，目的是澄清买地这个事实。达尼埃尔·马加尔[4]立刻明确说：“在被现今政府降职后，我只能更随意地发表言论了。我不曾在什么时候受到过行政议会的主席雅克·特罗里亚尔，或是当中的其他人员的压力，意图影响我在揭露这桩买卖上的决定……我还要说，不偏不倚，雅克·希拉克，他的家庭或是亲戚，在议会或是行政议会中的巴黎代表，确实没有在我身边参与这次有利可图的活动。”

“这次买卖决不是即兴创作。它出现在巴黎岛城市规划和建设的指导图纸上……与报纸上的言论相反，港口的行为是完全合乎规定的。在行动的所有决定出台前，它于1992年10月28日得到了行政委员会的批准。它符合私人财产评估委员会的财政评估。”

我们理解贝尔纳黛特·希拉克的愤怒，一段时间后，她和

---

1 弗朗兹·斯皮（Francis Szpiner, 1954- ）：法国律师。——译注

2 罗热·罗马尼（Roger Romani, 1934- ）：法国政治家，巴黎市长助理。——译注

3 让-弗朗索瓦·勒加雷（Jean-François Legaret, 1952- ）：巴黎议员，巴黎第一区的区长。——译注

4 达尼埃尔·马加尔（Daniel Maquart）：国家铁路和公路交通秘书处内阁技术顾问。——译注

让-弗朗索瓦·勒加雷再次提起这件事时说："这是一个悲剧的时刻。我们知道谁是发起者。我永远都不会原谅他。我的母亲当时差点儿被害死了[1]……"

传媒界和政界的大群人在总统大选过程中想尽一切办法帮巴拉迪尔取得胜利，他们想轻易打败巴黎市长，结果在至高无上的、喜欢讽刺的、爱看"木偶戏"的民众前吃了败仗。希拉克最终进入了爱丽舍宫。他感到愉悦的是弗朗索瓦·密特朗接待了他，并把他安置在精心安排的办公室中。贝尔纳黛特·希拉克回忆起共和国式的平静的政权移交场面仍激动不已："弗朗索瓦·密特朗把火炬交给他。这是一个美丽的故事。"

雅克·希拉克现在谈起他的前任还充满了尊敬和爱戴。直到密特朗去世，他一直打电话询问他的消息，聊聊他的公园和鸭子。很明显，那篇弗朗索瓦·密特朗去世几小时后发表的演讲是作者的真情流露，不仅仅向国家领导表达了敬意，而且是向"一个人物，因为他的丰富和复杂"表达了敬意。在我们谈话结束前他回忆起和密特朗的关系：

"我的处境很特别，因为我曾经是弗朗索瓦·密特朗总统的敌人。我曾是他的总理，今天我是他的继任者。所有这些都交织成特别的联系，蕴含着对国家元首的尊敬和对个人的欣赏，他勇敢地与病魔斗争，他控制了病情，并不断取得胜利。我和他的关系前后形成了鲜明反差，但是历时数十载，我要鼓起勇气说，他是凭借毅力，凭借一个人领导全局的必要性和丰富的经验支撑到现在。总而言之，这就是我们眼中的一个真正的人，这就是我们能为法兰西所做的事情。"

1 和让-弗朗索瓦·勒加雷的谈话。

雅克·希拉克总统把雅克·皮昂留下继续完成他曾在弗朗索瓦·密特朗身边的工作。皮昂在三年后也去世了。1998年7月3日，在三位伤感的希拉克——总统、贝尔纳黛特和他们的女儿克洛德——面前，故人的朋友让·格拉瓦尼[1]说：

“总统先生，当您和雅克（皮昂）合作时，他早就和我们中的一些人，他的朋友开始了交往。他猜想总有一些人不理解这不太正常的交替。因为我们喜欢他，我们对他说：‘去干你喜欢的事业吧。’您在弗朗索瓦·密特朗去世时发表了精彩的演讲，雅克总是谨慎小心，对我们说他什么也没干。我们知道，您选择了雅克，您今天站在了这里，是因为对您而言，人的品质是最不容忽视的。”

1 让·格拉瓦尼（Jean Glavany, 1949-）：法国农业部长。——译注

IV

面对新的挑战，一位非同寻常的总统

经济全球化

欧洲影响力加强

极端主义激化

文化冲突……

还要面对各种“事件”

24 重重“案件”干扰雅克·希拉克的事业

终于当上了国家元首。虽然聚光灯早就对准他了，但是这个性格外向的人依旧不为大众所熟知。他的政治路线显得与众不同：左翼的土地孕育了他事业的根基，从第一轮投票开始他先后参加过八次选举，他是右翼的领军人物，遭遇过两次总统大选的失败，直到凭借偏左翼的承诺——缓解“社会断层”——才获得了选举的胜利。七年之后，借助左翼的选票他成功当选，反对种族主义和仇外思想。在他的两届任期中，围绕着各类“案件”的大肆宣传经常成为报纸的头条，对他的行为的过度曝光一下子混淆和限制了事实的意义。与他的历届前任不同，雅克·希拉克不曾享受过“顺风顺水”。从第一天开始，他就被拉入了泥潭，被巴拉迪尔煽动起来的传媒界和政界的人物埋怨他破坏了庇护他们的傀儡政权，他们采取报复手段，质疑“过时”的希拉克的总统地位的合法性。重重“案件”的干扰，传媒界和政界人物的反对，加上各大媒体以政治生活中的主要人物为对象制作的“日日上演”的打木偶游戏，这种讽刺游戏还得到政治家自身的支持，使得人们很难，甚至不可能对于雅克·希拉克的作为作出公正的评判。

在他坐上总统位置之前，让他的两届任期“阴云密布”的司法检控就开始运行了。1994年，在巴拉迪尔和希拉克对抗的背景下，对与戴党交往密切的承办人弗朗兹·普兰[1]的财政检举拉开了斗争的序幕，尼古拉·萨科齐当时是预算部长，掌管税收。这次检举导致主要的隐性财产征税者之一让-克洛德·梅里被监禁。阿尔方法官虽然没有掌握确凿的证据，但是他赞成萨科齐上诉检察院[2]，肯定“两届左右共治严重助长了官员腐败”。在那盘著名的录音带中（录音带的内容被刊登在2000年9月21日的《世界报》上，引起了更猛烈的控诉，这让共和国总统在其两届任期中饱受困扰），梅里向马提尼翁宫提出了上诉检察院的原因：“并不是萨科齐要对付我，而是先前的第一套调查程序自身没有发展的空间。最好的证据就是国家财政调查领导小组（……）停止了对梅里的调查。他们转向审查萨科齐先生的内阁。事实上，萨科齐先生这么做是因为巴拉迪尔先生身边的和朱佩内阁的某些人提出了非常特别的要求。（……）我敢这么说：我知道真相。另外，我认识那些人！”

在第一次检举风波中，与巴黎市的时政和行政相关的“案件”层出不穷，成为了媒体大肆报道的对象：

▷ 巴黎市政厅为了维护保卫共和联盟的利益的虚职案，导致阿兰·朱佩被判刑十四个月，缓期执行，总统在任期届满后将被举行听证；

▷ 巴黎岛的中学案：巴黎市长内阁前领导人米歇尔·胡森被判十四年徒刑，缓期执行。在这起案件中，雅克·希拉克没有被起诉；

▷ 巴黎低租金住房案：国有房屋管理公司（OPAC）的前总领导人，科雷兹省的议员乔治·佩罗尔被判两年徒刑，缓期执行。案件通过政治手段解决；

1 弗朗兹·普兰（Francis Poullain）：法国企业家，巴黎地区最大的粉刷公司——刷浆和饰面公司（SAR）的老板。——译注

2 Eric Halpen，*Sept ans de solitude*，Denoël, 2002（埃里克·阿尔方，《孤独的七年》）。

▷ 第三区虚假选票案：雅克·多米纳蒂[1]和他的儿子洛朗在选举中弄虚作假被起诉，2006年12月被释放，但是这起案件没有牵连前巴黎市长；

▷ 第五区虚假选票案：迪贝利[2]案件，没有起诉雅克·希拉克；

▷ 巴黎市"非保卫共和联盟"中的虚职案：案件起诉了四名巴黎市长内阁的前领导人。在吕西安·拉尼耶[3]省长和马克·布隆戴尔[4]的司机的问题上，雅克·希拉克被"有所"牵连。

几乎是以一种自杀的方式，所有大的政党都在政治斗争中争先恐后地利用"案件"互相抨击。但同时，直到1990年代初，政党都在运用同样的方法满足自己的财政需求，尤其是寻求虚职和公共市场上的商品。回忆这些事情，是为了让我们警惕在1980年代直到1990年代初上演的这些违法乱纪的行为。

▷ 社会党应就吕歇尔、优霸（Urba）公司、家乐福发展案，尤其是法国全国大学生互助会（MNEF）[5]案作出解释；

▷ 弗朗索瓦·莱奥塔尔[6]在丰多（Fondo）案中，因为前共和国政党的隐性财政问题，被判十个月徒刑，缓期执行；

▷ 社会民主人士中心（Centre des Démocrates Sociaux-CDS）的三位领导人（皮埃尔·梅艾涅里、雅克·巴罗、贝尔纳·博松）由于同样的原因被判入狱，缓期执行；

▷ 法国共产党在一件涉及前自来水总公司和其他研究机构的

---

1 雅克·多米纳蒂（Jacques Dominati, 1927- ）：巴黎市前第三区区长。——译注

2 让·迪贝利（Jean Tiberi, 1935- ）：法国政治家，法官，负责食品工业的国务秘书，巴黎第二选区的议员。——译注

3 吕西安·拉尼耶（Lucien Lanier, 1919- ）：前法国瓦尔德马恩省省长。——译注

4 马克·布隆戴尔（Marc Brondel, 1938- ）：法国最主要的工会"工人力量"的前秘书长。——译注

5 法国全国大学生互助会（MNEF）：成立于1948年，是当时法国社会保障体系全面改革的产物，下设150 个接待处，9个地区管理中心，6个医疗中心等。1990年代初以来，MNEF除管理社会保险事务以外，逐渐开展其他性质的商业活动。

6 弗朗索瓦·莱奥塔尔（François Léotard, 1942- ）：法国前国防部长，新任文化部长。——译注

案件中被起诉，但是罗贝尔·于[1]由于证据不足被释放。

正如巴黎市长前任宣传顾问让-弗朗索瓦·普罗布斯特[2]所说的，大家忘记了怎么驾驭这台还不太旧的政治机器："今天，这些得到关照的家伙们和他们的假工资让我忍俊不禁！那时，在政党中，我们都是被支付的假工资。（……）在保卫共和联盟二十五年勤恳忠诚的服务中，我从来没有拿到过保卫共和联盟的工资单。（……）在社会党和共产党，有三百多人的工资是法国煤炭公司、法国电力公司-法国煤气公司和首都的其他企业支付的[3]。"

优霸科技（Urbatechnic）是与社会党联系的研究机构，它的前主席热拉尔·莫纳特就巴黎岛中学市场上的交易问题，也发表了相同的意见，在这个市场上，梅里负责将采购的商品进行分配："分配采购的商品是事实。人们应当理解：这是一个巨大的市场，所有在地区议会就职的人，我想说所有的政党都想分一杯羹。一天，梅里对我说：'我收到指令要把东西分给大家。'他建议把社会党的那部分以现金的方式付给我。我拒绝了：优霸不和现金打交道……我建议他把钱直接放到政党在索尔弗利诺的金库中。面对政党的公共财政：钱应当在它该在的地方。这就是我们所做的，梅里和我做的一样[4]……"

2000年9月21日，在梅里磁带内容公布之后，尤其是关于雅克·希拉克参与将钱物交给马提尼翁宫自己的内阁领导人的事情被曝光后，雅克·希拉克被法国电视三台的"19/20"节目邀请，接受爱丽丝·鲁赛特[5]的采访，他回答道：

---

1 罗贝尔·于（Robert Hue, 1946-）：法国共产党全国总书记。——译注

2 参见《希拉克和他依靠》。

3 特别是法国国营埃尔孚石油工业集团，汤姆逊半导体公司和法航。

4 2000年9月12日的《世界报》。

5 爱丽丝·鲁赛特（Elise Lucet，1963-）：爱丽丝·鲁赛特是法国电视界最资深的电视主持人之一，在法国公共电视三台已经担任了15年的新闻主播和记者。在法国，她被公认为思路最为清晰的政治事件记者，她具有对事实很强的把握力，同时有揭示真相的强烈欲望。

“我非常愤怒。因为这种行为而愤怒。因为这种谎言而愤怒。因为这种夸张而愤怒。（……）今天，人们讲述了一个不可思议的故事。我们让一个已经死了一年的人再说话；我们讨论发生在十四年前的不太可靠的事情；我们寻找一盘四年前录制的磁带，连报纸自己也说它们刊登的话是‘无法核实的’而且‘没有法律意义’。所有的事情，仿佛凑巧就出现在全民公决前三天，说是为了完善我们的民主！我要对你们说，这些断言是可耻的和虚假的。这就是为什么我要求把这些问题移交法律，让事实扫除诽谤中伤。”

战争引起了内部的战火，政治和媒体猛烈的火力，尤其是阿尔诺·蒙泰勃赫[1]要求把总统送交高等法院。雅克·希拉克没有其他的办法，只好从大局上否认了磁带的内容。这个方法起到了效果。爱丽舍宫和马提尼翁宫的心腹们交换了几天意见后，想出了一个灭火的方法。让-路易·德布雷[2]解释道：“所有的政客都陷入了一场荒谬的战争，这样的设计意在使所有的政治家丧失信誉。我们很清楚应当让司法行使它的职责，来回答法国人民的忧虑。”巴黎市的社会部长回应说我们找到了一个“解决的方法”，预计在两年内政治斗争“不会被案件的声音所左右”。

梅里的采访是谎话连篇还是恶意中伤？在征税员的话里包含了什么重大的丑闻？媒体曝光的一幅新画面又重创了人们的想象力：梅里说1986年10月5日，他去马提尼翁宫，雅克·希拉克当时是总理，他要把五百万法郎的现金交给内阁领导人米歇尔·胡森，他看到了参与现金交易的政府首脑。雅克·希拉克和米歇尔·胡森都否认了这件事，让-克洛德·梅里也已经死了，所以这个场景的描述显然是不可核实的。如果我们先撇开这个场景和涉

1　阿尔诺·蒙泰勃赫（Arnaud Montebourg, 1962- ）：法国政治家，社会党议员。——译注

2　让-路易·德布雷（Jean-Louis Debré，1944- ）：前法国保卫共和联盟副总书记。2002年当选法国国民议会议长。——译注

嫌的主要人员不看，我们来看看在关于竞选运动和政党财政的第一部法律出台前，身陷“吕歇尔”案件[1]的弗朗索瓦·密特朗要求雅克·希拉克牵头推行一项仍在实施的法令。如果这笔五百万现金的移交严格地说是不合法的，那么这种方式被所有的政党使用过而且在当时是被默许的。在采访中，梅里强调这个体系允许在1985年到1991年间向保卫共和联盟运送三千五百万到四千万法郎的现金（其中一部分保留在法国民主联盟），还有一笔同等数量的现金送给了左翼。“最后我们达成了在两大集团（自来水总公司和里昂自来水公司）及他们的分公司中分配物资的协议，但尽量不要出现这两个公司的名字。我要求在这起交易中付给我一千万法郎，然后我亲自把钱分给了保卫共和联盟五百万法郎……法国共产党一百万，三百五十万法郎给社会党。”在讲述完怎样通过国有房屋管理公司在市场上分配钱财后，他补充道：“我们甚至和社会党人相处融洽。我们分配意外之财。每一次有够大家分享的东西，我们就分给大家。我会选共产党的公司，比如说去维护管道……我也会选择社会党人推荐的公司。我们把食物分给大家。我们这么做使得大家相安无事，每个人都能找到活儿干。”说到他听命于“局里”，他是这么遣词造句的：“我想说首先是米歇尔·胡森。我的原则是我这么做是为了雅克·希拉克的账户，而不是为了雅克·希拉克身边的人，我很快就明白了一切，那是巴黎市的国有房屋管理公司，我们只是在希拉克的命令下行事……”

需要再次强调梅里口中的这个体系，在1980年代及1990年代初期，被所有的政党以相似的方式运用过。这个体系是不道德的，因此国家制定了各种法律以限制此体系。需要几年的时间和多儿起丑闻，政治道德才能得到净化……雅克·希拉克是保卫共

1 1988年3月11日颁布的第一部法律规定把一部分公共财物分给大量的国会议员。它在1990年1月15日，1993年1月29日，1995年1月19日被一再强调（但是禁止企业法人提供证词）。

和联盟的主席，这个政党使用了一套有效聚敛大笔财富的秘密体系。三十年来，从律师和与非洲有联系的石油商人那儿收集了大量相关的情报。如果想要公布其中的一些，却难以找到证据来支撑。由于梅里的揭发，一些证据让雅克·希拉克被怀疑对巴黎市政厅的行动作出种种指示。关于保卫共和联盟的财政的秘密传言让他成为了“骗子”、“小偷”，他不配担当总统的职责吗？显然不是[1]！但是这些“案件”，招致媒体不断的猛烈攻击，严重影响了舆论中雅克·希拉克的形象，以及法国在外国的形象。这些案件可能限制了爱丽舍宫的职能，虽然它们发生在遥远的过去，至少是发生在1995年大选之前。

然而，在雅克·希拉克第二个任期快结束的时候，一起重大的“案件”被揭发出来。重大是因为事件被揭露之准确，使它成为了第五共和国最严重的丑闻，而且可能是共和国历史上最严重的丑闻，因为它牵扯到个人接近四千五百万欧元的收入！

2006年5月10日，《鸭鸣报》揭露法国司法机构拥有一份法国对外安全总局的资料，推论雅克·希拉克在日本的相和银行（Sowa Bank）有一个账户，账目上有三亿法郎。这份讽刺报以龙多将军[2]在明讯银行（Clearstream）案件中接受法官让-玛丽·于伊和亨利·庞斯的问话时的口头诉讼为基础。在诉讼中将军说：“在我家查获的资料中显示这个账户开在东京相和银行，账户上有三亿法郎。据我所知，这个户头是在1992年开设的。”但是这些话被将军的律师否认了。6月7日在案件提交当日，《鸭鸣报》肯定在法国对外安全总局还有一些内部记录，这些秘密记录说明这个银行账户从1996年就开始存在了。在《新观察家》的“常设日报”的一篇采访中，此案的披露者尼古拉·博[3]谴责记者们在这

1　就我个人而言，我更满意阿尔诺·蒙泰勃赫没有得到足够多数的议员签名把总统送上高等法院！

2　龙多将军（Philippe Rondot, 1936- ）：法国情报部门的元老，同时效力于法国领土安全局和法国对外安全总局。——译注

3　尼古拉·博（Nicolas Beau）：法国《鸭鸣报》记者。——译注

个主题上“失职”。《鸭鸣报》的记者掌握了报道的主动权，几个月之后，由于同行们“过于草率马虎”，他们在2006年11月15日刊登了法国对外安全总局的记录中的一小部分，其中有这样的一句话：“在相和银行以希拉克先生的名义开设的账户中进账的最大数额是七十亿日元，即大约三亿法郎。”尼古拉·博把巴黎市政厅的“案件”归为恶性，认为雅克·希拉克是一个以不可告人的方法为自己谋求大笔钱财的人，应当受到高等法院的制裁！

在随声附和前，我们必须确定自第五共和国建立以来最轰动的新闻是建立在无可指摘的证据之上的。为了获得答案，一场深入的调查是必需的。因此我们从相和银行的主席和法国高层关系的历史源头开始说起。

福原长田[1]事实上很早就对法国感兴趣了。日本银行用丰厚的投资，这就意味着创造新的就业机会来吸引法国，最终在1980年代末，他成功结交上法国领土整治与区域开发司（DATAR）[2]的负责人和爱丽舍宫的议员。1990年5月29日，弗朗索瓦·密特朗晋升他为企业类骑士勋位，1994年5月31日提议授予他荣誉军团骑士勋章。雅克·希拉克当时作为巴黎市长，于1993年10月29日15点30分，在离东京一百五十公里的天堂小岛上，在粟岛酒店富丽堂皇的大厅中结识了他。事实上他是相和银行的主席，在资生堂集团名誉主席重尚一先生的陪同下，欢迎巴黎市长来参加由日本资方老板（日本经济团体联合会）三好昌也组织的关于就业的研讨会。在巴黎市长身边围绕着日本最强大的几家集团老板，比如索尼、日本电气株式会社、资生堂、住友商事株式会社、富士电机、东京银行、相和银行的老板。会议的主题是：对于法国和日本未来十年间就业的演变和发展的思考。在研讨会开始前，雅克·希拉克在奥德赛大

---

1 福原长田（Shoichi Osada, 1923- ）：日本相和银行主席。——译注

2 法国领土整治和区域开发司（Délégation à l’aménagement du territoire et à l’action régionale-DATAR）：成立于1963年，负责外国人投资的政府机构，协助外国公司处理有关投资各项事宜，并视投资额给予财务援助。——译注

厅的会议室致词，身边站着的是索尼和资生堂的主席。十八点，三好昌也和福原长田向雅克·希拉克介绍所有出席的嘉宾。我们不奇怪福原长田和希拉克的照片会被捕捉到，并广为流传，因为在研讨会过程中这两个人见了好几次面。

1996年9月，在对法国行政层进行了几次明显的“渗透”性试探后，相和银行在法国的代表在爱丽舍宫受到了一位议员的接见，讨论一项在法国的投资计划。这样狂热的“渗透”行为引起了法国领土整治与区域开发司的注意，指示其在东京的代表去了解在法国大胆行事的这家日本银行的更多材料。巴黎联系了在东京的法国对外安全总局的负责人，该负责人10月3日向巴黎发送了一条信息。很快对外安全总局的研究部门就把调查相和银行的责任委托给派遣到情报局的保密科任职的法官弗朗[1]先生。同时，对相和银行巴黎分部“科萨”也展开调查。10月25日，弗朗向东京的安全总局负责人发了一条消息，希望获得关于相和银行多数股权股东的情报。为了回应巴黎的要求，对外安全总局在东京的负责人于1996年11月11日发回了422号消息，尼古拉·博本应当从头到尾阅读分析，而不是从中挑出一句话，借题发挥。这则消息说了些什么？事实上是对外安全总局在日本的一个消息来源，福原长田的亲信，外号叫“让巴耶”的人提供了两份关于相和银行的文件。第一份文件中包含新闻报道(有些是丑闻)，发表在专业的经济报纸或书籍中对银行数据的调查，还有一些书的选段，负责人表示没有从中找到特别的东西。消息剩下的部分是由负责人和消息源让巴耶的谈话组成的，“都是照实汇报，没有剪裁也没有核实”。在这份没有经过任何剪裁的谈话中，让巴耶肯定（使用了条件式）“相和银行以希拉克先生的名义开设的账户进账的最高数额可能是……”众所周知，尼古拉·博认为根据新闻基本原则，任何一个消息在发表前至少需要被加工两

1　吉尔伯特·弗朗（Gibert Flam）：法国对外安全总局保留案件处的负责人。——译注

次，甚至数次。他毫不犹豫地加工了让巴耶的话，并把加工后的话称为在422号消息中的原话，作为攻击性的消息。

出乎意外，422号消息没有打乱爱丽舍宫的步伐，共和国总统于1996年12月18日晋升福原长田为法国二级荣誉勋位。对外安全总局的中央领导层没有重视让巴耶的话，没有对雅克·希拉克的账户进行任何专业调查，而是命令东京的部门加强对福原长田和他的银行的调查，他的银行正在支持一项在法国的工业投资计划。

然而，东京安全总局的负责人于1997年1月21日发来了一条新消息再一次提到了雅克·希拉克。消息发出之前，负责人和法国驻日本大使乌夫里耶[1]先生见面，大使考虑到福原长田和总统，以及和达尼埃尔·密特朗[2]之间的关系，非常担心相和银行有可能破产。负责人向巴黎寻求指示。

法国间谍的频繁行动还是没有影响到爱丽舍宫，雅克·希拉克在2月26日星期三下午三点接见了福原长田。这次会面没有任何秘密可言，由爱丽舍宫和法国领土整治与区域开发司完全依公事程序安排。在这次会面中，福原长田不是来游说他自己的项目，而是两家大的日本集团：蒂业技凯（THK），世界头名生产线性电子导航系统的公司，希望在欧洲开设工厂，已经和法国领土整治与区域开发司联系过，后者提供了三个选地（法国东部，波尔多和科雷兹）；丰田也想进驻欧洲。这位经济顾问和法国领土整治与区域开发司联系后，希望总统能大体表达一下法国对国际投资是开放的，这样法国领土整治与区域开发司的负责人雷蒙-马克思·奥贝尔就有机会在4月11日在日本和丰田的高层直接对话[3]。

吉尔伯特·弗朗继续对相和银行的活动进行调查。他的热情

1 让-贝尔纳·乌夫里耶（Jean-Bernard Ouvrieu, 1939-）：法国外交官。——译注

2 达尼埃尔·密特朗（Danièle Mitterrand）：弗朗索瓦·密特朗的妻子。——译注

3 这两项计划都得到实现。蒂业技凯的工厂设在阿尔萨斯区（上莱茵省），2001年投产。它雇佣了293名工人，将在2007年扩产。丰田在1997年12月实施投资计划，2001年1月31日第一辆法国丰田威姿从瓦朗谢纳市奥南区的工厂出产。

一直持续到2000年5月福原长田被捕。在之前的三个月中，吉尔伯特·弗朗曾要求密切监视科萨公司，他怀疑这家公司帮相和银行中的日本黑社会账户洗钱。

2000年末，法国对外安全总局的两名人员的争执又翻出了雅克·希拉克在日本账户的传言。科卡尔上尉[1]控告他的上司让·吉耶进行了可疑的钱财交易。他肯定吉耶的弄虚作假行为已经严重到需要司法制裁，但是安全局却放过了他，因为让·吉耶掌握了关于“共和国一位高官”的信息，这些消息于1997年被他和安全局获得。上尉在安全局内部被听证，由于不能提供控告的证据受到处罚。

2001年夏天，上尉的控诉传到了共和国总统秘书长多米尼克·德维尔潘的耳朵里。这位雅克·希拉克急躁的同伴得知1991年调任对外安全总局的前财政法官吉尔伯特·弗朗正在调查总统在日本的账户。当他另外得知弗朗法官是罗卡尔政府时期负责交通的乔治·萨赫[2]的内阁成员，他感到越来越不安。这个故事就要追溯到第二次“左右共治”时期一次更严重的事件。

总统回忆道：“我和若斯潘的关系一直很好，除了一次，他让我气急败坏，他实在太过分了，我非常生气！当时，一位重要的官员告诉德维尔潘对外安全总局策划了反对我的阴谋，不但说我在日本有一个孩子，还说我在日本有账户！您不知道，这是一个我热爱的国家……我怒不可遏，我了解到消息的源头是马提尼翁宫……我写了一封信，托德维尔潘转交给若斯潘……”

这封信言词激烈，痛斥秘密机构违反规定对他开展调查。总理生硬地回答他没有必要去了解这样的调查。

“他平息了游戏。”今天总统深思熟虑地说。

2001年10月20日，国防部长阿兰·里夏尔的内阁要求对外安全总局的领导人对情报部门展开调查，确定是否存在一名或几

1　贝尔纳·科卡尔（Bernard Coquart）：情报局信息科的前负责人，法国对外安全总局的上尉。——译注

2　乔治·萨赫（Georges Sarre, 1935- ）：社会党政府的国务秘书，巴黎第十一区区长。——译注

名人员在日本进行秘密活动。2002年1月21日调查结束，如同阿兰·里夏尔于5月11日在法国国家电视台/法国新闻广播电台的节目“新闻问题”上宣称的那样，情报部门没有开展任何针对雅克·希拉克在日本的账户的调查：“对外安全总局在进行一项经济安全任务的调查，对象是一家日本的大金融机构（东京相和银行），我们怀疑它有侵犯性的经济行为，很可能以引起轰动的破产收场”。阿兰·里夏尔把这次调查的结果告诉了雅克·希拉克：结果中只有一条1996年11月11日的记录，提到谣言出现在1990年代初期刊登在《周刊邮报》（*Shukan Post*）上的一篇没有署名的文章，题目叫《这是希拉克的银行》。内部调查人员对于吉尔伯特·弗朗所做的事情产生了轻微的怀疑，但没有完全查明他的所作所为。他们认为情报部门对相和银行的调查符合程序，没有对共和国总统特别关照。很快，第二次调查由龙多将军负责，他肯定了对外安全总局的内部调查结果。四年后，调查明讯银行案件的法官们得到了龙多将军的案卷，案卷的内容还部分地刊登在《鸭鸣报》上。

谣言再起，传言雅克·希拉克和福原长田之间有“非正常”的关系，还有他藏起来的儿子……《世界报》明显偏爱国家元首，努力寻找《周刊邮报》上的那篇文章。《世界报》的记者在东京图书馆翻遍了1990年、1991年和1992年期间出版的一百五十期报纸，没有找到关于这篇文章的丁点儿线索！《世界报》的记者还询问了《周刊邮报》的编辑，得到的答案是“很有可能，这篇文章并不存在[1]”……

尼古拉·博希望了解到比东京负责人发出的422号信息更多的内幕。他咨询一位日本金融家，专家解释相和银行涉及在巴黎的房地产市场行贿。我们很难在这份非常模糊的判断中找到某种

1 2006年5月24日的《世界报》。

因素能够使关于422号信息的传言成立。在《新观察家》的采访中，尼古拉·博爆出了一个新的线索，但是还是没有讲明消息来源。在这条消息中日本账户上的最大数额大大减少了，与先前的三亿法郎相去甚远。他说："我们所肯定的是，在某些时候，日本账户上有一百万美元。"几乎减少了50倍。尼古拉·博明显感到事情破绽百出，所以他另辟蹊径："我们可以关注另一个组织，笹川组织，这个组织创立于1990年，在日本以'日本基金会'为名，他的创始人笹川良一是日本战犯，和日本混乱的金融界联系密切。这个组织中有不少纯粹的希拉克派成员。这是一条线索。另外，在塔希提岛，加斯通·弗罗斯[1]可能进行了投资。"谣言，当你缠上了我们……

换句话说，在尼古拉·博和他的某些同伴的脑袋中有一个日本"案件"，他们喜欢收集然后散播所谓的不可靠消息，最终验证的是阿尔贝·隆德尔[2]的那句名言"在伤口上写作"，而不是委屈自己尊重事实。由于他们对于国家元首的坏印象，他们猜想谣言所传的事情有可能是真实的。他们从"可能"上升到"可信"再到"确实"，却缺少坚固的事实和妥善的核实来支撑这样的转变。他们寄生在巴尔扎克的怨言中，按照巴公的说法"对于记者而言，所有可能的都是真实的"……

事实是这位未来的总统在担任巴黎市长期间参加了在日本举行的就业研讨会，遇见了日本的各大老板，和福原长田建立了联系，目的是吸引日本到法国投资，以创造就业和补偿工厂企业迁移的损失。法国对外安全总局密切注意着一家他们认为"非正常"的银行活动，目的是保护共和国总统免受银行可能采取的不正当活动的影响。在这个背景下，爱丽舍宫的议员和法国领土整治与区域开发司可谓恪尽职守。

1　加斯通·弗罗斯（Gaston Flosse, 1931-）：法属波利尼西亚总统。——译注

2　阿贝尔·隆德尔（Albert Londres）：法国著名新闻记者。法国设有阿贝尔·隆德尔新闻奖。——译注

在我面前，共和国总统从这起所谓的“案件”中得出了一个结论：“我可以向您保证我从来没有在日本有账户，在日本更没有孩子！”在他身边，气愤的贝尔纳黛特·希拉克见证了她丈夫受到的可怕攻击，对帕特里克·德·卡罗利斯[1]说[2]：“我认为这实在是太不公正了，这是一个把毕生贡献给公共服务和人民的人。（……）他不是一个财迷；不管怎样，钱对于他来说都不是行动的动机。从来不是！”

1 帕特里克·德·卡罗利斯（Patrick de Carolis, 1953-）：法国记者、作家和电视主持人。——译注

2 《对话集》，同前。

25 反对极右势力和极端主义，法国的新印象

正如两千五百万法国人所做的那样，2002年春天我把票投给了希拉克，把一项明确的任务交给他，正如5月2日他自己说的那样："极右翼在策划分裂、挑选、然后抛弃。它想把不平等和歧视写进宪法。它是排斥、混乱和社会暴力的发动机。它拒绝看到一个完整的法国，拒绝实现它全部的财富和多样性的价值，达成所有的团结一致。我想要一个统一的法国。一个法国，不同的声音可以共存而不是互相斗争。一个法国，重新学会让不同出身的男人女人们共同生活在一起。"法国人民把82%的选票投给了他，让他再次当选，交给他的一个主要任务就是阻止勒庞和他宣传的思想，更广泛地说，是反对所有的种族主义、反犹太主义，比如反伊斯兰主义、排斥和歧视。在他繁多的工作中，他是否完成了我交给他的任务呢？

雅克·希拉克把共和国的统一和不可分裂作为第一要义，放在了他将于2007年结束的五年任期的核心位置。为了团结所有的力量来建设理想的共和国，他推行了一项关于政教分离的法律，驱除小团体主义，创建了一个打击歧视和维护平等的高等权力机构（HALDE），设立了纪念奴隶制和废除它的纪念日，号召建

造一个纪念移民历史的城市，工程于2007年4月竣工，起草了一份移民接收和融合的合同……这些都是他任期内采取的措施。他还可以做得更好吗？当然，如果没有他的多数派在“殖民的积极意义上犯下的错误”的话，很难否认在这项旷日持久的斗争中存在一致性。

在进入爱丽舍宫之前，我们看到雅克·希拉克拒绝和让-玛丽·勒庞和国民阵线合作。从那时起，这个政党就在政治角逐中扮演了重要的角色。他严肃地回忆起，1998年3月23日，在地区选举时某些右翼政客（罗纳-阿尔卑斯大区的查理·米荣[1]，皮卡迪大区的查理·博尔[2]，勃艮第区的让-皮埃尔·苏瓦松[3]，南部-比利牛斯区的雅克·布朗[4]）同意和极右翼结盟以求当选各自地区的主席：“作为共和国右翼代表，我想说右翼不改变自己的想法也会赢得胜利。它多次地承诺过不会和极右翼达成任何妥协。它的誓言不仅是言语上的遵守，更是思想上的坚持。如果我敬佩那些勇敢和明智的人，我只能反对那些为了政治游戏放弃自己良心的人。这种态度，虽然满足了阻止敌人的目的，但是是不值得的，甚至是危险的。”

在他入主爱丽舍宫几个星期后，利用纪念1942年7月16日和17日冬季赛车场逮捕事件[5]（la grande rafle du Vel d’Hiv）的机会，雅克·希拉克做出了一个富有象征意义的行动，承认法国在维希政府时期对犹太人犯下的罪行。他和第五共和国历届的前任戴高乐、蓬皮杜、吉斯卡尔·德斯坦和弗朗索瓦·密特朗截然不同，

1 查理·米荣（Charles Millon, 1945-）：法国国防部长兼罗纳-阿尔卑斯大区主席。——译注

2 查理·博尔（Chales Baur, 1929-）：法国国会议员，UDF的成员。——译注

3 让-皮埃尔·苏瓦松（Jean-Pierre Soisson, 1934-）：法国前国家部长，勃艮第地区议会的主席。——译注

4 雅克·布朗（Jacques Blanc, 1939-）：法国洛泽尔省的议员。——译注

5 指的是1942年7月16-17日发生在巴黎冬季赛车场的逮捕犹太人的事件，两天内有13152名犹太人被捕，其中4115名孩童，这些人被送往德国的纳粹集中营，极少有人生还。1946年，在冬季赛车场的入口挂了一块纪念该事件的纪念牌，1960年代赛车场被拆毁，1995年在原址修建了一个该事件的纪念雕像。——译注

他们认为共和国没有必要为不是它犯下的过错乞求原谅，维希政府是国家被占领时期历史中的一段空白[1]。在这次纪念活动中，希拉克发表演讲，严厉反对“仇恨的思想”，矛头直指极右翼[2]。

“当仇恨的思想在喘气，完整主义在煽风点火，恐惧和排斥在添油加醋。当在我们之中，甚至是这儿，某些小团体、某些出版物、某些教员、某些政治团体，以公开或隐蔽的方式怀有种族主义和反犹太主义的意识形态，那么这种煽动你们、煽动我们的仇恨思想就会比以前表现出更强大的势力。然而，没有什么是根本无意义的，没有什么是干涩无味的，没有什么是可被选择分离的。种族主义的罪行，维护否认杀犹的历史论调，各种各样的挑唆，那些小句子，那些词语都来自同样的根源。”

今天，在断断续续的谈话中，没有顾问，没有“捉刀人”帮他包装思想，为他装饰更多的光彩和庄重，雅克·希拉克对一个让他牵肠挂肚的问题表述得极其深刻和真实，在我们的谈话中他常常重提这个问题。

“我是本能地反对所有反犹太主义的行为。我是反对种族主义者，我不能忍受种族主义，我很难理解，就像我无法理解反犹太主义。犹太人给法国作出了重大的贡献。唯一我们可以责备他们的，就是他们通常比别人要聪明……当我们做错了事，就应当以某种方式承认。在战争时期对犹太人犯下的罪行是不可原谅的，是需要一个时机来承认的。1995年，我想要说出来，但我没有任何侵犯的意思……这和悔悟决没有任何关系。当我们犯下了错误，没有什么不方便承认的，我们认错的同时在成长……”

雅克·希拉克在奴隶制问题上也采取了同样的举措。2001年，法国是第一个承认奴隶制为反人类罪的国家。2006年1月，

---

1 我同意戴高乐将军的观点，这个观点也被弗朗索瓦·密特朗引用过，所以当时我不同意承认这段历史，但是后来我理解了。

2 1995年7月16日的演讲。

总统把5月10日定为每年纪念奴隶制和废除它的纪念日。他呼吁承认全部的历史，包括它的阴暗面，这是必要的。为了“人民能团结在一起，能够更加凝聚，更加强大。解决历史遗留问题的关键是：国家统一和团结、爱国的感情、对我们自身的信任”。

承认法国历史中阴暗面的篇章有助于雅克·希拉克更好地庆祝那些辉煌的章节。这些章节的作者是圣女贞德[1]，凡尔登烈士，1940年6月18日的戴高乐将军和抵抗组织，希拉克特别强调在将军和让·穆兰[2]领导下的抵抗运动的国民议会的重要地位……在讲话中他承认维希犯下了“不可挽救”的错误，他回忆说：“法国，对于法国的印象是正直、宽容、坚持传统和富有天赋。这个法国从来不属于维希。（……）它在法国人的心中是唯一的、不可分割的，这些‘民族中的正直人士’在暴风雨最黑暗的时刻，从罪恶中拯救了他们的生命，正如瑟奇·克拉菲尔德[3]描写的那样，四分之三的犹太人居住在法国，赋予了法国更绚烂的生命。”2007年1月18日是红军到达奥斯维辛的纪念日，雅克·希拉克，沉默不语，向先贤祠和义士纪念堂（Justes de france）知名或不知名的英雄致敬，那些“在集中营的战争打响前为保护四分之三犹太人作出贡献的人，可以说他们那时冒着必死的危险，（……）有黑暗的时候，但是也有光明。（……）大批大批的法国人展现了根植于他们灵魂的人道主义的价值。（……）我们的历史，要把它看做一个整体。它是我们的遗产，是我们的身份……”

伊斯兰面纱突然出现在共和国的几所学校中，媒体的大肆宣

1 圣女贞德（Jeanne D'Arc，1412-1431）：法国的女英雄，军事家，天主教的圣人。出身农家。在英法百年战争（1337年－1453年）中，她带领法国平民组成的军队对抗英军的入侵，被称为“奥尔良姑娘”，成为法国人民爱国斗争的旗帜。最后由于封建主出卖，被擒并被处决。——译注

2 让·穆兰（Jean Moulin，1899-1943）：二战时期法国抵抗运动的伟大领袖。——译注

3 瑟奇·克拉菲尔德（Serge Klarfeld, 1935- ）法国“二战”犹太人状况的研究者。——译注

传迫使法国社会就政教分离，共和国公共生活的真正基础，展开一场新的讨论。2003年5月22日，借法国教育及青年运动国际关系委员会（CRIF）成立六十周年的机会，雅克·希拉克强调政教分离的原则是“我们统一和团结的支柱……在这个原则上我们是不会让步的”。总统的伙伴们起草了一个法律文本禁止在学校里戴面纱。这个文本是如此复杂，以至于议员们不能肯定能在宪法议会上通过。雅克·希拉克不打算强行通过，决定建立一个由贝尔纳·斯塔兹[1]领导的委员会。一开始，委员会的成员大部分都反对禁止在学校里戴面纱。同时期，国民议会的主席让-路易斯·德勃雷建立了一个目的相同的委员会。两个委员会的成员很快意识到面纱事件从某种程度上被用作反对共和国的武器。斯塔兹委员会一致（一个成员没有参加投票）宣布反对所有佩戴在明显处的标记。德勃雷委员会受到社会党人的支持，坚持政教分离，立场坚定。希拉克对事情的发展表示，2003年12月17日宣布投票通过一项法律：“所有的法国孩子，不论他们的历史，不论他们的出身，不论他们的信仰，都是共和国的男孩和女孩们。”他真诚地说，“明显表明宗教信仰的服饰和佩戴标记应当在公共小学、初中和高中禁止。”讲话的四天后，局势紧张起来，两起戴面纱女孩们的游行在巴黎和斯特拉斯堡聚集起比预想更多的人。反对禁止在学校里戴面纱的法律引起了阿拉伯世界的强烈反响。在多数派的内部，越来越多的声音传到总统那里，建议放弃寻求法律。很多人害怕法律的冲击力会波及到郊区。让-皮埃尔·拉法兰[2]营造了恐惧的气氛。左翼、绿党、法国革命共产主义联盟和其他极左运动都反对求助法律，但是他们的势力在社会党的机器前微不足道（以弗朗索瓦·奥朗德[3]和让-马克·埃罗[4]为

1 贝尔纳·斯塔兹（Bernard Stasi, 1959- ）：法国前内政部长的顾问，负责青年和体育事务的国务秘书技术顾问。——译注

2 让-皮埃尔·拉法兰（Jean-Pierre Raffarin, 1948- ）：法国前总理。——译注

3 弗朗索瓦·奥朗德（François Hollande, 1954- ）：法国社会党第一书记。——译注

4 让-马克·埃罗（Jean-Marc Ayrault, 1950- ）：法国南特市长。——译注

首）。2004年3月15日政府对法律文本进行投票，游行因为3月11日突然发生的马德里谋杀案告一段落。法国伊斯兰组织联合会（Union des organisationsislamistes de France-UOIF，与法国最活跃的“穆斯林兄弟”齐名）收起了他们的标语牌、横幅和他们的宣言。

遵循同一个逻辑，雅克·希拉克开始反对各种形式的歧视，尤其是那些建立在出身、宗教信仰或是出生地上的歧视。他于2004年创建了打击歧视和维护平等的高等权力机构（Haute Autorité de lutte contre les discriminations et pour l'égalité-Halde），并让雷诺汽车的前主席路易·施维茨来领导。“当一份简历因为出身、年龄或仅仅是申请者的地点被扔进了废纸篓；当住房的申请者发现事实上是因为自己的姓名而被拒绝；当一名年轻男子因为肤色而不能踏进夜总会的门；当一名同性恋者被剥夺了应当获得的晋升机会，发现唯一的原因是他是同性恋者；当一名妇女获得的报酬比她的男性同伴少，我希望打击歧视和维护平等的高等权力机构会成为他们的救助者，他们也应当有求助的意识[1]。”打击歧视和维护平等的高等权力机构的任务是陪同和建议歧视受害者，帮他获得赔偿。它拥有广泛的权力，包括从2006年开始施行的关于机会均等的法律和处罚的权利。

从2006年7月，所有的移民都要签署一份接受和融合的合同，用来协调权利和义务，帮助移民加入共和国后融入法国社会。移民要接受一个公民培训，包括对法国机构和共和国道德标准的学习，尤其是男女平等、政教分离以及必需的语言培训。这些免费培训得到国家资助。

他说的所有的话，作出的所有裁决，颁布的所有法律都是为

1 雅克·希拉克，巴黎，2005年6月23日。

了维护共和国不断革新变化的道德法则，这与“希拉克，隐秘的一面[1]”是完全一致的。然而，我很难把法国表现出来的这种偏离中心的印象和他对于共和国的热爱衔接起来。这种模糊也妨碍了我深刻地理解他对于共和国道德法则的亲近，他视野中的世界，以及之后他坚持要加强文化交流。为了使他对这个问题“兴奋起来”，我给他读了一篇正值安德烈·马尔罗进入先贤祠时刊登在《费加罗杂志》上对他的采访：“法国应当在各个方面做出表率，应当具有法兰西的观念，这是法国的天职……”结尾的话是：“法国是全民的法国时是最强大的法国。”

“是的。”他放下了这个话题。

我坚持要他解释他对于法国的印象和他对于世界的印象之间不明显的关联。但是他简短的回答很难让我把它写出来。参加谈话的福雷德里克·萨拉-巴鲁发现我们正处于一个关键问题的核心部位，这直接关系到理解他的总统，便发问：

“您对于法国的热爱的根源是什么？”

希拉克思考、犹豫，明显不知道从哪开始说起，接着他答道：

“我想说……在所有的事物中我最先感受到的就是法兰西，对我而言，它从来不拒绝或是排斥什么东西或什么人。我认为可能法国有这样的使命，这个使命贯穿它的历史始末，就是带给世界一个人道主义的印象，我找不出对于人类和社会实施人道主义有什么矛盾，这是首先建立在对他人尊敬的基础上的……”

他没有说“热爱法兰西”这样的话：他是害怕这样简单的话会被间接地利用为排外的宣言、沙文主义的表达和对他人的蔑视吗？我帮了他一把：

“启蒙运动在法国外宣扬的普遍主义最后导致否认别国文化……”

---

1 在第一部分有所阐述。

"完全正确，但这是那个时代的环境造成的。启蒙运动者局限在被感知的世界中的一个部分里……我为自己是法国人感到自豪，我认为既然我们是法国人，我们就应当带给我们身边的人尊敬、和平和民主的价值。"

"您怎么表达这种热爱呢，通过什么表现？"

"我认为不能断然地抛出这种说法。我，我非常尊重他人。我们不应当试图去把我们的至高无上和我们的信仰强加给别人。"

"您不想把您对法国的热爱传达出去？"

"对于法国的热爱，是流动在血液中的……"

雅克·希拉克发现他的回答没有准确地传达他想表达的意思。他很快补充道："但是有一些人热爱法国却没有法国的血统，我们不能混淆一谈。"他想说的似乎是对于法国的热爱是不可描述的，是我们自身怀有的情感。他很难表达清楚，然而这种感情是那么的明显。但是把这种感情用语言描述出来，他总是害怕伤害了别人。

我们的谈话中有很多次的沉默。他接着说道：

"对于法国的热爱和所有象征它的事物紧密相关，它有出色的一面，也有稍逊的一面。从根本上说我们和这一切都是密切相连的。在这一点上我一直小心谨慎，因为我们强调我们热爱法国，这确实是我的真实写照，我们就自觉地承认法国从根本上说是比其他民族更优秀的。我有信心不需要表达作为法国人的骄傲，我们确实有很多东西要奉献世界……"

我提醒总统注意不论是近还是远，没有哪一届前任总统说过这样的话，他的文化与众不同。

"您谨慎的言词是否解释了您害怕忽视对他人的尊敬，你的话会被混淆为'出了偏差'的话……"

"也许吧。但是我提醒您阿尔及利亚战争时，我本来可以不去阿尔及利亚服务，因为我当时在法国国立行政学院。我作为志愿者去了那儿。我甚至没有问过自己这场战争的合法性。而且如果我问了自己，我也不会因此有半点儿犹豫，出发去北非的山地……因为不管有理没理，法国决定了阿尔及利亚归属法国，我就要作出自己的贡献……”

“最让人惊讶的是，很明显，法国人都把您是看做是法国忠诚的公民，您却不传达这种归属感……您谈起遥远的国度，异国的情调轻松自如，谈起自己的国家却很困难。您似乎一直都在考虑改变对法国的某种看法或是印象……法国准确地说并没有始终尊重他人。您害怕民族主义的偏激，这和您的世界格格不入……”

“不仅仅是民族主义的偏激，还有种族主义和反犹太主义，这在我的眼中，都和我对于法国的观念是截然相反的。不管怎样，这些都是应当受到惩罚的，因为从人道主义上说是无法接受的。”

然而，三十年前，雅克·希拉克并不害怕表达他对法国的热爱，他就像个狂热的民族分子[1]。我很想就这个关键问题把我们的谈话深入下去。他自己也意识到，作为共和国的总统，他需要对他与法国的关系作更多的解释。

“您意识到您经历了特别的变化吗？或者说总统的职责是这种改变的根源？”

“我很难准确地回答您，法国对我而言，就是我们脚下的这片土地，我是彻头彻尾的科雷兹人。我没有考虑过要代表除此之外的其他地方，我和那片土地和生活在土地上的人民是联系在一起的。这是一种血肉相连的感情。”

他着重强调了他对于故乡的血肉亲情。回忆起为什么在当选巴黎市长后，他拒绝成为首都的议员。

“巴黎的人告诉我还做科雷兹的议员是可笑的：‘在下一次的选举中，你应当代表大众的选区。只有这样，你才能彻底像个巴黎市长……’我记得很清楚我回答说：‘如果我成为巴黎的议员，我

1　例如，《希望的闪光》，同前。

将从此只能做巴黎人，我将失去我在法国的根……’我要告诉您，不论我将受到怎样的阻力，我承诺过会坚持到在科雷兹省的议员任期结束。我这么做既不是因为责任也不是因为信念，而是因为我的本性，我这么做非常快乐。当我在科雷兹省的家中时，我就感觉到我是在法国人民之中，是在法国……就是这样：如果我在佩里戈尔德，在普罗旺斯，在香槟区，也是同样的感觉，好吧……这些都是为了告诉您，我和法国之间的关系是血浓于水，这不妨碍把它放在世界上的一个特殊位置……您明白当我在一个农民家喝汤或是在一个乡村的咖啡馆里，我感觉好极了……”

“对于这一点，您完全不必强迫自己。”

“我没有必要强迫自己，这是自然的，那儿是我的法国。每个人都应当与国家的某个角落有个人的联系。我们当然可以是法国人，不必是科雷兹人，这一点我并不怀疑！（大笑）但是祖国，它就在我们的脚下。”

我要求他谈谈他在《光辉与希望》中对法国历史作出的某些论断似的陈述。他对中世纪这样描绘道：“最吸引我的时期，是中世纪。我认为这是罕见的时期之一，真正实现了社会平等。”

“我想起来写过这些。但我不肯定今天我是否还会这么说。在1970年代，我对中世纪非常着迷，您知道，我们总是有一些持久的热情，我跑遍了古董店，买了些古时期的家具……（笑）不，我不肯定今天我是否还会写同样的东西。那个时期，在文化层面上，已经存在一个相当法国化的民族雏形，这一点，我们尤其可以从家具和广义的艺术，即包括宗教的设施和装饰上看出来。但还存在很多的缺陷……”

更令人惊讶的是他在《光辉与希望》中对于拿破仑的评价：“我想在秘密的道路上探究得更深一些，直到不可告人的秘密的边缘，对于这段时期我充满热情，那时的民法典的语言优美，肯定比我们的文学家的语言还更准确……”

"这是毫无疑问的……从我年轻时起，我就是拿破仑的英雄事迹的崇拜者。这是一个犯下重大过错的人，但是拥有惊人的才能，表达事物的清晰是旁人不及的。他设计和下令起草的民法典绝不是侥幸的成功，是他的才华允许他可以自如清楚地思考和表达。这就是他能同时口述几件事情的原因。那时，还没有速记员……此外，他也犯过各种错误……也是他推动了犹太人自我的组织：他把他们聚集在巴黎市政厅的地下室，对他们说：'当你们组织好后才能出来……'他这么做是值得的，犹太人应当感谢他，因为他们到那时为止都在不停地争吵！但他们走出来时秩序井然。"

几分钟后，雅克·希拉克总结他对拿破仑的评价："法国在俄罗斯的乡村不强大。当他过度放任自己时，从来不曾强大过。他只有在对他人开放、宽容和理解时才是强大的。"最后一句话像是一种誓言或是遗言铮铮作响，我很多次都想谢绝他的这种说法。在我们的谈话中，他谈论现在就和法国人民评价他的政绩还有些早，但是……

"法国人民会从你的任期中获得些什么？您希望他们能得到些什么呢？"

"这是两个不同的问题。他们从中收获什么，我不知道。我不贪慕虚荣。我希望他们了解，与某些时期和历史中的某些侧面表现出来的相反，法国正在努力成为一个宽容的国家。这是它自身的天赋，只要他坚持这个思想，它就是强大的。当它违背了这个想法，它就变得弱小了。这就是我希望他们从中获得的……每个人身上都有一些值得学习的好东西。这是一个事实：对话是人类内在的本性。追根溯源，当最初的人类进化成两足，他们的脊柱直立起来，他们的颈脖直立起来，他们的喉咙形成了，可以发声，就有了交流。这就是人类的特征：交流的能力。然而，我们可以交换来更好的或者更糟的，但是应当尝试去做，去追求更好的……"

总统像是发出了一声叫喊，说道：

“……我讨厌不宽容！”

“您希望，您没有明确地讲出来，法国人从您的行动中收获的是您致力推动法国成为一个宽容的国家？”

长时间的沉默。

“我努力朝这方面作贡献。在国际社会上，我总是维护对话，尊重他人，尤其是各自的文化。在法国，我总是谴责在我们的历史和我们的行为中表现出来的排斥、分离、不宽容……我们在战争时期对于犹太人，和对于其他人所做的事情，我认为是不可能从人道主义思想中孕育出来的。当我在冬季赛车场纪念雕像前就法国政府的责任发表演讲时，人们认为我这么做是错误的，因为戴高乐将军出于对法国的尊敬是不谈这些的……但是什么也不能让我放弃。这些话确实是我对于法国的评价。法国不能成为同谋，它应当把这些揭露出来……”

“您多次发表讲话谴责法国的某些行为……”

“这是因为我们犯下了错误……很正常，我们需要在某个时间承认错误……”

“您不介意听到责备您对于悔悟显得过分热心……”

“我完全不介意……我并不是唉声叹气，我接受我们的历史。我们承认一些事情，难道不是为了不再让悲剧上演吗？对于历史我们应当持清醒的目光，发现其中伟大的和渺小的部分。不论我们是否希望，奴隶制都是世界历史中一段悲惨的时光，我们也涉足其中。那么，就应当承认它。只有这样，人们才会承认在面对奴隶制的问题上共和国始终是一个榜样：法国两次废除奴隶制。直面我们的历史，历史中走出的法国更加强大。”

26 “9·11”冲击之后，萦绕希拉克的念头再次出现：文明的对话

雅克·希拉克的工具箱是他与众不同的文化的载体，其中有一把多功能的钥匙：“文明的对话”，完美地契合了二十一世纪的到来。我们期待这是一个和平的世界，然而此刻，这是一个世界全球化带来负面影响，美国超级霸权的横行不断带来沮丧失望，完整主义不断激化，恐怖行动不断升级的世纪……希拉克围绕着外部环境的所有行动都和“希拉克，隐秘的一面”相得益彰。

2001年9月11日，在美国纽约世贸大楼的一幢塔楼受到第一次恐怖袭击后的几分钟，雅克·希拉克表达了法国与美国的立场一致。当时他在雷恩省，本应当在盖兰的职业学院发表一篇重要的讲话，但是他必须马上回到爱丽舍宫的办公室，所以他取消了讲话，简短地表达了歉意：“当法国刚刚得知美国遭受的巨大灾难，内心的感情实在是太复杂了，几乎无话可说。在这样可怕的环境下，法国人民，我在这里一定要说，是完全站在美国人民这边的。法国人民表达了在这起悲剧中对美国同胞的友谊和团结。我向乔治·布什总统保证全力支持他。众所周知，法国一直谴责、现在仍毫无保留地谴责恐怖主义，我们认为应当通过各种途

径打击恐怖主义。”

雅克·希拉克接着跳上飞机，一到达爱丽舍宫，就召开了关于安全的内阁部长会议，特别召集了利昂内尔·若斯潘，于贝尔·韦德里纳，阿兰·里夏尔。他很快和乔治·布什总统的亲信联系上，接着是托尼·布莱尔[1]和格哈德·施罗德[2]。他还给法国驻联合国大使让-大卫·莱维特打电话，要求他和美国人及其他相关人士起草一份决议送交安理会。第二天起，1368号决议就把恐怖主义的行为等同于战争行为，并且承认美国是处于正当防卫。雅克·希拉克是第一个对此作出反应的人。在大环境中，他鼓励创造反对恐怖主义的大联盟，几乎团结了世界上所有的国家，尤其是阿拉伯和穆斯林国家。事件发生一个星期后，他是第一个会见布什总统的国家元首。10月份，他一反戴高乐主义的传统，在北大西洋公约组织的框架内派兵阿富汗，标志了在恐怖主义斗争中与华盛顿的团结。但是，“我们都是美国人”不能抹杀自从乔治·布什总统入主白宫来频发的冲突。布什导致华盛顿外交政策发生根本性的变化，拒绝批准京都议定书，建立导弹防御系统，拒绝参加国际刑事法庭。这些变化打上了“强硬派”的特征，我们通常把“强硬派”叫做“新保守派”：迪克·切尼（副总统）、唐纳德·拉姆斯菲尔德（国防部长）、保罗·沃尔福威茨（国防部副部长），等等，他们利用“9·11”事件向布什灌输他们的意识形态。

“9·11”冲击后一个月，共和国总统一边向美国发出团结的强烈信号，一边开始具体澄清与布什政府政策的区别。在第三十一次联合国教科文组织大会上[3]，他在发言中向全世界发问这次恐怖事件的原因，他对于世界的印象，完全有别于新保守派在

1 托尼·布莱尔（Tony Blair, 1953- ）：英国前首相。——译注

2 格哈德·施罗德（Gerhard Schröder, 1944- ）：德国前总统。——译注

3 2001年10月15日。

美国推行的结论。针对塞缪尔·亨廷顿[1]的“文明的冲突”，他提出了“文明的对话”，观众们对此已经耳熟能详[2]，因为他在博物馆中多次提过。他拒绝和西方共庆克里斯朵夫·哥伦布发现美洲新大陆五百周年，鼓励建立卢浮宫会议馆和凯布朗利博物馆，强烈要求对法国历史进行重新解读，与排斥和分裂的行为进行斗争……他的姿态与布什截然相反。雅克·希拉克，作为（仍然是）大国的总统，毫不犹豫地表达了自己对于西方和他的历史责任的疑问。

“我们不屈服于某种令人眩晕的诱惑。我们应当问问自己，每个人都应当问问自己。当我们向自己提问时，问题就涌现出来。我们是否忠于承载着我们的文化和价值观念？西方是否让人感觉在强加一种以物质主义为主的统治文化，像是文化侵略，结果是大部分的人观察它，接触它，却没有走进它？我们某些大型的文化讨论是不是有时不像富人们的讨论，把非欧洲的社会和精神的内容放在了一边？直到有一种文化愿意输出它的价值？”

要回答所有这些问题，他建议选择“文明的对话”。

“这些问题的答案，我们在传统中经历过，在我们的心中和理智中感受过，它是文明的对话，是和平的保证，人类的命运不曾像今天这般彼此息息相关。应当让对话苏醒、革新、重新在世界范围内开展起来。这个对话建立在什么原则上？第一条原则，应当就刻在联合国教科文组织的首页上，就是互相渗入、互相丰富，这是所有文化的荣幸和职责。这同时也是一个事实，由人类的历史、文学、艺术、建筑历史所承载……这是理解世界的工具，而且是一个特别的工具。”

雅克·希拉克在这里表达了，从他第一次参观吉美博物馆，

1　塞缪尔·亨廷顿（Samuel Huntington, 1927- ）：当今美国乃至整个西方世界最享有盛名的政治学和国际政治学学者之一。——译注

2　参见第一部分：《希拉克，隐秘的一面》。

和他的梵文和俄文老师弗拉基米尔·贝拉诺维奇的相遇开始、在岁月的流逝中逐渐形成的内心信仰。

“如果没有阿拉伯文化继承了古代的知识，在国界外广为传播，那时欧洲还是闭关自守，那么建筑、诗歌和数学会变成什么样子？”

“如果没有印度人对存在的本质的不懈探索，没有他们对节奏和呼吸的解读，那么哲学会变成什么样子？如果没有非洲和原住民的培育和滋养，二十世纪的艺术会是什么样子？”

“如果缺少了对于和谐的追求，公正的言行，缺少了把阴阳之间紧张的对立看做生命的涌动的直觉，我们对于远东怎么评价呢？”

“如果没有十八世纪从法国传播出去，遍及欧洲，最后越过大洋的启蒙哲学，那么属于每个人的自由和尊严之梦会是什么样呢？”

“我们怎么评说宗教给人类生活带来的主要福音呢？宗教带领人类超越了他们简单的生活状态，走向了绝对；宗教引导他们远离仇恨和自私，把他们团结在一个开放和宽容的团体内。”

“诚然，所有的文化的发展不是同一个节奏。它们经历了鼎盛和消沉，辉煌和繁荣的阶段，正如沉默和自省的阶段。然而，所有的文化如今都在我们集体的回忆中继续发展。它们组成了我们的身份，我们存在的理由。它们带给了我们生活的光明和欢乐，诗歌和美术的光芒，引导我们走向认知和超越。它们同样挑战黑暗，探索神奇和奥秘。它们共同而且平等地组成了光明、进步和人类伦理的要求。”

“第二条原则，与文化的尊严不可分割，就是文化多样性的必要性。我们不可能摒弃其他文化，仅在一种文化或是两种相同的文化间进行对话。”

“今天这种多样性正受到威胁。我想到了今天世界上大约有五千种不同的语言。我们知道如果不采取任何保护的措施，那么在这个世纪中有一半的语言将会消失。我想到了原住民，这些孤立的少数民族，文化脆弱，通常在和现代的文明接触后就消失了。我自然还想到了服装、生活风俗、传统习惯、手工产品、文化产品，面临着标准化生产的威胁，这是全球化带来的灾难之一。”

“我们不要在这里犯错误。我不是那些颂扬过去，把全球化看做是我们所有罪恶根源的人。昨天，我们对于文化的尊重并非完美，今天，我们没有可怕的霸权主义的意图。我们只是想起来侵略和殖民，总是通过武力——武器的力量和众人的压力，虽然也有善良的意图，把信仰和陌生的思想体系强加给被殖民者。”

想到阿拉伯和穆斯林，非洲和南美洲民众越来越怀疑欧洲大陆，希拉克口气坚决：“今天，全球化仿佛是一场新的殖民，目的是强加给各地的历史、人类和神灵们间同样的关系，或者是切断联系。”

同时期，美国的新保守派正在实施一项新的预防机制，目的是进行“反恐战争”。他们相信伊拉克是错综复杂的结扣，应当剪断这个结扣，要求五角大楼履行入侵计划……2002年1月29日，美国总统在国会前的讲话，表明了他的新政策：打击“罪恶轴心”，在其中的三个国家展开（朝鲜、伊朗和伊拉克）；打击大规模杀伤性武器（ADM）。在接下来的几个星期中，来自华盛顿的外交电报清楚地显示美国准备挑起对伊拉克的战争。

雅克·希拉克立马认为这项机制是“非常危险的”，可能会导致“悲剧性的后果”：“如果这样的防范行动是必需的，那么可以进行，但是它必须由今天以联合国安理会为代表的国际社会执行[1]。”2002年夏天，传到巴黎的情报显示布什不满足安理会禁止伊拉克发展大规模杀伤性武器的决议，非常可能会颠覆萨达姆·侯赛因政权。

九个月中，直到美国士兵入侵伊拉克得到布莱尔、贝卢斯科尼[2]、阿斯纳尔[3]和几位盲目追随美国的国家领导人的支持，雅克·希拉克竭尽全力阻止一场新的战争。他和大部分相关国家的领导人一直保持联系，尤其是科菲·安南、格哈德·施罗德、弗拉基米尔·普京、托尼·布莱尔，当然还有乔治·布什。他一半以上的时间都贡献给以全球人民的名义致力于不武力侵犯伊拉克的事业。

我衷心地希望可以和国家元首谈谈这关键的几个月，如果我不是对他在职位上所做的行为充满感激，我可能从来不想见他，更不要说写这本书。

这件事情启发了他，虽然他在这个问题上经历了和从前一样的彻底“放手”的困难。他回忆起1970年代结识萨达姆·侯赛因，他认为自那时起至今，萨达姆已经发生了很大的变化。在危机爆发之前，“如果我们灵活地处理问题”，那么萨达姆的政权会受到谴责，而且会自己垮台。他评价伊拉克是一个复杂的国家，由于民族和宗教的原因极度分裂，但是统一是中东平衡的基础：“我们应当审慎地关心这个问题，就像搬运一个美伦奴[4]的花瓶。但是美国人幻想着打倒萨达姆·侯赛因。我一直认为不论是哪个国家，都没有权力作出这般具有国际影响力的决定，只有联合国才有权决定。从这个分析和原则出发，我用最清楚的方式告诉布什他犯了一个错误，我完全不相信大规模杀伤性武器在这个国家扩散的故事。伊拉克的确有武器，但肯定不是核武器。”

1 2002年9月8日《纽约时报》上的采访。

2 希尔维奥·贝卢斯科尼（Silvio Berlusconi, 1936- ）：意大利前总理。——译注

3 何赛·玛丽亚·阿斯纳尔（Jose Maria Aznar, 1953- ）：西班牙前首相。——译注

4 意大利威尼斯附近的小岛，以生产玻璃制品而著称。——译注

2002年9月2日，在约翰内斯堡召开可持续发展的世界峰会，这次会议加强了法国总统竭力避免战争的决心。尼古拉·于洛[1]是纳尔逊·曼德拉和雅克·希拉克单独会面的唯一见证者。突然，这位年老的非洲战士抓住了法国总统的拳头，直直地盯着他的眼睛说："您应当竭尽全力阻止布什进入伊拉克！""雅克·希拉克非常感动，他的内心被触动了，郑重承诺要想方设法阻止这场战争。"尼古拉·于洛回忆说。

9月6日12点至15点，托尼·布莱尔打电话给雅克·希拉克。这个英国人在拜访布什前，想知道法国人的脑袋里是怎么想的，看有没有可能起草一份共同决议在安理会通过。雅克·希拉克告诉他非常担忧不断高涨的反美浪潮会导致反西方浪潮的高涨。如果说他情感上维护萨达姆·侯赛因，那是因为他相信"从军事和国际层面上说，战争是不负责和危险的行为"。他告诉他的伙伴，他认为核问题在眼下没有任何危险，一个一直存在的威胁是生化武器的内在风险。对此，雅克·希拉克希望向伊拉克派遣观察员。他提醒托尼·布莱尔他不会赞成一场可能摧毁伊拉克，掀翻阿拉伯道路的单边打击，因为目前没有严重的对立需要采取这样的措施。如果安理会被控制，"那么，我们走着瞧"。

"你的态度和往常一样非常清楚，"布莱尔回答。"但是如果萨达姆·侯赛因不知道会有严重的事情发生，他是什么也不会做的。"

"萨达姆·侯赛因明白。最糟糕的是迪克·切尼不负责任的话[2]。"

接着雅克·希拉克友善地和托尼·布莱尔的儿子莱奥通话。

---

1 尼古拉·于洛（Nicolas Hulot, 1955-）：法国著名的生态保护者、自然与人类基金会主席。——译注

2 2002年8月26日，迪克·切尼宣布萨达姆·侯赛因毫无疑问拥有"大规模杀伤性武器，他收集这些武器目的是对付我们的朋友、我们的同盟，对付我们……重新派遣观察员根本不能保证萨达姆会遵守联合国的决定……不行动的危险比行动的危险要大得多"。

在他打完电话不到一小时，爱丽舍宫接到布什的电话，询问希拉克是否愿意和他通话。美国总统正在准备9月12日在联合国的发言。他非常殷勤，称他的法国同僚为“我的朋友”，想和希拉克一起开展关于安全问题的谈话。他补充说萨达姆·侯赛因是一个威胁，他总是对国际社会的决定置之不理。“与记者们报道的相反，我们还没有做出任何决定。”雅克·希拉克说欢迎讨论，说他刚刚和托尼·布莱尔交谈了很长时间，但是强调“军事行动是困难的，可能会是一次危险的冒险”。

为了让全世界的领导人在乔治·布什在纽约发言之前知道法国的立场，雅克·希拉克决定于2002年9月8日接受《纽约时报》的采访。关于伊拉克拥有大规模杀伤性武器的问题，他肯定地说：“我们总是在说证据，但是，这些证据，我还不曾见过它们！”问到伊拉克和基地组织之间可能的关系，他的回答是相似的：“今天，没有任何证据被找到，或者说没有正式递交的证据证明伊拉克和国际恐怖主义之间的关系，尤其是和基地组织。”他决心“在现代社会反对单边主义。我认为现代世界应当保持步调一致的，因此，我认为如果要采取军事行动，那么这个行动应当由国际社会承担责任，就是说由安理会决定。如果安理会决定伊拉克不应当持有大规模杀伤性武器，并不意味着在巴格达应当更换政府。所以如果目标是阻止伊拉克拥有大规模杀伤性武器，就应当听从联合国的决定，即没有任何限制和条件地向伊拉克重新派遣观察员，由联合国秘书长负责。如果伊拉克接受，那么很好。如果伊拉克拒绝，实事求是地说，我们没有作出足够的努力让他接受。那时，就由安理会商议和决定合适的处理方法，尤其是否需要采取军事行动。”

就像两天前他对托尼·布莱尔所说的，雅克·希拉克面对世界范围内，尤其是在贫穷和移民的国家内不断激化的反欧洲主义表达了强烈的忧虑，强调如果反对伊拉克的行动是单边发起的话，那么反恐联盟就可能破裂。他重新拾起对他来说珍贵的议题，建议成立第二道联盟："既然我们如此精力充沛，要给全世界一个教训，那么我认为就应当建立第二道联盟，一个反对贫穷的联盟，一个保护环境的联盟，因为生态成为了糟糕的环节，一个解决在世界到处肆虐的问题、冲突和危机的联盟，同时我们也可以通过表现得更宽容、更积极来解决这些问题。这将是反对恐怖主义非常有效的方式，也表明我们履行了人类的职责。"

记者要求希拉克总统对传达到华盛顿的一个意见作出评价，根据这个说法，我们应当重新塑造中东，因为我们不能接受在世界的某个角落还存在专制的政府，如果在伊拉克，我们建立一个联邦的、民主的政府，可以作为一系列"开放"这片土地的变化的催化剂。

"如果我们想介入，目的是更换国家政府，那么我们就处在另一种文明中，"雅克·希拉克回答道，"那么，像今天这样构造的文明就会不复存在。我认为这就是危险的投机，非常危险。我们开始了，却不知道在哪里停下来。想想民众的反应，想想人民的反应。如果，比如，你想颠覆在摩洛哥或约旦的君主制度，你会遇到人民制造的无穷困难……"

真是让人愉快的惊喜：尽管受切尼和拉姆斯菲尔德的影响，科林·鲍威尔[1]还是说服了布什接受联合国途径，起草使观察员重返伊拉克的决议。但是他预测，没有萨达姆·侯赛因无保留的接受，"行动还是不可避免"。

雅克·希拉克将和所有的人员继续相同的讨论，直到2002年11月8日通过1441号决议。总统的身边围绕着自他5月份再次当选后组建的牢固小组。多米尼克·德维尔潘代替了凯道赛[2]的于

1 科林·卢瑟·鲍威尔（Colin Luther Powell, 1937- ）：美国前国务卿。——译注

2 法国外交部所在地，这里借指法国外交部。——译注

贝尔·韦德里纳。没必要再去形容这个百日政变中的诗人—枪骑兵，法国人对这个形象是如此的熟悉，这是他们常常厌恶或嘲笑的对象，虽然人们有时也会承认他的闪光点。在雅克·希拉克的身边，德维尔潘的朋友、“舍尔巴人[1]”莫里斯·古尔多–蒙塔涅[2]，会说十种语言，包括印度语和乌尔都语。让-大卫·莱维特[3]和总统一样，迷恋东方世界，会说汉语和印度尼西亚语，2002年12月前在联合国任代表，期满后去华盛顿接替雅克·希拉克的另一个亲信弗朗索瓦·布戎·德·莱斯坦。让-马克·德拉萨布利埃[4]，对联合国了如指掌，离开总统外交顾问的职位去纽约接替让-大卫·莱维特。除了这五个始终保持电话联系的人，还要加上总统发言人卡特丽娜·科罗纳[5]，负责参加所有重要的会议，克洛德·希拉克在同样敏感的领域监督父亲的宣传。

法国人与科菲·安南保持紧密的一致，向萨达姆·侯赛因传达了一个信息，建议他合作，否则美国人会攻打他的国家。伊拉克政府2002年9月16日回答“无条件”同意回派观察员。华盛顿把这看为一个陷阱，要求采取法国人完全不能接受的第一项决议计划，明确要求美国士兵护送观察员。9月27日，布什从他得克萨斯州的大牧场给希拉克打电话。这次通话他有两个原因：“听到您的声音，一来感谢您派人营救了布瓦凯的美国学生[6]，二来谈论伊拉克问题。”美国总统建议法国配合：“我希望这项决议能强有力，包括求助武力的可能。我们必须变得强大。我非常想和联合国合作，但是我希望萨达姆·侯赛因能直面自己犯下的错

---

1 舍尔巴人（Sherpa）：尼泊尔少数民族，常为喜马拉雅山登山者担任向导和脚夫。有国家领导人顾问的意思。——译注

2 莫里斯·古尔多–蒙塔涅（Maurice Gourdault-Montagne, 1953- ）：法国总统希拉克的外交顾问。——译注

3 让-大卫·莱维特（Jean-David Levitte, 1946- ）：法国驻美国大使。——译注

4 让-马克·德拉萨布利埃（Jean-Marc de La Sablière, 1946- ）：法国驻联合国代表。——译注

5 卡特丽娜·科罗纳（Catherine Colonna, 1956- ）：法国欧盟事务部长级代表，法德合作事务秘书长。——译注

6 9月25日，科特迪瓦政变开始后六天，法国士兵从布瓦凯国际学校营救了194名学生和教师，其中大部分是美国人。

误。”雅克·希拉克肯定这些目标会实现，同时强调了两点。关于观察员制度：他希望听到联合国观察员的总干事汉斯·布利克斯[1]的声音，为了保证他听到的不是萨达姆·侯赛因拒绝检查的冠冕堂皇的借口。关于寻求武力：他有一个不同的方法，建议一个行动分两步走，“因为这是一件严重的事情，它涉及到在一个已经伤痕累累的地区发动战争”。他希望采取第二种解决办法，萨达姆·侯赛因不和观察员合作，那么再动用武力。“效率要求安理会团结。”他回到推翻萨达姆·侯赛因的可能性上：“您能告诉我在他的位置上我们安排什么？”他强调伊拉克暴乱的危险，“地区的混乱，在巴格达和德黑兰有大批的什叶派，在大马士革有阿拉维特人[2]。我们应当强迫萨达姆·侯赛因接受安理会的所有要求，但是避免玩火……正是因此，我以智慧的名义，对于主动寻求武力表示最极端的谨慎。”

“我欣赏您的评语”，乔治·布什评价道。

布什从萨达姆·侯赛因角度出发再次肯定了他的选择：“怎样说服他？我和您一样担心萨达姆倒台后的问题，但是谁也不会比他更糟糕。我们会坚持与您合作，保证在萨达姆·侯赛因倒台后伊拉克不发生暴乱。”美国总统就雅克·希拉克提出的程序的两个步骤，用友善的语气说：“最终，我们认为这两个步骤是：一、他自己缴械；二、我们帮他缴械……萨达姆·侯赛因在愚弄世界人民。”

法国总统接着耐心地说：

“我们正在这个地区玩火，一个我们无法重建和平和反欧洲情绪严重的地区。我们会为此付出沉重的代价。我们应当限制伊拉克的军备，提出严格的条件，但是如果我们从现在起说我们会

1　瑞典人，1928年出生于乌普萨拉，曾担任瑞典外交部长，国际原子能机构总干事，2000年当选联合国控制、监督、检查委员会的执行主席。著有《伊拉克，找不到的武器》（*Irak, Les Armes Introuvables*, Fayard, 2004）。

2　穆斯林的一个教派，也是一个民族。——译注

攻打它，那么我们会促使它产生抵制全世界的想法……”

他再一次解释进攻伊拉克的后果：国家的暴乱和巴格达—德黑兰—大马士革轴心的组成。“当然，我们会赢得战争，但是结果会比今天的局势更糟糕。”

10月8日，布什和希拉克之间又通了电话。每个人重复相同的论调。法国总统宣布欢迎讨论，但是不希望听到谈论主动寻求武力。

直到最后一刻，华盛顿和巴黎之间都在开展密切的商谈。法国的立场刺激了美国。这种不愉悦的信号在美国的报刊上可以找到踪影，美国的报纸从不犹豫传播从中央情报局得来的假消息，根据报道法国在1998年提供给伊拉克装配核武器的雷管[1]，法国和俄国，伊拉克和朝鲜都拥有天花的病毒（这是禁止的）[2]。

11月7日，在安理会投票前一夜，在与所有的领导人进行全面接触后，在多米尼克·德维尔潘和科林·鲍威尔就即将采纳的决议文本达成一致后，此决议不准备主动寻求武力，乔治·布什打电话给雅克·希拉克，此时希拉克从法国—意大利峰会回来，刚刚在奥利机场降落，还坐在飞机中。这两个人同意尽量在明天安理会的投票上达成一致。

1441号决议获得一致通过。雅克·希拉克成功说服了叙利亚总统投票，这是美国人没有做到的。1998年出发的限制军备的观察员这次肩负着使命和广泛的权力回到了伊拉克。从1991年到1998年，这些观察员查处的武器比这场战争中摧毁的武器要多。国际原子能机构的总干事穆罕默德·巴拉迪和汉斯·布利克斯立马开始了工作，他们没有遇到任何阻挠，伊拉克当局也没有极力巴结，配合了联合国观察员的要求。

1　2002年9月1日的《纽约时报》。

2　2002年11月5日的《华盛顿邮报》。直到2003年5月中旬，指责法国提供给伊拉克敏感部件的文章层出不穷。2003年5月15日，法国驻美国大使给所有的议员以及美国媒体的老板写信否认这些虚假的指责。

2002年11月21日，布什和希拉克在北大西洋公约组织的特别峰会上见面。法国总统很清楚美国在继续它的战争准备，他再一次提醒美国总统战争对伊拉克和整个地区未来的影响。他言词激烈地说："您将制造大批的小本·拉登军团！"

观察员在伊拉克找到并销毁了导弹。"我们的活动导致巴格达现有体系的破裂。萨达姆·侯赛因已经跪下来，马上要自个儿倒台了"，雅克·希拉克至今还是这样评价。

2002年末，爱丽舍宫是否还受到最相关的两个行政机构——外交部和国防部的全力支持呢？外交部中的某些人相信和伊拉克的冲突不可避免，而且法国军队最终会加入美国军队，入侵这个国家。在《外国事务》一文中，詹姆斯·鲁宾[1]说德维尔潘私下肯定，虽然第二种决议受到了俄国和中国的阻挠，但是只要伊拉克政府挑衅，法国就会加入联军。同时法国的领导层，总之都准备好了法国加入联军的情况。12月16日让-帕特里克·加维亚[2]将军秘密来到华盛顿，和五角大楼商讨法国可能军事介入伊拉克[3]。冬初，美国已经在海湾布置了十万名士兵，由两艘航母、五十一艘军舰、六百架战斗机、一百多架直升机和七百辆坦克组成的强大军团。12月24日，数百万的士兵和预备役军人接到了动员令。

"2002年12月"，国家元首说，"布置在伊拉克附近的美军说明美国正在准备战争。1月13日，我派莫里斯·古尔多-蒙塔涅去华盛顿会见布什总统的顾问康多莉扎·赖斯[4]。她对古尔多-蒙塔涅宣布："只有萨达姆·侯赛因的离开可以平息事端，否则我们就把他撵出去！"

1 詹姆斯·鲁宾（James Rubin）：美国国务院发言人。——译注

2 让-帕特里克·加维亚（Jean-Patrick Gaviard）：法国空军防御和行动指挥。——译注

3 Henri Vernet et Thomas Cantaloube，*Chirac contre Bush: L' autre guerre*, J.-C. Lattès, 2004（亨利·维尔内和托马斯·康塔卢布，《希拉克反对布什：另一场战争》）。

4 康多莉扎·赖斯（Condoleezza Rice, 1954- ）：美国历史上第一任黑人女国务卿。——译注

“那时一切都准备好了？”

“一切都就绪了……我们那时已经竭尽全力向美国人解释发动一场导致伊拉克暴乱的战争是一个错误，而且会导致整个中东的悲惨结局：‘您说您想要民主？很好。民主，就是选举。如果您想要民主，就应当进行选举，如果举行选举，那么什叶派会获胜，因为他们是最多数。如果什叶派在伊拉克掌权，这不是民主。所以您的推论是站不住脚的！……’我向布什重复过多次他犯了一个重大的错误，应当让观察员们去工作。他们的工作会逐渐动摇萨达姆的政权，最终导致其以某种方式解散。美国人不愿相信我。他们抵挡不住要解除伊拉克常规军的念头，这点我是反对的：国家的政府依靠什么呢？军队会完全同意的，他们会归顺我们希望的新人选……在执行1441号决议上我们有强烈的分歧！”

总统忘记提起2003年1月7日，对于领导层提出的进行明显的准备工作，比如护照的申请和战舰通过苏伊士运河的批准，他作出了否定的回答，彻底否定了法国军事协助美国军队的可能。

1月17日，美国负责人对巴黎感到越来越气愤，唐纳德·拉姆斯菲尔德一直反对观察员回到伊拉克，他向“衰老的欧洲”竖起了挑衅的指头，与西欧相反，东欧的国家都支持美国。观察员的两名负责人布利克斯和巴拉迪访问了雅克·希拉克，在会面后的记者招待会上他们感谢法国总统：“我认为法国的角色是非常重要的。在限制伊拉克军备的进程中，法国处于中心位置，过去是这样，将来的几个星期和几个月也是这样”，巴拉迪解释说。雅克·希拉克和格哈德·施罗德的亲近又进一步刺激了华盛顿的新保守派。2002年夏天，德国人把竞选运动的一部分建立在反战的基础上，发表了一篇反美的讲话。自从1998年起，德国人和希拉克之间处于冷战状态，一方面因为共同农业政策，另一方面他认为德国在欧盟机构内部的重要性发挥不足。这次再当选，他开始亲近法国总统。大家对此都有所察觉，1月22日，在凡尔赛宫举行的纪念爱丽舍宫条约四十周年的庆典上，聚集了一千多名法国和德国议员。两位领导人抒发了各自的感情，反映出法德这对伙伴找到了新的默契。共同召开的部长议会成为了新关系的显著象征。伊拉克事件为重拾的新友谊提供了第一片实践的土地，雅克·希拉克指出："世界各大陆都面临重重危机。我想伊拉克也不例外。那是一个巨大的挑战。战争是无法避免了。唯一合理解决问题的框架是联合国。法国和德国作为安理会轮值国主席，将紧密协作为和平争取一切机会。"

在回忆录中[1]，格哈德·施罗德描述了伊拉克危机在他们关系中带来的变化："和法兰西共和国总统雅克·希拉克结成的不断壮大的同盟是至关重要的，这赋予了我抵抗国内和国外火力的勇气。雅克·希拉克即便面对大西洋上吹来的狂风暴雨，也是处变不惊。……伊拉克战争之前、之后，以及美国入侵的可怕的几星期深深地改变了我个人和雅克·希拉克及弗拉基米尔·普京的关系。我们非常地亲密，我们学会了信任彼此。在我任期的初期，尤其是1999年我在柏林主持的欧盟峰会上，我和法国总统的关系是疏远的，看得出是一种冷漠。然而，雅克·希拉克是我们应当最先亲近的人。如果他允许的话，我们想寻找这个信念坚定的法国人的大手笔之后隐藏的是什么。"

贝尔纳黛特·希拉克大开方便之门："我的家庭，我的丈夫和我的孩子们，通过这些他们结成了亲密友爱的关系。希拉克非常喜欢我们收养的俄国女儿维多利亚。他们时常通电话。由于没有翻译，他们只能互相听见声音，却不明白对方在说什么，但是他们的关系没有因此淡漠。"

---

1 Gerhard Schröder, *Ma vie et la politique*, Odile Jacob, 2006（格哈德·施罗德，《我的一生和政治》）。

如果说伊拉克事件为法德交善作出了贡献，那么另一方面却造成了欧洲大陆一场严重的危机。一封信和一场宣言掀起了这场风暴。《华尔街日报》于1月31日刊登了由托尼·布莱尔、何赛·玛丽亚·阿斯纳尔、西尔维奥·贝卢斯科尼还有葡萄牙、丹麦、捷克共和国、匈牙利和波兰的总统或总理共同撰写的一封信，信中肯定“跨大西洋的联系是我们自由的保证”。欧盟、法国和德国都没有预料到在布鲁塞尔、巴黎和柏林，这一针对欧洲的沉重一击会带来什么影响。《解放报》模仿希拉克的口吻发表了这样的话：“这是骗人的，我刚刚和布莱尔通过电话，他没有向我透露一个字！”几天后，五个加入了欧盟的候选成员国（波罗的海的三个国家、斯洛文尼亚和斯洛伐克），两个候选资格被推迟的国家（罗马尼亚和保加利亚），三个还没有候选资格的国家（克罗地亚、马其顿和阿尔巴尼亚）发表了同样基调的声明，即“维尔纽斯[1]宣言”。“危机”这个词已经不为过了。布什和布莱尔成功地深入了欧洲一角，把亲美联盟的成员和那些独立于美国的欧洲成员分隔开。

美国的机器开始超速运转。2003年2月15日，在联合国总部，科林·鲍威尔提供了大量的幻灯片、照片、电话监听的记录，目的是说明伊拉克掩藏了可能在“邻国和其他的国家、包括美国”借口洒圣水而播撒细菌的无人遥控飞机，揭露卡车可疑的行动……总之，依他看来，伊拉克在欺骗观察员。法国情报部门怀疑科林·鲍威尔提出的“证据”。法国对外安全总局很快开展了对美国情报部门负责人提供的证据的分析，评价其中没有任何新的内容，任何客观的证据。最秘密的应当是图片卫星发回的揭露秘密动作的照片，如果这些杰作能得到证实的话。“无论如

1　立陶宛首都。——译注

何，这些都是不够的”，记录明确指出。关于伊拉克通过扎卡维[1]联络基地组织的问题，鲍威尔的依据是犯人交代的秘密。法国情报部门知道这些秘密，但是得出的结论是不同的。关于伊拉克想要生产核武器，法国情报部门部分同意美国的分析，但是指出缺少证据。同时，法国情报部门不完全肯定伊拉克购买的铝管是用于核工业。

2月6日，在科林·鲍威尔的展示给大家留下深刻印象后，美国总统对萨达姆·侯赛因发表讲话，目的是告诉他“游戏结束了”。

2月7日17点，雅克·希拉克打电话给布什。他再一次表示战争是可以避免的，调查已经取得了好的结果，应当继续下去。

“谢谢，雅克，您是一个执着的人，我欣赏这一点。我也不喜欢战争，但是很重要的一点是您知道萨达姆·侯赛因对美国人民构成了威胁。”

听到这句没有回旋余地的话后，希拉克明白没有办法说服美国人，已经开始想到战后的问题：

“我们应当见见面。”他说。

“谢谢。我们的分析是不同的。”

“我坚持我的想法……”

不管怎样，希拉克又开始陈述不要发动战争的论据。接着他以这样的话结束：“总之，我们有不同的方法。我们互相尊重。”

在九个星期中，直到2003年4月15日，这两个人都没有通过电话，但是美国政府用尽各种办法迫使法国总统改变主意，尤其是散布谣言：“美国中央情报局甚至解释，”他说，“我可能是被萨达姆收买了。我丝毫没有动摇。我重复说他们的所作所为导

[1] 扎卡维（Abou Moussab al-Zarkaoui）：全球最危险的恐怖头子之一。他所领导的“统一圣战者”运动不断在伊朗境内策划袭击和爆炸活动，甚至多次残忍地将其扣押的外国人质斩首。2003年2月后，布什政府多次把扎卡维说成是“基地”组织和萨达姆之间存在密切往来的证据。——译注

致的不可避免的结果就是伊拉克的暴乱，是对全世界的危害，战争对于任何人来说都不是解决的办法。这就是现在正在发生的一切。”

法德联盟在欧洲受到孤立时，还是获得了一个重大的安慰，简单地说是弗拉基米尔·普京带来的安慰。2月10日星期一，雅克·希拉克接见了刚刚在德国拜访格哈德·施罗德的俄罗斯总统。尽管面临美国和它的欧洲盟友的重压，这三位领导人并没有放弃：依靠科菲·安南，在1441号决议框架内解除伊拉克武装。“联合国和国际原子能机构领导的调查已经取得了成果。俄罗斯、德国和法国赞成继续调查，通过各种方法大力加强他们人道主义的和技术的能力，与观察员合作，在1441号决议框架内解决问题。除了战争还有别的方法。寻求武力始终是最后的选择。俄罗斯、德国和法国决定为和平解除伊拉克武装提供所有的可能”，共同声明中写到。施罗德和普京的支持对雅克·希拉克而言是至关重要的，俄罗斯是安理会的常任理事国，德国是临时成员国。希拉克还得到了巴西和智利的支持，他们同样是安理会的临时成员国。“两位总统非常了不起，因为他们是美国长期施加压力的对象。我和智利总统一天通过三次电话”，雅克·希拉克回忆说。

2003年2月14日是观察员递交报告的日子，多米尼克·德维尔潘在联合国安理会前发表了一份声情并茂的讲话，直到最后一分钟爱丽舍宫都在修改这份讲演稿，最终讲话赢得了一片欢呼。

“在联合国的宫殿里，我们是理想的守护者，我们是良心的守护者。重大的责任和无限的荣光属于我们，指引我们首先寻求在和平中解除武装。这是一个古老的国家——法国，一片和我的家乡一样古老的大陆——欧洲，今天这样告诉你，它经历过战争、占领、野蛮的行径。一个国家不会忘记，它知道应当解放来自美国和其他地方的士兵。它总是直面历史和人民。它忠于自己的价值理想，坚决希望和国际社会的所有成员一起行动。它相信我们共同建造一个更美好的世界的能力。”

多米尼克·德维尔潘受到他的内阁的推动，认为巴黎的立场不会坚持到3月14日之后，法国会加入美国的行列。这种对美国的奉承留下了蛛丝马迹。2月17日，在布鲁塞尔召开的欧盟非正式议会上，德维尔潘在中饭时间，当着记者的面透露3月14日之后“游戏结束了”。几个小时之后，在例行的记者招待会上，德维尔潘的话通过一名记者传到了希拉克的耳朵里，激起了希拉克强烈的反应：“我要打断您，告诉您这条消息是缺少——我会当着他的面说——是完全缺少一点儿根据的。它是不值得任何批评的，因为它是假的。”

当晚爆发了一长串斗争的第一步。雅克·希拉克实在是万分恼火：1月30日刊登了由托尼·布莱尔发起、欧盟四个成员国记录、三个要进入欧盟的候选成员国（波兰、匈牙利、捷克共和国）草签的信，接着是维尔纽斯集团十国的宣言，这两份声明都支持美国在伊拉克问题上的立场。说到布莱尔的信，他说这是“与欧洲共同外交政策相违背的”。关于“维尔纽斯宣言”，他认为这些成员国“行事轻率。因为要进入欧盟，这意味着至少要为别人考虑，至少要共同商订。如果在第一要义上，我们就脱离希望进入的整体，不经过共同商订，自己发表言论，那么这不是一个负责任的行为！总之，这没有教养。因此，我认为他们错过了一次沉默的好机会”。他用这样几句话结束了评价：“这些国家，我要说，不但缺乏教养，而且没有意识到这么快依附美国的立场会带来什么样的危险！”

今天，总统后悔在“不怎么得体的讲话”中“辱骂了欧洲人”：“我必须说在布鲁塞尔的记者招待会上，我不由自主地说出了这些话，但是我刚刚得知新的欧洲人，主要是波兰和其他两三个国家收到了一封我不知情的布莱尔的信，没有经过任何一点儿协商，在一刻钟之后回答说同意，支持布莱尔的立场……我应当注意一下言词，这是明显的，但是我并不想羞辱他们，只是想告诉他们，如果他们想进入欧洲，却不和同伴商讨，在一件关系和平或是战争的事件中表明立场，这是不正常的。我表达得很笨拙，他们被激怒了，就是这样！”

雅克·希拉克不喜欢细枝末节，因此他很快忘记了。应当让他回想起德维尔潘的动摇及他在布鲁塞尔唐突的反应，他否认这件事，并把部长的动摇归罪于外交部的影响。应当让他回忆起大老板们和法国企业运动商会（MEDEF）以巴黎的立场会让法国经济蒙受严重损失为借口，对政府施加重压，让他最终屈服。应当让他回忆起他的多数派中各种政治人士施加的压力，因为他拒绝跟随布什政府而在他自己的阵营中刺激了大西洋主义者和一部分知识分子。罗什省人民运动联盟的市长议员让-雅克·德康说：“相比施罗德—普京的二重奏，我更欣赏布什—布莱尔—阿斯纳尔—贝卢斯科尼的四重奏。”皮埃尔·勒罗西[1]和国会的一名法国议员埃尔维·诺维利[2]发表了一份声明。阿兰·马德林[3]和拉迪斯拉斯·波尼亚托夫斯基[4]维护大西洋联盟。查理·米荣[5]、埃尔维·马里东[6]希望看到希拉克穿上布什得克萨斯的皮靴。雷诺·多纳迪约·德瓦布雷斯[7]则是左右为难。左翼（除了贝尔纳·库希纳尔[8]），甚至是极左翼（法国革命共产主义联盟和征收金融交易

1　皮埃尔·勒罗西（Pierre Lellouche, 1951-）：法国国民议会议员。——译注

2　埃尔维·诺维利（Hervé Novelli, 1949-）：法国负责外贸事务的国务秘书。——译注

3　阿兰·马德林（Alain Madelin, 1946-）：法国国民议会议员。——译注

4　拉迪斯拉斯·波尼亚托夫斯基（Ladislas Poniatowski, 1946-）：波兰王子，法国政治家，人民运动联盟的成员。——译注

5　查理·米荣（Charles Millon, 1945-）：法国国防部长兼罗纳-阿尔卑斯大区主席。——译注

6　埃尔维·马里东（Hervé Mariton, 1958-）：法国布莱顿与海外事务部部长。——译注

7　雷诺·多纳迪约·德瓦布雷斯（Renaud Donnedieu de Vabres, 1954-）：法国前文化部长。——译注

8　贝尔纳·库希纳尔（Bernard Kouchner, 1939-）：法国外交部长，外交与欧洲事务部部长。——译注

税援助公民联合会[1]）支持希拉克，帕斯卡尔·布吕克内[2]、安德烈·格鲁科斯曼[3]、阿兰·芬克尔克罗[4]、罗曼·古皮尔[5]赞成战争，批评法国可能会对安理会第二条决议投否决票。

当皮靴的声音，更多是坦克和F-16的声音越来越近，雅克·希拉克决定和更多的法国人分享不参加推翻萨达姆·侯赛因的联盟的原因，如果需要的话，他会使用最后一项外交武器：安理会的否决权。3月10日，他从爱丽舍宫回答帕特里克·普瓦尔·达沃和大卫·布热德[6]的问题。在回答他们的第一个问题时，总统解释他要争取一个多极的世界，采用和布什政府相反的策略："一个把尊重他人、文化交流、文明对话放在首位的世界，努力避免冲突。"他说安理会在一致投票通过1441号决议时，国际社会的决定就是："我们将通过和平的方式解除伊拉克武装，即通过检查。我们将任命观察员，他们会告诉我们这条道路是否可行。"他向法国人解释这些检查"根据观察员的说法，可以彻底地、实际地、真正地消灭伊拉克的核计划"，"我们给观察员一些时间"，"我们可以达成预定的目标，即销毁大规模杀伤性武器。""今天，没有任何迹象表明这条道路是没有结果的，因此应当继续，战争始终是最后的办法，始终是注定的失败，始终是最糟的解决方法，因为它带来了死亡和灾难。我们的观点不能停留在那儿的，只要观察员不对我们说：'我们无能为力。'这就是为什么我们拒绝进入一条主动通往战争的道路。事实上他们言不由衷……我们的伙伴中有一些，有他们自己的道理，认为应当通过另一种途径尽快结束，就是战争……换句话说，我们从继

1　征收金融交易税援助公民联合会（Association pour la Taxation des Transactions pour l'aide aux citoyens-ATTAC）：法国的反全球化运动中的著名团体。——译注

2　帕斯卡尔·布吕克内（Pascal Bruckner, 1948- ）：法国哲学家。——译注

3　安德烈·格鲁科斯曼（André Glucksmann, 1937- ）：法国当代著名哲学家。——译注

4　阿兰·芬克尔克罗（Alain Finkielkraut, 1949- ）：法国哲学家。——译注

5　罗曼·古皮尔（Romain Goupil, 1951- ）：法国导演。——译注

6　大卫·布热德（David Pujadas, 1964- ）：法国记者。——译注

续检查以解除伊拉克武装的方法转到另一种方法：在某些天后，我们发动战争。但是法国不能接受，将会拒绝这种解决方法……我的立场是，不论什么情况，法国都会投否决票，因为法国认为没有任何理由发动战争来达到我们预定的目标，即解除伊拉克武装。”

雅克·希拉克对法国人陈述了十个月来他致力让美国人接受的论据，尤其是“我们不能不做民主和对话价值的代言人，不能不使用一切方法避免战争”。他郑重地承诺如果美国决定在没有联合国授权的情况下发动战争，那么法国军队是不会去伊拉克的。他谈到“冒着毁灭一个国家的危险，而且一切情况都是不明了的”。

3月13日，美国人明白他们得不到安理会的大多数支持，放弃了投票通过决议。3月16日参加战争国家的领导人在亚述尔群岛举行峰会。在16日和17日夜晚，科威特和伊拉克边境上的铁丝网被剪断。17日，萨达姆·侯赛因收到了最后四十八小时通牒。从18日和19日夜晚，小股的联盟军队开始潜入伊拉克。4月9日，全世界的电视台都播出了在巴格达掀倒萨达姆塑像的画面……2006年12月3日，是我写下这些话的日子，萨达姆·侯赛因在清晨被受美国影响的伊拉克法庭处以绞刑。现在是15点03分，从早晨到现在，我们已经得到了在当天的战斗中61人阵亡，123人受伤的数目。这只是普通的一天。从2003年3月至今，2998名美国士兵已经死亡。数百万伊拉克平民丧命，可是全世界置之不理！局势只能是越来越恶化。

雅克·希拉克立即打电话给布什，2003年4月15日17点45分。

“我认为现在和您重新接触是有用的，因为我们现在进入了另一个阶段……”

他说很满意巴格达沦陷的速度，向美军的死伤表示吊唁，很高兴萨达姆·侯赛因的倒台，最后：“现在重要的是，未来。”

布什感谢他的吊唁，补充说还有很多的工作要做。

希拉克又说：

“联合国可以更快地帮助重建伊拉克，这样会更好……”

布什感谢他，但是对于联合国重新进入伊拉克事件的提议没有作出任何评价。

今天和我谈话的雅克·希拉克知道混乱的局面明天是解决不了的。2006年12月，他预计如果土耳其人和叙利亚人拒绝库尔德人的独立，会发生悲惨的混乱局面。他说可能的结果是美国人保留了逊尼派：“他们怎么也有30%的人口，我们跟他们解释他们什么权利也没有！他们会疯狂的！……这些都助长了恐怖主义。美国应当着手处理以色列—巴勒斯坦问题。他们应当采取中国的政策，中国在二十或二十五年后会成为世界第一政治、经济、军事和人口大国。我们要注意西方会为现在的傲慢付出惨重的代价！”总统用政治上的救世主降临说的危险总结了他的话，苦笑一下。

“我们的地球多么危险！这是一个巨大的危险。您可以想象通过祈祷召开部长会议吗？我绝对尊重宗教，所有的宗教，但是政教分离也是不错的选择！”

虽然雅克·希拉克没有成功阻止伊拉克的战争，但他并没有把他的“工具箱”扔在一边。他清楚西方的傲慢，在2002年9月8日接受《纽约时报》的采访时，他建议创立第二道联盟时没有带着玩笑的口吻，这次的目标是反对贫穷和保护环境：“既然我们如此精力充沛，要给全世界一个教训，那么……”这次表态揭示了他以消除世界贫穷和保护自然环境为名义展开的针对布什政府的双重意义的斗争的另一个方面。在这次采访前六天，他在尼古拉·于洛陪同下，在约翰内斯堡参加可持续发展的世界峰会，他在这里发出了呼喊："我们的家园在燃烧，我们却看着别处！"他建议开辟一片新的场所，消灭贫穷："在全球化的时刻，大多数人贫穷的现状是一种丑陋和荒谬的事。实施多哈和蒙特利尔的决议。提高发展援助，争取十年后最高达到国内生产总值的0.7%！找到财富的新源泉！比如，在全球化制造的可观的财富中共同抽取一部分。"

说说而已？不……在雅克·希拉克的带领下，法国正在提高促进发展的公共援助，推动欧洲增加援助，在教育、卫生、饮水、农艺上对南半球的国家推广帮助活动，同时减轻或是免除最困难国家的债务。防治艾滋病，放宽专利所有权的相关规则，为了在贫穷的国家普及普通药品，开发其他的资源，法国已经成为世界上为防治艾滋病、结核病和疟疾向世界基金会贡献第二多的国家。

雅克·希拉克还是第一个提出革新财政的人，为解决贫穷问题提供新的思路："经济的全球化要求责任全球化"，2002年3月21日他在墨西哥说道。2003年11月7日，他把建立一个思考国际财政新贡献的工作组的责任交给了财政总观察员让-皮埃尔·朗多[1]。朗多的身边围绕着非政府组织的成员（征收金融交易税援助公民联合会、消除饥饿与促进发展天主教委员会[2]、南方联合会）以及多个国家的代表，比如阿雷瓦公司的总裁安妮·洛韦容[3]，和国际工作人员。工作组提出利用国家税务解决贫穷问题，朗多小组建议对飞机票征税，2004年9月这个提议被雅克·希拉克和巴西总统卢拉·达席尔瓦[4]采纳，很快召集了西班牙、智利和一百多个其他国家的领导者。"这些主意看起来既不脱离现实又富有责任

1 让-皮埃尔·朗多（Jean-Pierre Landau, 1946- ）：财政总观察员，法兰西银行副行长。——译注

2 消除饥饿与促进发展天主教委员会（Comité Catholique contre la faim et pour le Développement-CCFD）：成立于1961年，是法国一家天主教非政府组织。——译注

3 安妮·洛韦容（Anne Lauvergeon, 1959- ）：法国国有核能公司阿雷瓦（Areva）总裁兼首席执行官。——译注

4 路易斯·伊纳西奥·卢拉·达席尔瓦（Luiz Inacio Lula da Silva, 1945- ）：巴西总统。——译注

感，一条禁忌正在被废除！”

这些想法长期是左翼，甚至是极左翼的特征。华盛顿曾派农业部长安·维尼曼[1]暗中破坏这项创举：“全球征税从本质上说是反民主的，落实起来是不可能的”，她宣称。“即便像美国一样强大，我们也不能长期并成功地反对一项得到一百一十个国家同意，明天可能是一百五十个国家同意的建议。在伊拉克教训后，他们不再肯定能够拒绝大多数赞成的事情。自私主义的代价就是人民的反抗”，法国总统反驳道。

法国总统倡导的想法取得了进展。2005年1月26日，在达沃斯世界经济论坛上，雅克·希拉克建议“世界金融交易应作出贡献”，或者“从每年世界卖出的三十亿张飞机票上抽取微薄的部分”。2005年9月，法国、德国、阿尔及利亚、巴西、智利和西班牙共同在纽约推出从飞机票上抽取用于国际团结的第一笔费用……2006年7月1日，法国确立这项新税收，从2007年开始能够带来二亿欧元的税收。2006年9月19日，借联合国第六十一次大会的机会，希拉克和卢拉正式推出了国际药品采购便利机制（UNITAID），帮助贫穷国家更好地防治艾滋病、疟疾和结核病的财政机制。五个国家，包括法国，已经开始对飞机票征税，十九个国家正在进行实施的程序。

2006年2月，在巴塞罗那，雅克·希拉克依旧把“文明的对话”挂在嘴上，建议组织地中海沿岸和海湾的创作者、知识分子和决策者共同商讨“文明的对话”，把召开文化研讨会的任务交给了大使雅克·亨辛格[2]：“欧洲、地中海、海湾——民族和文化的对话”。9月13日，研讨会开幕，共和国总统再一次重申了这些主题。

1　安·维尼曼（Ann Veneman, 1949-）：美国农业部长，联合国儿童基金会执行主任。——译注

2　雅克·亨辛格（Jacques Huntzinger, 1943-）：法国前驻以色列大使。——译注

“为什么有这么一次创举？因为我们面临着文化中的分裂。西方反对伊斯兰，非宗教的反对宗教，北方反对南方，富有反对贫穷：我们世界中的所有裂缝都可能加深和互相连通，后果就是人人担心害怕。”

“从2001年9月11日起，整整五年期间，恐惧和不理解导致了人们极度的不安。反动的恐怖袭击造成了无法辩解的混乱，最近由于刊登了预言家穆罕默德的漫画，激起的反应情绪和力度，都是明显的信号。”

“不断激化的不理解、不宽容和怨恨特别影响我们的公共空间。由于遗产、宗教和社会的多样化，世界已经变成了冲突的舞台，暴力就以悲剧的形式在黎巴嫩上演。”

雅克·希拉克长时间地解释“尽管共同的出身和数不清的联系，地中海只是把一个个封闭的世界排列在一起”。他建议重新找到人们之间对话的通道。他再次肯定了他在伊拉克危机中不断重复的话：“通过单边和武力是无法解决任何问题的。人民抵触强加的解决方法，他们的怒火越烧越旺，成为明日冲突的传播者……外国的模式不是灵感、安慰和支持的理想来源，外国的干涉和命令总是弱化和篡改这些入侵者自身维护的理由。我们的会议将载入工作的精神中，这种精神受到联合国秘书长和总理埃尔多安[1]和萨帕特罗[2]领导的文明联盟的指引。会议将是交流的起点，您在未来的几个月中在巴黎、塞维利亚、亚历山大和其他地方会受到它的鼓舞。”

在研讨会上提出了几项计划后，他指出了关键问题：“在一个受到恐惧和仇恨威胁的世界里重建信心。因为地中海已经成为人们之间拒绝理解的焦点，他应当重新遵守一个世界的诺言，在这个世界中，更好地肯定自己，接受不同的面孔和声音。”

---

1 雷杰普·塔伊普·埃尔多安（Récep Tayyip Erdogan, 1954- ）：土耳其总理。——译注

2 何赛·路易斯·罗德里格斯·萨帕特罗（José Luis Rodriguez Zapatero, 1960- ）：西班牙首相。——译注

这次创举的成果负责人雅克·亨辛格赞赏[1]雅克·希拉克自始至终一致的立场："自从他担任总统以来，他总是沿着文明对话的道路在前进"，付出他全部的精力。研讨会的第一次会面结束后，很快欧洲科学和宗教研究所的创办者和荣誉主席雷吉斯·杜勃雷[2]就告诉希拉克，他个人希望对近东"民族—宗教"团体多样性进行一次调查，总统给他写信说："现在是再合适不过的时机，以更加具体和细致的方式，增加和丰富'文明对话'的机会，我对此的重视程度，您是知道的，对话可以遵循公民意识的指引，建立在人与人之间平等的基础上。"

为了推动牵挂于心的对话，国家元首翻遍了他厚厚的公共和私人通讯录。"他是世界上唯一一个认识所有近东、中东、非洲和亚洲领导人的总统。我们甚至可以说他认识世界上所有的元首。"于贝尔·韦德里纳、格哈德·施罗德、科菲·安南都承认他对国际问题有着深刻的看法，有强大的关系网，在全世界范围内为推动"文明对话"作出了有力而且真诚的承诺。于贝尔·韦德里纳可能是最了解雅克·希拉克的政治人物之一，因为在过去的五年中，他每周至少有一个小时的时间和希拉克单独交谈，并且陪希拉克出行过很多次[3]："我们之间结成了一种默契。他和我说话非常自由，我们之间的气氛足够可靠，因此他会经常问我关于弗朗索瓦·密特朗的事情，他的想法，在这种情况下他会怎么做。他很想了解他的前任的举措，对于他而言，密特朗是最主要的参考。"前任的外交部长说自己享有"相当大的自由"能够妥善处理外交政策，他和总统很少有意见上的不同和分歧[4]。韦

1 2006年9月17日的《巴黎竞赛报》。

2 雷吉斯·杜勃雷（Régis Debray, 1940- ）：法国记者。——译注

3 和作者的谈话。

4 这是指爆发的不愉快的巴勒斯坦柏日特大学事件（2000年2月26日，利昂内尔·若斯潘招致巴勒斯坦学生的一片骂声，因为他指责了"真主党的恐怖袭击"），希拉克对和阿尔及利亚重建关系表示谨慎，由于他和黎巴嫩被刺杀的前总统拉菲克·哈里里的友谊，立马站到了反对伊朗的立场上，对于在非洲融合英法联军的想法有所保留。

德里纳谈到总统和南方国家很多领导人的个人关系："世界上有很多人、很多国家的领导人和各界人士都认为他是西方领导人中最开放的一个。"我们把这种面向世界，尤其是面向南方国家的开放解释为他对这些国家的了解和兴趣，这在上文"希拉克，隐秘的一面"中谈到过，在面对多样的文化和原住民时，他怀有同样的情感。前部长利昂内尔·若斯潘肯定地说，总统"绝对真诚的立场，是和他对于这些文化的了解相辅相成的"。他说雅克·希拉克和大部分报道中描写的那个没有教养的人根本不一样："这是一个学识丰富的人，对这方面的事情兴致勃勃，喜欢谈论它们……这给了他一把钥匙，一种今天大多数欧洲人缺失的直觉[1]。"

格哈德·施罗德自从2002年再次当选以来，和雅克·希拉克携手合作，也非常欣赏这个人，指出"关怀是他丰富个性中的一个侧面"，他"对于近东、亚洲、特别是对于中国的了解令人瞠目结舌。他时刻维护自己家长的气质和国家元首的形象，都是因为他领导的是一个伟大的民族……在我看来，雅克·希拉克是过去的世纪和刚刚开始的世纪最杰出的政治人物之一[2]。"

科菲·安南可能是最合适对雅克·希拉克作出有分量和中肯评价的人，十年中，他和希拉克一起经历了世界重大的危机。2006年11月20日，我在日内瓦的联合国欧洲总部见到了安南，那是他最后一次巡视。他在他冰冷的、普通的大办公室接见了我。他为人热情，说得一口漂亮的法语，声音不大刚好能听见。我没有必要追问他太多的问题，因为他清楚自己要去哪，而且要经历什么道路。

"我和雅克·希拉克紧密合作已经有十年了。当然，我们一开始并不了解，法国当时对我还有所保留，因为他支持布特罗

1 和作者的谈话，以及参见《年老的狮子》的选段和帕特里克·罗特曼的资料。

2 格哈德·施罗德，《我的一生和政治》，同前。

斯·布特罗斯-加利[1]，一个出色的人物。美国人对于加利的刁难让法国很气恼。雅克·希拉克很快就明白我是独立的，不是一个国家或是一个集团的代言人，我是为全世界服务的秘书长。最近十年局势严重动荡。我是唯一要面对如此多的战争的秘书长：科索沃、阿富汗、伊拉克、黎巴嫩、达尔富尔、民主刚果，等等。在所有的危机中，雅克是所有国家领导人中最能和我交流讨论的人。我当然可以和其他人讨论，但是他了解世界局势，不仅仅因为他了解这个世界，还因为他对外面的世界很感兴趣。他对中国、非洲、中东的认识非常深刻。对我而言，他成为了一个可以畅所欲言的朋友和伙伴。他总是坦诚直率。有时有些过分直率！（笑）”

科菲·安南接着谈起了整个2006年，雅克·希拉克在黎巴嫩危机中带给他的帮助。在圣彼得堡召开的八国首脑峰会商讨尽快停火，布什和布莱尔不想讨论这个问题，希拉克是唯一支持他的国家领袖。他参加了组建临时海军，争取尽快清除黎巴嫩的封锁。“我和雅克，为清除封锁一起工作过！”

“我在伊拉克事件中，和希拉克也有过这样的合作，”前秘书长又说道，“因为他知道这将是一场灾难，他和我一样困扰。我们确实为阻止战争竭尽全力。我和他的分析一样，就是给予观察员更多的时间，以便他们尽善尽美地完成工作……这是一个了解中东，了解他们文化的人。我认为他一直都被中东和远东深深地吸引。希拉克在安理会否决权的威胁导致法国和美国之间的关系相当紧张，我当时也受到了很多攻击。今天，美国人看到了结果……”

“希拉克喜爱并了解非洲。在这里他有很多朋友，不仅仅是政府的首脑，他和他们的关系非常真诚。他多次到过科特迪瓦，

1 布特罗斯·布特罗斯-加利（Boutros Boutros-Ghali, 1922- ）：联合国前秘书长。——译注

不幸的是这些象牙海岸的领导者没有去做应该做的事情，他们不为自己的国家和人民工作。我们确实只能帮助希望和平的人……当我们在伊图里（刚果）遇到问题时，希拉克在刚果助了我们一臂之力[1]……”他还指出了在反对贫穷的斗争中法国总统的重要角色，在卢拉和智利总统的协助下，最终建成了世界基金会。雅克·希拉克是第一个向基金会投资的人：“这是一个有良心的人，一个品性善良的人，他热爱人们，热爱生命。这是一个在文化层面上接受平等的人：他不同意第三世界国家的艺术是没有价值的说法。他努力实现出自这些国家的杰作的价值。这是一个我尊重和喜爱的人。我认为他被错误地评价、错误地理解了，但是归根结底人们是喜欢他的。他们会发现这是一个热情、善良的人，尽管他们会批评他的政策。”

为了证实我自己对于希拉克在国外活动的评价，我只是找了三个“大腕”帮忙，虽然找来散布在全世界的国家元首来对我描述他们心目中“希拉克博士”的优点——亚西尔·阿拉法特[2]这么称呼他——不是一件困难的事情。但这是徒劳的，因为除了在严重的国际危机时期，总统活动中的外务部分不能为法国总统赢得支持率。相反，法国人认为他们的总统在国际舞台上的行为造成了他们的损失[3]，因为他把越来越多的时间用于处理国际危机、在各种峰会上讨论、去访问，这些时间本应当贡献给他们的日常生

1 700多名法国士兵从2003年6月开始加入到刚果民主共和国东北部的伊图里维和力量中。

2 亚西尔·阿拉法特（Yasser Arafat, 1929-2004）：是一位逊尼派穆斯林。20世纪50年代，他在科威特秘密筹建“巴勒斯坦民族解放运动”（简称“法塔赫”）及其军事组织“暴风”突击队。第三次中东战争后，阿拉法特一直流亡海外。1988年11月，巴勒斯坦全国委员会第19次特别会议通过《独立宣言》，宣布建立巴勒斯坦国，次年4月2日阿拉法特当选为巴勒斯坦国总统。从此，阿拉法特作为巴勒斯坦民族的象征出现在世界政治舞台。1996年1月，巴勒斯坦举行历史上首次大选，阿拉法特当选为巴勒斯坦民族权力机构（自治政府）主席。——译注

3 赛格琳·罗亚尔，2007年总统大选唯一的女候选人，已经在这个问题上影响了法国人的想法。2007年年初在访问完中国后，半数以上的法国人（54%）认为这次出访是一件错误的事情，因为他们认为她应当投入到解决他们的问题中（根据2007年1月11日发表的，由《费加罗报》和法国国家电视台组织的“舆论之路”的调查）。

活。他们先后批评过蓬皮杜、吉斯卡尔、密特朗，希拉克忽视了他们而过分忙于外界的事务。没有什么比这种想法更错误了，因为每个人都知道今后法国人的生活越来越受到国界以外的影响。

法国军队没有开赴伊拉克，这不止避免牺牲人的生命，数十亿的欧元可以用于军事以外的其他花费；这还在某些国家提升了法国的形象，结果实现了更加紧密的贸易关系。当总统为穷人的命运奔走，不仅仅是出于善心，也是为了稳定因为失去希望，试图向法国和欧洲移民的人们……

在雅克·希拉克为了纪念乔治·蓬皮杜去世三十周年，对前总统的描述中说道："对于那些批评我们过多介入外交阵线的人，他（蓬皮杜）指出内部的困难越来越会在国际层面找到解决的方法，他的语言幽默，但不失清晰，我们今天不可能不考虑集体安全而奢求和平；不考虑欧洲而追求经济和社会进步。"

我又读了一遍这句话，之后我问总统怎么看待这种他正在经历的责难。他回答道：

"我喜欢先作比较。我是个出访很少的国家元首，相比起其他强国的领导人而言。次数、频率、持续的时间比起我的德国和英国同事来少得多。和大家说的相反，我出行得很少，因为我知道法国人可能会因此批评我，我很少不在国内。我只是在中国破了例，因为那是中国，我批准自己花半天的时间去参观一处考古遗址。"

"因为法国是一个现代国家，我们的生活受到与其他国家经济关系的影响。我努力出售空中客机，是因为图卢兹和汉堡都出现了不可忽视的经济和社会的滑坡。在我所有的出行中，我都在思考维护法国利益和影响我们安全的问题。一个国家元首在国外维护本民族的利益是自然的事情。没有必要长期强调以提高重视。最普遍的例子就是移民带来的问题，只有通过贫穷国家的自身发展才能解决这个问题……"

讨论总统在国外出行是有用还是没用不是一个新问题。1996年7月14日，帕特里克·普瓦尔·达沃向他提出了下面的问题："此刻，我们的同胞感觉有点儿失去您。您从卡塔尔和沙特阿拉伯回来。您马上要去加蓬和刚果。您照顾到法国人民了吗？"雅克·希拉克的回答是：

"您知道，我当选总统同样是为了在外界代表法国，尤其是在外界维护法国的利益。四分之一的法国人——我们总是意识不到——在为出口工作。您知道外贸对于我们的重要性吗？当我在国外，我在维护我们的利益。一份专家递交给我的报告显示，一年来，和其他国家达成的仅仅是贸易合同——在总统个人介入的作用下——就达到了大约一千二百亿，即十二万人的就业！这些都证明不是一边是外交，一边是内政，这两者是相连的！"

今天，国家元首总是提起他的国际行动为法国带来利益的一面，强调法国的好运气，利用宪法准许总统代表国家，当他维护了人民的利益时，他就应当享有更大的权利："当我谈论严重的国际问题，当我维护了法国利益，或者比如我想为法国保险打开中国市场，人们认为我是重要的。世界就是今天这个样子，法国几乎在世界各地都有大量的利益需要维护，肆虐的不安定只能加强我们重视保护，寻求更多保护方法的必要性，关键的是这些问题需要某个有权利代表和表达他们利益的人来负责……今天我和外国领导人的接触已经不再限于安全问题或是法国的经济利益了。人们责备我的阿拉伯政策，但是法国在阿拉伯世界的利益是巨大的！……我和美国人斗争为了印度能够发展他的民用核反应堆，这样就可以避免在这个需要大量能源的国家大规模生产具有温室效应的煤气，给人类的日常生活，包括法国人的生活带来各种可怕的影响……

21 希拉克和“社会断层”

“所有过激的都是无意义的。”

——塔列朗[1]

在我的身后，是一张大桌子，上面摆满了大量关于雅克·希拉克的书；我的左首边，是从1995年以来共和国总统的民众支持率和受欢迎程度的曲线图；在我的正前方，是就业、收入和社会团结委员会（Conseil de l’emploi,des revenus et de la cohésion sociale –CERC）的七号报告，标题是“转型中的法国”，是在2006年11月17日由雅克·德洛尔[2]上交给马提尼翁宫的多米尼克·德维尔潘的。像往常一样，大量装订好的小纸片围绕着我依旧是空白的文稿。还有CSA[3]于2005年12月对“充满挑战”的这个时期进行的调查结果，其中84%的法国人承认是幸福的，但是面对“据您看来，哪种心态最符合法国人的感受呢？”的问题，72%被调查者回答：法国人……不幸福！

对雅克·希拉克的行为对法国人日常生活的影响，尤其是在减少“社会断层”方面的影响，想要进行一次不公正客观的、带

1 查理-莫里斯·德·塔列朗·佩里戈尔（Charles-Maurice de Talleyrand-Péigord, 1754-1838）：法国政治家，外交家。——译注

2 雅克·德洛尔（Jacques Delors, 1925- ）：前欧盟执委会主席，法国前财政部长。——译注

3 即剑桥科学文摘数据库（Cambridge Science Abstracts）。

有半点儿虚假的分析都是不可能的。记者和作家们都没有用严厉的字眼去细化和解释他的失败。人民运动联盟的二号人物、部长弗朗索瓦·菲永[1]站在最恶毒的敌人的立场[2]，首先指责他“缺乏政治思考”，使用“集体主义让更多的奴颜屈膝的人承担最重大的责任”，他“一直借用戴高乐主义的规则不过是美化夺权这一庸俗行径的借口”，“内政上犹豫不决，一贯屈服于时不时的舆论运动”。在充满敌意的打击声中，只有社会党前总理伊迪丝·克雷松敢写[3]她“个人和希拉克始终保持着良好的关系”，她指出希拉克“在欧洲议会中取得了战略的成功，更好地维护了法国的利益”。她接着写道：“我不可能把希拉克看成是一个敌人，他是那么的亲切和勇敢。”

如果我现在检查反映法国人意见的曲线图，我则要怀疑图表和大部分分析家的意见是否一致？鸡在哪里？蛋又在哪里？在他入主爱丽舍宫不到五个月的时间，大部分的法国人就不再对他有信心[4]。受到法国人对利昂内尔·若斯潘的信任危机的影响，直到2000年10月舆论才重拾对他的信心，接着曲线停滞不前。直到2003年初，针对伊拉克危机的行动在一个季度中为他赢得了法国民众的好感。从2003年8月起，人们似乎对他失去了兴趣，曲线开始下滑。2006年7月，只有16%的法国人对他充满信心。

法国人对于雅克·希拉克小结[5]的评价夸大了这些舆论运动。1997年，只有27%的法国人支持他，但是2000年这个数字翻了一番，达到了56%。2003年支持率是52%，接着便崩盘了。

观察失业曲线[6]也是很有意思的（失业被认为是破坏社会关

1 弗朗索瓦·菲永（François Fillon，1954- ）：法国现任总理。——译注

2 François Fillon, *La France peut supporter la vérité*，Albin Michel，2006（弗朗索瓦·菲永，《法国能够承受真相》）。

3 《法国历史》，同前。

4 1995年末的索福瑞和《费加罗杂志》组织的调查。

5 索福瑞-《费加罗报》的调查。

6 按照比特的标准，法国全国统计及经济研究所（INSEE）的曲线。

系的主要原因），因为这与夸张的舆论运动不同。当雅克·希拉克到达爱丽舍宫时，大约有二百八十七万二千名失业者。这个数字在1997年增长了二十五万三千，接着到2001年下降到大约二百三十万，到2005年又有所升高，接着又下降。雅克·希拉克第二届任期届满前一年，我们注意到比他入主爱丽舍宫时失业者减少了四十万。总统的伙伴们都相信到他任期届满时法国的失业率是二十五年来最低水平。

我们有趣地发现失业者的数量从六十年代中期就不停地增长，1974年油价增长了四倍，失业率也随之上升，直到1997年一直在上涨。1975年，雅克·希拉克担任总理，面临一百万失业者，他认为看到了"尽头"！弗朗索瓦·密特朗在爱丽舍宫度过十二年之后，承认他的无能，说"我们为解决失业问题已经试过各种办法了"。但是一位社会党人利昂内尔·若斯潘在1999年9月13日法国电视二台的《二十点》节目中向全体法国人解释国家对解决这场灾难的无能。克洛德·塞尤问总理："首先，您是否有行动的空间，您，政府，您，国家，当一家公司，比如米其林以增加效益的名义裁员，以无法负担沉重的抚恤金为借口……您是否有采取措施的可能性？"在犹豫和闲话之后，利昂内尔·若斯潘说出了这个可怕的结论："我不认为应当全部指望国家和政府。"稍后，这位左翼的领袖清清楚楚地说："我不认为今后我们还能管理经济。"若斯潘刚刚承认了所有政客在竞选运动中不曾承认过的事实，他们被诱惑迷糊了头脑。很多的社会党选民，认为总理背叛了他们，在2002年4月不再投票支持他。

八十年代开始的经济全球化在近十年加快了步伐，涌现出新的经济强国，比如中国、印度和巴西，同时也出现了新的竞争。这威胁到法国工业，造成了很多企业迁移。马斯特里赫特条约的签署有利于欧洲加强对世界法律和条款的支配权，同时大大地减少了法国实施自己的经济和社会政策的空间。

一代人之后，历史学家对政治家和他们的行动作出评价时会更多地考虑到时代背景。他们可能对政治家们不切实际的承诺[1]比对他们实际履行的政策更加苛求。明天的分析家会认真地阅读就业、收入和社会团结委员会的七号报告，以及弗朗索瓦·密特朗身边的雅克·德洛尔的评语，后者也曾面对左翼候选人信誓旦旦的要"改变生活"的诺言和当时艰难的经济状况之间的差距。左翼掌权后六个月，他建议改革稍作停顿，1983年3月，他反对"夜晚的来访者[2]"的意见，成功说服弗朗索瓦·密特朗从根本上改变路线。相比而言，"转型中的法国"的图画并不是悲惨的。他指出人均可支配的收入，表现在购买力上，从1993年到2005年增加了22%，即平均每年增加1.7%，但是他也提醒收入实际的增长与民意测验和调查中表现出来的人均购买力下降的印象之间的差距。这样的差距就构成了解释希拉克和法国人民之间不可思议的误会的开端或是主要原因。"把这次论战中的问题讲清楚是很重要的，"雅克·德洛尔强调，"没有对于事实的共同认识，很难进行社会对话或是政治辩论。找出民众的感受和数据观察之间分歧的根源是非常重要的。"他举例说自从使用欧元后，人们强烈感受到物价上涨："这毫无疑问会在公众的意识中产生日后生活更加艰难的感受。"报告试图定义这种感受的根源，其中有"新的消费供给造成的需求压力"，"大多数法国人的收入不高"的事实，但是可能最首要的还是"就业和收入状况的不稳定。不全年工作的工人的不确定感，但是除此之外，所有人都感觉到就业的不安全感……"

另外一个事实也和大众的意见相违背，相信有一天会被重视起来，而且这也关系到对雅克·希拉克行为的评价：在他的两届

1 这个评价更多的是建立在左翼的意见上，很多的左翼计划都无法适用于市场上的公司，因为在公司中重要的决定都是由股市来决定，工人就是不断变化的调整原则。

2 让-皮埃尔·舍韦内芒、让·里布以及其他人都受到总统非正式的咨询。

任期中，“社会断层[1]”现象没有全面恶化：“从九十年代到2004年，收入不平衡或是贫穷问题在法国大体上是稳定的，然而很多国家现在经历着更加严重的收入不平衡。法国在近二十年的稳定出现前经历了一段萎靡期。”报告解释说，舆论对于极端的情况特别敏感，这是受到了电视的影响：关于心之餐馆[2]增加食物供应的报道，关于巴黎无家可归者帐篷的报道，关于每年冬天无家可归者冻死、孤独的老人在夏天抵抗不住炎热死去的报道，等等。在社会阶层的另一端，收入是惊人的也是可耻的，法国股价指数中的四十家公司通过裁员或是迁移，即每次造成大量的人间惨案为代价增加收益，赚取可耻的利润。

就业、收入和社会凝聚力委员会的报告解释通过增加社会保障的投入来保证社会断层的稳定：2005年，社会保障的花费占到了国内生产总值的29.6%，比1993年上涨了三个百分点。通过公共债务的大量增加来满足大部分社会保障的增长。

不考虑其他影响，只从全局的视野发出，我们更容易重蹈历史的覆辙。1995年春天，雅克·希拉克把“社会断层”摆在了他总统竞选演讲的核心。但是一旦当选，出于政治原因，他就发现不得不融合他的主要支持者的某些战略要求：对于欧洲和法国银行提出质疑以满足菲利普·塞甘；支持阿兰·马德林[3]领导的自由主义的某些只言片语。不论是在左翼还是在右翼，为争取扩大竞选的基础都会导致候选人制定“自相矛盾”的政策，这播下了日后大大小小争斗的种子，甚至导致断绝关系。为了尊重总统主要的誓言，新总理阿兰·朱佩1995年6月在社会措施中创建了为保护老年人利益的“依靠养老金”，自然导致了财政部长的辞职，因

---

1 法国全国统计及经济研究所（《法国，社会概况，2006》第43页至第51页和《家庭收入和财富，2006》第9页至第21页）也谈到了“从1996年到2004年不平等现象的减少”和同时期“贫困比例的减少”。

2 心之餐馆（Restos du Coeur）：法国为街头流浪汉提供服务的救济中心，主要帮助他们解决温饱问题。——译注

3 阿兰·马德林（Alain Madelin, 1946- ）：法国国民议会议员，倡导全面经济自由化。——译注

为后者拒绝增收增值税和其他的税种以资助新举措和填充国库。希拉克和朱佩看见竞选基础的一部分瞬间离他们远去了……

同时，即最初的几周，朱佩的政府屈服于专家政治论者所谓的"外来因素"的压力。股市完全不欣赏新政府的头几项措施，价格停滞不长。法郎受到打击，运营商都确信贬值在所难免，赫尔穆特·科尔[1]利用他的小伙计们大量收购我们的货币。最终，为了谁也不得罪，被菲利普·塞甘纠缠的共和国总统批评了法国银行的领导人，埋怨"伦敦（守护财宝）的地精"，建议在欧洲举行新的全民公决。阿兰·朱佩因为《鸭鸣报》的一则报道身陷困境。据报道，巴黎市提供给他的房屋的租金与市场价格不符合。最后但不是最不重要的一点，形势在夏天发生了转机。为了抓住胜利的一切机会，总理的政策需要持续的增长和失业的下降。从1995年9月开始，失业的曲线又开始了上扬的势头。雅克·希拉克和阿兰·朱佩遇到了弗朗索瓦·密特朗和皮埃尔·莫罗在1983年遇到的同样的困难。他们猜想他们的历史任务就是让欧洲货币进入法国，尊重著名的"融合标准"。共和国总统对1995年10月26日在电视上确立新的目标感到为难：减少赤字以便从1999年1月1日起进入欧洲货币体系，用充满活力的政策来代替社会主义政策，减少赤字能够降低利率，在增加生产的同时有助于降低失业率。减少"社会断层"的诺言在当时被放到了一边。阿兰·朱佩只忙于减少征收对技能工种的费用，建造城市的免税区，鼓励企业和服务机构进入（重新进入）落后的地区……

雅克·希拉克几乎放弃的头号承诺和他身上的所谓"风向标"（没有主见）的特征并无关联。从他来到爱丽舍宫起，他就一直想履行自己的社会承诺，但是他很快像所有的政治家一样受到可怕的"外界因素"的打击。

这种情况让我们对所谓的国家元首至高无上的权力和执行领导发

1　赫尔穆特·科尔（Helmut Kohl, 1930- ）：德国前总理。——译注

挥的空间产生了很多疑问。

总统愿意谈谈“没有能力像我们希望的那样快速并且深刻地做一些事情”。我们不能忍受平庸，他承认：“说比做容易。”他继续解释“我们的社会试图运用共产主义反抗贫穷和不平等”。我们的反抗自然会引导我们建立一种集权的体系，比如斯大林主义。“但是，”希拉克接着说，“自由主义同样是危险的，会导致同样的失败。这就是为什么我们寻找中间的解决方法，位于共产主义和自由主义之间。”我不太明白他对于两种主要意识形态的否定，总统强调说：“我相信自由主义和共产主义一样都是注定要失败的，导致同样的失败。它们两个都是人类思想中的错位。”

“您刚才提到‘无能’这个词……”

“是的，很快面临无能。因为很难……”

“随着经济全球化，很多决定其实是被迫作出的……”

“随着经济全球化，欧洲和民族的限制，我们活动的余地非常小。但是我们能够长期维持现存的体系，让人们可以切实地去做自己想做的事情。”

“您想说我们会回到更加统治经济的组织模式，国家会重新发挥更重要的作用？”

“我不相信自由主义，在我看来，它是一种离经叛道。虽然我是故意歪曲它，把它等同于共产主义。在智慧的引导下平衡应当是处在这两种体系之中的道路。”

“您的减少‘社会断层’的诺言和您实际完成的工作之间的鸿沟始终是您饱受批评的原因。为什么您不更多地解释您所遭遇的困难和障碍，可供您施展手脚的狭隘空间呢？”

“您说得有道理，我们没有充分解释为什么我们不能行动得更快些。”

受到总统刺激的国内抵抗改革的势力实在是太强大了。在“外界因素”阻碍改革之前，总统和总理就要和行政部门，特别是和财政部门进行斗争。国家元首在第二届任期时的确想实施城市革新和社会团结的计划。雅克·希拉克说："是一场与行政机构的长期战争。我非常尊重行政部门，从总体上说它的工作是勤恳诚实的，但是它有时太难前进了！"

在我们之后的谈话中，总统又回到了这个敏感的话题：减少"社会断层"和他应当克服或是绕过障碍实施他的计划。让我们回忆一下，首先，在他第一届任期时，社会党人执政五年："我不想论战，尤其是在竞选时期，但是在若斯潘的五年时期内，我们确实不能说问题是社会党人的主要责任……"在他的第二届任期中，雅克·希拉克和更加自由的多数派在一起工作，他们都冷静地反对由国家资助的合约，不相信经济的增长能带动就业，支持采取刺激就业的措施。如果说拉法兰政府出色地完成了必不可少但又不受欢迎的改革——退休工人的改革（多亏了弗朗索瓦·菲永），企业迁移，医疗保险的改革，他在反对失业的斗争中却失败了。废除的资助合约导致失业率从2002年到2004年的上涨，大体上相当于被废除的合约数量。

在2004年1月的新年祝辞中，雅克·希拉克倡导自由重建计划。他命令政府立即推行"和社会雇主的合作，目的是在议会通过一项大的就业动员法令"。由拉法兰博士设计的，得到弗朗索瓦·菲永赞同的改革没有减轻社会的负担，总统决定彻底改变路线，把就业问题作为政府工作的重中之重，同时达到两个目标：减少不平等和改革劳动法。

右翼在地区选举中失败（二十二个区落在了左翼的手中）导致2004年3月30日的内阁变动。拉法兰重新上路，但是他的方向改变了。他首先应当加入到就业的战斗中。为了让他把握取胜的机会，总统给他增派了一名助手让-路易斯·波尔罗[1]，一位头发蓬松、好

---

1 让-路易斯·波尔罗（Jean-Louis Borloo, 1951-）：法国政治家，人民运动联盟成员，曾任瓦朗谢讷足球俱乐部主席，瓦朗谢讷市长，法国就业、社会团结和住房部长，现任法国经济、财政和工业部长。——译注

斗的、充满想象力的将军，渴望把城市革新的计划付诸实践。国家元首和他的同伴们已经在去年夏天充分了解了他，当时爱丽舍宫不顾住房部和财政部的技术专家们的反对，动用所有力量强制推行该计划。

波尔罗取代了弗朗索瓦·菲永，但是他希望赋予他的部门包括就业、劳动和社会团结等方面更大的权力。克洛德·希拉克从2002年开始就时刻关注上升的失业曲线，在这件事情中，她一改常态，把一个在她看来真正能够将总统从1995年就承诺和希望的社会改革付诸实践的人推出来。

2004年4月和5月，波尔罗通过采取就业、青年融合、住房、机会均等的措施，尤其是在落后的郊区，推行了一项反不平等的计划。他非常看重这项计划，目的是为他认为不可回避的决定创造有利的条件。总理内阁借口财政紧张，反对这项计划。同样的反对来自其他相关的行政部门：财政、劳动、社会事务。总统的助理秘书长弗雷德里克·萨拉-巴鲁开始周旋于这些人物之间，但是最大的困难就是控制混乱紧张的局面，加上波尔罗表示如果没有取得成果，就以辞职相要挟。萨拉-巴鲁回忆说："我们经历了非常困难的时刻。这是国家内部的一次真正动乱：是在原则上、预算上的动乱，是反对爱丽舍宫权威的动乱。不可想象地激烈！……"总统当时执着于与总理和部长相反的观点。几个星期中，他接连接见让-皮埃尔·拉法兰和让-路易斯·波尔罗 。最紧张的周末是2004年7月12日和13日，国家元首在周六19点接见了波尔罗，周末17点30分接见了总理和他的内阁成员。

7月4日星期天，在几笔交易之后，雅克·希拉克终于成功实施了社会团结计划，与波尔罗最初的野心相比虽有所限制，但是获得了一笔可靠的数量可观的资金支持。但是如果说波尔罗带给希拉克一个好的"工具箱"，那么另一方面他却在推行放宽劳动法的措施上束手束脚，这项措施是总统设想的小企业就业计划的第二个方面。当2005年5月31日多米尼克·德维尔潘进入马提尼翁宫时，面对全民投票否决欧洲宪法的困难局面，他不但继承了波尔罗的两项改革，而且接受了爱丽舍宫计划的新就业合同（contrat nouvelle embauche-CNE），目的是重新发起增加就业的战斗。

雅克·希拉克入主爱丽舍宫十年后，社会局面紧张，正如政府之后宣传的担忧那样：减少显著的“社会断层”，首要的就是减少失业，这是法国社会问题的主要根源。

虽然说工会的领导们气得牙痒痒，“首次就业合同”（contrat première embauche-CPE）还是顺利地通过了，但是造成了重大的灾难，导致三百万的游行者走上街头，打破了总统成为最伟大的改革家和把多米尼克·德维尔潘培养成国家领袖的接班人的美梦。总理反倒把总统带下了地狱。我很惊讶希拉克犹豫了这么久才放弃马提尼翁宫的计划，雅克·希拉克没有逃避这个问题。

“我们仍旧能提出很多的原因来解释这是糟糕的运作。”

“您没有很快地作出反应？”

“是我没有把它运作好。我应当意识到这是注定要失败的。以前有过先例。老实说，我应当说‘不’：这不是个好主意。”

“但是，归根结底，您还是在电视上试图挽救您的总理，尽管他用灾难性的方式来运作这次改革。”

“总是应当承认他自身的职责带来的结果。就像在军队中，将领总是对部下犯下的错误负有责任。”

“为什么您要拯救您的总理？”

“因为他是一位优秀的人物，我没有看错。您看，他在民意测验中成绩又上升了……”

“您看来也是关注民意测验的，您对我说您从来不关心它？”

“我说我不在意……”

“但是当民意测验的成绩上升时，您还是看到了……”

“我并不看，但是我知道。弗雷德里克告诉我，大家都知道，人人都在重复，我是在和我的议会朋友们接触的时候了解的……”

2006年10月，“首次就业合同”的风波稍稍平息，雅克·希拉克就想重新开展社会对话，遭到了总理的否定，他在经济和社会会议前的一次讲话中指出要采取重要的措施，包括在所有的改革投票表决前必须和社会雇主们协商一致。几个小时后，我遇到了希拉克，引用了国民议会中社会党集团主席让-马克·埃罗[1]在法国新闻广播电台接受采访，讽刺这些改革来得太晚太迟的话。

“他说得有道理，”国家元首回答我，“我早就想来一次这样的改革了。”

总统感受到他很久没有经历过的一种愉悦：“这是第一次蒂博、梅耶和谢雷克[2]来向我祝贺。”

说到第二届任期，总统可以炫耀通过了两项重要的结构性改革（由让-路易斯·波尔罗实施），兑现了希拉克成为候选人时对减少“社会断层”许下的诺言。但是“首次就业合同”事件带来的混乱，激烈的、时常不公正的批评打击了希拉克，以至于我们难以把这两项改革归功于希拉克。这两项改革的诞生实属不易，要反对内阁，同时要反对希拉克阵营中重要的一部分人。现在就庆祝2004年通过的城市革新计划和2005年通过的社会团结计划的效果还为时尚早。第一项涉及到六百个地区和大约二百万民众。雅克·希拉克没有得意洋洋，认为波尔罗计划可以给困难的地区带来“看得见、摸得着的好处”：“如果我们继续在这条道路上走下去，如果我们提前两三年实施这两项计划，那么社会断层能够真正地减少，但是这项计划只实施了几个月。我非常相信社会团结的法律带来的影响，我非常相信我们对于住房，尤其是社会住房作出的历史性的贡献，这是没有先例的。在其他的方面我们避免了出现最糟糕的局面，比如说退休工人的问题。如果我们什么都不做，那么我们将在近十年

---

1 让-马克·埃罗（Jean –Marc Ayrault）：社会党、激进党及公民运动议员党团主席。——译注

2 分别是法国总工会、工人力量总工会和劳工民主联合会的总书记。

内经历巨大的灾难。讲到社会安全也是一样：如果我们什么都没有做，整个体系都会受到控诉。”

“我们不能说什么都没做，相反我们可以说我们没有完全达到我们的目标。自由和全球化的经济增加了困难，束缚了改革。我们需要有野兽般的气魄才能获得胜利。我今天的分析和昨天一样。重要的是，对事物有一个准确的判断，并且避免偏离方向。”

“您的多数派，只有很小一部分支持‘全民的法国’，没有给您很大的帮助……”

“是的。在我开放戴高乐运动，接受自由改变，实现和人民运动联盟更广泛的团结的行动中，我自然要对多数派中最自由的部分施加更多的影响。我注意到今天这部分自由势力太强大了……我们确实希望在这里（爱丽舍宫）通过社会团结的法律。这是困难的，非常困难。需要有钢铁般的意志！”

如果在社会领域中，对雅克·希拉克的两种评价相去甚远，那么对他最糟糕的指责就是他减少“社会断层”的诺言不过是水中花、镜中月，一坐上爱丽舍宫的位子就忘记了自己的承诺。然而在他的行动中，我们可以发现前后是协调一致的……

28 尼古拉·于洛："希拉克对环保的投入比我们想象的要多。"

除了勒庞，2007年参加总统大选的所有候选人都签署了尼古拉·于洛的生态条约，但是相对所有的候选人，雅克·希拉克付出的最多。他在国内和国际舞台上维护他们在长期的讨论中构建和形成的观点，这些持续的讨论通常是在星期天举行。一开始在巴黎市政厅，后来改在爱丽舍宫。2002年9月2日，在约翰内斯堡，总统用激动的语调诉说了一个可怕的事实："我们的房子在着火，我们却望着别处！被损坏和过度开发的自然不能再自我修复，而我们却拒绝承认这个事实。人类在忍受煎熬。人类在忍受错误的发展，在北方和南方都是一样，而我们却漠不关心。地球和人类都处在危险中，我们要对此负责。我想是时候睁开眼睛了……"他的朋友尼古拉·于洛就在会场里。生态学家很高兴，听到雅克·希拉克对他参与起草的文件发表讲话，他感到自豪。他知道希拉克对于地球的未来表现出的忧虑和政治手段没有任何关系。这些他正在吐出的字词都是他的心里话，和他对人类起源和最初文明的热爱结合在一起。您还记得他的黑色公文皮包和那张小卡片吗？题头写着"我们来自哪里……我们是谁……我们要去哪里？"那张卡片的最后这样写道："整个人类应当组成一个新的地球种族，能够管理人类的未来，同时在记忆中保留它的起源、它漫长而艰苦的前进、它和理应保护的自然界之间根本的联系。”

我认为尼古拉·于洛对于希拉克对生态关注的看法是中肯的。我确实注意到每次记者们试图在他和雅克·希拉克的关系问题上挑衅他都是白费力气。他很乐意告诉我从八十年代末他开始和希拉克交往。那时他是乌斯怀亚节目[1]的冒险家，这档节目让很多的法国人都梦想在地球的另一极探询更大的空间。在一次采访中，他表达了希望建立一个教育基金的想法。巴黎市长一直在法国电视一台上关注他的冒险活动，对他的想法很感兴趣，试图和他取得联系，但是遇上了一个同伴劝诫他这是一个骗局，希拉克不客气地挂了朋友的电话。在第二次尝试中，这位未来的国家元首托人传达消息给尼古拉·于洛，希望可以和他单独会面。“我既好奇又谨慎地接受了晚餐的邀请。我对于雅克·希拉克略有成见。”尼古拉·于洛说。

他到了市政厅的院子，看见了市长的身影，“模样真是再糟糕不过：穿着老气的厚运动衫。他唯一的运动不过是套上这件运动衫。他明显喜欢舒适自在。”他的女儿也在场。“他有一种不可思议的能力让我自在起来。两三句话，他就让你放松下来。”在第一次晚餐中，于洛发现希拉克对他很了解。“他了解得如此细致以至于甜点都是我喜欢的白巧克力慕丝。”市长不仅仅知道他喜欢白巧克力的口味，还坚持关注乌斯怀亚节目，这节目非常吸引他。“他间接地经历了我的冒险。我的胡闹让他非常愉悦。”同时，他对我的危险表示了担忧。“他提醒我是在拿生命冒险，口气很像父辈。”巴黎市长告诉尼古拉·于洛准备支持他的基金计划。巴黎市长成为了他六年的合作伙伴。但是希拉克没

---

1 乌斯怀亚（Ushuaia）：法国电视一台开设的一套有线电视节目。——译注

有局限于自己的力量，他召集了大老板们，要求他们为他提供需要的物资。“就是这样，绝对没有什么交易。从来没有，我是说我们从来不曾怀疑什么。这条规矩从没有被破坏过。”

最初几年，雅克·希拉克着迷尼古拉·于洛的冒险，“真正地找寻我所见过的所有事物。通过我他可以观察地球。关于我下一期的节目，他打电话和我讨论。渐渐地，我们从逸闻趣事谈到了关键问题……”

冒险家脑海中浮现出的往昔两人交往的画面刺激了他的记忆。尼古拉·于洛住在朗布依埃森林废弃的木屋里，雇了一个女摩洛哥看门人，名字叫法蒂玛。一天，于洛邀请雅克·希拉克来吃晚餐，介绍他认识保尔-艾米莉·维克多。希拉克来到门前，按响门铃。法蒂玛跑去，认出了希拉克，吓得惊惶失措，大步跑回来，对于洛喊道：“希拉克在门外！”于洛安慰她说不会发生什么可怕的事。他明白法蒂玛把希拉克和她害怕的帕斯瓜联系在一起……还是希拉克形象的老问题！

“我们的关系没有受到更多外物的影响，我们俩自然而然地结成了现在的关系。我们的谈话已经成为规律。”于洛的情绪激动，他试图阻止记忆中涌现出1998年一个星期天的晚上，世界杯比赛期间总统穿着“奇怪的黄色厚运动外套”的景象：“总统陪我一直走到我的小轮摩托车旁，由于没有人为他打开正门，他回到警卫室，一个宪兵，衣服耷拉着，正在看比赛。您想象一下这个宪兵的表情，他没有看到总统来，总统突然命令他把门打开，因为他的朋友要出去……他没有训斥这个勇敢的宪兵，这个故事也没有什么可怕的结局。雅克·希拉克很快忘记这个小插曲和宪兵的疏忽，像是忘记自己的疏忽一样。”

乌斯怀亚的导演非常感谢他在1998年帮他实现了两个梦想。

他想在人类世界遗产中注册奥卡万多三角洲[1]，他梦想见到尼尔森·曼德拉，“这是他在世界上最崇拜的人”。雅克·希拉克邀请他陪同去非洲南部进行正式访问，在那里他可以见到注册三角洲相关的三个国家的领导人（博茨瓦纳、纳米比亚和南非）。6月26日在比勒陀利亚（南非），曼德拉为百位宾客提供了一顿正式晚宴。“突然，我看见安全部门的人在走廊上跑起来。他们在找我。他们把我带到了一个小客厅的入口，把门打开：只有希拉克和曼德拉。希拉克介绍了我，并把我单独留下和曼德拉在一起。我在那里度过了我一生中最激动的一刻钟。接着希拉克来找我……”

尼古拉·于洛回到了他和总统的长谈上：“我在谈话过程中提升了自己，这也是相互的。我们共同塑造自我。”他把在希拉克身上萦绕不去的“房子在燃烧”的危机意识融入了自己的追求，无论损失什么，都不要看见人类和环境割断了联系。希拉克把对于环境的忧虑铭刻在脑海中，他创建了凯布朗利博物馆、保护原住民、加强文明的对话。这套思路也让尼古拉·于洛沉浸在对环境的两种思考中，他讲述了一个在办公室隔壁的会议室的大桌子上摆放的独角鲸的牙齿前驻足停留的希拉克，一个从蒙古出访回来，在谈到成吉思汗时兴奋不已的希拉克。尼古拉·于洛急着要讲述把他和国家总统联系在一起的对于环境的“真正的热爱”。“所有的讨论都巩固了我们的关系。我们一直信心满怀。”

尼古拉·于洛肯定地说他的总统朋友把“大把的时间”花在了环境问题上。希拉克阅读相关的大量科学报道。应他的要求，希拉克不带任何成见地接见了很多科学家，这些科学家到访爱丽舍宫并没有引起关注，比如说一些绿色和平组织的成员。“他个人投入得很多，付出得很多。他四处奔走让中国加入签署京都议定书。他不断地给国家首脑打电话说服他们相信保护地球的必要性。这些都是

1　沼泽三角洲占据了博茨瓦纳的恩加米兰地区的内陆部分。

潜移默化的，左翼把他的活动看做是竞选的假象，他在自己的阵营中也受到了嘲笑。很长时间人们都怀疑他的真诚。他历经艰险提出了环境基本法，在议会投票通过，并于2005年2月28日把它写进宪法，这是一项重大的政治活动。右翼都站起来反对这项基本法！”

不论是国内还是国际上，在保护环境的行动中，尼古拉·于洛总是站在总统的身边。他却不想和总统有更多的联系。2002年5月的早晨，雅克·希拉克邀请他担任环境部长。

“你在17点前给我回电话。”希拉克在电话中说。

“我当时和我的妻子及刚出生的宝宝在阿尔卑斯–上普罗旺斯省。我立马意识到我只能拒绝他的建议，但是我不敢马上跟他说。我假装思考一下。几个小时之后，我向他解释如果我接受了，那么他就失去了一个顾问，得到了一个不称职的部长。他对我的决定感到很失望。”

希拉克任命罗塞林·巴什洛，这个位置本来是留给他的朋友的。

总统没有因为他的拒绝生气，让他投入到参加2002年9月在南非举行的可持续发展世界峰会的准备工作中去。他和热罗姆·伯纳方共同负责在约翰内斯堡的讲话，后者是现在爱丽舍宫的发言人、他的通信员和朋友，也是反世界全球化的同盟。第二次出访非洲，他的记忆更加丰富：他在热罗姆·伯纳方身边听希拉克演讲，演讲依旧是坦率尖锐的。雅克·希拉克安排他和曼德拉再一次会面，他把一张照片送给了曼德拉的儿子尼尔森。他参加了希拉克和曼德拉关于伊拉克问题的会谈。

接着，尼古拉·于洛开始准备起草环境基本法的前言。他本来可以担任起草基本法委员会的主席，但是他频繁的出行限制了他。雅克·希拉克询问他对于准备任命的主席人选的意见：伊夫·柯本斯，著名的古生物学者，他因为在露西和人类起源上的研究而知名，受人钦佩。一开始尼古拉就因为对“这个人物的极度信任”，毫不犹豫地赞成这个选择，他和这位学者吃了顿中饭，认为他就是合适的人选。2003年1月29日在南特举行的基本法第一次投票中，伊夫·柯本斯比任何人都更出色地表达了环境问题和人类起源之间的关系，担忧“链条脱节”。在柯本斯的讲话后，雅克·希拉克重新强调了基本法的重要性，并想把基本法写进宪法。

“多谢古生物学，尤其是多谢你们重要的工作，我们对于地球上现存人类的认识才得到了更深层次的发展。我们发现，就像您指出的，教授先生，人类是生命链上的一部分。认为如果人类切断这条生物链能够存活的想法是不切实际的。今天每个人都知道地球的开发已经不再允许自然资源按照必要的节奏进行更新了。遵守国内和全球的规则，使人类避免重大的生态危机的时刻到来了。今天，人类应当形成一个全球意识。”

基本法一完成，尼古拉·于洛就四处奔走，希望通过法律并把它写进宪法，特别是要说服左翼不要拒绝这份重要的文件。

2004年3月末，雅克·希拉克再一次试图说服尼古拉·于洛接受环境部长的职位。瑟奇·莱普利耶[1]从他的拒绝中获利。

再一次失败后，希拉克希望他的朋友在欧洲宪法计划的全民公决运动中投赞成票。“我的拒绝让他很沮丧，甚至伤害了他。”从此，总统不再那么频繁给他的朋友打电话了，更少见面。但是当2006年7月31日，尼古拉·于洛在《周末日报》上接受采访时宣布不排除参加下一届总统选举的可能性，希拉克给他打电话说明白他的意思，并明确地说：“我不和你讨论你的候选问题。”

为了补充他对于和总统关系的性质的解释，尼古拉·于洛坚持说在他们的讨论中，他从来不谈政治问题。“他从来不和我谈起萨科齐、密特朗或是其他的法国政治家。我们的谈话停留在政治领域的边界线上。”

1　瑟奇·莱普利耶（Serge Lepeltier, 1953- ）：法国原生态与可持续发展部（环境部）部长。——译注

2006年10月，总统问他是否支持他在巴黎举行一次召集世界上保护环境和生物圈专家的国际会议，目的是建立一个世界环境办公室。他同意了，但是条件是荣誉委员会的成员名单（负责组织会议，应当于2007年2月初公布）由阿兰·朱佩领衔，这样“更加平衡”。他提名了两个人：米歇尔·罗卡尔和于贝尔·韦德里纳。韦德里纳进入了由他的朋友尼古拉·于洛、阿兰·朱佩、埃德加·莫兰[1]和几位科学家组成的委员会。

除了环境问题，尼古拉·于洛希望对他的朋友雅克·希拉克的评价作个总结：还基于一个故事，让他了解了真正的希拉克。除了基金会，尼古拉·于洛在安河还经营一个“彩虹”协会，目的是实现孩子们的梦想。他想实现一个小尼古拉的梦想：参观爱丽舍宫。他给克洛德·希拉克打电话，她当即同意了。隔了一段时间，1996年6月13日，这个小家伙、他的父母、他的哥哥、协会的主席（他的职业是邮递员），在爱丽舍宫的花园里，围着贝尔纳黛特和克洛德·希拉克一起共进午餐。午餐快结束时，一个共和国卫兵来邀请小男孩跟着他到爱丽舍宫的主庭院。在那儿，身着华丽服饰的共和国护卫队已经布置好了。这些卫兵，带着明晃晃的刺刀，向他致敬。尼古拉爬到了刺刀的队列下，直到雅克·希拉克把他带到了自己的办公室，让他坐在扶手椅上，交谈了半个小时。“没有照片，没有通知任何人。就是这样，这就是希拉克……”

1 埃德加·莫兰（Edgar Morin, 1921-）：法国哲学家和社会学家。——译注

最后一次谈话

2007年1月14日

对于雅克·希拉克事业的快速梳理是不完整而且明显带有主观色彩的。我坚持要对他的形象和事业涂抹几笔是试图表明他的前后一致，他认为这点很重要，这种一致性扎根于我所谓的“希拉克，隐秘的一面”。如果说我浓墨重彩地描写了他对于国际政治，尤其是对伊拉克事件投入的热情，是因为我非常重视祖国的独立思想，这是我评价一位总统的首要标准。在第四部分，我本应再补充些内容，可以用简单的几笔描写他的三个方面（交通安全[1]，抗癌戒烟运动[2]，对残疾人的帮助），防治艾滋病[3]，重建和德国的关系，还有那些被认为是他最惨重的失败：1997年国民议会的解散，全民公决否决了欧洲宪法[4]……但是我的目的不是作一个详尽无遗的小结。

要想对雅克·希拉克的事业形成自己的观点，我建议读者在这本献给他的厚书中追随他的脚步时，一定要小心。读者会发现政治家、记者和传记作家写作的视角是相似的。除了读者自己认为重要的部分，我们可以看到希拉克通过投身政治、欺骗、失

1 从2002年开始采取的措施已经挽救了一万条生命，减少了十万伤者。

2 减少了一百五十万烟民，在公共场所禁止吸烟。

3 雅克·希拉克是从八十年代中期起，关注这个问题的西方第一位高级政治领导人（还有利内·雷诺）。

4 一份不相关的分析首先指出国家元首在这两起事件中把发言权交给人民是冒险的行为。

败、玩弄“手段”、反复无常……逐渐接近了漫画中的形象。然而，尽管我在书的开头表示了严谨的态度，但是在写作的过程中我一直有一种奇怪的感觉。我时常害怕笔走游龙；我注意到媒体长篇累牍的攻击希拉克的报道，我犹豫要不要在纸上倾泻我的感受；不是轮到我陷入了他的魅力之中吧？我可以在政界中不偏不倚地写作吗？很明显，不可以。记者和政客都是一个圈子里的，不论是喜欢的，还是讨厌的，他们都把“小打小闹，不闻不问，群起攻之”连贯起来，这是让-弗朗索瓦·卡恩[1]的经典评论。共和国总统是拙劣作家们梦寐以求的爆料场，因为这是唯一一个他们可以随心所欲写作的对象，可以发表最失败的作品而不冒任何风险，因为任何的攻击都受到完全不受惩罚的保护，总统从不会要司法惩戒任何的诽谤者。

现在我更加明白朱佩的话[2]：“在希拉克身上确实有幼稚和充满感情的时刻。我知道我没办法让任何政治观察家相信这一点。但是这不要紧。重要的是我所感受到的，我在内心深处的感受。今天我比以往感受的更丰富，然而围猎的号角已经吹响，在他的身边是猎犬咆哮的声音。”恰恰是这样的围剿让我希望进行反击。我眼前的这个人爱护他人，是一个总是怀疑自己、谦虚谨慎的人，还时常有点儿妄自菲薄，认为自己扮演替罪羊或是右翼和左翼中形形色色人群的“拳球”是理所应当的事。“如果我们不接受打击，我们就没办法搞政治”，他时常这么说。他熟悉每片土地，但是在我看来他相当孤独。如果说他的学历（巴黎政治学院和法国国立行政学院）和大多数法国政治家没有两样，他的文化却让他和国家的传媒界和知识界精英产生了距离。雅克·希拉克从不寻求用这些包装自己，他认为法国人民的爱更加重要。

---

1 让-弗朗索瓦·卡恩（Jean-François Kahn，1938- ）：法国记者。——译注

2 Alain Juppé, *France, mon pays. Lettres d'un voyageur*, Robert Laffont, 2006（阿兰·朱佩，《法国，我的国家》《一个游子的信件》）。

更糟糕的是，他不喜欢巴黎主义，在他看来巴黎绝对不能概括法国。“对我而言，科雷兹，法国的心脏在有力地跳动”，他在自己的家乡发表新年祝辞时还是这么说。

希拉克始终和时代同步。少年时期的逃跑把他引上了丝绸之路和佛教，赋予他作为一个西方国家的首领关注世界本源的目光。他在漫长的政治生涯中，对于文化平等的内心感受使他成为一个完全适应时代潮流的总统。

他对于弗朗索瓦·密特朗的追忆也触动了我。他常常回到这个话题上，还经常和于贝尔·韦德里纳[1]讨论。他和前任的权力交接不仅限于传统的仪式，密特朗把他安置在戴高乐将军的办公室，这位前总统表面上，仅仅是表面上讨厌他而已。雅克·希拉克选择忘记口角和斗争，保留下美好的回忆。

我结束这本《爱丽舍宫的陌生人》，正好是雅克·希拉克完成2007年新年祝辞仪式的时候。祝辞的内容和形式补充了我和他之间十五次的会面和电话访谈。虽然那一天表面上看来条件还不足够成熟，还不足以考虑第三届任期，雅克·希拉克还是表现出自负的、好斗的特点。在面对媒体发表祝辞时，难道他没有说他将考虑第三次参选的可能性？他将依靠竞选辩论？他的祝辞内容让人误认为是未来五年的计划，和萨科齐的祝辞风格迥异，以致《解放报》在头条刊登了《希拉克反萨科齐的计划》一文。总统当场承诺降低对公司的税收，建立一个土地工业化办公室，在近东重新推行和平进程，他描绘了地球上各个地方的状况，暗示希望有人像他一样继续执行和他的政策旗鼓相当的策略，他说反对“断裂”，尤其是制度上的，批判自由主义和意识形态……

祝辞的仪式加强了祝辞内容的冲击力。12月31日祝辞仪式背景的更换意味着他还不希望结束，渴望新的开始。是什么样的开

1 于贝尔·韦德里纳（Hubert Védrine, 1947- ）：法国前外交部长。——译注

始呢？总统在英姿飒爽的军队前犯了个口误，他把未来五年要推行的公司税收改革说成了“二十年”，对于这句话每个人有各自不同的解读：很多人都认为他再参选就太老了，他自己感觉还像“二十岁”一样年轻？他不自觉地希望长期主宰法国的命运？使用和密特朗在最后一次祝辞时不同的词语意味着他还将陪伴在法国人身边，不论什么情况，还将陪伴很长的时间？

我可以马上向读者们保证贝阿特利丝·居雷[1]在《世界报》上的文章是可靠的，但是那些听信谣传，或是翻阅了罗塞林·巴什洛[2]不负责任和粗俗的书[3]的读者，可能会相信总统的健康状况在下降。他经常失踪，出现口误，记忆上出现空白，总之处在衰老的边缘。雅克·希拉克虽然没有二十岁，但是他的身体和精神都很不错。

我建议那些喜欢关于希拉克、德维尔潘和萨科齐之间的隔阂、斗争和暗中攻击的刺激的小故事的读者，选择其他的作品[4]，而不是我的书：这些斗争没有进入我想要耕耘的那片领土。然而，时不时，我在谈话中也会抛出萨科齐的名字，但是没有获得成功：雅克·希拉克只告诉我为数不多的故事。2006年10月10日，他却讲了一些关于前晚和人民运动联盟领导人谈话中发生的有趣事情。

“您看看，这仍然是可耻的：人们责备我不是戴高乐主义者，我是和您一起，也是通过您进入戴高乐主义的。”萨科齐对他说。

这是他本来就需要回答的问题。

“问题不在那。问题在于了解你是否有这样的特性。需要你

1　贝阿特利丝·居雷（Béatrice Gurrey）：法国作家和记者。——译注

2　罗塞林·巴什洛-纳尔坎（Roselyne Bachelot-Narquin，1946-）：法国卫生、青年及体育部长。——译注

3　Roselyne Bachelot，*Le combat est une fête*，Robert Laffont，2006（罗塞林·巴什洛，《战斗是一场节日》）。

4　《三个人的战争》，同前。

自己来证明你是戴高乐主义者。这不是一个历史问题，而是需要你自己来肯定：我是否接受法国的某个理念。”

很有趣，但是远远不够。在我和雅克·希拉克进行最后一次谈话的前夜，2007年1月12日发表的、由《费加罗报》和LCI 新闻电视台组织的“观念之路”的民意调查显示，只有17%的法国人认为总统的表现是为了他的阵营获取胜利；44%的被调查者认为总统的行为是为了保卫他的立场；37%的人认为总统是想打败人民运动联盟的主席。轮到我来询问国家元首，他的意图、他的介入的意义和他与内政部长之间的关系。

地点和时间都准备好了。“像往常一样”，我面对着雅克·希拉克在会议室坐下，会议室紧挨着总统办公室，那儿是萨科齐贪求的目标。桌子中间依旧摆放着独角鲸的那颗大牙齿，正好把我们俩隔开。最后一批人民运动联盟的成员们正在离开凡尔赛宫。尼古拉·萨科齐结束他的演讲已经有两个小时了……现在是2007年1月14日，星期日，17点15分。

“尼古拉·萨科齐刚刚在凡尔赛宫前由成千上万的人民运动联盟成员推选为总统大选的候选人，就像您三十年前被保卫共和联盟推举一样。这对您意味着什么……您的感受是什么，您会怎么应对这件事呢？”

“我希望建立一个可以团结最大多数法国人的人民运动联盟。让它成为领导法国现代化的主角。今天议会证明了这个运动的合理性，我只能依靠它创造未来。因为，您看，与大部分其他的欧洲社会党相反，法国社会党还没有真正完成转变，还依附在过时的想法上。法国需要继续现代化进程，适应世界的变化。所以如果今天议会能够让法国人接受法国和它的未来的某个理念，这是一件很棒的事情。”

“为什么您没有向人民运动联盟的议会表示支持？”

“这是一个原则的问题。从我当选国家总统以来，我认为我的职责不允许我直接或间接地参加党派生活，更何况这是一个肩负选举使命的会议。相反，我一直尊重政党在我们的民主中的角色和任务，我一直希望反对派能够守住它的位置。除了持有不可接受的和危险观点的极右翼，我们应当毫不留情地打击它！”

“当您对于未来五年作出规划时，您是想影响人民运动联盟的计划吗？”

“我这么做绝对没有这种想法。法国需要一场大辩论。2002年，由于让-玛丽·勒庞出现在大选第二轮，辩论围绕着共和国的价值观念，所以经济和社会的两套方案之间没有产生冲突。但是法国处在一个不断变化的世界中，一个美妙的机遇和重大的危险并存的世界中。作为法国总统的责任就是把这场辩论提升到一个高度，总统的高度上。我有责任用具体的方式指出得失关键，明确今后几年前进的方向。这些是从已经建立的基础出发。如果我们不这么做，如果我们让浮夸主宰辩论，如果我们不放下仇恨和错误的思想，我们就给极端主义者打开了‘一条大道’！这是我不能接受的。我要履行我的责任，所以我这么做。”

“即便是不挑剔的观众，也会发现萨科齐的建议和您的有某种差距。如果可能的话，以您的祝辞为基础的计划比人民运动联盟的计划要少些自由……”

“如果您仔细观察，有很多融合点，但是同样有些明显的区别，特别是对世界的看法。虽然我注意到他已经作出了某些改变，这是一件好事。萨科齐本来就比我思想更自由。我们有一些不同的方法，尤其涉及到和美国的关系问题上。还有社区主义的问题。在这一点上，今天我注意到他遵守了一项基本原则：法国不是，也不会是社区的相加。法兰西民族是统一的、不可分割的。”

“还有在重要的第四点上，你们的方法也不一样：近东和中东的问题……”

“这是关系未来和世界稳定的关键问题。这确实需要每位候选人清楚地表达对法国的角色和行动的看法。对我而言，法国应当保持一个明确的立场。我们需要衡量轻重。这是一个当代社会大部分危机和冲突汇集的地区：以色列—巴勒斯坦冲突，什叶派和逊尼派之间的历史纠纷，一个转向和平的伊斯兰和一个激进的掌管暴力行动的伊斯兰主义之间的碰撞，地区间的矛盾，从我们所掌握的一切看来，根源是民主的破裂、政治困难和不足的经济增长。”

“伊拉克战争足够证明所有建立在单边主义、武力和幻想西方模式是征服外界的万能灵药的做法是注定要失败的。我们的行动应当是坚决的，但是需要谨慎小心、合适的方式方法和对这个地区所有人民和民族的尊重。我们的行动要遵守国际权利，因为所有错误的行动都会加重战争的危险。我们的行动要符合清晰的原则，首当其冲的就是拯救和平的愿望。”

“法国在这个地区负有历史的责任。它应当肩负起这些责任。通过扮演好自己的角色，推动欧洲更好地发挥作用，停止胆怯地后退，这个时候需要它站出来。”

“为以色列和巴勒斯坦之间的和平而努力绝对是关键。达成一项协议的复杂曲折是众所周知的：两个国家在互通的、安全的、承认的边界上保证和平和安全。国际社会应当为此充当担保。”

“为黎巴嫩，为它的主权、领土完整和根深蒂固的民主努力，因为法国和这个国家关系紧密。这要求首先说服这个地区的国家在冲突中不再把黎巴嫩作为抵押。”

“为伊拉克收回主权和维护统一而努力。”

“为伊朗同意遵守国际义务和承担责任而努力，它将成为维持地区稳定的重要力量。”

“因此，在发动和平力量的同时，我们可以通过不可缺少的政治、经济和社会改革的努力来支持和平运动。”

“当您说您想向法国人解释这个世界，您要怎么来阐述这个问题？您说这些是不是意味着一位好的总统是理解现代关键问题的总统？”

“当然是这样！我发现全球化改变了格局，如果我们想生活在一个和平、繁荣和尊重各个地区价值的世界里，我们就得根本地改变。我们只要关注其中的三个问题，思想就会发生变化。这些问题应当不断地解释给法国人听，因为它们影响到法国的未来。”

“发展援助的问题：随着人口的增长，富国和穷国之间的差距在增大，不论出于道德、政治还是经济的原因，增加用于国际团结的经费是当务之急。这就是我为什么不断地申请，尽力推动团结事务的发展，我也看到了一定的进步。举个例子：国家的预算永远不足以动员必需的资源援助发展，这就需要通过某种方式进行财政革新，对全球化产生的额外巨大财富征税。一开始，这个想法只有我和卢拉先生赞成，我们在日内瓦秘密会见了智利前总统拉戈斯先生和科菲·安南先生。今天财政革新政策得到五十多个国家的赞成。这可能是我作出的最重要贡献。法国人应当继续为之努力。”

“环境的问题：我们在经历一次极其严重的生态危机。这就是为什么2002年在约翰内斯堡，我说：‘注意，我们的房子在燃烧！我们要共同行动起来’，我几乎是单枪匹马，建议创建一个保护环境的联合组织。这个想法取得了显著的进展。我将要在2月2日和3日召开一次世界会议，在会议上六十多个国家和世界人士将表示支持。这是一个进步。法国人应当成为领头人。”

“文明对话的问题：最后，在这一点上，很可惜，我们的进步还不够。人们现在还没有充分理解在全球化时期，如果我们渴望和平，那么对于他人的尊重，对于他的文化、历史和身份的尊重的要求比以往更加强烈。我们看到了很多的创举、善良的意愿，但是世界没有采取有效的措施。法国是宽容的国家，政教分离的国家，一块古老的移民大陆，应当传播这个信息。”

“我试图和法国人民一起分享这些信念，它们包含了我对世界的经验。的确，在这些问题上，我不是自由派。因为我认为自由主义是极端分子的产物，我们今天要求实践自由主义，但由于它是一种思想体系，和所有的思想体系一样都是与现实和人们的期望有差距的。”

“自从1994年起，大家口中您的‘精神上的儿子’不停地攻击您，对您说些中伤的话，而且还加入到破坏您形象的行列。我想到一个例子，那次他问我们怎么才能对相扑着迷，说相扑是‘头上梳着抹了发膏的发髻的一伙胖子们的打斗’。见到您时，我就渴望试图去理解您。我得承认你们之间的关系让我彻底迷惑了。为什么您在2002年重新召回他，还委以重任？为什么不任命他去马提尼翁宫，在那里他会遭遇现实的问题，而是让他去内政部策划‘断裂’同时还留在政府中？”

“关于相扑，在涉及您的问题的根本前，我对于尼古拉·萨科齐的话感到震惊，某种程度上感到窘迫。相扑手是令人尊敬的，相扑也是一项伟大的运动。要对此感兴趣是要努力的，我们很快会迷上它。”

“关于我和尼古拉·萨科齐的关系，如此多的假消息被谣传和撰写！我和大家一样了解他伟大的才能，还有他的缺点。您也要明白一件事情：我也是有优点和缺点的！但是有一个缺点我是没有的，那就是记仇。这种感觉对我是完全陌生的。”

“如果说我希望他参加2002年的政府，那是因为我了解他的能力。这是一个积极、聪明，一流的政治家。他是多数派和引导公共活动的王牌。我认为他将成为出色的内政部长。您知道2002

年我面对法国人民的承诺中最核心的就是安全。”

“我选择让-皮埃尔·拉法兰，然后是多米尼克·德维尔潘担任总理，是因为我认为他们是最合适领导政府完成我既定目标的人。虽然充满困难，两人都出色地肩负起责任。他们和我建立起真正的信任关系。”

“好的，我明白2002年您为什么原谅他，那么2004年后他再犯，不断使用小句子……”

“他说他正在改变，我认为这么看来是件好事。您知道，对于我来说，唯一重要的是：政府工作和国家的利益。这是为什么我不计较小句子的原因。相反，我非常注意每位部长的工作成绩。法国是最重要的。这是为法国人民服务的工作。”

“当您看到您的总理和您的内政部长互相攻击……”

“可不要夸张！但是确实我有时需要用权威来恢复内部的平静。这两个都是个性强烈的人。但是只能在工作中表现出来……”

“您认为多米尼克·德维尔潘能够成为您的接班人吗？”

“我非常欣赏和喜欢多米尼克·德维尔潘。这是一位杰出的总理，取得了很多重大的成绩，尤其是在我给他制定的首要目标‘就业’上。应当看到我们今天正在接近二十五年来失业率的最低水平。”

“说到总统选举，我是有经验的：从马提尼翁宫到爱丽舍宫是件困难的事。当我任命他为总理时，我就清楚地跟他说过。”

“他认为他可以打破这个规律……”

“我不是很肯定。相反，我认为他把自己完全贡献给了总理的职责。”

“您认为他有资格成为一个优秀的总统吗？”

“那只有法国人民和他自己能评价。但是多米尼克·德维尔潘毫无疑问具备国家领导人的一切品质。”

“他犯过错误吗？”

“‘首次就业合同’，可能是吧。但是他希望采取最有效的方式来解决年轻人的失业问题。出于这个原因，我支持他。我对您说过我承认我有一部分的责任。”

“上个星期，您说想考虑参选的可能性。在所有的观察家都认为您没有发挥‘余地’的情况下，您还会真的考虑这个问题吗？您认为还有思考的空间吗？”

“我尊重观察家和民意测验，但是我的决定不是只建立在这个基础上，我只关心唯一的要求：民族利益。没有什么其他的因素，更不是权力的吸引力来左右我的决定。”

“我想您在1995年同样是领先的，在2月份的后十五天您的民意测验的曲线发生了逆转……”

“是的，您强调这点是有道理的。”

“我们至少可以说，在1995年1月初，您并不被看好！”

“确实是这样。勇敢的桑蒂尼[1]说：‘希拉克，在民意测验中成绩不断下降，最后却找到了石油！’这是真的。我们现在是在1月份。”

“所以，您等到2月再宣布？”

“我必须尊重民主的时代。我有任务要做，我要最终完成它。在关系到祖国利益的问题上，没有人能预测事情在几个星期后会发生什么变化。我会认真地决定，然后把结果告诉法国人民。”

“您希望去尝试我们不曾或很少涉及的问题？”

“我们需要权衡生活在民主社会中我们的机会。没有什么是一定的。这对于极端分子来说是死路一条，不论他们是谁。我们需要发展我们对世界的眼光，我们现在的眼光应当更加平衡，应

---

1 安德烈·桑蒂尼（André Santini, 1940- ）：法国预算部长身边的国务秘书。——译注

当建立在对全体人类深深尊重的基础上。”

“您总是回到以文明对话为基础的观点上。这个观点没有得到很多人的认可，不是那么明显。”

“确实不是很明显，但是我还是发现了它在进步。比如说：凯布朗利博物馆是我们尊重其他文化的证据，当博物馆开幕时，我记录下来的人们热烈的反应深深感动了我。”

“它现在运行得非常好……”

“很好。当初不是很明显。很多人认为这个创举是一个错误。我不顾那些各个方面都出色的、杰出的人物的意见，坚持建立博物馆。所有的杰作都是自由和平等的观念在一点儿一点儿地传播。这产生了巨大的影响力，特别是对外国的领袖们。很多人都行动起来，不只是来看博物馆，而是来理解为什么法国要传播这种观念。”

“这座博物馆可以看做是您的遗产，由此我们可以很容易上溯到您对世界的看法……”

“有道理。”

“除了把它看做一座博物馆，我们还可以把它看做理解您和理解21世纪初的法国的某种根本的东西。”

“总之，这是欧洲文化创举中最影响非西方多数国家领导人的举措……实际上，当我们看到所发生的事情（完整主义和恐怖主义），我们多么迫切地感到需要更加坚定的回答，和建立在尊重上的回答。应当牢固树立互相尊重的文化。学习尊重人类，所有的人类，这是人类的首要品质。”

“您今天还恐惧勒庞吗？”

“是的，我们还需要而且一直打击勒庞或是他的演变体。这是一个深层的危险，因为我们是在和人性最低级的本能打交道。我们应当系统地打击极端分子，因为他是巨大危害的传播者。而且不会因为勒庞消失了，危险就和他一起消失。”

（京权）图字：01-2008-0884
图书在版编目(CIP)数据

希拉克传：爱丽舍宫的陌生人／（法）皮埃尔·佩昂著；黄荭，钟蕾莉，江蕾译.－北京：作家出版社，2008.6
ISBN 978-7-5063-4325-1

Ⅰ.希… Ⅱ.①佩…②黄…③钟…④江… Ⅲ.希拉克－传记 Ⅳ.K835.657=5

中国版本图书馆CIP数据核字（2008）第064430号

Chasse Litté 策划：猎文文化发展有限公司

希拉克传：爱丽舍宫的陌生人

作者：［法］皮埃尔·佩昂
译者：黄荭　钟蕾莉　江蕾
责任编辑：启天　黄国弋
装帧设计：视觉共振设计工作室
出版发行：作家出版社
社址：北京农展馆南里10号　　邮码：100125
电话传真：86-10-65930756（出版发行部）
86-10-65004079（总编室）
86-10-65015116（邮购部）
E-mail:zuojia@zuojia.net.cn
http://www.zuojia.net.cn
印刷：紫恒印装有限公司
成品尺寸：152×230
字数：300千
印张：26
版次：2008年6月第1版
印次：2008年6月第1次印刷
ISBN 978-7-5063-4325-1
定价：38.00元